财政部"十三五"规划教材

Financial Accounting

（第3版）

财务会计

胡志勇 魏洁 主编

中国财经出版传媒集团

经济科学出版社
Economic Science Press

图书在版编目（CIP）数据

财务会计/胡志勇，魏洁主编 . —3 版 . —北京：经济科学出版社，2018.8（2022.8 重印）
财政部"十三五"规划教材
ISBN 978 - 7 - 5141 - 9660 - 3

Ⅰ.①财… Ⅱ.①胡…②魏… Ⅲ.①财务会计 - 高等学校 - 教材 Ⅳ.①F234.4

中国版本图书馆 CIP 数据核字（2018）第 188269 号

责任编辑：杜　鹏　刘　悦
责任校对：杨晓莹
责任印制：邱　天

财 务 会 计
（第 3 版）

胡志勇　魏　洁　主编

经济科学出版社出版、发行　新华书店经销
社址：北京市海淀区阜成路甲 28 号　邮编：100142
编辑部电话：010 - 88191441　发行部电话：010 - 88191522
网址：http://www.esp.com.cn
电子邮件：esp_bj@163.com
天猫网店：经济科学出版社旗舰店
网址：http://jjkxcbs.tmall.com
固安华明印业有限公司印装
787 × 1092　16 开　28.5 印张　610000 字
2018 年 8 月第 3 版　2022 年 8 月第 3 次印刷
ISBN 978 - 7 - 5141 - 9660 - 3　定价：56.00 元
（图书出现印装问题，本社负责调换。电话：010 - 88191510）
（版权所有　侵权必究　举报电话：010 - 88191586
电子邮箱：dbts@esp.com.cn）

第3版前言
INTRODUCTION

目前的财务会计本科教材大多存在一些不利于应用型经济人才培养目标实现的问题，比如教材强调理论胜过于实践、案例过于抽象而不实际、教学部分内容过于疏略等。本教材以应用型经济类本科生为主要使用对象，因此，特别强调专业实务性的重要性，这主要从以下四个方面得以体现：(1) 教材的编写充分考虑学生未来实践与专业考证的需要；(2) 教材各部分内容配备大量的案例；(3) 教材以会计、税收法律法规为主，兼顾适量会计理论的介绍；(4) 语言表述力求简洁。此外，虽然教材以企业会计准则为主，但考虑到我国市场经济中小企业数量占比最大，教材安排部分篇幅将《企业会计准则》与《小企业会计准则》主要差异作简要的比较。2018年编者就2016~2017年中国会计准则和税法变动内容进行修订，修订主要涉及第五章、第六章金融资产和第十三章收入内容，以及第十章应交税费中的增值税内容。对修订后的第3版，编者觉得有两点需要说明：(1) 增值税在2018年5月开始实施调整后税率，由于时间仓促，本教材在第十章应交税费增值税部分把政策调整进行脚注，并未对涉及增值税案例进行修改，希望读者和教师关注税收政策变化；(2) 收入准则变化巨大，新准则将原来销售商品、提供劳务、让渡资产使用权、建造合同几个收入准则整合为一个收入准则，修订后的第3版不好再与税法、小企业会计准则关于收入规定部分进行对比。

本教材编写团队包括高校专业教师和有丰富实践经验的专家。胡志勇负责拟订全书框架与大纲，并进行统稿，具体的编写任务分工如下：第一章、第九章、第十三章，胡志勇；第五章、第六章，魏洁；第十章、第十一章，陈智、徐章容；第七章、第八章，蒋振富；第四章，黄毅凤；第二章、第三章，陈旻、张鸿；第十二章、第十五章，郑庆仲（注册会计师）；第十四章，高才清（注册会计师）。

本教材能一版、二版并三版，要感谢集美大学财经学院各位领导的支持；感谢团队各位成员辛勤的努力；感谢所参考教材文献的作者，是他们的教材给予本教材大量的素材与编写灵感；感谢广大读者和用书教师的支持。至于教材内容，欢迎广大读者批评指正，我们将虚心接受并不断完善！

胡志勇
2018年7月于集美学村

目 录
CONTENTS

第一章　绪论 ··· 1
　　第一节　财务报告目标 ·· 1
　　第二节　财务会计的基本假设 ··· 4
　　第三节　财务会计基础 ·· 5
　　第四节　会计要素、会计要素计量属性及其应用原则 ················ 6
　　第五节　会计信息质量要求 ·· 12

第二章　货币资金 ··· 16
　　第一节　库存现金 ·· 16
　　第二节　银行存款 ·· 22
　　第三节　其他货币资金 ·· 28
　　第四节　与《小企业会计准则》的差异 ································· 31

第三章　应收款项 ··· 33
　　第一节　应收票据 ·· 33
　　第二节　应收账款 ·· 37
　　第三节　其他应收款 ··· 42
　　第四节　预付账款 ·· 43
　　第五节　应收款项减值 ·· 44
　　第六节　与《小企业会计准则》的差异 ································· 48

第四章　存货 ··· 53
　　第一节　存货概述 ·· 53
　　第二节　存货取得与发出的计量 ·· 55
　　第三节　存货清查 ·· 79
　　第四节　存货的期末计量 ··· 81

第五节　与《小企业会计准则》的差异 …………………………………………… 87

第五章　金融资产 …………………………………………………………………… 90
第一节　金融资产概述 ……………………………………………………………… 90
第二节　以公允价值计量且其变动计入当期损益的金融资产 …………………… 91
第三节　以公允价值计量且其变动计入其他综合收益的金融资产 ……………… 96
第四节　以摊余成本计量的金融资产 …………………………………………… 101
第五节　金融资产之间重分类的处理 …………………………………………… 108
第六节　金融资产的减值 ………………………………………………………… 112
第七节　与《小企业会计准则》的差异 ………………………………………… 114

第六章　长期股权投资 …………………………………………………………… 118
第一节　长期股权投资概述 ……………………………………………………… 118
第二节　长期股权投资初始计量 ………………………………………………… 122
第三节　长期股权投资后续计量 ………………………………………………… 128
第四节　长期股权投资核算方法转换 …………………………………………… 136
第五节　与《小企业会计准则》的差异 ………………………………………… 142

第七章　固定资产 ………………………………………………………………… 147
第一节　固定资产概述 …………………………………………………………… 147
第二节　固定资产取得的核算 …………………………………………………… 152
第三节　固定资产折旧的核算 …………………………………………………… 158
第四节　固定资产后续支出的核算 ……………………………………………… 166
第五节　固定资产期末计价与清查 ……………………………………………… 169
第六节　固定资产处置的核算 …………………………………………………… 173
第七节　与《小企业会计准则》的差异 ………………………………………… 175

第八章　无形资产 ………………………………………………………………… 179
第一节　无形资产概述 …………………………………………………………… 179
第二节　无形资产取得的核算 …………………………………………………… 185
第三节　无形资产摊销的核算 …………………………………………………… 188
第四节　无形资产的期末计价 …………………………………………………… 191
第五节　无形资产处置的核算 …………………………………………………… 192
第六节　与《小企业会计准则》的差异 ………………………………………… 194

第九章　其他长期资产 …………………………………………………………… 196
第一节　投资性房地产 …………………………………………………………… 196
第二节　长期待摊费用 …………………………………………………………… 202
第三节　与《小企业会计准则》的差异 ………………………………………… 203

第十章　流动负债 · 204

- 第一节　流动负债的定义与分类 · 204
- 第二节　流动负债的计量 · 205
- 第三节　短期借款 · 205
- 第四节　应付票据、应付账款与预收账款 · 206
- 第五节　应交税费 · 210
- 第六节　应付职工薪酬 · 223
- 第七节　其他应付款 · 242

第十一章　非流动负债 · 244

- 第一节　非流动负债概述 · 244
- 第二节　长期借款 · 245
- 第三节　应付债券 · 247
- 第四节　长期应付款 · 255
- 第五节　借款费用及其资本化 · 262
- 第六节　债务重组 · 273
- 第七节　预计负债 · 282

第十二章　所有者权益 · 289

- 第一节　所有者权益概述 · 289
- 第二节　实收资本和其他权益工具 · 292
- 第三节　资本公积和其他综合收益 · 304
- 第四节　留存收益 · 311
- 第五节　与《小企业会计准则》的差异 · 315

第十三章　收入、费用及利润 · 318

- 第一节　收入 · 318
- 第二节　费用 · 340
- 第三节　利润 · 344

第十四章　财务报告 · 355

- 第一节　财务报告概述 · 355
- 第二节　资产负债表 · 358
- 第三节　利润表 · 368
- 第四节　现金流量表 · 372
- 第五节　所有者权益变动表 · 409
- 第六节　附注 · 412

第七节　与《小企业会计准则》的差异 …………………………………………… 417
第十五章　会计调整 ……………………………………………………………………… 418
  第一节　会计变更 …………………………………………………………………… 418
  第二节　会计差错 …………………………………………………………………… 430
  第三节　资产负债表日后事项 ……………………………………………………… 435
  第四节　与《小企业会计准则》的差异 …………………………………………… 442

参考文献 ………………………………………………………………………………… 445

第一章 绪 论

学习目标

1. 理解和掌握财务报告目标、财务会计基本假设、财务会计基础、财务会计要素、财务会计计量属性、会计信息质量要求等。

2. 了解《企业会计准则》与《小企业会计准则》关于财务会计目标、会计要素、会计计量属性、会计信息质量要求规定的差异。

第一节 财务报告目标

财务报告是财务会计行为过程的结果。财务报告目标，或者称为财务会计目的、会计目标，在现代财务会计系统和企业会计准则体系中处于至关重要的地位。它是会计要素确认、计量以及财务报告原则的构建基础，是制定各项会计准则的根本出发点。简要地说，现代企业财务报告目标的理论基础主要是"决策有用性"与"受托责任"两种理论观点。决策有用观认为，会计基本目标是提供对信息使用者关于决策有用的信息。对决策有用的信息包括企业现金的信息、经营业绩的信息和资源变动的信息等；受托责任观认为，会计基本目标是向资源提供者报告受托人对资源受托责任的履行情况信息，其中最有效地反映受托责任的信息是关于经营业绩的信息。下面基于上述两种理论基础与我国会计准则关于财务报告目标的规定，分别介绍财务报告目标的作用与内容。

一、财务报告目标的作用

财务报告目标的作用主要是决定财务报告向公司的管理当局、公司外部的信息使用者提供有用的信息，帮助信息使用者进行有效的决策。由此，它决定了财务报告所要求的会计信息的质量特征，决定了会计要素的确认和计量原则；财务报告目标决定着财务会计的改革方向。总而言之，财务报告目标是财务会计的核心与灵魂。

1. 财务报告目标决定了财务报告向公司的管理当局、公司外部的信息使用者提供有用的信息。

公司财务会计信息的使用者分为内部信息使用者和外部信息使用者。财务报告目标主要是服务于两类财务信息使用者的需要。

在经营过程中面临各种决策时，公司财务信息的内部使用者需要依据大量真实的、全面的、系统的财务信息。财务报告目标的内容之一就是决定了公司财务会计采用一定的会计程序和方法将大量的财务数据进行处理，并编制符合公司管理当局所需的财务报告。

公司财务会计信息的外部使用者包括有关的政府管理部门、投资者、债权人等。公司有责任和义务向这些信息使用者提供相应的财务信息，以便这些信息使用者做出决策，比如，在现代企业制度下，公司财产的经营权和所有权是相分离的，公司的投资者可能仅是以股东的身份存在而非经营者身份。在决定是否增加投资或者转让投资抑或评价经营者的业绩等情况下，企业的投资者必须依靠公司财务会计信息才能做出合理的决策；再比如，在决定贷资金给公司之前，债权人必须通过公司财务报表来判断公司的获利、未来现金流、偿债能力等情况，从而决定是否贷给公司资金以及贷多少资金给公司。因此，财务报告目标的另一个内容就是决定财务会计向外部信息使用者提供有效财务信息，以便其进行合理的判断与决策。

2. 财务报告目标决定了财务报告所要求的会计信息的质量特征，决定着会计要素的确认和计量原则。

财务报告目标决定了公司财务报告要向内部信息使用者和外部信息使用者提供有效的财务会计信息，那么有效的财务会计信息必须有更为具体的会计信息质量特征加以保障，比如财务会计信息的客观性、相关性、可靠性、可比性、可理解性、实质重于形式、重要性、谨慎性与及时性等。而这些具体的会计信息质量特征必须依靠更为清晰与详细的会计要素概念界定、会计要素确认条件、计量原则以及财务会计系统其他组成部分来体现。因此，财务报告目标决定了会计信息的质量特征，决定了会计要素的确认和计量原则，决定了整个财务会计系统的构建。

3. 财务报告目标决定了财务会计的改革方向。随着资本市场的发展和技术革新速度的加快，会计理论与实务的变化也非常快。但是，不管会计理论与会计实务如何变化，它们都是为了在新的经济环境下实现财务报告目标而进行改变的。从这一角度看，财务报告决定了财务会计的改革方向。

二、财务报告目标的内容

《企业会计准则——基本准则》第四条规定："财务会计报告的目标是向财务会计报告使用者提供与企业财务状况、经营成果和现金流量等有关的会计信息，反映企业管理层受托责任履行情况，有助于财务会计报告使用者做出经济决策。"《企业会计准则——基本准则》的第四条还规定："财务会计报告使用者包括投资者、债权人、政府及其有关部门和社会公众等。"

《企业会计准则》虽然没有将企业管理当局列入财务报告使用者的范围，但企业管理当局是财务报告的最主要的内部使用者。企业管理当局通过财务报告了解企业在会计期间的经营业绩，掌握企业在会计期末的财务状况等，结合企业经营管理的外部环境判断过往会计期间经营管理策略的优劣，调整或者决定未来会计期间的经营管理措施。因此，我们认为，我国《企业会计准则》规定的财务报告目标的内容包含了以下内容：财务会计报告向企业管理当局提供与企业财务状况、经营成果和现金流量等有关的会计信息，有助于企业管理当局做出经济决策。

财务报告目标的另一主要内容是向财务会计信息的外部使用者提供与企业财务状况、经营成果和现金流量等有关的会计信息，有助于财务会计信息的外部使用者做出经济决策。《企业会计准则》规定的财务会计信息的外部使用者包括投资者、债权人、政府及其有关部门和社会公众等。投资者被列在财务会计信息外部使用者的首位，这凸显投资者的地位，体现了《企业会计准则》对保护投资者权益的强调。这种强调是市场经济发展的必然。因为，在现代企业制度下公司财产的经营权与所有权是分离的，公司经营者（职业经理人）是接受投资者的委托管理公司。作为公司外部人的投资者如何评价公司的资产质量、偿债能力、盈利能力和营运效率？如何决定增加投资或者减少投资？投资者必须依靠有效的财务会计信息才能做出合理决策。《企业会计准则》关于财务会计目标的规定必须保证满足投资者对财务会计信息的需求，否则，现代企业制度就无法有效运作，市场经济的发展最终也将受阻。

债权人被列在公司财务会计信息外部使用者的第二位。这同样是体现了《企业会计准则》对债权人地位的肯定，以及强调对债权人权益的保护。公司资产来源主要是投资者与债权人。财务会计目标的内容强调了债权人权益的保护，其实质也是在强调对市场经济的保护。在将资金借贷给公司之前以及借贷之后，债权人作为公司的外部人，有权知道公司的真实的财务状况、现金流状况、经营业绩等财务会计信息。

政府及其有关部门也是公司财务会计信息的重要外部使用者。公司的经营需要良好的经济环境，政府是提供与维护良好经济环境的主体。政府主要依靠税收收入来保障其活动的正常进行，因此，政府必须在掌握公司真实、全面的经济活动情况以及了解公司的真实经营业绩后才能公平与合理地课税。政府作为良好经济秩序的维护者，它有责任监督公司合法经营，对非法经营的公司进行惩戒。财务报告目标的内容规定必须满足政府及其有关部门对公司财务信息的需求，其实质是为了维护良好的公司经营环境。社会公众对公司财务会计信息的需求目的是多元化的，有可能是家庭投资理财的需要，有可能是参与经济监督的需要。财务报告目标的内容规定也要保证社会公众需求的实现。

三、与《小企业会计准则》"会计目标"规定的差异

《小企业会计准则》并没有规范会计目标。《小企业会计准则》所规定的小

型企业不包括股票或债券在市场上公开交易的小企业、金融机构或其他具有金融性质的小企业、企业集团内的母公司和子公司。虽然小企业的财务会计信息使用者也分为内部使用者与外部使用者两类,但小企业的外部使用者主要是政府及有关部门,还有少数小企业财务会计信息的外部使用者包括银行及其他债权人。小企业财务会计信息的主要使用者是企业经营者,这些经营者大多数就是投资者。由于小企业财务报表的使用者主要是企业经营者与政府及有关部门,因而《小企业会计准则》规定小企业财务报表也较《企业会计准则》简单,仅包括资产负债表、利润表、现金流量表及附注,《小企业会计准则》并未规定财务报告目标。我们认为,《企业会计准则》规定的财务报告目标(会计目标)可适用于《小企业会计准则》。

第二节 财务会计的基本假设

财务会计的基本假设,或称为财务会计前提,是对会计核算的时间与空间环境进行合理假设。它是会计核算工作的基本前提条件,离开这一基本前提条件会计就无法进行。财务会计基本假设包括会计主体、持续经营、会计分期和货币计量。

一、会计主体假设

会计主体是指企业会计确认、计量和报告的空间范围。如果交易与事项属于其他会计主体,那它们就不应该在本会计主体进行会计确认、计量和报告。会计主体不同于法律主体。通常来说,法律主体必然是一个会计主体,比如,一家公司就是一个法律主体,它应当建立财务会计系统独立地反映其财务状况、经营成果以及现金流量。但是,一个会计主体不一定就是一个法律主体,比如,母公司和子公司作为一个集团是一个会计主体,但母公司和子公司是属于不同的法律主体。

二、持续经营假设

持续经营是指在可预见的未来,公司将会按既定的目标经营下去,而不会破产、停业、清算。公司财务会计确认、计量与报告必须以持续经营为前提,否则其会计原则和会计方法将发生根本变化,比如,在持续经营前提下,公司财务会计核算采用历史成本计价原则,对固定资产按期计提折旧;在破产清算前提下,公司财务会计处理采用清算基础,对固定资产不需要按期计提折旧。

三、会计分期假设

会计分期是指将企业持续经营的生产经营活动期间分为一个连续的、长短相等的期间。通过会计分期，公司财务会计才能结算盈亏、按期编制财务报告，及时向财务信息使用者提供财务状况、经营成果和现金流量的信息。会计期间一般分为年度和中期。中期是指短于一个完整的会计年度的报告期间。

会计分期的意义重大，有了会计分期，不同类型的会计主体才有了记账的基准，进而才有了折旧、摊销等会计处理方法；有了会计分期，财务会计信息的使用者能在会计期末及时获得有关公司的财务状况、经营业绩和现金流量的信息，并能将当期的财务会计信息与以前会计期间的财务会计信息进行比较，将公司当期财务会计信息与同行业其他公司的财务会计信息进行比较，从而判断公司经营成绩。

四、货币计量假设

货币计量是指会计主体在财务会计确认、计量和报告时以货币计量，反映会计主体的生产经营活动。由于货币是一般等价物，货币计量能充分反映公司的生产经营情况。而其他计量单位，例如重量、长度、容积、数量等，只能从一个侧面反映公司的生产经营情况。因此，《企业会计准则》规定，会计确认、计量和报告以货币作为计量单位。当然，货币计量也存在缺陷，许多公司的生产经营信息无法通过货币计量进行反映，比如公司的生产经营战略、研发能力、市场竞争能力等，对此，《企业会计准则》规定公司财务报告应补充披露有关非财务信息来加以弥补。

第三节 财务会计基础

《企业会计准则——基本准则》第九条规定，企业应当以权责发生制为基础进行会计确认、计量和报告。权责发生制基础要求，凡是当期已经实现的收入和已经发生或应当负担的费用，无论款项是否收付，都应当作为当期的收入和费用进行确认、计量和报告；凡是不属于当期的收入和费用，即使款项已经在当期收付，会计也不应当作为当期的收入和费用加以确认、计量和报告。

实际中，公司的交易和事项发生时间与相关货币收支时间可能不一致，比如，款项已经付出，但该笔已经支付的款项并不是为了本期生产经营活动而发生的，此时，付出款项不能确认为本期费用而加以计量，应该作为待摊费用进行处理；再比如，款项已经收到，但销售尚未实现，公司只能将已经收到的款项作为预收款项处理。权责发生制的会计基础使得公司的成本与利润的核算更加真实和公允。而收付实现制是另一种会计基础，它是以实际收到或支付现金作为会计确认和计量收入与费用的依据。目前，在我国收付实现制是政府会计的主要会计基础。

第四节 会计要素、会计要素计量属性及其应用原则

会计要素就是对所要反映的公司经济活动内容按照经济特征进行基本分类。会计要素计量属性是反映会计要素金额的确定基础，主要包括历史成本、重置成本、可变现净值、现值和公允价值。会计要素计量属性的应用原则是考虑如何更好地应用各种计量属性。

一、会计要素

《企业会计准则——基本准则》第十条规定，会计要素包括资产、负债、所有者权益、收入、费用和利润。资产、负债和所有者权益会计要素是侧重于反映公司财务状况，收入、费用和利润会计要素是侧重于反映公司经营成果。

（一）资产的定义及其确认条件

1. 资产的定义。资产是指企业过去的交易或者事项形成的，由企业拥有或者控制的、预期会给企业带来经济利益的资源。资产的定义具有以下三个特征：

（1）资产是由企业过去交易或者事项形成的。公司控制或者拥有的资产是公司过去的交易或者事项产生的，而公司未来的、预期的交易或者事项是不能确认和计量为资产，比如 A 投资人准备在来年将一项专利技术作资对公司投资，公司并不能将这一未来事项进行无形资产的确认与计量；而公司采购的原材料已经验收入库，虽然相关款项尚未支付，但公司应当确认与计量原材料资产的价值。

（2）资产必须是由企业拥有或者控制的资源。资产由公司拥有是指公司具有资产的所有权。资产由公司控制是指公司虽然不具有资产所有权但由公司控制使用，比如公司融资租入的固定资产，由于融资租入固定资产的合同期限较长，企业控制和使用固定资产并为企业带来经济利益的流入，因此，公司应当对融资租入固定资产进行会计确认、计量和报告，并按期计提折旧；再比如公司商品销售，购货方已经付款并取走提货单，但商品暂时寄存在公司仓库，公司仅仅是临时代为保管，这种情况下公司不应当将这批产品视为公司的库存商品。

（3）资产预期会给企业带来经济利益。资产预期会给企业带来经济利益是指资产直接或者间接导致现金和现金等价物流入企业的潜力。这种潜力可以来自企业日常的生产经营活动，也可以是来自非日常经营活动。所带来的经济利益流入可以是现金或者现金等价物，或者是可以转化成现金或者现金等价物的形式，或者是可以减少现金或者现金等价物流出的形式。比如说，公司经过存货盘点后发

现有一批库存商品已经霉变而无法使用，这批库存商品无法通过出售而为公司带来现金流入，那么这批库存商品不再是公司资产，可通过"待处理财产损溢"科目进行会计处理。

资产按照流动性特征可分为流动资产和非流动资产。流动资产是指预计在一个正常营业周期中变现、出售或耗用的资产，比如货币资金、应收票据、应收账款、预付款项、存货等。非流动资产是指流动资产以外的资产，比如长期股权投资、固定资产、在建工程、无形资产、工程物资等。

2. 资产的确认条件。《企业会计准则——基本准则》第二十一条规定，资产的确认必须同时满足以下两个条件：与该资源有关的经济利益很可能流入企业；该资源的成本或者价值能够可靠地计量。

（1）与该资源有关的经济利益很可能流入企业。与企业资源有关的经济利益是否能够流入企业是确认与计量资产的条件之一。经济活动充满各种不确定性，与资源有关的经济利益如果无法流入公司，公司就不应确认和计量该项资产。因此，这里就涉及会计职业判断的问题，所谓的"可能"至少是概率达到50%或以上。

比如，公司以托收承付方式向B公司销售一批商品，在该批商品发出并已向银行办妥托收手续时得知B公司因一项交易出现巨亏，资金困难。此时，公司不能将销售商品的款项确认为"应收款项"，只能将发出"库存商品"转为"发出商品"，待到B公司的资金状况好转之后再确认销售收入的实现，同时确认"应收账款"。

（2）该资源的成本或者价值能够可靠地计量。可计量性是会计确认的重要前提。一般情况下公司的交易都是发生成本的，而事项产生的资产都是有价值的，如果不是这样就不能确认该项资产。比如，公司购买的原材料、机器设备、房产等都有可靠的成本，公司会计必须确认与计量。特殊情况下，公司取得的资产没有发生实际成本或者发生的实际成本很小，比如公司持有的某些衍生金融工具形成的资产，可能没有实际成本或者发生的实际成本很小，如果其公允价值能够可靠计量则公司应当确认与计量该资产。

（二）负债的定义及其确认条件

1. 负债的定义。负债是指企业过去的交易或者事项形成的、预期会导致经济利益流出企业的现时义务。负债的定义具有以下三个特征：

（1）负债是企业过去的交易或者事项形成的。负债是企业过去的交易或者事项形成的，企业将在未来发生的承诺、签订的合同等交易或者事项不形成负债，比如公司与银行达成1个月后借入1 000万元的借款意向书，该交易不属于过去交易或者事项，不能确定为公司的负债。

（2）负债是企业承担的现时义务。负债必须是企业的现时义务。现时义务是指企业在现行条件下已承担的义务。未来发生的交易或者事项形成的义务不属于现时义务，不应当确认为负债。这里的"义务"是指法定义务或者推定义务。

①法定义务是指具有约束力的合同或者法律法规规定的义务，比如公司签订合同购买原材料而形成应付账款，公司与商业银行签订贷款合同形成借款等。这些都属于法定义务的负债。②推定义务是指根据企业多年来的习惯做法以及公开承诺或公开宣布的营销政策等而导致企业将承担的责任，比如公司销售政策规定，公司对售出商品提供三年保修。那么，预期公司将为售出商品提供的保修服务就属于推定义务的负债，公司应当加以确认与计量。

(3) 负债预期会导致经济利益流出企业。负债会导致企业在未来有经济利益流出，企业在履行义务时必须以经济利益流出为代价，如果企业履行义务时不会导致经济利益流出，就不属于负债范畴。企业履行义务导致经济利益流出企业的形式是多种多样的，比如现金或现金等价物的减少、提供劳务形式的补偿、以非现金的资产偿还、将负债转为资本等。

负债按照流动性特征可分为流动负债和非流动负债。流动负债是指预计在一个正常营业周期中清偿，或者主要为交易目的而持有，或者自资产负债表日起1年内（含1年）到期应予以清偿，或者企业无权自主将清偿推迟至资产负债表日后1年以上的负债。流动负债主要包括短期借款、应付票据、应付账款、预收账款、应付职工薪酬、应交税费、应付利息和其他应付款等。非流动负债是指流动负债以外的负债，包括长期借款、应付债券等。

2. 负债的确认条件。《企业会计准则——基本准则》第二十四条规定，负债确认必须同时满足以下两个条件：与该义务有关的经济利益很可能流出企业；未来流出的经济利益的金额能够可靠计量。

(1) 与该义务有关的经济利益很可能流出企业。在实务中，履行义务所需流出的经济利益带有不确定性，特别是与推定义务相关的经济利益通常需要依赖大量的估计。因此，负债的确认应当与经济利益流出的不确定性程度的判断结合起来，如果有确凿证据表明与现时义务有关的经济利益很可能流出企业，就应当将其作为负债予以确认；反之，如果企业承担了现时义务，但是会导致企业经济利益流出的可能性很小，就不符合负债的确认条件，不应将其作为负债予以确认。

(2) 未来流出的经济利益的金额能够可靠计量。负债的确认条件还包括未来流出的经济利益的金额能够可靠计量。对于法定义务有关的经济利益流出金额，企业会计通常可以依据合同或者法律规定的金额来确认。对于与推定义务有关的经济利益流出金额，企业会计的确认应当根据履行相关义务所需支出的最佳估计数进行估计，并综合考虑有关货币时间价值、风险等因素的影响。

(三) 所有者权益的定义及其确认条件

1. 所有者权益的定义。

(1) 所有者权益的定义与特征。所有者权益是指企业资产扣除负债后由所有者享有的剩余权益。公司所有者权益又称为股东权益。所有者权益是所有者对企业资产的剩余索取权。所有者权益具有以下特征：①除非发生减资、清算或分派现金股利，企业不需要偿还所有者权益；②清算时企业只有在清偿所有的负债后才将所有者权益返还给所有者；③所有者凭借所有者权益能够参与企业利润的分配。

（2）所有者权益的来源构成。所有者权益的来源包括所有者投入的资本、直接计入所有者权益的利得和损失、留存收益等。

①所有者投入的资本是指所有者投入企业的资本部分，包括了构成企业注册资本（计入实收资本）或者股本部分（计入股本）的金额，还包括了投入资本超过注册资本或者股本部分的金额，即资本溢价或者股本溢价，这部分投入资本在我国企业会计准则体系中被计入资本公积，并在资产负债表中的资本公积项目下反映。

②直接计入所有者权益的利得和损失是指不应计入当期损益、会导致所有者权益发生增减变动的、与所有者投入资本或者向所有者分配利润无关的利得或者损失。利得是指由企业非日常活动所形成的、会导致所有者权益增加的、与所有者投入资本无关的经济利益的流入。损失是指由企业非日常活动所形成的、会导致所有者权益减少的、与所有者投入资本无关的经济利益的流出。直接计入所有者权益的利得和损失主要包括可供出售金融资产的公允价值变动额、现金流量套期中套期工具公允价值变动额（有效套期部分）等。

③留存收益是企业历年实现的净利润留存于企业的部分，主要包括累计计提的盈余公积和未分配利润。

2. 所有者权益的确认条件。所有者权益的确认与计量主要依赖于资产和负债的确认与计量，因为所有者权益是企业资产扣除负债后由所有者享有的剩余权益。换言之，企业交易或者事项涉及资产和负债时，资产和负债凡是符合确认条件就应该确认与计量，同时所有者权益也符合确认条件，应当加以确认和计量。

（四）收入的定义及其确认条件

1. 收入的定义。收入是指企业日常活动中形成的、会导致所有者权益增加的、与所有者投入资本无关的经济利益的总流入。收入不包括为第三方或者客户代收的款项。收入具有以下三个特征：

（1）收入是企业日常活动中形成的。收入是形成于日常活动的经济利益流入，而企业非日常活动形成的经济利益流入是"利得"。所谓"日常活动"是指企业为实现其经营目标而从事的经常性活动以及与之相关的活动，比如工业企业制造并销售产品、商业企业销售商品、建筑安装公司提供建筑安装服务、商业金融机构对外提供金融服务等。企业非日常活动中形成的经济利益流入不能确认为收入，比如非流动资产处置利得、债务重组利得、政府补助收入等。

（2）收入是与所有者投入资本无关的经济利益的总流入。企业经济利益的流入可能是来自日常活动，可能是来自非日常活动，还可能是来自所有者投入的资本，比如所有者投入固定资产、无形资产、原材料等都会导致企业的资产和所有者权益的增加，但所有者投资带来的经济利益流入不属于收入的范畴。

（3）收入会导致所有者权益的增加。企业日常活动中形成的收入会导致所有者权益的增加，这可能是以两种形式表现出来：企业日常活动中形成的收入导致企业的资产增加，从而导致企业的所有者权益增加；企业日常活动中形成的收入导致企业的负债减少，从而导致企业的所有者权益增加。如果企业的经济利益流入不会导致所有者权益增加，那么它不属于收入的范畴，比如企业向银行或者其他企业借款，其行为导致资产和负债的增加，但企业的所有者权益并未增加。

2. 收入的确认条件。《企业会计准则——基本准则》第三十一条规定，收入只有在经济利益很可能流入从而导致企业资产增加或者负债减少且经济利益的流入额能够可靠计量时才能予以确认。因此，企业收入的确认条件主要是：（1）与收入相关的经济利益很可能流入企业；（2）经济利益流入企业的结果会导致资产增加或者负债的减少；（3）相关的经济利益的流入能够可靠计量。

（五）费用的定义及其确认条件

1. 费用的定义。费用是指企业在日常活动中发生的、会导致所有者权益减少的、与向所有者分配利润无关的经济利益的总流出。费用具有以下三个特征：

（1）费用是企业在日常活动中形成的。费用是企业在日常活动中所形成的，"日常活动"是指企业为实现其经营目标而从事的经常性活动以及与之相关的活动。企业日常活动会发生销售成本（营业成本）、职工薪酬、折旧费、无形资产摊销等，这些日常活动导致的经济利益流出属于费用范畴，而企业非日常活动所形成的经济利益流出属于损失范畴。

（2）费用是与向所有者分配利润无关的经济利益的总流出。企业经济利益的流出可能是来自日常活动，可能是来自非日常活动，还可能是来自向所有者分配利润。企业向所有者分配利润导致经济利益流出，但它属于所有者权益的抵减项目，不属于费用的范畴。

（3）费用会导致所有者权益的减少。与费用相关的经济利益流出会导致所有者权益的减少，不会导致所有者权益减少的经济利益的流出不属于费用范畴，不应确认与计量。例如，公司用银行存款购买原材料，公司因交易导致经济利益流出，但同时相等金额的资产（原材料）增加。那么，公司购买行为导致的经济利益流出并没有导致所有者权益的减少，因此，它不属于费用确认范围。

2. 费用的确认条件。《企业会计准则——基本准则》第三十四条规定，费用只有在经济利益很可能流出从而导致企业资产减少或者负债增加且经济利益的流出额能够可靠计量时才能予以确认。因此，企业费用的确认条件主要是：（1）与费用相关的经济利益很可能流出企业；（2）经济利益流出会导致企业资产减少或者负债增加；（3）相关的经济利益流出能够可靠计量。

（六）利润的定义及其确认条件

1. 利润的定义。利润是指企业在一定会计期间的经营成果。利润包括收入减去费用后的净额、直接计入当期利润的利得和损失等。收入减去费用后的净额是反映企业日常活动的业绩；直接计入当期利润的利得和损失是反映企业非日常活动的业绩。直接计入当期利润的利得和损失是指应当计入当期损益、会导致所有者权益发生增减变动的、与所有者投入资本或者向所有者分配利润无关的利得或者损失。

2. 利润的确认条件。利润是收入减去费用、利得减去损失后的净额,因此,利润的确认条件依赖于收入和费用以及利得、损失的确认条件,利润的金额取决于收入、费用、利得和损失金额的计量。

(七) 与《小企业会计准则》会计要素规定的差异

关于会计要素的定义及确认条件,《企业会计准则》与《小企业会计准则》总体上是一致的。但在某些具体方面存在处理差异,比如,《小企业会计准则》第六条规定,小企业的资产应当按照成本计量,不计提资产减值准备;对短期借款的利息费用确定方面的规定,《小企业会计准则》采取与企业所得税法一致的规定,即按照借款本金和借款合同利率在应付利息日计提利息费用,而《企业会计准则》采用实际利率法计算各期利息费用;等等。这些差异将在后面内容中进行比较分析。

二、会计要素计量属性及其应用原则

(一) 会计要素计量属性

企业按照规定的会计计量属性将符合确认条件的会计要素进行计量,登记入账并列报于会计报表及其附注。计量属性是指所计量的某一要素的特性方面,比如天然气的体积、房地产的面积、煤的重量等。会计计量属性反映会计要素金额的确定基础。会计计量属性主要包括历史成本、重置成本、可变现净值、现值和公允价值等。

1. 历史成本,又称为实际成本。在历史成本计量属性下,资产是按照购置时支付的现金或者现金等价物的金额,或者按照购置资产时所付出的对价的公允价值计量;负债是按照因承担现时义务而实际收到的款项或者资产的金额,或者按照承担现时义务的合同金额,或者按照日常活动中为偿还负债预期需要支付的现金或者现金等价物金额计量。

2. 重置成本,又称现行成本。在重置成本计量属性下,资产按照现在购买相同或者相似资产所需支付的现金或者现金等价物的金额计量;负债按照现在偿付该项债务所需支付的现金或者现金等价物的金额计量。

3. 可变现净值是指在正常生产经营过程中以预计售价减去进一步加工成本和销售所必需的预计税金、费用后的净值。在可变现净值计量属性下,资产按照其正常对外销售所能收到现金或者现金等价物的金额扣减该资产至完工时估计将要发生的成本、估计的销售费用以及相关税费后的金额计量。

4. 现值是指对未来现金流量以恰当的折现率进行折现后的价值,是考虑货币时间价值因素的一种计量属性。在现值计量属性下，资产按照预计从其持续使用和最终处置中所产生的未来净现金流入量的折现金额计量；负债是按照预计期限内需要偿还的未来净现金流出量折现金额计量。

5. 公允价值是指在公平、公开、自愿交易中资产交换价格或者债务清偿的金额。在公允价值计量属性下，资产按照公平、公正、自愿交易的价格计量；负债按照公平、公正、自愿交易中债务清偿的金额计量。

（二）会计计量属性的应用原则

《企业会计准则》规定，企业在对会计要素进行计量时，一般应当采用历史成本计量，采用重置成本、可变现净值、现值、公允价值计量的，应当保证所确定的会计要素金额能够取得并可靠计量。为了提高会计信息质量以便满足财务报告目标，在某些特殊情况下，企业会计准则允许采用历史成本以外的其他计量属性，比如，在会计期末，存货按照成本与可变现净值孰低计量；当购买固定资产的价款超过正常信用条件延期支付、实质上具有融资性质时，固定资产的入账价值应以购买价款的现值为基础确定；企业初始确认金融资产或金融负债，应当按照公允价值计量。应用历史成本以外其他计量属性的前提是应当保证所确定的会计要素金额能够取得并可靠计量，否则就不能采用其他计量属性。

（三）与《小企业会计准则》的差异

《小企业会计准则》规定的会计计量属性主要是历史成本，其他计量属性很少使用。这主要是为了方便小企业而采取简化处理的方式。鉴于小企业的规模较小，其业务相对简单，《小企业会计准则》规定了较为单一的会计计量属性——历史成本并不会影响财务报表提供的信息质量。

第五节　会计信息质量要求

一、会计信息质量特征

会计信息质量要求是财务报告目标实现的基础，是确保财务报告提供的信息对使用者决策有用的保障。会计信息质量要求主要包括可靠性、相关性、可理解性、可比性、实质重于形式、重要性、谨慎性和及时性。

1. 可靠性，是指企业应当以实际发生的交易或者事项为依据进行会计确认、计量和报告，如实反映符合确认和计量要求的各项会计要素及其他相关信息，保证会计信息真实可靠、内容完整。可靠性的具体内容如下：

（1）企业应当以实际发生的交易或者事项为依据进行确认、计量，将符合会计要素定义及其确认条件的资产、负债、所有者权益、收入、费用和利润等如实反映在财务报表中，不得将虚构的、没有发生的或者尚未发生的交易或者事项进行确认、计量和报告。

（2）企业应当在符合重要性和成本效益原则的前提下，保证会计信息的完整性，即：财务报告提供的信息，在不违背重要性与成本效益原则下，应保证信息的完整性与全面性。

（3）财务报告提供的信息应当是中立的、无偏的。如果财务报告的信息是被选择或者列示以便影响使用者判断与决策，从而达到财务报告提供者预设的结果或效果，那么财务报告的信息就不是中立和无偏的。

2. 相关性，是指企业提供的会计信息应当与财务会计报告使用者的经济决策需要相关，有助于财务会计报告使用者对企业过去、现在或者未来的情况做出评价或者预测。

财务报告使用者是多元化的，财务报告应尽量满足使用者对财务信息的需求，当然，特定目的的需求可能无法通过财务报告提供足够的信息，那么其他形式可以作为补充。实际上，公司面对不同财务信息使用者可能提供形式、内容存在一定差异的财务报告。财务报告的报表区分流动资产、非流动资产、流动负债、非流动负债、各种项目的现金流入流出、收入、利得、损失等就是为了满足财务信息使用者的判断与决策需要，引入历史成本以外的其他计量属性就是为了提高财务信息的有效性、提高财务信息的预测价值。

3. 可理解性，是指企业提供的会计信息应当清晰明了，便于财务会计报告使用者理解和使用。财务信息的形成具有较强的专业技术基础，而财务信息的使用者可能是专业人士，也可能是非专业人士，因此，财务报告应当做到便于使用者理解与使用。对于较为复杂的信息，财务报告无法直接在财务报表显示，可以通过附注披露。可理解性是实现决策有用性以及受托责任的财务报告目标的重要基础。

4. 可比性，是指同一企业不同时期发生的相同或者相似的交易或者事项，应当采用一致的会计政策，不得随意变更，确需要变更的，应当在附注中说明；不同企业发生的相同或者相似的交易或者事项，应当采用规定的会计政策，确保会计信息口径一致、相互可比。

对同一企业不同时期发生的相同或相似的交易或者事项，企业如果随意变更会计政策，比如存货的领用与发出采用计价方法随意变更，或者固定资产折旧方法随意变更，那么财务信息使用者无法将不同时期的成本进行比较，也无法将不同时期的利润进行对比，从而影响了对企业财务状况与经营业绩的判断。当然，企业并不是不能更改会计政策，当原有会计政策不符合可靠性、相关性等要求时，会计政策应当按照规定程序进行变更，且要在财务报告中加以披露。

不同的企业可能处于不同行业、不同地区，经济业务发生于不同时点，为了使财务信息使用者能够比较不同企业的财务状况、经营成果以及现金流量，企业应当遵循可比性要求，即不同企业发生相同或相似的交易或者事项，应当采用统一规定的会计政策，确保财务信息口径一致，相互可比。

5. 实质重于形式，是指企业应当按照交易或者事项的经济实质进行会计确认、计量和报告，不应仅以交易或者事项的法律形式为依据。现实中，企业交易或者事项的法律形式并不总能够完全真实地反映其实质内容，比如，从法律层面来讲，融资租赁固定资产所有权不属于承租企业，从经济实质来看，融资租赁固定资产是受企业实质控制，因此，企业从实质重于形式的要求出发，应当确认、计量和报告融资租赁固定资产；销售商品的售后回购，如果企业已将商品所有权上的主要风险和报酬转移给购货方，满足了收入确认的各项条件，那么，从经济实质角度出发，企业要确认收入，反之，销售被视为尚未实现，企业不能确认收入。

6. 重要性，是指企业提供的会计信息应当反映与企业财务状况、经营成果和现金流量等有关的所有重要交易或者事项。重要性是指企业交易或者事项的会计信息对财务信息使用者的决策有着重要影响，那么企业交易或者事项不能被忽略或者省略。至于企业交易或者事项的影响程度，需要依靠会计职业判断。企业日常活动纷繁复杂，财务报告如果披露企业所有交易与事项，那么财务信息处理成本将大大提高，财务信息有效性因此减弱，财务报告目标的实现也将受到负面影响。

7. 谨慎性，是指企业对交易或者事项进行会计确认、计量和报告应当保持应有的谨慎，不应高估资产或者收益、低估负债或者费用。

市场经济存在许多不确定性，比如存货、固定资产、无形资产等都可能因为市场技术的更新出现贬值，如果企业不遵循谨慎性要求，不计提减值准备，那么企业财务报告提供的财务信息的可靠性就会出现问题。为了保证企业财务报告信息的决策有用性目标的实现，企业应当根据市场变化进行会计职业判断，充分估计到各种风险和损失，既不高估资产或者收益，也不低估负债或者费用。

企业遵循谨慎性要求必须以市场条件变化为前提，不允许企业设置秘密准备，否则属于滥用谨慎性要求。

8. 及时性，是指企业对于已经发生的交易或者事项，应当及时进行会计确认、计量和报告，不得提前或者延后。会计信息的及时性要求直接关系到可靠性要求，最终影响财务报告的决策有用性目标实现。

企业会计遵循及时性要求主要从以下三个方面体现出来：一是要求及时收集会计信息，即在经济业务发生后及时收集整理各种原始单据或者凭证；二是要求及时处理会计信息，即按照企业会计准则的规定，及时对经济交易或者事项进行确认和计量，并编制出财务报告；三是要求及时传递会计信息，即按照国家规定的有关时限及时将编制出的财务报告传递给财务报告使用者，便于使用者及时使用和决策。

有时，企业在会计信息的及时性和可靠性之间可能面临抉择，为了保证会计信息的及时性，企业可能必须在交易或者事项全部获取之前进行会计处理，但这在一定程度上不符合可靠性要求，此时，企业应当基于财务报告目标实现的前提对两者进行权衡。

二、与《小企业会计准则》的差异

《小企业会计准则》的第九章是有关财务报表的规定,但并没有关于财务报告的规范。《小企业会计准则》没有提到财务报告目标,也没有提到会计信息质量要求。但我们认为《小企业会计准则》也必须遵循可靠性、相关性、可理解性、可比性、实质重于形式、重要性、谨慎性和及时性等会计信息质量要求。理由是:首先,《小企业会计准则》不能违反《会计法》,而《会计法》关于会计核算的要求基本涵盖上述的会计信息质量要求;其次,小企业的财务报表使用者包括小企业的管理层以及工商、税务、银行等,这些使用者必须依靠有效财务信息才能做出合理的判断与决策,为了帮助财务报表使用者做出合理决策,小企业必须遵循会计信息质量要求进行会计处理;最后,虽然《小企业会计准则》为了简化核算规定了资产不计提减值准备,但是《小企业会计准则》规定财务报表附注中必须披露资产减值的情况。综上所述,《小企业会计准则》仍然遵循与《企业会计准则》相同的会计信息质量要求。

思 考 题

1. 简述我国财务报告目标内容、作用。
2. 简述我国财务会计的基本假设及其具体内容。
3. 简述我国财务会计的基础及其定义。
4. 简述我国财务会计的会计要素、各要素定义与确定条件。
5. 简述我国财务会计的会计计量属性。
6. 简述我国财务会计的会计信息质量要求。
7. 我国《企业会计准则》与《小企业会计准则》关于会计目标和会计信息质量要求是否存在差异?为什么?

第二章 货币资金

学习目标
1. 理解并掌握货币资金的定义、范围和会计处理。
2. 了解货币资金在《企业会计准则》与《小企业会计准则》中会计处理的差异。

货币资金,是指以货币形态表现的资金,可以立即投入流通,用以购买商品或劳务,或用以偿还债务的交换媒介。根据货币资金的存放地点及其具体用途,可将货币资金划分为库存现金、银行存款和其他货币资金三大类。具有专门用途的货币资金不包括在内。

第一节 库存现金

一、库存现金的范围

现金有狭义和广义之分,狭义的现金仅指企业库存的纸币和硬币、电子货币及折算为本币的外币。广义的现金不仅包括狭义的现金,还包括银行存款和其他可以普遍接受的流通手段,比如存放在银行及其他金融机构的存款,以及因结算方式、存放地点和用途不同而产生的外埠存款、银行本票存款、银行汇票存款、在途资金等其他货币资金。

在我国会计中,现金概念是指狭义的库存现金。库存现金是指通常存放于企业财务部门、由出纳人员经管的货币。

会计上不能列为库存现金的项目包括:出纳员或备用金管理员保管的邮票、借据、暂借差旅费收据、可从职工薪酬中扣除的垫付款、存款不足支票,以及非即期可支用的汇票、本票、支票。邮票、暂付差旅费应列为预付款项;借据、暂借差旅费收据、为职工垫付款应列为其他应收款;存款不足支票以及非即期可支用的汇票、本票、支票应列为应收账款或应收票据。

二、库存现金的管理与控制

库存现金是货币资金的重要组成部分，也是企业中流动性最强的一项资产，最容易遭受挪用、侵占。因此，企业必须特别重视库存现金的管理，加强对库存现金的管理与控制，保证库存现金的安全与完整。

1. 《中华人民共和国现金管理暂行条例》有关规定。国务院颁布的《中华人民共和国现金管理暂行条例》（以下简称《现金管理暂行条例》）对库存现金的使用范围做出了明确规定。根据《现金管理暂行条例》的规定，企业只能在下列范围内使用现金：

（1）职工的工资和津贴；

（2）个人的劳务报酬；

（3）根据国家规定颁发给个人的科学技术、文化艺术、体育等各种奖金；

（4）各种劳保、福利费用以及国家规定的对个人的其他支出；

（5）向个人收购农副产品和其他物资的价款；

（6）出差人员必须随身携带的差旅费；

（7）结算起点（1 000元）以下的零星支出；

（8）中国人民银行确定支付现金的其他支出。

凡不属于国家现金结算范围的支出，一律不准使用现金结算，必须通过银行办理转账结算。

《现金管理暂行条例》还规定了办理现金收支业务时应当遵循以下四项规定：

（1）开户单位的现金收入应于当日送存开户银行，当日送存困难的，由开户银行确定送存时间；

（2）开户单位支付现金，可以从本单位库存现金限额中支付或从开户银行提取，不得从本单位的现金收入中直接支付，即不得"坐支"现金，因特殊情况需要坐支现金的，应当事先报经有关部门审查批准，并在核定的坐支范围和限额内进行，同时，收支的现金必须入账；

（3）开户单位从开户银行提取现金时，应如实写明提取现金的用途，有本单位财会部门负责人签字、盖章，并经开户银行审查批准后予以支付；

（4）因采购地点不确定、交通不便、抢险救灾以及其他特殊情况必须使用现金的单位，应向开户银行提出书面申请，由本单位财会部门负责人签字，并经由开户银行审查批准后予以支付。

此外，不准用不符合国家统一会计制度规定的凭证顶替库存现金，即不得"白条顶库"；不准谎报用途套取现金；不准用银行账户代替其他单位和个人存入或支取现金；不准用单位收入的现金以个人名义存入储蓄；不准保留账外公款，即不得"公款私存"，不得设置"小金库"等。银行对于违反上述规定的单位，将按照违规金额的一定比例予以处罚。

2. 现金收支内部控制。企业必须对库存现金进行严格的管理和控制，使现金在经营过程中合理、顺畅地流转，充分发挥其使用效益，并保护库存现金安全与完整，杜绝由于盗用、挪用、侵吞等不轨行为造成的现金短缺和损失。一个完整的现金收支控制系统，应包括现金收入控制、现金支出控制和库存现金控制三方面内容。

(1) 现金收入控制。企业现金收入一方面来自现销业务，另一方面来自应收账款的回收。现金收入控制的目的，主要是保证全部现金收入无一遗漏地入账。现金收入内部控制一般包括以下六个方面措施：

第一，一切现金收入都应当开具收款收据。

第二，填制收款凭证（收据）与收款的职责应当分开，由两个以上经手人分开办理，保证销货发票金额、收据金额和入账金额完全一致。

第三，控制收据和发票的数量与编号。领用收据和发票必须由领用人签字并登记领用数量和起讫编号。收据存根由收据保管人回收，回收时要签收，回收后要负责保管。对尚未使用的空白收据要定期查对，以防止短缺或遗失。

第四，建立收据销号制度，监督收入款项的入账。根据收入现金时开出的收据存根与已入账的收据联，按编号、金额逐张核对注销。作废的收据和发票应保留，并粘贴在存根上，以保证开出的收据无一遗漏地收到了款项并且已经入账。

第五，由邮局汇入的现金，收到时应由两人同时拆封，还应设置专门的登记簿，记录汇款的来源、金额和签收等事项。

第六，一切现金收入必须于当天入账，尽可能于当天存入银行，如不能在当天存入银行，则应当次日上午送存银行。

(2) 现金支出控制。现金支出的内部控制是指在现金流出的环节对现金支出采取的管理措施，为了保证不支付任何未经有关主管认可批准付款的款项。现金支出控制包括以下六个方面措施：

第一，按规定范围使用现金。

第二，采购、出纳、记账工作必须由专人办理，不能职责不清，一人监管。

第三，签发支票、填写付款单据或支付现金，要分工办理、分工负责，相互监督。

第四，任何一项需要付款的业务都必须有原始凭证，由经办人员签字证明，分管主管审核同意并经会计人员复核认为应予付款后，出纳人员才能据以付款。

第五，付款后，出纳人员应在有关凭证上加盖"现金付讫"，并定期装订成册后由专人保管。

第六，存出保证金、押金、备用金等应定期进行核对，对于不用的保证金、押金、备用金等定期清理，及时收回。

(3) 库存现金控制。库存现金控制的目的，主要是确定合理的库存现金限额，同时保证库存现金的安全、完整。库存现金限额，是指为保证企业日常零星开支的需要，开户银行应根据企业日常现金的需要量、企业距离银行的远近以及交通便利与否等因素，核定企业库存现金的最高限额。核定的依据一般为3～5天的正常现金开支需要量，边远地区和交通不便地区最高不超过15天的现金开支需要量。企业每日结存的现金不能超过核定的库存现金限额,超过的部分必须及时送存银行;不足限额时,可签发现金支票向银行提取现金补足。

定额备用金制度与库存现金限额管理很类似。与库存现金限额管理不同的是,定额备用金的保管员并非财务部门的出纳人员,负责该部门频繁发生的小额零星开支。企业财务部门根据10天或半个月的零星开支为限,规定备用金限额,由备用金保管员专人保管。凡支出时,备用金保管员请经手人员填列备用金凭单,附上原始凭证,逐笔记入备用金备查簿。备用金快用完时,由保管员将备用金凭单及原始凭证提交财务部门,经有关人员审核后,财务部门再开出现金支票,由备用金保管员向银行兑现,补充、恢复原备用金限额。备用金保管员非财务出纳,备用金并不属于库存现金范畴,一般通过"其他应收款——备用金"账户进行会计核算,或专门设立"备用金"账户予以记录。

三、库存现金的核算

1. 现金日常收支。企业应设置"现金日记账",由出纳对现金业务进行逐日、逐笔、序时登记。每日终了,须结算当天的现金收入合计数、现金支出合计数和余额。从银行提取现金的收入数,应根据银行存款付款凭证登记,这类业务一般只编制银行付款凭证,不需再编制现金收入凭证。

每一笔现金收入和现金支出业务都必须根据审核无误的原始凭证编制记账凭证,然后据以入账。收入现金时,借记"库存现金"科目,贷记有关科目。支出现金时,贷记"库存现金"科目,借记有关科目。

【例2-1】销售A材料1 000元,增值税税率为17%,收取现金。

借:库存现金 1 170
  贷:其他业务收入——A材料 1 000
    应交税费——应交增值税(销项税额) 170

【例2-2】从银行提取现金20 000元,备发工资。

借:库存现金 20 000
  贷:银行存款 20 000

【例2-3】职工王某报销医药费500元,现金支付。

借:应付职工薪酬——职工福利 500
  贷:库存现金 500

【例2-4】采购员陈平借差旅费600元,现金支付。过后,陈平报销差旅费800元,补付200元。

借:其他应收款——陈平 600
  贷:库存现金 600
借:管理费用 800
  贷:其他应收款 600
    库存现金 200

2. 零用现金制。备用金一般通过"其他应收款"科目进行会计处理，也可以设立"备用金"科目。若备用金短缺，应按短缺金额，借记"待处理财产损溢——待处理流动资产损溢"科目；若备用金溢余，应按实际溢余金额，贷记"待处理财产损溢——待处理流动资产损溢"科目。待查明原因之后，再作相关处理。

【例2-5】某公司2×15年1月初建立定额备用金制度，根据公司零星开支发生的频繁度，设定的限额为2 000元，在每月中旬补足一次。1月中旬，备用金管理员提交备用金凭单和支出凭证如下：电话费1 120元，出租车费470元，订阅报纸杂志费350元，购买办公用品48元，备用金剩余4元，短缺8元。

①1月1日，设立备用金限额：

借：其他应收款——备用金　　　　　　　　　　　　2 000
　　贷：银行存款　　　　　　　　　　　　　　　　　　2 000

②1月15日，备用金管理员提交备用金凭单和支出凭证报销，会计部门补足备用金：

借：管理费用　　　　　　　　　　　　　　　　　　1 988
　　待处理财产损溢——待处理流动资产损溢　　　　　　8
　　贷：银行存款　　　　　　　　　　　　　　　　　　1 996

3. 现金的溢缺。库存现金以及零售商业企业的找零现金、销售收入的现金，应经常由内部审计或稽核人员加以检查。如果发现账存金额和实际金额不符，如备用金经管人员的剩余及需报销的各项收据的合计数与拨付的备用金定额不符、销货收到的现款与发票金额或收银机纸带上的金额不符等，应通过"待处理财产损溢——待处理流动资产损溢"科目加以反映，待查明原因后作如下账务处理。

（1）如为现金短缺，属于由责任人赔偿的部分，借记"其他应收款——应收现金短缺（××个人）"或"库存现金"等科目；属于保险公司赔偿部分，应借记"其他应收款——应收保险赔款"科目；属于无法查明的其他原因，根据管理权限，经批准后处理，借记"管理费用——现金短缺"科目。同时贷记"待处理财产损溢——待处理流动资产损溢"科目。

（2）如为现金溢余，属于应支付给有关人员或单位的，应借记"待处理财产损溢——待处理流动资产损溢"科目，贷记"其他应付款——应付现金溢余（××个人或单位）"科目；属于无法查明原因的现金溢余，经批准后，贷记"营业外收入——现金溢余"科目。

【例2-6】某公司2×15年8月31日发生下列部分经济业务：

①从银行提取现金1 000元。
②采购员陈平预支差旅费800元，以现金支付。
③出售边角余料一批，收到现金936元（其中价款800元、增值税136元）。
④将出售边角余料收入936元送存银行。
⑤对库存现金进行盘点，发现短款600元。经查，由于出纳张月失误造成的短缺100元，责成其赔偿，由于发放津贴时多发给职工李江的有400元，李江已

同意退还，剩余的100元原因不明。

要求：根据上述资料进行相应的账务处理。

账务处理如下：

①根据现金支票存根编制会计分录：

借：库存现金　　　　　　　　　　　　　　　　　　　1 000
　　贷：银行存款　　　　　　　　　　　　　　　　　　　1 000

②根据借款单编制会计分录：

借：其他应收款——陈平　　　　　　　　　　　　　　800
　　贷：库存现金　　　　　　　　　　　　　　　　　　　800

③根据增值税专用发票记账联编制会计分录：

借：库存现金　　　　　　　　　　　　　　　　　　　　936
　　贷：其他业务收入　　　　　　　　　　　　　　　　　800
　　　　应交税费——应交增值税（销项税额）　　　　　　136

④根据现金送款单编制会计分录：

借：银行存款　　　　　　　　　　　　　　　　　　　　936
　　贷：库存现金　　　　　　　　　　　　　　　　　　　936

⑤根据现金盘点报告表及有关批准文件编制会计分录：

借：待处理财产损溢——待处理流动资产损溢　　　　　　600
　　贷：库存现金　　　　　　　　　　　　　　　　　　　600

借：其他应收款——应收现金短缺（张月）　　　　　　　100
　　　　　　　　——应收现金短缺（李江）　　　　　　　400
　　管理费用——现金短缺　　　　　　　　　　　　　　　100
　　贷：待处理财产损溢——待处理流动资产损溢　　　　　600

【例2-7】根据〖例2-6〗中的资料登记库存现金日记账，如表2-1所示。

表2-1　　　　　　　　　库存现金日记账　　　　　　　　　单位：元

2×15年		凭证		摘要	收入	支出	结余
月	日	字	号				
8	30			承前页			6 900
	31	银付		从银行提取现金	1 000		
	31	现付		陈平预支差旅费		800	
	31	现收		出售边角余料收入	936		
	31	现付		将边角余料收入存银行		936	
	31			本日合计	1 936	1 736	7 100
	31			本月合计	92 936	92 736	7 100
	31			调整现金盘点短缺款		600	6 500

第二节 银行存款

一、银行存款的范围

银行存款是指企业存放在银行或其他金融机构的各种款项,包括人民币存款和外币存款。按照国家有关规定,凡是独立核算的单位都必须在其所在地的银行开设"银行存款"账户,并运用开户银行确定的账号进行存款、取款和各种收支转账业务的划拨结算。《银行账户管理办法》将企业事业单位的存款账户分为四类,即基本存款账户、一般存款账户、临时存款账户和专用存款账户。

基本存款账户是企业办理日常转账结算和现金收付的账户。企业发放工资、奖金等现金的支取,只能通过该账户办理。企业一般只能开立一个基本存款账户,不得在多家银行开立基本存款账户。

一般存款账户是企业在基本存款账户以外的银行借款转存、与基本存款账户不在同一地点的附属非独立核算单位的账户。存款人可以通过一般存款账户办理转账结算和现金缴存,但不能办理现金的支取。

临时存款账户是企业因临时经营活动需要开立的账户。存款人可以通过本账户办理转账结算和根据国家现金管理的规定办理现金收付。

专用存款账户是存款人因特定用途需要开立的账户。如基本建设项目专项资金、农副产品资金等,企事业单位的销售货款不得转入专用存款账户。

二、银行结算方式

企业日常生产经营活动所发生的各项往来,除按照国家规定可以使用现金结算之外,都必须按照银行有关结算制度办理转账结算。转账结算就是通过银行划拨进行往来结算,主要包括支票、银行本票、银行汇票、商业汇票、委托收款、托收承付、汇兑、信用卡和信用证九种支付结算办法。

(1) 支票。支票结算方式是由银行的存款人签发给收款人,委托开户银行见票付款的结算方式。支票是同城结算中应用比较广泛的一种结算方式。单位或个人在同一票据交换地区的各种款项结算,均可以使用支票。支票上印有"现金"字样的为现金支票,既可以用来支取现金,也可用来转账。支票上印有"转账"字样的为转账支票,只能用于转账。支票上未印有"现金"或"转账"字样的为普通支票,可以用于支取现金,也可以用于转账。在普通支票的左上角划两条平行线的为划线支票,划线支票只能用于转账,不得支取现金。支票一律记名,起点金额为100元,支票的提示付款期限为自出票日起10日内,中国人民银行另有规定的除外。

采用支票结算方式时，收款企业应在收到支票当日，填制进账单，连同支票送交开户银行，根据银行盖章退回的交款回执和有关原始凭证编制收款凭证。付款企业应根据付款支票存根和有关原始凭证编制付款凭证。

(2) 银行本票。银行本票结算方式是申请人将款项交存银行，由银行签发银行本票给申请人，申请人凭此办理转账或支取现金的结算方式。银行本票分为不定额银行本票和定额银行本票两种，定额银行本票面额为1 000元、5 000元、10 000元和50 000元。银行本票一律记名，可以背书转让，提示付款期限为自出票日起2个月。

采用这种结算方式时，收款单位按规定受理银行本票后，应将本票连同进账单送交银行办理转账，根据银行盖章退回的进账单和有关原始凭证编制收款凭证。付款单位在填送"银行本票申请书"并将款项交存银行，收到银行签发的银行本票后，根据申请书存根联编制付款凭证。

(3) 银行汇票。银行汇票结算方式是汇款人将款项交存当地银行，由银行签发汇票，汇款人持银行汇票在异地兑付银行办理转账结算或支付现金的结算方式。银行汇票具有使用灵活、票随人到、兑现性强的特点，适用于先收款后发货或钱货两清的商品交易。单位或个人的各种款项结算，均可使用银行汇票。

银行汇票适用于转账。填明"现金"字样的银行汇票也可以用于支取现金。银行汇票一律记名，付款期限为自出票日起1个月内。超过付款期限提示付款不获付款的，持票人须在票据权利时效内向出票银行做出说明，并提供本人身份证件或单位证明，持银行汇票和解讫通知向出票银行请求付款。

采用这种结算方式时，收款单位应根据银行的收账通知和有关的原始凭证，编制收款凭证。付款单位应在收到银行签发的银行汇票后，根据"银行汇票委托书（存根联）"编制付款凭证。如有多余款项或因汇票超过付款期等原因而退票时，应根据银行的多余款收账通知，编制收款凭证。

(4) 商业汇票。商业汇票结算方式是由收款人或付款人（或承兑申请人）签发商业汇票，由承兑人承兑，并于到期日通过银行向收款人或被背书人支付款项的结算方式。按承兑人不同，商业汇票可分为商业承兑汇票和银行承兑汇票。

商业承兑汇票由收款人签发，经付款人承兑，或由付款人签发并承兑。承兑时，购货方应在汇票正面记载"承兑"字样和承兑日期并签章。承兑不得附有条件，否则视为拒绝承兑。汇票到期时，付款企业的开户银行凭票将票款划给收款企业或贴现银行。汇票到期，如付款企业不能支付货款，开户银行应将汇票退还收款企业，银行不负责付款，由购销双方自行处理。

银行承兑汇票由收款人或承兑申请人签发，由银行承兑。付款单位应于汇票到期前将票款足额交存其开户银行，以备由承兑银行在汇票到期日或到期后的见票当日支付票款。到期时，承兑银行凭汇票将承兑款无条件转给收款单位。如果付款单位于汇票到期日未能足额交存票款，承兑银行除凭票向持票人无条件付款外，对付款人尚未支付的汇票金额按每日万分之五计收罚息。

商业汇票结算方式适用于同城或异地签有购销合同的商品交易。商业汇票一律记名，可以背书转让或贴现。商业汇票的付款期限由交易双方商定，但最长不得超过6个月。商业汇票的提示付款期限自汇票到期日起10日内。

采用商业承兑汇票结算方式时，收款单位将要到期的商业承兑汇票送交银行办理收款，在收到银行的收账通知后，编制收款凭证。付款单位在收到银行的付款通知后，编制付款凭证。采用银行承兑汇票结算方式时，收款单位将要到期的银行承兑汇票、解讫通知连同进账单送交银行办理转账，然后根据银行盖章退回的进账单编制收款凭证。付款单位在收到银行的付款通知后，编制付款凭证。

收款单位将未到期的商业汇票向银行申请贴现时，应按规定填制贴现凭证，连同汇票及解讫通知一并送交银行，然后根据银行的收账通知编制收款凭证。

(5) 委托收款。委托收款结算方式是收款人提供收款依据，委托银行向付款人收取款项的结算方式。这一结算方式适用于同城和异地的结算，不受金额起点限制。有邮寄和电报划回两种。

企业进行账务处理时，收款单位对于托收款项，根据银行的收款通知，据以编制收款凭证；付款单位在收到银行转来的委托收款凭证后，根据委托收款的付款通知和有关原始凭证，编制付款凭证；如在付款期满前付款，应于通知银行付款之日，编制付款凭证。如果拒付，不作账务处理。

(6) 托收承付。托收承付是根据购销合同由收款人发货后委托银行向异地付款人收取款项，由付款人向银行承认付款的结算方式。办理托收承付必须是国有企业、供销合作社以及经营管理较好并经开户银行审查同意的城乡集体所有制工业企业。

托收承付款项划回方式分为邮寄和电报两种，它的结算每笔金额起点为10 000元，新华书店系统每笔金额起点为1 000元。采用托收承付结算方式时，购销双方必须签有符合《经济合同法》的购销合同，并在合同上订明使用托收承付结算方式。按照《支付结算办法》的规定，承付货款分为验单付款与验货付款两种。验单付款是购货企业根据经济合同对银行转来的托收结算凭证、发票账单及代垫运杂费等到交易所进行审查无误后，即可承认付款。验货付款是购货企业等到货物运达企业，对其进行检验与合同完全相符后才承认付款。

(7) 汇兑。汇兑结算方式是汇款人委托银行将款项汇给外地收款人的结算方式，单位或个人的各种款项结算均可以使用。汇兑分信汇与电汇两种，适用于异地之间的各种款项的结算，这种结算方式划拨款项简便、灵活。

采用汇兑结算方式时，收款企业根据收到的银行收账通知，编制收款凭证。付款单位根据经银行办理汇款的汇款回执，编制付款凭证。

(8) 信用卡。信用卡是商业银行向个人和单位发行的，凭此向特约单位购物、消费和向银行存取现金，且具有消费信用的特制载体卡片。

信用卡按使用对象分为单位卡和个人卡；按信用等级分为金卡和普通卡。凡在中国境内金融机构开立基本存款账户的单位可申领单位卡。单位卡可申领若干张，持卡人资格由申领单位法定代表人或其委托的代理人书面指定或注销。单位卡账户资金一律从其基本存款户转账存入，不得交存现金，不得将销货收入的款项存入信用卡账户。单位卡一律不得用于 10 万元以上的商品交易、劳务供应款项的结算，且不得支取现金。凡具有完全民事行为能力的中国公民可申领个人卡，个人卡的主卡持卡人可为其配偶及年满 18 周岁的亲属申领附属卡（不得超过两张），也有权要求注销其附属卡。

信用卡在规定的限额和期限内允许善意透支。透支期限最长为 60 天。信用卡适用于同城或异地款项的结算。

（9）信用证。信用证结算方式是国际结算的一种主要方式。信用证是进口方银行应进口方要求，向出口方（受益人）开立，以受益人按规定提供单据和汇票为前提的、支付一定金额的书面承诺。

采用信用证结算方式时，收款单位（出口方）收到信用证后，即备货装运出口，签发汇票，连同信用证送交出口方银行，根据议付单据及退还信用证等有关凭证编制收款凭证。付款单位（进口方）在接到开证行的备款赎单通知后，根据付款赎回的有关单据编制付款凭证。信用证结算手续结束，如有余款，付款企业可根据收到的银行收款通知，编制收款凭证。

表 2-2 列出了各种银行结算方式的异同。

表 2-2　　　　　　各种银行结算方式的比较

结算方式	适用地域	起点	期限	可否背书	种类	备注
支票	同城异地	100 元	10 天		现金支票 转账支票 普通支票	一律记名
银行本票	同城异地	定额面额 1 000 元 5 000 元 10 000 元 50 000 元 不定额 100 元	2 个月	可	定额 不定额	一律记名，逾期后兑付银行不予受理，但签发银行可办理退款手续
银行汇票	异地	500 元	1 个月	可		一律记名，逾期汇兑付银行不予办理
商业汇票	同城异地		最长不得超过 6 个月	可	商业承兑汇票 银行承兑汇票	一律记名，必须订有购销合同商品交易
委托收款	同城异地		3 天		邮寄 电报	
异地托收承付	异地		验单付款 3 天 验货付款 10 天		邮划 电划	有经济合同的商品交易
汇兑	异地				信汇 电汇	

续表

结算方式	适用地域	起点	期限	可否背书	种类	备注
信用卡	同城异地				单位卡个人卡	
信用证	异地		6个月			

三、银行存款余额调节

为了准确掌握银行存款的实际金额，防止银行存款账目发生差错，企业应按期对账。银行存款日记账的核对主要包括三个环节：一是银行存款日记账与银行存款收、付款凭证要互相核对，做到账证相符；二是银行存款日记账与银行存款总账要互相核对，做到账账相符；三是银行存款日记账与银行开出的银行存款对账单要互相核对，以便准确地掌握企业可运用的银行存款实有数额。

实务中，造成银行存款日记账与银行存款对账单余额不符的原因主要有两类：一是企业或银行在账务处理方面发生差错，如多记、少记或漏记等；二是存在未达账项。对于记账错误，必须及时按错账更正方法进行更正；对于未达账项，则必须通过编制"银行存款余额调节表"进行处理。

未达账项，是指企业与银行之间，由于凭证传递上的时间差，一方已登记入账，而另一方尚未入账的账项。未达账项具体来说有四种情况：(1) 银行已作企业的存款增加，而企业尚未接到收款通知，因而尚未记账的款项，如托收货款和银行支付给企业的存款利息等；(2) 银行已记作企业存款减少，而企业尚未收到付款通知，因而尚未记账的款项，如银行代企业支付公用事业费用和向企业收取的借款利息等；(3) 企业已记作银行存款增加，而银行尚未办妥入账手续，如企业存入其他单位的转账支票；(4) 企业已记作银行存款减少，而银行尚未支付入账的款项，如企业已开出的转账支票而对方尚未到银行办理转账手续的款项等。

【例2-8】某企业8月31日的银行存款日记账账面余额为963 000元，银行对账单余额为1 003 000元，经逐笔核对，发现有以下未达账项：

①8月29日企业委托银行收款82 000元，银行已收款入账，企业尚未收到收款通知。

②8月29日企业开出转账支票一张33 000元，持票人尚未到银行办理结算手续。

③8月30日银行代付电费5 000元，企业尚未收到付款通知。

④8月31日企业送存银行的转账支票70 000元，银行尚未入账。

根据以上未达账项，可编制"银行存款余额调节表"，如表2-3所示。

调节后，双方余额如果不相等，表明记账有差错，需要进一步查对，找出原因，更正错误的记录；双方余额如果相等，也未必意味着双方记账绝对没有错误。

表2-3　　　　　　　　　银行存款余额调节表　　　　　　　　　单位：元

项目	金额	项目	金额
银行对账单余额	1 003 000	银行存款日记账余额	963 000
加：8月31日企业送存支票	70 000	加：8月29日银行代收款	82 000
减：8月29日企业开出支票	33 000	减：8月30日银行代付电费	5 000
调整后的余额	1 040 000	调整后的余额	1 040 000

需要说明的是，"银行存款余额调节表"主要是用来核对企业与银行双方的记账有无差错，不能作为记账的依据。对于因未达账项而使双方账面余额出现的差异，无须作账面调整，待结算凭证到达后再进行账务处理。调节后的银行存款余额，反映了企业可以动用的银行存款实有数额。

四、银行存款的核算

1. 银行存款日常收支。为了记录和反映企业银行存款的收付及结存情况，企业应设置"银行存款"科目。该科目的借方反映存款的增加，贷方反映存款的减少，期末余额在借方，反映期末存款的余额。企业将款项存入银行或其他金融机构时，借记本科目，贷记"库存现金"等科目，提取或支出时，借记"库存现金"等科目，贷记本科目。

【例2-9】向银行借入期限三年的借款50万元。

借：银行存款　　　　　　　　　　　　　　　　　　500 000
　　贷：长期借款　　　　　　　　　　　　　　　　　　500 000

【例2-10】销售甲产品20 000元，增值税税率为17%，收到转账支票一张。

借：银行存款　　　　　　　　　　　　　　　　　　23 400
　　贷：主营业务收入——甲产品　　　　　　　　　　20 000
　　　　应交税费——应交增值税（销项税额）　　　　3 400

【例2-11】收回A单位所欠货款10 000元存入银行。

借：银行存款　　　　　　　　　　　　　　　　　　10 000
　　贷：应收账款　　　　　　　　　　　　　　　　　　10 000

【例2-12】以存款缴纳所得税20 000元，增值税18 000元。

借：应交税费——应交所得税　　　　　　　　　　　20 000
　　　　　　——应交增值税　　　　　　　　　　　　18 000
　　贷：银行存款　　　　　　　　　　　　　　　　　　38 000

【例2-13】以存款偿还尚未支付给B单位的原材料价款5 000元。

借：应付账款　　　　　　　　　　　　　　　　　　5 000
　　贷：银行存款　　　　　　　　　　　　　　　　　　5 000

企业除了设置"银行存款"账户进行总分类核算外,还应根据开户银行的名称,设置银行存款日记账。银行存款日记账由企业的出纳员根据审核无误的银行存款收款凭证和付款凭证,逐日逐笔地登记入账。须注意的是,以现金存入银行的业务,应根据现金的付款凭证,记入银行存款日记账的收入栏。银行存款日记账的一般格式如表2-4所示。

表2-4 银行存款日记账

存款种类:结算户存款   第×页

2×15年		凭证		摘要	结算凭证		借方	贷方	借或贷	结余	√
月	日	字	号		种类	号数					
3	25			承前页						130 000	
	25	银收	8	产品销售收入	托收	4 256	20 000		借	150 000	
	25	银付	11	采购材料	转	50 170		24 000	借	126 000	
	26	银付	12	支付运费	转	50 171		1 000	借	125 000	
	27	银付	13	提取现金	现	40 293		20 180	借	104 820	
	27	银付	14	支付办公费	转	50 172		720	借	104 100	
	28	银收	9	收到货款	电汇		11 200		借	115 300	
	29	银收	10	产品销售收入	转	6 588	21 600		借	136 900	
	30	银付	15	支付保险费	现	40 294		8 400	借	128 500	

2. 银行存款的清查。企业应加强对银行存款的管理,并定期对银行存款进行检查,如果有确凿证据表明存在银行或其他金融机构的款项已经部分不能收回或者全部不能收回,例如,吸收存款的单位已宣告破产,其破产财产不足以清偿的部分,或者全部不能清偿的,应当作为当期损失,冲减银行存款,借记"营业外支出"科目,贷记"银行存款"科目。

　　借:营业外支出　　　　　　　　　　　　　　　×××
　　　　贷:银行存款　　　　　　　　　　　　　　　×××

【例2-14】据酒鬼酒2013年年报显示,酒鬼酒供销有限责任公司于中国农业银行华丰路支行的银行活期结算账户中的1亿元资金被非法转出,形成净损失金额为63 008 823.97元,最终记入"营业外支出——其他"科目。

第三节　其他货币资金

一、其他货币资金的类型

其他货币资金是指企业除现金、银行存款以外的其他各种货币资金。包括外埠存款、银行汇票存款、银行本票存款、信用卡存款、信用卡保证金存款、存出投资款以及在途货币资金等。

（1）外埠存款，是指企业到外地进行临时或零星采购时，汇往采购地银行开立采购专户的款项。该账户的存款不计利息，只付不收，付完清户。

（2）银行汇票存款，是指企业为取得银行汇票，按照规定存入银行的款项。企业应向银行提交"银行汇票委托书"并将款项交存开户银行。

（3）银行本票存款，是指企业为了取得银行本票，按规定存入银行的款项。企业向银行提交"银行本票申请书"并将款项交存银行。

（4）信用证保证金存款，是指采用信用证结算方式的企业为开具信用证而存入银行信用证保证金专户的存款。

（5）信用卡存款，是指企业为了取得信用卡并按规定存入银行的款项。企业申领信用卡，按规定填制申请表，并按银行要求交存备用金。

（6）存出投资款，是指企业已存入证券公司但尚未进行短期投资的资金。

（7）在途货币资金，是指企业与所属单位或上下级之间汇解款项，在月终尚未到达，处于在途的资金。

二、其他货币资金的管理

不仅库存现金、银行存款需要进行财产清查，其他货币资金也同样需要财产清查，防止业务错弊。

（1）核对各种存款日记账，查证各种专户存款开立是否必要。如外埠存款是否因临时、零星采购物资所需而开立，信用证存款是否确实因在开展进出口贸易业务中采用国际结算方式所需而开立。

（2）要求企业提供各种书面文件，查证开立各种专户存款是否经过适当的审批手续，其数额是否合理。

（3）查证各存款户支用款项是否合理，是否遵守银行的结算制度，采购业务完成之后是否及时办理结算手续，有无非法转移资金的现象。

（4）对于在途货币资金，应根据汇出单位的汇款通知书，查证在途货币资金的形成是否真实，在途货币资金发生后是否及时入账，收到在途货币资金后是否及时注销，对于长期挂账不注销或一直未收到款项的应查明原因。

三、其他货币资金的核算

为了核算各种其他货币资金，企业需设置"其他货币资金"账户，并按其内容设置"外埠存款"、"银行汇票"、"银行本票"、"存出投资款"、"信用证保证金存款"等明细账户。其他货币资金的会计处理程序一般包括以下三个方面：

（1）开立账户、存入款项、取得有关结算单据时，编制会计分录：
借：其他货币资金——×××　　　　　　　　×××

  贷：银行存款 ×××

（2）采购货物以其他货币资金进行结算时，编制会计分录：

  借：材料采购等 ×××
    应交税费——应交增值税（进项税额） ×××
   贷：其他货币资金——××× ×××

（3）结清其他货币资金相关款项时，编制会计分录：

  借：银行存款 ×××
   贷：其他货币资金——××× ×××

由于各种其他货币资金的会计处理具有相似性，这里仅以外埠存款、银行汇票存款、存出投资款为例进行说明。

【例2-15】某公司于2×15年6月7日为临时采购需要在南京工商银行开设外埠存款账户，存入5 000元。6月15日，采购员交来供货单位发票，货物金额为3 000元，增值税510元，货物尚未收到。6月20日将多余的资金1 490元转回原开户银行。所编制的会计分录如下。

①开设账户时：

  借：其他货币资金——外埠存款 5 000
   贷：银行存款 5 000

②收到供货单位发票时：

  借：材料采购 3 000
    应交税费——应交增值税（进项税额） 510
   贷：其他货币资金——外埠存款 3 510

③将多余的资金1 490元转回原开户银行时：

  借：银行存款 1 490
   贷：其他货币资金——外埠存款 1 490

【例2-16】某公司为取得银行本票将20 000元款项交给银行，并于数日后使用银行本票购买商品取得发票价税共计金额11 700元，之后将余额退还开户银行，则所编制的会计分录如下。

①取得银行本票时：

  借：其他货币资金——银行本票 20 000
   贷：银行存款 20 000

②购买商品并取得发票时：

  借：材料采购 10 000
    应交税费——应交增值税（进项税额） 1 700
   贷：其他货币资金——银行本票 11 700

③将余额退还开户银行时：

  借：银行存款 8 300
   贷：其他货币资金——银行本票 8 300

【例2-17】鹭江股份有限公司2×15年发生有关短期投资业务，编制会计分录如下。

①将结算户存款 1 000 000 元划入兴业证券公司指定账户准备进行短期股票投资。

借：其他货币资金——存出投资款　　　　　　1 000 000
　　贷：银行存款　　　　　　　　　　　　　　　　　1 000 000

②购买的股票已成交，购买成本为 800 000 元。

借：交易性金融资产　　　　　　　　　　　　　800 000
　　贷：其他货币资金——存出投资款　　　　　　　　　800 000

第四节　与《小企业会计准则》的差异

关于货币资金核算，《小企业会计准则》与《企业会计准则》的差异主要表现在以下三个方面。

1. 改变了现金短缺或溢余的核算规定。《小企业会计准则》改变了现金短缺或溢余的核算规定，不通过"待处理财产损益——待处理流动资产损益"科目过账核算，体现了《小企业会计准则》的实用性。

《小企业会计准则》规定每日终了结算现金收支、财产清查等发现的现金短缺或溢余，应当计入当期损益。如为现金短缺，属于应由责任人赔偿的部分，借记"其他应收款"或"库存现金"等科目，按实际短缺的金额扣除应收责任人赔偿的部分后的金额，借记"管理费用"科目，贷记"库存现金"科目。如为现金溢余，应按实际溢余的金额，借记"库存现金"科目，属于应支付给有关人员或单位的，贷记"其他应付款"科目，现金溢余金额超过应付给有关单位或人员的部分，贷记"营业外收入"科目。

2. 未要求单设"备用金"科目进行核算的规定。《小企业会计准则》未要求单独设置"备用金"科目进行核算，体现了《小企业会计准则》中现金核算内容的简化性。《企业会计准则》则明确规定，由企业财务部门单独拨给企业内部各单位周转使用的备用金，单独设置"备用金"科目核算。

3. 取消了不能收回银行存款的核算规定。《小企业会计准则》未规定不能收回银行存款的核算规定，体现了《小企业会计准则》中银行存款核算内容的简便性。

思　考　题

1. 根据《现金管理暂行条例》的规定，开户单位可在哪些范围内使用库存现金？

2. 所谓未达账项，是指一方已经登记入账而另一方尚未登记入账的款项。请问未达账项具体有哪些情况？

习 题

练习货币资金结算业务的核算：根据下列红旗厂（小规模纳税人）货币资金结算业务编制会计分录。

1. 4月1日，组织职工听"技术报告"，报销市内交通费90元，出纳员以现金付讫。
2. 4月2日，采购员王信去上海采购材料，经银行同意开出信汇结算凭证，委托银行汇往上海光大银行建国路支行20 000元，开立采购账户。
3. 4月4日，采购员张立去南京仪表厂购买材料，采用银行汇票结算方式，填写"银行汇票委托书"向银行申请签发银行汇票，签发金额为5 000元。
4. 4月6日，采购员王开去市五金公司购买小五金（低值易耗品），填写"银行本票申请书"，交银行签发银行本票，面额为400元。10日，王开从市五金公司购入小五金一批，货款380元，银行本票多余额20元退回现金。五金已入库。
5. 4月12日，采购员张立回厂，报销从南京仪表厂购买原材料货款和运费共4 500元。材料已验收入库。4月15日，银行传来银行汇票第四联（余款收账通知），南京仪表厂退回银行汇票多余款500元已收存银行。
6. 4月17日，采购员王信回厂，买回原材料一批，共计19 000元，已验收入库。同日，银行通知，采购专户余额1 000元也已划回本厂结算户。
7. 4月20日，开出转账支票，付给市文化用品公司购办公用品款810元。
8. 4月20日，出售柴油机25台，货款53 000元（含增值税3 000元），收转账支票，随即到开户银行办妥了进账手续。
9. 4月23日，发往上海机械厂10台柴油机，每台2 120元（含增值税120元），开出转账支票代垫运杂费1 000元，当即填写托收承付结算凭证，共托收22 200元。

第三章 应收款项

学习目标
1. 了解应收票据的概念、种类和计价。
2. 了解应收账款、其他应收款和预付账款的概念。
3. 掌握带息应收票据的账务处理和应收票据贴现的账务处理。
4. 掌握商业折扣和现金折扣的账务处理。
5. 掌握应收款项减值损失的确认和账务处理。

第一节 应收票据

一、应收票据的分类

票据是证明债权债务信用契约的存在而依一定的形式拟订的书面文件,是出票人在特定日期无条件支付一定金额给持票人的书面承诺。企业的应收票据多数是因销售商品、提供劳务产生的,如客户要求延长应付账款付款期而开具票据,或因销货数额与风险很大而开具票据。此外,还有非因销售商品、提供劳务而产生的票据,如贷款给关联企业、企业职工及因出售厂房设备等。我国的应收票据主要指短期的商业汇票,与应收票据对应的是应付票据则长短期都有。

根据承兑人不同,商业汇票分为商业承兑汇票和银行承兑汇票。商业承兑汇票是指由付款人签发并承兑,或由收款人签发交由付款人承兑的汇票。银行承兑汇票是指由在承兑银行开立存款账户的存款人(这里也是出票人)签发,由承兑银行承兑的票据。

应收票据按是否计息分为带息票据和不带息票据。带息票据是指商业汇票到期时,承兑人除向收款人或被背书人支付票面金额外,还应按票面金额和票据规定的利息率支付自票据生效日起至票据到期日止的利息的票据。不带息票据是指商业汇票到期时,承兑人只按票面金额向收款人或被背书人支付款项的票据。不带息票据票面没有注明利率,票据到期值等于其面值。

按票据"是否带有追索权"可以分为带追索权的商业汇票和不带追索权的商业汇票。追索权是指企业在转让票据的情况下,当票据遭拒付或逾期时,向该票据的转让方索取应收金额的权利。商业承兑票据到期不获付款的,持票人可以对背书人、承兑人以及票据的其他债务人(如票据保证人等)行使追索取。

二、应收票据计价及到期日确定

收款人实际收到票据时,无论带息还是不带息都按票据面值入账。但对于带息票据,应于期末(中期期末和年度终了)按应收票据面值和票面利率计提利息,计提的应收利息应增加应收票据账面余额或单独反映。现行企业会计准则要求将票据利息直接增加应收票据的账面余额。

应收票据到期日的确定有两种方式:按月计算和按日计算。按月计算时应以到期月份与出票日同一天为票据到期日。例如,4月15日签发的3个月票据,到期日应为7月15日。月末签发的票据,不论月份大小,以到期月份的月末那一天为到期日。与此同时,计算利息的利率,要换算成月利率。按日计算时应以出票日起按实际经过天数扣足为止。习惯上,出票日和到期日只算一天,算头不算尾。

三、应收票据的账务处理

为了反映和监督应收票据取得、票款收回等经济业务,企业应当设置"应收票据"科目,借方登记取得的应收票据面值,贷方登记到期收回票据款或到期前向银行贴现的应收票据票面余额,期末余额在借方,反映企业持有的商业汇票票面金额。

1. 取得应收票据。应收票据取得的原因不同,其会计处理也有所区别。因债务人抵偿前欠货款而取得的应收票据,借记"应收票据"科目,贷记"应收账款"科目;因企业销售商品、提供劳务等而收到开出、承兑的商业汇票,借记"应收票据"科目,贷记"主营业务收入"、"应交税费——应交增值税(销项税额)"等科目。商业汇票收回款项时,应按实际收到的金额,借记"银行存款"等科目,贷记"应收票据"科目。

【例3-1】甲公司2×15年3月1日向乙公司销售一批商品,货款为1 500 000元,尚未收到,已办妥手续,适用的增值税税率为17%。则甲公司编制如下会计分录:

借:应收账款   1 755 000
    贷:主营业务收入   1 500 000
        应交税费——应交增值税(销项税额)   255 000

3月15日,甲公司收到乙公司寄来的一张3个月期的银行承兑汇票,面值为1 755 000元,抵付产品货款。甲公司应编制如下会计分录:

借:应收票据   1 755 000
    贷:应收账款   1 755 000

在本例中，乙公司用银行承兑汇票抵偿之前欠的货款 1 755 000 元，应借记"应付票据"科目，贷记"应付账款"科目。

到期收回应收票据，按实际收到的金额，借记"银行存款"科目，按应收票据的账面余额，贷记"应收票据"科目，按其差额，贷记"财务费用"科目。到期因付款人无力支付票款，收到银行退回的商业承兑汇票、委托收款凭证、未付票款通知书或拒绝付款证明等，按应收票据的账面余额，借记"应收账款"科目，贷记"应收票据"科目。到期不能收回的带息应收票据，转入"应收账款"科目核算后，期末不再计提利息，其应计提的利息，在有关备查簿中进行登记，待实际收到时冲减收到当期的财务费用。

6 月 15 日，甲公司上述应收票据到期，收回票面金额 1 755 000 元存入银行。甲公司应编制如下会计分录：

借：银行存款　　　　　　　　　　　　　1 755 000
　　贷：应收票据　　　　　　　　　　　　　　1 755 000

2. 应收票据计息。商业汇票分为带息商业汇票和不带息商业汇票。对于不带息商业汇票，持有期间不作任何处理。等票据到期收回时，按票据面值，借记"银行存款"科目，贷记"应收票据"科目。对于带息商业汇票，持有期间应该在年末和中期期末（月末、季度末或者半年末）计提利息。期末计提利息时，按票面面值与票面利率计算出的利息额，借记"应收票据"科目，贷记"财务费用"科目。票据到期，收到票据款，借记"银行存款"科目，贷记"应收票据"科目。

3. 票据转让。实务中，企业可以将自己持有的商业汇票背书转让。背书是指在票据背面或者粘单上记载有关事项并签章的票据行为。背书转让的，背书人应当承担票据责任。通常情况下，企业持有的商业汇票背书转让以取得所需物资时，按应计入取得物资的成本的金额，借记"材料采购"或"原材料"、"库存商品"等科目，按专用发票上注明的可抵扣增值税，借记"应交税费——应交增值税（进项税额）"科目，按商业汇票票面金额，贷记"应收票据"科目，如有差额，借记或贷记"银行存款"等科目。

【例 3-2】承【例 3-1】，假定甲公司 4 月 15 日将上述应收票据背书转让，以取得生产经营所需的 A 种材料，该材料价款为 1 500 000 元，适用的增值税税率为 17%。甲公司应编制如下会计分录：

借：原材料　　　　　　　　　　　　　　1 500 000
　　应交税费——应交增值税（进项税额）　　255 000
　　贷：应收票据　　　　　　　　　　　　　　1 755 000

4. 票据贴现。企业持有的商业汇票在到期前，如果需要提前取得资金，可将未到期的商业汇票向银行申请贴现。所谓"贴现"，是指票据持有人将票据背书转让给银行，银行受理后，从票据到期值中扣除按银行贴现率计算的贴现利息后，将余额付给持票人，作为银行对企业的短期贷款。票据贴现实质上是企业融通资金的一种形式，背书的应收票据就是该项贷款的担保品。

贴现息 = 票据到期值 × 贴现率 × 贴限期

贴现所得额 = 票据到期值 - 贴现息

对于票据贴现，企业通常应按实际收到金额，借记"银行存款"科目，按贴现息，借记"财务费用"科目，按应收票据票面价值（贴现时的账面价值），贷记"应收票据"科目。

(1) 不带息应收票据贴现。

【例3-3】甲企业因急需资金，将一张面值为10 000元、3个月期的无息票据提前2个月向银行办理贴现，出票日为9月1日，到期日为12月1日，假设银行贴现利率为9%，该票据到期值、贴现息和贴现所得额计算为：

票据到期值 = 票据面值 = 10 000（元）

贴现息 = 10 000 × 9% × 2/12 = 150（元）

贴现所得额 = 10 000 - 150 = 9 850（元）

根据上述计算结果和收款通知，编制记账凭证，作会计分录如下：

借：银行存款　　　　　　　　　　　　　　　　　9 850
　　财务费用　　　　　　　　　　　　　　　　　　150
　　贷：应收票据　　　　　　　　　　　　　　　　　　10 000

(2) 带息应收票据贴现。企业将带息票据向银行贴现时，票据到期本息之和扣除贴现息的余额，就是贴现所得额。如贴现息大于票据到期利息，其差额作为利息支出；如贴现息小于票面到期利息，其差额则作为利息收入。

【例3-4】甲企业收到天祥公司8月15日开出的到期日为11月13日的银行承兑汇票，面值为30 000元，票面利率为9%。因资金急需，于10月14日经背书后到银行办理贴现，银行贴现率为12%。

此票据到期日为11月13日，贴现期从10月14日起至11月13日共计30天。该票据到期值、贴现息和贴现所得额的计算如下：

票据到期值 = 30 000 × (1 + 9% × 90/360) = 30 675（元）

贴现息 = 30 675 × 12% × 30/360 = 306.75（元）

贴现所得额 = 30 675 - 306.75 = 30 368.25（元）

现在会计准则将应收票据贴现分为附追索权和不附追索权的票据贴现，两者会计处理是不一致的。不附追索权，相当于出售应收票据，到期承兑人不付款时，被贴现人无权要求企业归还贴现款，应终止确认金融资产。

假设天祥公司开具的这张银行承兑汇票是不带追索权，则根据上述计算结果，甲公司贴现票据应编制会计分录如下：

借：银行存款　　　　　　　　　　　　　　　　　30 368.25
　　贷：应收票据　　　　　　　　　　　　　　　　　　30 000
　　　　财务费用　　　　　　　　　　　　　　　　　　368.25

若应收票据的贴现是附追索权，相当于利用票据进行抵押贷款，到期承兑人不付款时，被贴现人有权要求企业归还贴现款，不应终止确认金融资产。在应收票据贴现时，按实际收到的金额，借记"银行存款"科目，贷记"短期借款"

科目。到期承兑人无法偿还票据款，被贴现人要求退回款项并支付相应利息时，按贴现所得额，借记"短期借款"科目，按实际应支付的款项及利息，贷记"银行存款"科目，两者的差额，借记"财务费用"科目。到期承兑人按时偿还了票据款，按贴现所得额，借记"短期借款"科目，按应收票据票据价值，贷记"应收票据"科目，两者差额，借记或贷记"财务费用"科目①。

假设〖例3-4〗中，天祥公司开具的银行承兑汇票是附追索权的，则甲公司在贴现票据时的会计处理为：

借：银行存款　　　　　　　　　　　　　30 368.25
　　贷：短期借款　　　　　　　　　　　　30 368.25

假设11月13日，天祥公司因户头存款不足，银行要求甲公司退回贴现款并支付相应利息，甲公司支付了相应款项及利息，此时的会计处理为：

借：短期借款　　　　　　　　　　　　　30 368.25
　　财务费用　　　　　　　　　　　　　　 306.75
　　贷：银行存款　　　　　　　　　　　　30 675

假设11月13日到期天祥公司已足额支付了相应款项和利息，会计处理为：

借：短期借款　　　　　　　　　　　　　30 368.25
　　贷：应收票据　　　　　　　　　　　　30 000
　　　　财务费用　　　　　　　　　　　　 368.25

第二节　应 收 账 款

一、应收账款的内容

应收账款是指企业因销售商品、提供劳务等经营活动，应收购货单位或接受劳务单位的款项，主要包括企业销售商品或提供劳务等应向有关债权人收取的价款及代购货单位垫付的包装费、运杂费等。不包括应收职工欠款、应收债务人的利息、应收股利等其他应收款项；不包括长期债权，如购买的长期债券等；不包括本企业付出的各类存出保证金，如租入包装物保证金等。

二、应收账款的确认和计量

应收账款的确认时间与赊销收入的确认时间一致。根据会计准则的规定，应

---

① 对于应收票据贴现，实务中还有一种处理方法，就是票据贴现时，按票据的到期值确认短期借款的金额。在应收票据贴现时，按实际收到的金额，借记"银行存款"科目，按票据到期值，贷记"短期借款"科目，两者差额，借记或贷记"财务费用"科目。到期承兑人无法偿还票据款，被贴现人要求退回款项并支付相应利息时，按退回金额，借记"短期借款"科目，贷记"银行存款"科目。到期承兑人按时偿还了票据款，按票据到期值，借记"短期借款"科目，贷记"应收票据"科目。

收账款包括销售商品收入、增值税销项税额和代购货方垫付的运杂费三部分。企业应当按照从购货方已收或应收合同或协议价款确定销售商品收入金额，但已收或应收合同或协议价款不公允的除外。合同或协议价款的收取采用递延方式（即分期收款销售），实质上具有融资性质的，应当按照应收的合同或协议价款的公允价值确定销售商品收入金额。应收的合同或协议价款与其公允价值之间的差额，应当在合同或协议期间内采用实际利率法进行摊销，计入当期损益。

三、应收账款的账务处理

1. 应收账款的取得与收回。为了反映和监督应收账款的增减变动及结存情况，企业应设置"应收账款"科目，反映企业尚未收回的应收账款。借方登记应收账款的增加，贷方登记应收款的减少，例如应收账款回款、应收账款转为应收票据。

【例3-5】甲公司采用托收承付结算方式向乙公司销售商品一批，货款为300 000元，增值税税额为51 000元，以银行存款代垫运杂费6 000元，已办理托收手续。甲公司应编制如下会计分录：

借：应收账款　　　　　　　　　　　　　　　　　　357 000
　　贷：主营业务收入　　　　　　　　　　　　　　　300 000
　　　　应交税费——应交增值税（销项税额）　　　　51 000
　　　　银行存款　　　　　　　　　　　　　　　　　6 000

需要说明的是，企业代购货单位垫付包装费、运杂费也应计入应收账款，通过"应收账款"科目核算。

甲公司实际收到款项时，应编制如下会计分录：

借：银行存款　　　　　　　　　　　　　　　　　　357 000
　　贷：应收账款　　　　　　　　　　　　　　　　　357 000

企业应收账款改用应收票据核算，在收到承兑的商业汇票时，借记"应收票据"科目，贷记"应收账款"科目。

【例3-6】甲公司收到丙公司交来商业承兑汇票一张，面值10 000元，用于偿还其前欠货款。甲公司应编制如下会计分录：

借：应收票据　　　　　　　　　　　　　　　　　　10 000
　　贷：应收账款　　　　　　　　　　　　　　　　　10 000

2. 商业折扣与现金折扣。商业折扣是指卖方视买方购买数量之多少而给予的售价上的优惠。企业利用商业折扣可方便定价，可根据经济情况的变动随时调整价格，不必经常变更商品单价，更重要的一点是不让竞争对手知道企业实际价格。例如，某商品单价为80元，若购买100件，则给予折扣20%，则100件商品的实际成交价格为6 400元（80×80%×100）。由于商业折扣在交易成立及实际付款之前已经扣除，因此，对应收账款和营业收入均不产生影响，账务处理是按照商品定价扣除商业折扣后的净额入账。

现金折扣，是指卖方为鼓励买方在规定的期限内付款提供的一种优惠。现金折扣的多少取决于买方付款时间早晚。例如"2/10、n/30"，意味着10天之内付款，可享受2%的折扣，超过10天无折扣，30天内付全款。

现金折扣帮助销售企业加速收账速度，减少信用风险，本质上是卖方对买方提供融资帮助的利息。上述"2/10、n/30"的信用条件相当于买方可以有10天免息使用成交价格98%的资金，超过10天后，20天以内的融资成本是2%，换算成年化利率为36%（2/20×360）。因此，买方放弃现金折扣的代价是非常昂贵的。明智的买方宁可用较低的银行借款利率融资，提早付款享受价格优惠，也不会放弃现金折扣。

现金折扣发生在交易发生之后，应收账款和营业收入是以总价入账还是以扣除现金折扣的净价入账，有两种账务处理方法：(1) 总价法，以总价入账，现金折扣作为提前回笼资金的代价，作为"财务费用"列支；(2) 净价法，按扣除现金折扣的净价入账，买方放弃现金折扣则冲减"财务费用"。

【例3-7】 某公司于2×15年12月28日赊销商品2 000元，增值税税率为17%，信用条件"2/10、n/30"（折扣不考虑增值税），按总价法和净价法的账务处理对比如表3-1所示。

表3-1　　　　　　　　　总价法和净价法的账务处理对比

总价法	净价法
(1) 赊销交易发生时	
借：应收账款　　　　　　　　　2 340 　　贷：主营业务收入　　　　　　2 000 　　　　应交税费 　　　　——应交增值税（销项税额）340	借：应收账款　　　　　　　　　2 300 　　贷：主营业务收入　　　　　　1 960 　　　　应交税费 　　　　——应交增值税（销项税额）340
(2) 若客户在10天内付款	
借：银行存款　　　　　　　　　2 300 　　财务费用　　　　　　　　　　40 　　贷：应收账款　　　　　　　　2 340	借：银行存款　　　　　　　　　2 300 　　贷：应收账款　　　　　　　　2 300
(3) 若客户超过折扣期付款	
借：银行存款　　　　　　　　　2 340 　　贷：应收账款　　　　　　　　2 340	借：银行存款　　　　　　　　　2 340 　　贷：应收账款　　　　　　　　2 300 　　　　财务费用　　　　　　　　40

净价法理论上比较合理，但是实务操作上却比较麻烦，需要分析原账册记录，比较费时。总价法销货时直接按发票总额入账，使账务处理简便易行，缺点是如果客户跨期享受现金折扣，列支的财务费用没有能与前期的收入相配比。我国会计准则要求对于现金折扣采用总价法进行账务处理。

3. 销售退回与折让。销售退回与折让是指由于质量、到货时间、品种等不符合要求等原因而被购买方退回的商品在价格上给予的折扣。销货退回与折让有两种核算方法：(1) 直接冲销法，指发生销货退回与折让时直接冲销当期销售收入，不论销货退回与折让的销售是否是以前年度销售；(2) 备抵法，指发生销货退回与折让时记入"应收账款"的备抵账户"销货退回与折让"。结合税法规定，我国《企业会计准则》对销售退回与折让的账务处理基本属于第一种。

(1) 销售折让。企业已经确认销售商品收入的售出商品发生的销售折让，应当在发生时冲减当期销售商品收入。

【例3-8】甲公司销售一批商品给乙公司，增值税发票上的售价为80 000元，增值税税额为13 600元。该批商品成本为56 000元。货到后买方发现商品质量不合格，要求在价格上给予5%的折让。

①销售实现时，甲公司应作如下会计分录：

借：应收账款——乙公司　　　　　　　　　　　　　　93 600
　　贷：主营业务收入　　　　　　　　　　　　　　　　　80 000
　　　　应交税费——应交增值税（销项税额）　　　　　13 600
借：主营业务成本　　　　　　　　　　　　　　　　　　56 000
　　贷：库存商品　　　　　　　　　　　　　　　　　　　56 000

②发生销售折让时：

借：主营业务收入　　　　　　　　　　　　　　　　　　 4 000
　　应交税费——应交增值税（销项税额）　　　　　　　　 680
　　贷：应收账款——乙公司　　　　　　　　　　　　　　4 680

③实际收到款项时：

借：银行存款　　　　　　　　　　　　　　　　　　　　88 920
　　贷：应收账款——乙公司　　　　　　　　　　　　　 88 920

(2) 未确认销售收入的发出商品退回。未确认销售收入的发出商品退回，只需将已记入"发出商品"、"委托代销商品"等科目的商品成本转回即可，发出商品被退回时，应按其成本，借记"库存商品"科目，贷记"发出商品"、"委托代销商品"等科目。

(3) 已确认收入的销售退回。

第一，不属于资产负债表日后事项。发生在企业确认销售收入之后销售退回，则不论是当年销售的，还是以前年度销售的，除非发生在资产负债表日后涵盖期间，一律冲减退回月份的销售收入。已结转了销售成本的，还应同时冲减退回月份的销售成本，销售退回所涉及的增值税销项税额用红字冲减"应交税费——应交增值税"账户的"销项税额"专栏。

【例3-9】甲公司销售一批商品给乙公司，增值税发票上的售价为80 000元，增值税税额为13 600元。该批商品成本为56 000元。货到后买方发现商品质量不合格，乙公司要求退货，假定销售退回不属于资产负债表日后事项。

①销售实现时，甲公司应作如下会计分录：

借：应收账款——乙公司　　　　　　　　　　　　　　93 600

贷：主营业务收入		80 000
应交税费——应交增值税（销项税额）		13 600
借：主营业务成本	56 000	
贷：库存商品		56 000

②发出销售退回时：

借：主营业务收入	80 000	
应交税费——应交增值税（销项税额）	13 600	
贷：应收账款——乙公司		93 600
借：库存商品	56 000	
贷：主营业务成本		56 000

第二，属于资产负债表日后事项。资产负债表日后、法定汇算清缴之前发生的销售退回，应调整报告年度利润表的收入、成本等，并相应调整报告年度的应纳税所得额以及报告年度应缴纳的所得税等，通过"以前年度损益调整"科目进行账务处理。

【例3-10】甲公司2×14年12月20日销售一批商品给丙企业，取得收入100 000元（不含税，增值税税率为17%）。甲公司发出商品后，按照正常情况已确认收入，并结转成本80 000元。此笔货款到年末尚未收到，甲公司按应收账款的4%计提了坏账准则4 680元。2×15年1月18日，由于产品质量问题，该批货物被退回。按税法规定，并经税务机关批准，在应收款项余额0.5%的范围内计提的坏账准备可以在税前扣除，本年度除应收丙企业账款计提的坏账准备外，无其他纳税调整事项。企业于2×15年2月28日完成2×14年所得税汇算清缴。法定汇算清缴日是5月31日。财务报告批准报出日为2×15年3月31日，按10%计提法定盈余公积，2×14年适用企业所得税税率为25%。

本例中，销售退回业务发生在资产负债表日后事项涵盖期间内，并在法定汇算清缴期之前。

甲公司的账务处理如下：

①2×15年1月18日，根据甲公司所在地国税机关出具的《开具红字增值税专用发票通知单》，开具负数的防伪税控系统增值税专用发票，调整销售收入，并作会计分录如下：

借：以前年度损益调整	100 000	
应交税费——应交增值税（销项税额）	17 000	
贷：应收账款		117 000

②调整坏账准备余额时：

借：坏账准备	4 680	
贷：以前年度损益调整		4 680

③调整销售成本时：

借：库存商品	80 000	
贷：以前年度损益调整		80 000

④调整应缴纳的所得税时:

借:应交税费——应交所得税
　　　[(100 000 - 80 000 - 117 000 × 0.5%) × 25%]　　　　4 853.75
　　贷:以前年度损益调整　　　　　　　　　　　　　　　　　4 853.75

⑤调整已确认的递延所得税资产时:

借:以前年度损益调整　　　　　　　　　　　　　　　　　　1 023.75
　　贷:递延所得税资产
　　　[(4 680 - 117 000 × 0.5%) × 25%]　　　　　　　　　　1 023.75

⑥将"以前年度损益调整"科目余额转入未分配利润时:

借:利润分配——未分配利润　　　　　　　　　　　　　　　11 490
　　贷:以前年度损益调整　　　　　　　　　　　　　　　　　11 490

⑦调整盈余公积时:

借:盈余公积　　　　　　　　　　　　　　　　　　　　　　1 149
　　贷:利润分配——未分配利润　　　　　　　　　　　　　　1 149

财务报告批准报出日一般早于法定汇算清缴日。报告年度汇算清缴后的销售退回,根据《企业所得税法》、《关于确认企业所得税收入若干问题的通知》的规定,应当在发生当期冲减当期销售商品收入。

第三节　其他应收款

一、其他应收款的内容

其他应收款是指企业除应收票据、应收账款、预付账款等以外的其他各种应收及暂付款项。其主要内容包括:

(1) 应收各种赔款、罚款,如因企业财产等遭受以外损失而应向有关保险公司收取的赔款等;

(2) 应收出租包装物租金;

(3) 应向职工收取的各种垫付款项,如为职工垫付的水电费、应由职工负担的医药费、房租费等;

(4) 存出保证金,如租入包装物支付的押金;

(5) 其他各种应收、暂时款项等。

二、其他应收款的账务处理

为了反映和监督其他应收款项的增减变动及结存情况,企业应当设置"其他应收款"科目进行核算。"其他应收款"科目的借方登记其他应收款的增加,贷方登记其他应收款的收回,期末余额一般在借方,反映企业尚未收回的其他应收款项。

【例3-11】甲公司在采购过程中发生材料毁损,按保险合同规定,应由保险公司赔偿损失30 000元,赔偿款尚未收到,甲公司对原材料采用实际成本法核算,甲公司应编制如下会计分录:

借:其他应收款——保险公司　　　　　　　　　　　　30 000
　　贷:在途物资　　　　　　　　　　　　　　　　　　　　30 000

【例3-12】承〖例3-11〗,上述保险公司赔款如数收到,应编制如下会计分录:

借:银行存款　　　　　　　　　　　　　　　　　　　　30 000
　　贷:其他应收款——保险公司　　　　　　　　　　　　　　30 000

【例3-13】甲公司以银行存款替副总经理万林垫付应由其个人负担的医疗费5 000元,拟从其工资中扣回,应编制如下会计分录:

①垫付时:

借:其他应收款——万林　　　　　　　　　　　　　　5 000
　　贷:银行存款　　　　　　　　　　　　　　　　　　　　5 000

②扣款时:

借:应付职工薪酬　　　　　　　　　　　　　　　　　　5 000
　　贷:其他应收款——万林　　　　　　　　　　　　　　　5 000

【例3-14】甲公司租入包装物一批,以银行存款向出租方支付押金10 000元,应编制如下会计分录:

借:其他应收款——存出保证金　　　　　　　　　　　10 000
　　贷:银行存款　　　　　　　　　　　　　　　　　　　　10 000

【例3-15】承〖例3-14〗,租入包装物按期如数退回甲公司收到出租方退还的押金10 000元,已存入银行,应编制如下会计分录:

借:银行存款　　　　　　　　　　　　　　　　　　　　10 000
　　贷:其他应收款——存出保证金　　　　　　　　　　　　10 000

第四节　预付账款

一、预付账款的含义

预付账款是指企业按照合同规定预付的款项。为了反映和监督预付账款的增减变动及其结存情况,企业应当设置"预付账款"科目。"预付账款"科目的借方登记预付的款项及补付的款项,贷方登记收到所购物资时根据有关发票账单记入"原材料"等科目的金额及收回多付款项的金额,期末余额在借方,反映企业实际预付的款项;期末余额在贷方,则反映企业应付或应补付的款项。预付款项情况不多的企业,可以不设置"预付账款"科目,而将预付的款项通过"应付账款"科目核算。

二、预付账款的账务处理

企业根据购货合同的规定向供应单位预付款项时,借记"预付账款"科目,贷记"银行存款"科目;企业收到所购物资,按应计入物资成本的金额,借记"原材料"或"库存商品"科目,按相应的增值税进项税额,借记"应交税费——应交增值税(进项税额)"等科目,贷记"预付账款"科目;当预付价款小于采购货物所需支付的款项时,应将不足部分补付,借记"预付账款"科目,贷记"银行存款"科目;当预付价款大于采购货物所需支付的款项时,对收回的多余款项,应借记"银行存款"科目,贷记"预付账款"科目。

【例3-16】甲公司向乙公司采购材料5 000千克,每千克单价10元,所需支付的价款总计50 000元。按照合同规定向乙公司预付价款的50%,验收货物后补付其余款项。

甲公司应编制如下会计分录。

①预付50%的价款时:

借:预付账款——乙公司　　　　　　　　　　　　　　25 000
　　贷:银行存款　　　　　　　　　　　　　　　　　　　25 000

②收到乙公司发来的5 000千克材料,验收无误。增值税专用发票上记载的价款为50 000元,增值税税额为8 500元,以银行存款补付所欠款项。甲公司应编制如下会计分录:

借:原材料　　　　　　　　　　　　　　　　　　　　50 000
　　应交税费——应交增值税(进项税额)　　　　　　　 8 500
　　贷:预付账款——乙公司　　　　　　　　　　　　　25 000
　　　　银行存款　　　　　　　　　　　　　　　　　　33 500

第五节　应收款项减值

一、应收款项减值损失的确认

企业应收票据、应收账款、其他应收款、预付账款等应收款项,可能会因购货人拒付、破产、死亡等原因而无法收回,这类无法收回的应收款项就是坏账。因坏账而遭受的损失为坏账损失。企业应当在资产负债表日对应收款项的账面价值进行检查,有客观证据表明该应收款项发生减值的,应当将该应收款项的账面价值减记至预计未来现金流量现值,减记的金额确认为减值损失,计提坏账准备。确定应收款项减值有两种方法,即直接转销法和备抵法,我国企业会计准则规定只能采用备抵法确定应收款项的减值,不得采用直接转销法。

1. 直接转销法。采用直接转销法时,日常核算中应收款项可能发生的坏账损失不予考虑,只有在实际发生坏账时,才作为损失计入当期损益,同时冲销应收款项,即:借记"资产减值损失"科目,贷记"应收账款"科目。

【例3-17】某企业2×13年发生的销售给乙公司的一笔20 000元的应收账款,长期无法收回,于2×15年年末确认为坏账,2×15年年末该企业编制如下会计分录:

借:资产减值损失——坏账损失　　　　　　　　　　20 000
　　贷:应收账款——乙公司　　　　　　　　　　　　　20 000

这种方法的优点是账务处理简单、实用,其缺点是不符合权责发生制和收入与费用相互配比的会计原则。在这种方法下,只有坏账已经发生时,才能将其确认为当期费用,导致各期收益不实;另外,在资产负债表中,应收账款是按其账面余额而不是按净额反映,这在一定程度上歪曲了期末的财务状况。因此,一般不采用直接转销法。

2. 备抵法。备抵法是采用一定的方法按期估计坏账损失,计入当期费用,同时建立坏账准备,待坏账实际发生时,冲销已提的坏账准备和相应的应收款项。采用这种方法,坏账损失计入同一期间的损益,体现了配比原则的要求,避免了企业明盈实亏;在报表中列示应收款项净额,使报表使用者能了解企业应收款项的可变现金额。

二、应收款项减值的账务处理

备抵法核算应收款项减值,企业应当设置"坏账准备"科目,核算应收款项的坏账准备计提、转销等情况。"坏账准备"科目的贷方登记当期计提的坏账准备金额,借方登记实际发生的坏账金额和冲减的坏账准备金额,期末余额一般在贷方,反映企业已计提但尚未转销的坏账准备。企业当期计提的坏账准备应当计入资产减值损失。

企业计提坏账准备时,按应减记的金额,借记"资产减值损失——计提的坏账准备"科目,贷记"坏账准备"科目。冲减多计提的坏账准备时,借记"坏账准备"科目,贷记"资产减值损失——计提的坏账准备"科目。企业实际发生坏账损失时,借记"坏账准备"科目,贷记"应收账款"、"其他应收款"等科目。

在备抵法下,企业应当根据实际情况合理估计当期坏账损失金额。由于企业发生坏账损失带有很大的不确定性,所以只能以过去的经验为基础,参照当前的信用政策、经济环境和市场行情确定当期减值损失金额,计入当期损益。常用的坏账准备计提方法有赊销净额百分比法和应收款项余额百分比法,根据现行《企业会计准则》，我国企业采用备抵法中的应收款项余额百分比法。

1. 赊销净额百分比法。企业当期的赊销业务越多，产生坏账损失的可能性就越大。因此，赊销百分比法根据过去的经验和当前有关信息，估计坏账损失与赊销净额之间的比率，再用这一比率乘以当期赊销净额，计量计入当期损益的坏账损失的金额。赊销净额是一个期间数字，即一定期间的累计发生额，因此，与之相关的坏账损失也是一个期间数字，应全部作为期间费用，以便在确定期间损益时与当期销售收入相配比。赊销百分比法着眼于损益表的正确性，强调收入与费用的正确配比。

【例3-18】甲公司2×14年度赊销净额为70 000 000元，根据历史经验并参照当前有关情况，确定坏账损失约占赊销净额的2%，故当年应估计入账的坏账损失为1 400 000元（70 000 000×2%）。2×15年确认一笔销售给乙公司的800 000元的应收账款为坏账。相应的账务处理如下。

①2×14年确认坏账损失：

借：资产减值损失——计提的坏账准备　　　　　1 400 000
　　贷：坏账准备　　　　　　　　　　　　　　　　1 400 000

②2×15年核销坏账：

借：坏账准备　　　　　　　　　　　　　　　　　800 000
　　贷：应收账款——乙公司　　　　　　　　　　　　800 000

2. 应收款项余额百分比法。企业期末应收款项余额越大，产生坏账的风险也就越高。因此，应收款项余额百分比法根据过去的经验和当前有关信息估计一个坏账准备率，以该坏账损失率乘以应收款项的余额作为"坏账准备"期末余额。"坏账准备"期末余额与"坏账准备"未经调整的余额的差额就是计入（或冲减）当期损益的坏账损失。应收款项余额百分比法着眼于资产负债表的真实性，强调在资产负债表中应能反映应收款项的可实现净值（应收款项余额减坏账准备），因而通常又称"资产负债表法"。根据估计坏账损失的方法的不同，应收款项余额百分比法又分为综合比率法和账龄分析法两种。

（1）综合比率法。该方法是根据过去的经验和当前的有关信息，估计一个综合坏账准备率，再用这个比率乘以期末应收款项总额，计算期末应计提的坏账准备。

【例3-19】甲公司2×15年12月31日应收账款余额为6 000 000元，估计坏账损失占应收账款的1%，则应提的坏账准备为60 000元。设未经调整的余额"坏账准备"账户有贷方余额20 000元，则应计入当期损益的资产减值损失为40 000元（60 000-20 000），同时应补提相同金额的坏账准备。

作调整账务处理如下：

借：资产减值损失——计提的坏账准备　　　　　40 000
　　贷：坏账准备　　　　　　　　　　　　　　　　40 000

如未经调整的"坏账准备"账户贷方余额为65 000元，则应作如下会计处理：

借：坏账准备　　　　　　　　　　　　　　　　　　　　　5 000
　　贷：资产减值损失——计提的坏账准备　　　　　　　　　　5 000

综合比率法简便易行，但它假设所有应收款项（不论是否已过信用期、过期的时间长短）产生的坏账风险是相同的，这显然与现实不符。一般来说，账款被拖欠的时间越长，发生坏账的可能性就越大。为了更准确地估计期末应计提的坏账准备，应采用账龄分析法。

（2）账龄分析法。所谓账龄，是指顾客所欠账款时间的长短。企业为了加强应收款项的管理，在期末一般都要编制"应收款项账龄分析表"。根据账龄分析表中各账龄段应收款项的余额，乘以相应的坏账准备率，就可计算出期末应计提的坏账准备。这种方法称为账龄分析法。

【例 3 - 20】甲公司通过分析 2×15 年 12 月 31 日各顾客的应收账款明细账，编制"应收账款账龄分析表"（见表 3 - 2）。同时根据历史资料和有关变化条件，为不同账龄的应收账款分别估计坏账率，并编制"坏账损失估计表"（见表 3 - 3）。

设该企业 2×15 年 12 月 31 日"坏账准备"账户有借方余额 25 000 元，则应计入当期损益的资产减值损失和期末应补提的坏账准备为 610 600 元（25 000 + 585 600），并应作如下会计处理：

借：资产减值损失——坏账损失　　　　　　　　　　　　610 600
　　贷：坏账准备　　　　　　　　　　　　　　　　　　　　610 600

表 3 - 2　　　　　　　　　　　应收账款账龄分析表

顾客名称	账龄	2×15 年 12 月 31 日	
		应收账款金额（元）	占总额百分比（%）
A	未超过信用期限	3 000 000	50
B	逾期不足 3 个月	1 200 000	20
C	逾期不足 6 个月	600 000	10
D	逾期不足 12 个月	360 000	6
E	逾期不足 24 个月	240 000	4
F	逾期不足 36 个月	180 000	3
G	逾期 36 个月以上	—	—
H	破产或追诉中	420 000	7
合计		6 000 000	100

表3-3　　　　　　　　　　　估计坏账损失表

2×15年12月31日　　　　　　　　　　　　　　　　　　单位：元

账龄	应收账款金额	估计坏账准备率	估计数
未超过信用期限	3 000 000	1	30 000
逾期不足3个月	1 200 000	2	24 000
逾期不足6个月	600 000	4	24 000
逾期不足12个月	360 000	6	21 600
逾期不足24个月	240 000	25	60 000
逾期不足36个月	180 000	50	90 000
破产或追诉中	420 000	80	336 000
合计	6 000 000	—	585 600

已确认为坏账的应收账款，并不意味着企业放弃了追索权，一旦重新收回，应及时入账。作为坏账被注销的应收账款，在以后重新收回时，首先应恢复已冲销的应收账款和坏账准备，借记"应收账款"、"其他应收款"等科目，贷记"坏账准备"科目；同时，反映应收账款的收回，借记"银行存款"科目，贷记"应收账款"、"其他应收款"等科目。

【例3-21】假设上述企业2×15年确认并核销的坏账损失800 000元，日后又收回，其会计处理如下：

借：应收账款——乙公司　　　　　　　　　　　　　　800 000
　　贷：坏账准备　　　　　　　　　　　　　　　　　　800 000

同时：

借：银行存款　　　　　　　　　　　　　　　　　　　800 000
　　贷：应收账款——乙公司　　　　　　　　　　　　　800 000

在以上会计处理中，之所以先增加"应收账款"后又减少"应收账款"而不是直接借记"银行存款"、贷记"坏账准备"，是为了使"应收账款"账户能全面、连续地反映每一顾客应收账款的发生和收回的全过程，以便于分析顾客的信用程度。

企业应根据应收账款的实际可收回情况，合理计提坏账准备，不得多提或少提，否则应视为滥用会计估计，按照重大会计差错更正方法进行会计处理。

第六节　与《小企业会计准则》的差异

《企业会计准则》与《小企业会计准则》关于应收款项核算的差异主要表现在以下五个方面。

1. 应收票据实际发生损失的会计处理方法不同。《小企业会计准则》规定，应收票据不得计提坏账准备,因付款人无力支付票款,或到期不能收回应收票据,应按照商业汇票的票面金额,借记"应收账款"科目,贷记"应收票据"科目,也即实际发生损失时直接冲减应收票据。

2. 应收账款坏账损失的会计处理方法不同。《小企业会计准则》规定,应收账款不得计提坏账准备,发生坏账损失时,采用直接转销法。按照《小企业会计准则》的规定确认应收账款实际发生的坏账损失,应当按照可收回的金额,借记"银行存款"等科目,按照其账面余额,贷记"应收账款"科目,按照其差额,借记"营业外支出"科目。

3. 预付账款坏账损失的会计处理方法不同。《小企业会计准则》规定,预付账款不得计提坏账准备,发生坏账损失时,采用直接转销法。按照《小企业会计准则》的规定确认预付账款实际发生的坏账损失,应当按照可收回的金额,借记"银行存款"等科目,按照其账面余额,贷记"预付账款"科目,按照其差额,借记"营业外支出"科目。

4. 坏账准备的会计处理方法不同。在《小企业会计准则》中,没有明确规定坏账损失"只能"采用备抵法核算,这也就意味着小企业可以采用直接转销法核算坏账损失。

5. 其他应收款坏账损失的会计处理方法不同。《小企业会计准则》规定,其他应收款不得计提坏账准备,发生坏账损失时,采用直接转销法。按照《小企业会计准则》的规定确认其他应收款实际发生的坏账损失,应当按照可收回的金额,借记"银行存款"等科目,按照其账面余额,贷记"其他应收款"科目,按照其差额,借记"营业外支出"科目。

习　题

1. A公司为增值税一般纳税企业,适用的增值税税率为17%。2×15年6月,A公司发生下列业务:

(1) 3月2日,向B公司赊销某商品100件,每件标价200元,实际售价180元(售价中不含增值税税额),已开增值税专用发票。商品已交付B公司。代垫B公司运杂费2 000元。现金折扣条件为"2/10,1/20,n/30"。

(2) 3月4日,销售给乙公司商品一批,增值税发票上注明价款为20 000元,增值税税额3 400元,乙公司以一张期限为60天、面值为23 400元的无息商业承兑汇票支付。该批商品成本为16 000元。

(3) 3月8日,收到B公司3月2日所购商品货款并存入银行。

(4) 3月11日,从甲公司购买原材料一批,价款20 000元,按合同规定先预付40%购货款,其余货款验货后支付。

(5) 3月20日,因急需资金,将收到的乙公司的商业承兑汇票到银行办理贴现,年贴现率为10%。

(6) 3月21日,收到从甲公司购买的原材料,并验收入库,余款以银行存款支付。增值税专用发票注明价款20 000元,增值税税额3 400元。

要求：编制上述业务的会计分录（假定现金折扣不考虑增值税因素）。

2. 甲企业采用应收账款余额百分比法计提坏账准备，计提比例为 0.5%。2×15 年年末"坏账准备"科目为贷方余额 7 000 元。2×16 年甲企业应收账款及坏账损失发生情况如下：

(1) 1 月 20 日，收回上年已转销的坏账损失 20 000 元。

(2) 6 月 4 日，获悉应收乙企业的账款 45 000 元由于该企业破产无法收回，确认坏账损失。

(3) 2×16 年 12 月 31 日，甲企业应收账款余额为 1 200 000 元。

要求：编制上述有关坏账准备的会计分录。

3. 乙企业为增值税一般纳税企业，适用的增值税税率为 17%。2×15 年 8 月，乙企业发生下列业务：

(1) 以应收账款 20 000 元作为抵押，按应收账款金额的 80% 向银行取得借款，共计 16 000 元，期限为 3 个月，合同规定，银行按应收账款的 1% 扣收手续费 2 000 元，乙企业将实际收到的款项存入银行。

(2) 因急需资金，将一笔应向 A 公司收取的账面余额为 234 000 元（其中，价款为 200 000 元，增值税税额为 34 000 元）的应收账款不附追索权出售给银行。该应收账款不存在现金折扣，乙企业也未对该应收账款计提坏账准备。合同规定的手续费比率为 5%，扣留款比率为 10%，乙企业实际收到款项 198 000 元。后因产品质量问题，乙企业同意给予 A 公司 5% 的销售折让，并收到银行退回的多余扣留款。

要求：根据上述资料，编制有关会计分录。

4. 黄河股份有限公司为增值税一般纳税人，适用增值税税率为 17%，商品销售均为正常的商品交易，除特别说明外，采用应收账款余额百分比法于每年 6 月 30 日和 12 月 31 日计提坏账准备，计提比例为 1%。2×15 年 5 月 31 日，"应收账款"科目借方余额为 5 000 000 元，全部为应收 A 公司账款，"坏账准备"科目贷方余额为 50 000 元；"应收票据"和"其他应收款"科目无余额。2×15 年 6~12 月对有关业务进行如下处理。

(1) 6 月 1 日，向 A 公司赊销一批商品，开出的增值税专用发票注明的销售价格为 1 000 000 元，增值税税额为 170 000 元，货款尚未收到。

借：应收账款——A 公司　　　　　　　　　　　　　1 170 000
　　贷：主营业务收入　　　　　　　　　　　　　　　　1 000 000
　　　　应交税费——应交增值税（销项税额）　　　　　170 000

(2) 6 月 10 日，收到应收 B 公司账款 4 000 000 元，款项已存入银行。

借：银行存款　　　　　　　　　　　　　　　　　　4 000 000
　　贷：应收账款　　　　　　　　　　　　　　　　　　4 000 000

(3) 6 月 15 日，向 C 公司赊销一批商品，开出的增值税专用发票上注明货款 2 000 000 元，增值税税额为 340 000 元，货款尚未收到。

借：应收账款——C 公司　　　　　　　　　　　　　2 340 000
　　贷：主营业务收入　　　　　　　　　　　　　　　　2 000 000
　　　　应交税费——应交增值税（销项税额）　　　　　340 000

(4) 6 月 20 日，向 D 公司赊销一批商品，开出的增值税专用发票上注明货款 5 000 000 元，增值税税额为 850 000 元；收到 D 公司开具的不带息商业承兑汇票，到期日为 2012 年 12 月 20 日。

借：应收票据——D 公司　　　　　　　　　　　　　5 850 000
　　贷：主营业务收入　　　　　　　　　　　　　　　　5 000 000

应交税费——应交增值税（销项税额）		850 000

（5）假定 6 月黄河公司除上述业务外没有发生其他有关应收款项的业务。6 月 30 日，对各项应收账款计提坏账准备。其中，应收 A 公司的账款采用个别认定法计提坏账准备，计提比例为 5%。

对 A 公司应收账款采用个别认定法，则：

应计提坏账准备金额 = 1 170 000 × 5% = 58 500（元）

借：资产减值损失　　　　　　　　　　　　　　　　　　58 500
　　贷：坏账准备　　　　　　　　　　　　　　　　　　　58 500

对其他应收款项应计提坏账准备 =（5 000 000 − 4 000 000 + 2 340 000 + 5 850 000）× 1% − 50 000 = 41 900（元）

借：资产减值损失　　　　　　　　　　　　　　　　　　41 900
　　贷：坏账准备　　　　　　　　　　　　　　　　　　　41 900

（6）9 月 1 日，将应收 A 公司的账款质押给银行，取得期限为 3 个月的流动资金借款 1 080 000 元，年利率为 4%，到期一次还本付息。假定黄河公司月末不预提流动资金借款利息。

借：银行存款　　　　　　　　　　　　　　　　　　　1 080 000
　　贷：短期借款　　　　　　　　　　　　　　　　　　1 080 000

（7）9 月 10 日，将应收 C 公司货款出售给银行，取得价款 1 900 000 元，协议约定不附追索权。

借：银行存款　　　　　　　　　　　　　　　　　　　1 900 000
　　营业外支出　　　　　　　　　　　　　　　　　　　 440 000
　　贷：应收账款——C 公司　　　　　　　　　　　　　2 340 000

（8）10 月 20 日，将 6 月 20 日收到的 D 公司商业承兑汇票向银行贴现，获取价款 5 800 000 元，协议约定银行在票据到期日有追索权。

借：银行存款　　　　　　　　　　　　　　　　　　　5 800 000
　　贷：短期借款　　　　　　　　　　　　　　　　　　5 800 000

（9）12 月 1 日，向银行质押借入的流动资金借款到期，以银行存款支付借款本息。至 12 月 31 日，黄河公司尚未收到该账款。

借：短期借款　　　　　　　　　　　　　　　　　　　1 080 000
　　财务费用　　　　　　　　　　　　　　　　　　　　　10 800
　　贷：银行存款　　　　　　　　　　　　　　　　　　1 090 800

（10）12 月 20 日，D 公司因财务困难未向银行支付票款。黄河公司收到银行退回已贴现的商业承兑汇票，并以银行存款支付全部票款。

借：应收票据　　　　　　　　　　　　　　　　　　　5 800 000
　　财务费用　　　　　　　　　　　　　　　　　　　　　50 000
　　贷：银行存款　　　　　　　　　　　　　　　　　　5 850 000

借：应收账款　　　　　　　　　　　　　　　　　　　5 850 000
　　贷：应收票据　　　　　　　　　　　　　　　　　　5 850 000

（11）12 月 31 日，对各项应收账款计提坏账准备。对 A 公司应收账款仍采用个别认定法计提坏账准备，计提比例为 20%。

对 A 公司应补提的坏账准备 = 1 170 000 × 20% − 58 500 = 175 500（元）

借：资产减值损失　　　　　　　　　　　　　　　　　　175 500

贷：坏账准备　　　　　　　　　　　　　　　　　　　　　　　175 500
　对其他公司应收款项应计提的坏账准备 =（1 000 000 + 5 850 000）×1% - 91 900
　　　　　　　　　　　　　　　　= - 23 400（元）
借：坏账准备　　　　　　　　　　　　　　　　　　　　　　　　　23 400
　　贷：资产减值损失　　　　　　　　　　　　　　　　　　　　　　　23 400

要求：分析黄河公司上述各项业务的会计处理是否正确，错误的请写出正确的处理方法。

第四章 存　　货

学习目标
1. 了解存货的概念及存货的种类。
2. 理解存货的确认条件。
3. 掌握存货的初始计量、后续计量及其期末计量的方法。
4. 掌握原材料、库存商品、委托加工物资、周转材料等主要存货项目日常收发的核算。
5. 掌握存货跌价准备计提的会计处理。
6. 了解《企业会计准则》与《小企业会计准则》在存货处理上的差异。

第一节　存货概述

一、存货的概念

存货，是指企业在日常活动中持有以备出售的产成品或商品、处在生产过程中的在产品、在生产过程或提供劳务过程中耗用的材料和物资等。企业的存货具体包括原材料、在产品、半成品、产成品、商品及周转材料等。

与其他资产项目相比，企业存货资产具有以下特征。

1. 存货是一种具有实物形态的有形资产，不同于应收账款、无形资产、对外投资等没有实物形态的资产。

2. 企业持有存货的最终目的是出售（不论是直接出售还是加工后出售）。存货概念中强调"持有以备出售"，即持有存货的目的是直接出售或者加工后出售，所以工程物资、特种储备物资、专项储备物资不是企业的存货。

3. 存货具有较大的流动性。存货通常在1年或超过1年的一个营业周期内被消耗或者经出售转换为现金、银行存款或应收账款等，具有较强的变现能力和较大的流动性，属于流动资产。在大多数企业中，存货在流动资产中占很大比重，是流动资产的重要组成部分。

二、存货的确认条件

存货必须在符合定义并同时满足下列两个条件时才能予以确认。

1. 与该存货有关的经济利益很可能流入企业。存货作为企业一项重要的流动资产，其确认的条件也必须符合资产本身的特性，因此，对于存货的确认，关键是要判断是否很可能给企业带来经济利益或与存货有关的经济利益是否很可能流入企业。通常来说，拥有存货所有权是与该存货有关的经济利益很可能流入企业的一个重要标志。因此，凡是盘存日法定所有权属于企业的存货，无论存货存放在何处，即使不存放在本企业，也应作为该企业的存货列报于资产负债表中；反之，在盘存日无法定所有权，即使存放在本企业中，也不属于该企业的存货。

2. 该存货的成本能够可靠地计量。存货成本能够可靠地计量，是指存货成本的计量必须取得确凿、可靠的证据，并且具有可验证性。例如，企业外购的存货成本就可依据购货发票标明的价格确认。如果存货成本不能可靠地计量，则存货不能予以确认。

三、存货的分类

存货的构成内容很多，不同存货的具体特点和管理要求各不相同。为了有效地组织各项存货的会计核算，应对存货进行科学分类。存货按不同的标准有不同的分类，如可按经济用途分为销售用存货、生产用存货和其他存货；按存货地点分为库存存货、在途存货、委托加工存货和委托代销存货；按存货的具体内容分为原材料、在产品、半成品、产成品、商品、周转材料等。本章主要介绍按存货的具体内容进行的分类。

1. 原材料。原材料是指企业在生产过程中经加工改变其形态或性质并构成产品主要实体的各种原料及主要材料、辅助材料、外购半成品（外购件）、修理用备件（备品备件）、包装材料、燃料等。用于固定资产建造工程的专项材料不能作为企业的存货进行核算。

2. 在产品。在产品是指企业正在制造尚未完工的生产物，包括正在各个生产工序加工的产品和已加工完毕但尚未检验或已检验但尚未办理入库手续的产品。

3. 半成品。半成品是指经过一定生产过程并已检验合格交付半成品仓库保管，但尚未制造完工成为产成品，仍需进一步加工的中间产品，这部分中间产品能够单独计价，一般需要入半成品库。从一个车间转到另一个车间继续加工制造的自制半成品，以及不能单独计价的自制半成品，属于在产品，不作为半成品对待。

4. 产成品。产成品是指已经完成全部生产过程并验收入库，达到可出售或交货状态，可以作为商品对外出售或按合同规定的条件送交订货单位的产品。企业接受外来原材料加工制造的代制品和为外单位加工修理的代修品,制造和修理完成验收入库后,应视同企业的产成品。

5. 周转材料。周转材料是指企业能够多次使用、逐渐转移其价值但仍保持原有形态不确认为固定资产的物品,如包装物和低值易耗品。其中,包装物是指为包装本企业产品而储备的各种包装容器,如桶、箱、瓶、坛、袋等,其主要作用是盛装、装潢产品或商品;低值易耗品是指不能作为固定资产核算的各种用具物品,如各种工具、管理用具、玻璃器皿、修理用具以及在经营过程中周转使用的容器等。

周转材料与原材料的区别在于它并不独立地构成产成品的一部分;与产成品、商品的区别在于它并不被销售出去;与固定资产的区别在于它的单位价值比较低,使用期限较短。只要周转材料符合固定资产标准的,就应作为固定资产处理。

6. 商品。商品是指商品流通企业外购或委托加工完成验收入库用于销售的各种商品。

7. 委托代销商品。委托代销商品是指企业委托其他单位代销的商品。

第二节 存货取得与发出的计量

一、存货取得的计量

存货取得的计量,即存货的初始计量,就是确定存货的入账价值。按照我国《企业会计准则》的规定,企业取得存货应按成本进行计量。存货成本包括采购成本、加工成本和其他成本三个组成部分。由于存货的取得方式不同,存货初始成本的具体构成内容也不完全一样。因此,存货取得的实际成本应结合存货的具体取得方式分别确定。企业存货的取得方式有外购、自制、委托加工、接受投资者投入、通过非货币性资产交换及债务重组取得、企业合并取得等,本章仅对外购存货、自制存货、委托加工存货取得成本进行说明,其他方式取得存货的初始成本确定将在有关章节及《高级财务会计》中阐述。

(一) 外购存货的入账价值

外购存货主要包括制造企业的原材料和商品流通企业的商品。根据我国《企业会计准则》的有关规定,外购存货以其采购成本入账。存货的采购成本,指企业存货从采购到入库前所发生的全部支出,一般包括购买价款、相关税费、运输费、装卸费、保险费以及其他可归属于存货采购成本的费用。

1. 购买价款。存货的购买价款,是指企业购入的材料或商品的发票账单上列明的价款,但不包括按规定准予抵扣的增值税。在赊购方式下,如果存在现金折扣，采用总价法核算，不调整购货价格，而是把获得的现金折扣作为理财收入计入财务费用。

2. 相关税费。存货的相关税费，是指企业外购存货应支付的税金及相关费用，主要包括进口关税、消费税、资源税和不能从增值税销项税额中抵扣的进项税额以及相应的教育费附加等应计入存货成本的税费。

3. 其他可归属于存货采购成本的费用。其他可归属于存货采购成本的费用，是指为使外购存货达到预定可使用状态所支付的除买价及相关税费以外的采购费用，如在存货采购过程中发生的仓储费、包装费、运输途中的合理损耗[①]、入库前的挑选整理费等。发生可归属于存货采购成本的费用时，一般根据这些费用是否能分清具体负担对象，或直接计入存货的采购成本，或选择合理的分配标准（如采购数量、采购价格等）分配计入有关存货的采购成本。

需要注意的是，在确认存货采购成本时，对于采购过程中发生的存货损耗、短缺等，除合理的损耗应作为存货的"其他可归属于存货采购成本的费用"计入采购成本外，应区别不同情况进行会计处理：一是应从供货单位、外部运输机构等收回的存货短缺或其他赔款，应冲减存货的采购成本；二是因遭受意外灾害发生的损失和尚待查明原因的途中损耗，不得增加存货的采购成本，应暂作为待处理财产损溢进行核算，查明原因按照管理权限报经批准后计入管理费用或营业外支出。

【例4-1】某企业为增值税一般纳税人，2×15年2月购入甲材料1 000千克，增值税专用发票上标明的买价为50 000元，增值税税额为8 500元。所购甲材料到达后实际验收入库900千克，发现短缺10%，其中，在运输途中发生合理损耗3%，另7%尚待查明原因后处理。该材料在入库前发生挑选整理费用200元。

该批入库甲材料的实际总成本应确认为：

甲材料的采购成本 = 50 000 - 50 000 × 7% + 200 = 46 700（元）

（二）自制存货的入账价值

企业自制存货主要包括在产品、半成品、产成品等，通常按照其制造过程中发生的实际支出计量。按照我国《企业会计准则》的规定，企业自制存货应以存货达到目前场所和状态所发生的全部支出入账，包括消耗的材料成本、加工成本以及其他成本。

1. 消耗的材料成本。消耗的材料成本，又称直接材料，是指为制造存货直接消耗的原料及主要材料、辅助材料等。

2. 加工成本。自制存货的加工成本是指企业在进一步加工存货的过程中追加发生的生产成本，包括直接人工和制造费用。直接人工是指企业在生产产品过

[①] 运输途中的合理损耗，是指商品在运输过程中，因商品性质、自然条件及技术设备等因素，所发生的自然的或不可避免的损耗。例如，汽车在运输煤炭、化肥等的过程中自然散落以及易挥发产品在运输过程中的自然挥发。

程中直接从事生产的工人的职工薪酬。制造费用是指企业为生产产品和提供劳务而发生的各项间接费用。制造费用是一种间接生产成本，包括企业生产部门（如生产车间）管理人员的职工薪酬、折旧费、办公费、水电费、机物料消耗、劳动保护费、季节性和修理期间的停工损失等。

企业在制造存货过程中发生的直接人工和制造费用，如果能够直接计入有关的成本核算对象，则应直接计入该成本核算对象。否则，应按照合理方法分配计入有关成本核算对象，分配方法一经确定，不得随意变更。如需变更，应当在财务报表附注中予以说明。

3. 其他成本。自制存货的其他成本是指除直接材料、加工成本以外的使存货达到目前场所和状态所发生的其他支出。如为特定客户设计产品所发生的、可直接确定的设计费用；可直接归属于符合资本化条件的存货、应当予以资本化的借款费用等。但是，企业设计产品发生的一般设计费用则不作为存货的成本，不应计入存货的成本。

（三）委托加工存货的入账价值

企业委托外单位加工的存货，其入账价值包括加工过程中实际耗用的原材料或半成品成本、加工费、运输费、装卸费、保险费、委托加工的往返运输费等费用以及按规定应计入成本的税费。

在确定存货成本的过程中，应当注意，依据我国《企业会计准则》的规定，下列费用不应当计入存货成本，而应当在其发生时计入当期损益：

（1）非正常消耗的直接材料、直接人工和制造费用。例如，企业超定额的废品损失以及由自然灾害而发生的直接材料、直接人工及制造费用，由于这些费用的发生无助于使该存货达到目前场所和状态，不应计入存货成本，而应计入当期损益。

（2）仓储费用。仓储费用是指企业在采购入库后发生的储存费用。但是，在生产过程中为达到下一个生产阶段所必需的仓储费用则应计入存货成本。例如，某种酒类产品生产企业为使生产的酒达到规定的产品质量标准，而必须发生的仓储费用，就应计入酒的成本，而不是计入当期损益。

（3）不能归属于使存货达到目前场所和状态的其他支出。如不符合资本化条件的借款费用。

二、存货发出的计量

发出存货的计量通常按实际成本法确定，但是，在日常核算中，为简化会计处理，也可采用计划成本法和估价法等简化方法确定。企业应当根据各类存货的实物流转方式、企业管理的要求、存货的性质等实际情况，合理地确定发出存货的计价方法，以及当期发出存货的实际成本。对于性质和用途相同的存货，应当采用相同的成本计算方法确定发出存货的成本。

(一) 实际成本法

根据存货成本流转假设,在一个会计期间内,当一项或多项存货的单位成本变动时,需要采用一定的方法将可供销售的商品在销货成本和期末存货之间进行分配。可行的分配方法有个别认定法、加权平均法、先进先出法、后进先出法。不同的分配方法会产生不同的计量结果,对会计信息的揭示会产生一定的影响。因此,发出存货计量方法的选择,必须限定在会计准则允许的范围之内。依据我国《企业会计准则——存货》的规定,企业应当采用先进先出法、加权平均法或者个别计价法确定发出存货的实际成本,不允许采用后进先出法。

1. 先进先出法。先进先出法是以先购入的存货应先发出(销售或耗用)这样一种存货实物流转假设为前提,对发出存货进行计价的一种方法。采用这种方法,先购入的存货成本在后购入存货成本之前转出,据此确定发出存货和期末结存存货的成本。

【例4-2】益华股份有限公司(以下简称益华公司)2×15年4月甲材料的购入、发出和结存资料如表4-1所示。

表4-1　　　　　　　　　　　材料明细账

材料名称:甲材料　　　　　　　　　　　　　　　　计量单位:吨,万元

2×15年		凭证编号	摘要	收入			发出			结存		
月	日			数量	单价	金额	数量	单价	金额	数量	单价	金额
4	1		期初结存							30	5	150
	10	略	购入甲材料	90	6	540				120		
	12		生产领用				80			40		
	18		购入甲材料	60	7	420				100		
	20		生产领用				50			50		
	22		购入甲材料	20	8	160				70		
	28		生产领用				30			40		
	30		期末结存	170		1 120	160			40		

假设益华股份有限公司采用先进先出法计算本期生产领用和结存甲材料的成本,则计算结果如表4-2所示。

从表4-2中可以看出,益华公司2×15年4月生产领用160吨甲材料的实际成本为970万元,月末结存40吨甲材料的实际成本为300万元。采用先进先出法进行存货计价的优点是,可以随时确定发出存货的成本,从而保证了存货耗用成本和销售成本计算的及时性,并且在该种方法下期末存货成本是按最近购货的价值确定的,比较接近现行的市场价值。但采用该方法进行存货计价,有时对同一批发出存货要采用两个或两个以上单位成本计价,计价工作比较烦琐,如果

存货收发业务较多且存货单价不稳定时,其工作量较大。在物价持续上升时,期末存货成本接近于市价,而发出成本偏低,会高估企业当期利润和库存存货价值,反之,会低估企业存货价值和当期利润。

表4-2　　　　　　　　　材料明细账(先进先出法)

材料名称:甲材料　　　　　　　　　　　　　　　　　　　计量单位:吨,万元

2×15年		凭证编号	摘要	收入			发出			结存		
月	日			数量	单价	金额	数量	单价	金额	数量	单价	金额
4	1		期初结存							30	5	150
	10	略	购入甲材料	90	6	540				30 90	5 6	150 540
	12		生产领用				30 50	5 6	150 300	40	6	240
	18		购入甲材料	60	7	420				40 60	6 7	240 420
	20		生产领用				40 10	6 7	240 70	50	7	350
	22		购入甲材料	20	8	160				50 20	7 8	350 160
	28		生产领用				30	7	210	20 20	7 8	140 160
	30		期末结存	170		1 120	160		970	20 20	7 8	140 160

2.加权平均法。加权平均法是平均计算存货成本的一种方法。该方法是用本期收货成本与期初存货成本之和,除以各批收货数量与期初存货数量之和,计算存货的加权平均单位成本,从而确定存货的发出和结存成本。按计算方法的不同,又可分为月末一次加权平均法和移动加权平均法两种。

(1)月末一次加权平均法。月末一次加权平均法是以本月全部进货数量加上月初存货数量作为权数,去除本月全部进货成本加上月初存货成本,计算出存货的加权平均单位成本,据以确定本月发出存货成本和月末结存存货成本的方法。其计算公式为:

$$加权平均单位成本 = \frac{月初结存存货成本 + 本月收入存货成本}{月初结存存货数量 + 本月收入存货数量}$$

本月发出存货的实际成本 = 本月发出存货数量 × 加权平均单位成本

月末结存存货的实际成本 = 月末结存存货数量 × 加权平均单位成本

当计算加权平均单位成本除不尽时,为了保证月末结存存货的数量、单位成

本与总成本一致性,应先按加权平均单位成本计算月末结存存货成本,然后倒轧出本月发出存货的成本,将计算尾差挤入发出存货成本。即按以下公式确定发出存货的实际成本:

$$\begin{matrix}\text{本月发出存货的}\\\text{实际成本}\end{matrix} = \begin{matrix}\text{月初结存存货的}\\\text{实际成本}\end{matrix} + \begin{matrix}\text{本月收入存货的}\\\text{实际成本}\end{matrix} - \begin{matrix}\text{月末结存存货的}\\\text{实际成本}\end{matrix}$$

【例 4-3】利用表 4-1 中的资料,假设益华公司选择月末一次加权平均法计算本期发出和结存甲材料的成本,则计算结果如表 4-3 所示。

表 4-3　　　　　　　　材料明细账(月末一次加权平均法)

材料名称:甲材料　　　　　　　　　　　　　　　　　　　　计量单位:吨,万元

2×15年		凭证编号	摘要	收入			发出			结存		
月	日			数量	单价	金额	数量	单价	金额	数量	单价	金额
4	1		期初结存							30	5	150
	10	略	购入甲材料	90	6	540				120		
	12		生产领用				80			40		
	18		购入甲材料	60	7	420				100		
	20		生产领用				50			50		
	22		购入甲材料	20	8	160				70		
	28		生产领用				30			40		
	30		期末结存	170		1 120	160	6.35	1 016	40	6.35	254

从表 4-3 中可以看出,益华公司 2×15 年 4 月生产领用 160 吨甲材料的实际成本为 1 016 万元,月末结存 40 吨甲材料的实际成本为 254 万元。其中:

$$\text{加权平均单位成本} = \frac{150 + 1\ 120}{30 + 170} = 6.35\ (\text{万元/吨})$$

本月生产领用甲材料成本 = 160 × 6.35 = 1 016(万元)

本月结存甲材料成本 = 40 × 6.35 = 254(万元)

采用月末一次加权平均法进行存货计价,平时不对发出存货计价,在存货品种、数量较多的情况下,简化了计价核算手续,因而日常核算工作量较小。但由于平时无法从账上提供发出和结存存货的单价及金额,因此,不利于存货成本的日常管理与控制。

(2)移动加权平均法。移动加权平均法是在每次收货后,即根据当前存货的数量及其成本计算出存货新的平均单位成本,并据以计算发出存货的成本及库存存货成本的方法。其计算公式为:

$$\begin{matrix}\text{移动加权平均}\\\text{单位成本}\end{matrix} = \frac{\text{本次存货入库前结存存货的实际成本} + \text{本次收入存货实际成本}}{\text{本次存货入库前结存存货的数量} + \text{本次收入存货的数量}}$$

【例 4-4】利用表 4-1 中的资料,假设益华公司选择移动加权平均法计算

本期发出和结存甲材料的成本,则计算结果如表4-4所示。

表4-4　　　　　　材料明细账(移动加权平均法)

材料名称:甲材料　　　　　　　　　　　　　　　　　　计量单位:吨,万元

2×15年		凭证编号	摘要	收入			发出			结存		
月	日			数量	单价	金额	数量	单价	金额	数量	单价	金额
4	1		期初结存							30	5	150
	10	略	购入甲材料	90	6	540				120	5.75	690
	12		生产领用				80	5.75	460	40	5.75	230
	18		购入甲材料	60	7	420				100	6.5	650
	20		生产领用				50	6.5	325	50	6.5	325
	22		购入甲材料	20	8	160				70	6.929	485
	28		生产领用				30		207.84	40	6.929	277.16
	30		期末结存	170		1 120	160		992.84	40	6.929	227.16

从表4-4中可以看出,益华公司2×15年4月生产领用160吨甲材料的实际成本为992.84万元,月末结存40吨甲材料的实际成本为277.16万元。其中:

$$4月10日购入后甲材料的移动加权平均单位成本 = \frac{150+540}{30+90}$$
$$= 5.75(万元/吨)$$

$$4月18日购入后甲材料的移动加权平均单位成本 = \frac{230+420}{40+60}$$
$$= 6.5(万元/吨)$$

$$4月22日购入后甲材料的移动加权平均单位成本 = \frac{325+160}{50+20}$$
$$= 6.929(万元/吨)$$

因为4月22日购入甲材料后,计算的加权平均单位成本6.929万元为近似数(小数四舍五入),所以4月28日生产领用甲材料的成本按以下公式倒轧计算,以保证总成本的一致性。

4月28日生产领用甲材料的成本=(325+160)-277.16=207.84(万元)

移动加权平均法的优点在于可以随时结转发出存货的成本,便于存货的日常管理,相对于全月一次加权平均法,由于平均的范围小,使计算结果较准确。缺点是,在存货收入批次较多的情况下,经常计算移动平均单价,计价工作量较大。采用移动加权平均法,在每次收发货时都可能改变存货的单位成本,因而较适合于品种较少或收发次数不多的存货。

(3)个别计价法。个别计价法也称为个别认定法、具体辨认法、分批实际法,是指按个别存货的实际成本确定发出存货成本和期末结存存货成本的方法。

采用这一方法是假设存货具体项目的实物流转与成本流转相一致，按照各种存货逐一辨认各批发出存货和期末结存存货所属的购进批别或生产批别，分别按其购入或生产时所确定的单位成本作为计算各批发出存货和期末存货的成本。采用个别计价法有利于具体、准确地掌握存货储存情况，存货的成本计价符合实际情况。但实际操作的工作量较大，困难也较大。因此，这种方法一般适用于数量不多、单位价值较高或体积较大、不能替代使用并单独存放的存货，如船舶、飞机、重型设备、珠宝、名画等贵重物品。

存货计价方法的选择是管理决策，不同的方法对实际发生的采购成本和制造存货的总成本并无影响，但对企业财务报表将产生不同的结果，因此，财务报表使用者需要理解不同存货计价方法的影响。企业一旦选用某种方法，就要将这种方法一贯使用，不能随意变更，而且通常应在报表附注中披露所采用的方法。若确需变更，必须解释变更的理由，并充分披露变更对财务报表的影响。

（二）计划成本法

计划成本法就是存货日常的收入、发出和结存业务都以预先制定的计划成本计价，并设置"材料成本差异"科目登记实际成本与计划成本之间的差异，期末再通过对材料成本差异的分摊，将发出存货的计划成本和期末结存存货的计划成本调整为实际成本进行反映的一种核算方法。计划成本法一般适用于存货品种、规格、数量繁多，收发频繁，计划管理水平高的企业，如大中型企业中的各种原材料、周转材料等。自制半成品、产成品多的，或者在管理上需要分别核算其计划成本和成本差异的，也可采用计划成本法核算。

采用计划成本法核算主要是确定存货成本差异的形成与分配。

1. 存货成本差异的形成。存货成本差异是存货的实际成本与计划成本之间的差额。当企业收入存货的实际成本大于计划成本时，这个差额称为超支差异；当企业收入存货的实际成本小于计划成本时，这个差额称为节约差异。实际成本、计划成本和成本差异之间的关系为：

$$实际成本 - 计划成本 = 成本差异$$

2. 存货成本差异的分配。存货成本差异随存货的收入而形成，因而也随存货的发出而转销，期初存货成本差异和本期形成的存货成本差异之和即为本期待分配存货成本差异总数，它应当在本期发出存货和期末结存存货之间加以分配，从而确定本期发出存货和期末结存存货的实际成本。存货成本差异的分配通常通过计算存货成本差异率进行。存货成本差异率的计算有本期存货成本差异率和期初存货成本差异率两种计算方法。

（1）本期存货成本差异率。本期存货成本差异率是指本期全部存货形成的差异额与本期全部存货计划成本的比率，其计算公式为：

$$\frac{本期存货}{成本差异率} = \frac{期初结存存货的成本差异 + 本期验收入库存货的成本差异}{期初结存存货的计划成本 + 本期验收入库存货的计划成本} \times 100\%$$

（2）期初存货成本差异率。期初存货成本差异率是指期初存货形成的差异额

与期初存货计划成本的比率,其计算公式为:

$$期初存货成本差异率 = \frac{期初结存存货成本差异}{期初结存存货计划成本} \times 100\%$$

(3) 本期发出存货和期末结存存货应负担的成本差异的确定。

$$\begin{array}{l}本期发出存货应\\负担的成本差异\end{array} = \begin{array}{l}本期发出存货的\\计划成本\end{array} \times \begin{array}{l}(本期/期初)\\存货成本差异率\end{array}$$

$$\begin{array}{l}期末结存存货应\\负担的成本差异\end{array} = \begin{array}{l}期末结存存货的\\计划成本\end{array} \times \begin{array}{l}(本期/期初)\\存货成本差异率\end{array}$$

(4) 本期发出存货成本和期末结存存货实际成本的确定。

$$\begin{array}{l}本期发出存货\\实际成本\end{array} = \begin{array}{l}本期发出存货的\\计划成本\end{array} + \begin{array}{l}发出存货应负担的超支差异\\(或 - 发出存货应负担的节约差异)\end{array}$$

$$\begin{array}{l}期末结存存货的\\实际成本\end{array} = \begin{array}{l}期末结存存货的\\计划成本\end{array} + \begin{array}{l}结存存货应负担的超支差异\\(或 - 结存存货应负担的节约差异)\end{array}$$

我国《企业会计准则——应用指南》规定,发出材料应负担的成本差异应当按期(月)分摊,不得在季末或年末一次计算发出材料应负担的成本差异,除委托外部加工材料可按期初材料成本差异率计算外,应使用当期的实际差异率;期初成本差异率与本期成本差异率相差不大的,也可按期初成本差异率计算。计算方法一经确定不得随意变更。

【例4-5】益华公司采用计划成本法进行原材料的日常核算,材料成本差异采用本期差异率分配。2×15年6月,月初结存原材料计划成本为400 000元,成本差异为超支80 000元;本月采购入库原材料计划成本为600 000元,实际成本为480 000元;本月发出原材料计划成本为540 000元。

益华公司2×15年6月发出原材料和结存原材料的实际成本计算如下:

$$本月材料成本差异率 = \frac{80\ 000 - 120\ 000}{400\ 000 + 600\ 000} \times 100\% = -4\%$$

本月发出材料应负担的成本差异 = 540 000 × (-4%) = -21 600(元)

本月结存材料应负担的成本差异 = (400 000 + 600 000 - 540 000) × (-4%)
　　　　　　　　　　　　　　 = -18 400(元)

本月发出材料的实际成本 = 540 000 - 21 600 = 518 400(元)

本月结存材料的实际成本 = 460 000 - 18 400 = 441 600(元)

三、原材料的日常收发核算

在会计实务中,原材料的日常核算有两种方法,即实际成本法和计划成本法。

(一) 实际成本法

原材料按实际成本法核算是指材料的收入、发出、结存的总分类核算和明细分类核算均按实际成本进行。实际成本法一般适用于规模小、存货品种少、采购业务不多的企业。

1. 会计科目设置。原材料按实际成本核算，应设置"在途物资"、"原材料"科目，以便总括反映企业材料资金的增减和占用情况。

"在途物资"科目，用于核算企业采用实际成本（或进价）进行材料、商品等物资的日常核算，货款已付尚未验收入库的在途物资的采购成本。该科目借方登记企业购入材料、商品的采购成本；贷方登记验收入库材料、商品的采购成本；本科目期末借方余额，反映企业在途材料、商品等物资的采购成本。本科目可按供应单位和物资品种进行明细核算。

"原材料"科目核算企业库存的各种材料，包括原料及主要材料、辅助材料、外购半成品（外购件）、修理用备件（备品备件）、包装材料、燃料等的实际成本。该科目借方登记入库材料的实际成本，贷方登记出库材料的实际成本，期末借方余额反映库存材料的实际成本。本科目可按材料的保管地点（仓库）以及材料的类别、品种和规格等进行明细核算。

2. 会计处理。

(1) 收入原材料的核算。企业材料的收入来源会有不同渠道，如外购、自制、投资者投入等，因而核算也有差异。但其主要来源仍然是外购的，故此处以外购材料为例说明收入材料的核算。

外购材料，由于结算方式和采购地点的不同，材料入库和货款的支付在时间上不一定完全同步，因此，账务处理也不相同。下面以一般纳税人为例分不同情况介绍。

①结算凭证到达并同时将材料验收入库。对于结算凭证等单据与材料同时到达的采购业务，企业应根据结算凭证、收料单和专用发票上记载的应计入采购成本的金额，借记"原材料"科目，按增值税专用发票上注明的可抵扣增值税税额，借记"应交税费——应交增值税（进项税额）"科目；按实际结算的款项贷记"银行存款"、"其他货币资金"、"预付账款"或"应付票据"等科目。

【例4-6】益华公司2×15年3月6日从本市某公司购进A材料500千克，专用发票注明单价300元，共计货款150 000元，增值税税额25 500元，开出转账支票支付上述款项，材料已验收入库。根据发票、支票存根和收料单编制会计分录：

借：原材料——A材料　　　　　　　　　　　　　　　150 000
　　应交税费——应交增值税（进项税额）　　　　　　 25 500
　　贷：银行存款　　　　　　　　　　　　　　　　　175 500

②结算凭证已到，材料未入库。企业从外地购入材料，由于货物运输和货款结算存在着"时间差"，经常出现货款已支付但材料尚未运达企业的现象。在已经支付货款或开出、承兑商业汇票但材料尚在运输途中或虽已运达但未验收入库的情况下，企业根据结算凭证和专用发票上记载的应计入采购成本的金额，借记"在途物资"科目，按增值税专用发票上注明的可抵扣增值税税额，借记"应交税费——应交增值税（进项税额）"科目，按实际结算的款项，贷记"银行存

款"、"其他货币资金"、"预付账款"或"应付票据"等科目。待材料到达企业并验收入库后，再根据有关收料凭证，借记"原材料"科目，贷记"在途物资"科目。

【例4-7】 益华公司2×15年3月28日从外埠购入B材料600千克，单价200元。收到银行转来结算凭证，共计货款120 000元，增值税税额20 400元，上述款项已用银行本票支付，材料尚未收到。根据发票等结算凭证编制会计分录：

  借：在途物资　　　　　　　　　　　　　　　　　120 000
    应交税费——应交增值税（进项税额）　　　 20 400
   贷：其他货币资金——银行本票　　　　　　　　　　　140 400

上述材料于2×15年4月3日运抵企业并验收入库，根据收料单等编制会计分录：

  借：原材料——B材料　　　　　　　　　　　　　120 000
   贷：在途物资　　　　　　　　　　　　　　　　　　　120 000

③材料已验收入库，结算凭证未到。材料已运达企业并验收入库，由于凭证传递时间多于材料运输时间造成结算凭证未到，因而尚未支付货款或尚未签发承兑商业汇票。一般情况下，结算凭证随后几天就能到达，所以在收到材料并验收入库时，可暂不作账务处理，只将有关的收料凭证单独保管，待月份内收到发票账单付款时，再按料到款已付的业务进行账务处理。如果到月末时仍未收到发票账单，为了在月份报表中真实地反映企业库存材料物资情况，企业应按合同价暂估入账，借记"原材料"科目，贷记"应付账款——暂估应付账款"科目，下月初用红字予以冲销，待收到发票账单并付款后，再按料到款已付的业务进行账务处理。

【例4-8】 益华公司2×15年5月26日收到M公司发来的C材料750千克，材料已验收入库，但发票账单等结算凭证未到。

2×15年5月26日，对验收入库的材料暂不进行账务处理。

至5月31日仍未收到发票账单时，根据合同单价68元暂估记账，编制会计分录：

  借：原材料——C材料　　　　　　　　　　　　　　51 000
   贷：应付账款——M公司——暂估应付账款　　　　　 51 000

6月1日，编制红字记账凭证冲回估价入账分录：

  借：原材料——C材料　　　　　　　　　　　　　　51 000
   贷：应付账款——M公司——暂估应付账款　　　　　 51 000

6月4日，收到上述C材料的发票账单，实际价款52 500元，增值税税额8 925元，款项通过银行付清。根据发票、运单、银行结算凭证和收料单编制会计分录：

  借：原材料——C材料　　　　　　　　　　　　　　52 500

应交税费——应交增值税（进项税额）　　　　　　　　8 925
　　贷：银行存款　　　　　　　　　　　　　　　　　　61 425

（2）发出原材料的核算。原材料在生产经营过程中领用后，其原有实物形态会发生改变乃至消失，其成本也随之形成产品成本或直接转化为费用，或形成其他有关项目支出的一部分。根据原材料的消耗特点，企业发出原材料时，应根据发出原材料的用途，按计算确定的实际成本，分别借记"生产成本"、"制造费用"、"销售费用"、"管理费用"等科目，贷记"原材料"科目。

【例4-9】益华公司对原材料采用实际成本核算法进行核算，2×15年6月末，根据"发料凭证汇总表"，计算出各部门领用原材料的实际成本分别为：基本生产车间领用120 000元，辅助生产车间领用80 000元，车间管理部门领用20 000元，公司管理部门领用6 000元，独立的销售部门领用2 000元。

根据"发料凭证汇总表"编制会计分录：

借：生产成本——基本生产成本　　　　　　　　　　　120 000
　　　　　　——辅助生产成本　　　　　　　　　　　 80 000
　　制造费用　　　　　　　　　　　　　　　　　　　 20 000
　　管理费用　　　　　　　　　　　　　　　　　　　　6 000
　　销售费用　　　　　　　　　　　　　　　　　　　　2 000
　　贷：原材料　　　　　　　　　　　　　　　　　　228 000

（二）计划成本法

原材料按计划成本核算时，其收发、结存，无论是总分类核算还是明细分类核算，均按计划成本计价。原材料实际成本与计划成本的差异，通过"材料成本差异"科目核算。月末，计算发出原材料应负担的成本差异，根据领用原材料的用途分别计入相关资产的成本或者当前损益，从而将发出原材料的计划成本调整为实际成本。

1. 会计科目设置。计划成本法下，为了及时反映材料的收入、发出、结存及材料成本差异的形成和结转，应设置"材料采购"、"原材料"和"材料成本差异"科目。

"材料采购"科目核算企业采用计划成本进行材料日常核算而购入材料的采购成本。其借方登记采购材料的实际成本，贷方登记入库材料的计划成本。借方大于贷方表示超支差异，从本科目贷方转入"材料成本差异"科目的借方；贷方大于借方表示节约差异，从本科目借方转入"材料成本差异"科目的贷方。本科目期末借方余额，反映企业在途材料的采购成本。本科目可按供应单位和材料品种进行明细核算。

"原材料"科目的核算内容与前述实际成本法下的核算内容基本相同。所不同的是，其借方、贷方及期末余额所反映的均是材料的计划成本，而不是实际成本。

"材料成本差异"科目核算企业采用计划成本进行材料日常核算的材料计划

成本与实际成本的差额。本科目借方登记入库材料的实际成本大于计划成本的差异额（超支差异）及发出材料应负担的实际成本小于计划成本的差异额（节约差异）；贷方登记入库材料的实际成本小于计划成本的差异额及发出材料应负担的实际成本大于计划成本的差异额（超支差异）。期末若为借方余额，反映企业库存材料的实际成本大于计划成本的差异；期末若为贷方余额，反映企业库存材料的实际成本小于计划成本的差异。本科目可以分别"原材料"、"周转材料"等，按类别或品种进行明细核算。

2. 会计处理。

（1）收入原材料的核算。在计划成本法核算下，由于付款时按实际成本支付，验收入库时按计划成本入账，实际成本与计划成本的差异还要结转，为了完整地反映上述业务，对每一笔原材料采购业务都要从付款、验收入库和结转差异三个方面进行核算，以便完整地反映和监督材料采购资金的支出情况，考核材料采购过程的业务成果。

①结算凭证已到，同时材料验收入库。在材料已经验收入库、货款也已同时结算的情况下，企业应于支付货款或开出、承兑商业汇票时，按发票账单等结算凭证确定的实际采购成本，借记"材料采购"科目，按增值税专用发票上注明的可抵扣增值税税额，借记"应交税费——应交增值税（进项税额）"科目；按实际结算的款项贷记"银行存款"、"其他货币资金"、"预付账款"或"应付票据"等科目。材料验收入库后，按材料的计划成本，借记"原材料"科目，贷记"材料采购"科目；若实际成本大于计划成本形成超支差异，借记"材料成本差异"科目，贷记"材料采购"科目；若实际成本小于计划成本形成节约差异，借记"材料采购"科目，贷记"材料成本差异"科目。

【例4-10】益华公司对B材料采用计划成本法核算。2×15年8月3日，公司由本市甲企业购入B材料200千克，实际单价200元，计划单价205元。增值税专用发票注明价款40 000元，增值税税额6 800元。材料已验收入库，款项已用转账支票付讫。根据发票、银行结算凭证和收料单同时编制如下会计分录。

付款时：
借：材料采购——B材料　　　　　　　　　　　　　40 000
　　应交税费——应交增值税（进项税额）　　　　　 6 800
　贷：银行存款　　　　　　　　　　　　　　　　　　　46 800
收料时：
借：原材料——B材料　　　　　　　　　　　　　　41 000
　贷：材料采购——B材料　　　　　　　　　　　　　　 41 000
结转材料成本差异时：
借：材料采购——B材料　　　　　　　　　　　　　 1 000
　贷：材料成本差异——B材料　　　　　　　　　　　　 1 000

②结算凭证已到，材料未验收入库。对于结算凭证已到、材料尚未验收入库的采购业务，其会计处理与"结算凭证已到，同时材料验收入库"采购业务情况

相同，只是在入账的时间上稍有延迟，即必须等到材料运达企业并验收入库时，再编制收料和结转差异的会计分录。

【例 4-11】2×15 年 8 月 10 日，益华公司由乙企业购入 C 材料 300 千克，实际单价 220 元，计划单价 210 元。增值税专用发票注明价款 66 000 元，增值税税额 11 220 元，款项用银行汇票付讫，材料尚未运达企业。根据银行结算凭证编制付款时的会计分录。

借：材料采购——C 材料　　　　　　　　　　　　　66 000
　　应交税费——应交增值税（进项税额）　　　　　 11 220
　　　贷：其他货币资金——银行汇票　　　　　　　　　　 77 220

以后待材料验收入库时，再按其计划成本记入"原材料"科目，同时结转相应的材料成本差异。

【例 4-12】承【例 4-11】，8 月 16 日益华公司由乙企业购入的 C 材料到达并已办理入库手续。

借：原材料——C 材料　　　　　　　　　　　　　　63 000
　　　贷：材料采购——C 材料　　　　　　　　　　　　　 63 000

同时，结转入库材料的成本差异：

借：材料成本差异——C 材料　　　　　　　　　　　 3 000
　　　贷：材料采购——C 材料　　　　　　　　　　　　　　3 000

应当注意的是，当结算凭证到达企业而原材料月底仍未到达企业时，财会部门只能根据结算凭证确定这部分材料的实际成本，但却不能编制材料入库和确定入库材料成本差异的会计分录。因此，在这种情况下，月末计算成本差异率时，公式中的分子和分母均不会涉及这部分原材料。

③材料已验收入库，结算凭证未到。由于材料运输时间短于结算凭证的传递时间，导致材料先到、结算凭证未到，企业无法确定材料的实际成本。一般情况下，结算凭证随后几天就能到达，所以材料到达时可先不进行账务处理，待当月内收到结算凭证时，再按料到款已付的业务进行账务处理。如果到月末时仍未收到发票账单，为了在月份报表中真实地反映企业库存材料物资情况，企业应按计划成本估计入账，借记"原材料"科目，贷记"应付账款——暂估应付账款"科目，下月初，用红字冲销该记录，待下月结算凭证到达并付款后，按料到款已付的正常程序进行账务处理。

【例 4-13】益华公司 2×15 年 8 月 25 日收到丙公司发来的 D 材料 400 千克，材料已验收入库，但发票账单等结算凭证未到。该材料的计划单价 600 元。

2×15 年 8 月 25 日，对验收入库的材料暂不进行账务处理。

至 2×15 年 8 月 31 日仍未收到发票账单时，根据计划单价 600 元暂估记账，编制会计分录：

借：原材料　　　　　　　　　　　　　　　　　　　240 000
　　　贷：应付账款——丙公司——暂估应付账款　　　　 240 000

9 月 1 日，编制红字记账凭证冲回估价入账分录：

借：原材料 240 000
　　贷：应付账款——丙公司——暂估应付账款 240 000

9月5日，益华公司收到上述材料的结算凭证，增值税专用发票标明单价620元，价款248 000元，增值税税额42 160元，款项用银行汇票付讫。根据有关结算凭证和收料单编制会计分录。

付款：
借：材料采购——D材料 248 000
　　应交税费——应交增值税（进项税额） 42 160
　　贷：其他货币资金——银行汇票 290 160

结转入库材料计划成本：
借：原材料——D材料 240 000
　　贷：材料采购——D材料 240 000

结转入库材料成本差异：
借：材料成本差异——D材料 8 000
　　贷：材料采购——D材料 8 000

同样需要注意的是，在月末计算材料成本差异率时，本期验收入库材料的计划成本不包括月末暂估入库材料的计划成本。

以上账务处理均采用的是逐笔结转计划成本和成本差异，即每笔结算和每笔收料都随时编制会计分录。在会计实务中，为简化核算工作，材料入库计划成本及材料成本差异结转的账务处理也可集中在月末进行，根据收料单汇总后，编制收料凭证汇总表，一次结转入库材料的计划成本和材料成本差异。

（2）发出原材料的核算。按计划成本法核算发出原材料，与按实际成本法相同的是，在月末根据月份内签发的发料凭证，按领料部门和用途汇总，编制"发料凭证汇总表"，并据以进行账务处理。与实际成本法不同的是：一是发料凭证都是按计划成本计价的；二是需计算结转发出材料应负担的成本差异，将发出材料的计划成本调整为实际成本。因此，按计划成本法核算发出原材料的，包括结转发出原材料的计划成本和结转发出原材料应负担的成本差异两部分内容。

①结转发出材料的计划成本。企业发出材料时，应根据领用部门和用途分别计入有关成本费用项目。领用原材料时，按确定的计划成本，分别借记"生产成本"、"制造费用"、"销售费用"、"管理费用"、"在建工程"、"其他业务成本"等科目，贷记"原材料"科目。

【例4-14】2×15年9月末，益华公司根据"发料凭证汇总表"，计算出各部门领用原材料的计划成本分别为：基本生产车间领用120 000元，辅助生产车间领用30 000元，车间管理部门领用40 000元，公司管理部门领用15 000元，独立的销售部门领用10 000元。

借：生产成本——基本生产成本 120 000
　　　　　　——辅助生产成本 30 000

制造费用	40 000
管理费用	15 000
销售费用	10 000
贷：原材料	215 000

②结转发出材料应负担的成本差异。企业结转发出材料应负担的成本差异时，按实际成本大于计划成本的差异，借记"生产成本"、"制造费用"、"管理费用"、"其他业务成本"等科目，贷记"材料成本差异"；实际成本小于计划成本的差异编制相反的会计分录。

【例4-15】承【例4-14】，2×15年9月末，益华公司计算确定的本期材料成本差异率为2%，则本期发出材料应负担的材料成本差异为：

基本生产车间：120 000×2%＝2 400（元）

辅助生产车间：30 000×2%＝600（元）

车间管理部门：40 000×2%＝800（元）

公司管理部门：15 000×2%＝300（元）

独立的销售部门：10 000×2%＝200（元）

合计：4 300元

借：生产成本——基本生产成本	2 400
——辅助生产成本	600
制造费用	800
管理费用	300
销售费用	200
贷：材料成本差异	4 300

2×15年9月末，如果益华公司计算确定的本期材料成本差异率为－2%，则结转本期发出材料应负担的成本差异时编制会计分录：

借：材料成本差异	4 300
贷：生产成本——基本生产成本	2 400
——辅助生产成本	600
制造费用	800
管理费用	300
销售费用	200

四、委托加工物资的日常核算

企业因生产经营的需要，有时需要将一些材料或商品委托外单位进行加工，制成另一种材料或商品。材料或商品经过加工，其实物形态、性能发生变化，而且在加工过程中还要消耗原材料、发生各种费用等。企业进行委托加工材料的核算，就要正确地反映和监督委托加工材料的发出、加工费用的发生、往返的运杂费以及材料加工完成后的验收入库等。

1. 设置"委托加工物资"科目。为了核算委托外单位加工的各种材料、商品等物资的发出、收回和结存情况,企业应设置"委托加工物资"科目。该科目借方登记委托加工物资的实际成本和支付的加工费、运杂费、税费等;贷方登记加工完毕并验收入库委托加工物资的实际成本和剩余物资的实际成本;期末借方余额反映委托外单位加工尚未完工物资的实际成本。本科目可按加工合同、受托加工单位以及加工物资的品种等进行明细核算。

2. 委托加工物资的会计处理。企业委托外单位加工物资,在会计处理上主要包括拨付加工物资、支付加工费、运杂费和税费、收回加工物资和剩余物资等环节。委托加工物资可采用实际成本法核算,也可采用计划成本法核算。

(1) 拨付委托加工物资。企业发给外单位加工的物资时,按拨付物资的实际成本,借记"委托加工物资"科目,贷记"原材料"、"库存商品"等科目;按计划成本核算的,还应同时结转材料成本差异。

(2) 支付加工费、增值税和运杂费。委托单位支付委托加工物资的加工费、增值税以及应负担的运杂费等时,借记"委托加工物资"、"应交税费——应交增值税(进项税额)"等科目,贷记"银行存款"等科目。

(3) 缴纳消费税。如果委托加工物资属于应税消费品,企业还须缴纳消费税。消费税由受托方代收代交。委托方对缴纳的消费税应分别按以下情况处理:

①委托加工物资收回后直接用于销售的,由受托方代收代缴的消费税计入委托加工物资的成本。借记"委托加工物资"科目,贷记"应付账款"、"银行存款"等科目。待销售委托加工物资时,不需要再缴纳消费税。

②委托加工物资收回后用于连续生产应税消费品的,由受托方代收代缴的消费税按规定准予抵扣的,不应计入委托加工存货的成本而单独确认,借记"应交税费——应交消费税"科目,贷记"应付账款"、"银行存款"等科目。待连续生产的应税消费品生产完成并销售时,从生产的应税消费品应纳消费税税额中抵扣。

(4) 加工完成收回物资。加工完成验收入库的物资和剩余的物资,按加工收回物资的实际成本和剩余物资的实际成本,借记"原材料"、"库存商品"等科目,贷记"委托加工物资"科目。采用计划成本核算的,按计划成本借记"原材料"、"库存商品"科目,按实际成本贷记"委托加工物资"科目,按实际成本与计划成本之间的差额,借记或贷记"材料成本差异"科目。

采用计划成本核算的,也可以采用上期材料成本差异率计算分摊本期应分摊的材料成本差异。

【例4-16】益华公司委托E公司加工一批应纳消费税的物资。益华公司拨付加工物资用材料80 000元,向E公司支付加工费1 000元、增值税税额170元。委托加工物资适用的消费税税率为10%。已经加工完毕验收入库。益华公司按实际成本法对该批物资进行核算,有关会计处理如下。

①发出委托加工物资用材料:

借:委托加工物资——E公司　　　　　　　　　　80 000

贷：原材料　　　　　　　　　　　　　　　　　　　　　　　80 000
②支付加工费：
　　借：委托加工物资——E公司　　　　　　　　　　　　　　　 1 000
　　　　应交税费——应交增值税（进项税额）　　　　　　　　　　170
　　　　贷：银行存款　　　　　　　　　　　　　　　　　　　　 1 170

受托方代收代缴消费税 $= \dfrac{80\ 000 + 1\ 000}{1 - 10\%} \times 10\% = 9\ 000$（元）

③支付受托方代收代缴消费税时。

如果益华公司加工后的物资收回后用于连续生产应税消费品，按规定准予抵扣：

　　借：应交税费——应交消费税　　　　　　　　　　　　　　　 9 000
　　　　贷：银行存款　　　　　　　　　　　　　　　　　　　　 9 000

如果益华公司委托加工后的物资收回后直接用于销售：

　　借：委托加工物资——E公司　　　　　　　　　　　　　　　 9 000
　　　　贷：银行存款　　　　　　　　　　　　　　　　　　　　 9 000

④加工完毕收回委托加工物资时。

用于连续生产应税消费品：

　　借：原材料　　　　　　　　　　　　　　　　　　　　　　　81 000
　　　　贷：委托加工物资——E公司　　　　　　　　　　　　　 81 000

直接用于销售：

　　借：库存商品　　　　　　　　　　　　　　　　　　　　　　90 000
　　　　贷：委托加工物资——E公司　　　　　　　　　　　　　 90 000

五、库存商品的日常核算

　　库存商品，是指企业已经完成全部生产过程并已验收入库、合乎标准规格和技术条件，可以按照合同规定的条件送交订货单位或可以作为商品对外销售的产品以及外购或委托加工完成验收入库用于销售的各种商品。库存商品具体包括产成品、外购商品、存放在门市部门准备销售的商品、发出展览的商品、接受来料加工制造的代制品和为外单位加工修理的代修品等。库存商品的核算可以采用实际成本法核算，也可以采用计划成本法核算，其方法与原材料核算相似。

　　1. 会计科目设置。

　　（1）"库存商品"科目。为了反映和监督库存商品的增减变化和结存情况，企业应设置"库存商品"科目，该科目借方登记验收入库的库存商品成本，贷方登记发出的库存商品成本。期末余额在借方，反映各种库存商品的实际成本或计划成本。本科目可按产成品的种类、品种和规格进行明细核算。

　　（2）"产品成本差异"科目。为了核算企业生产产品的实际成本与计划成本之间的差异，企业应设置"产品成本差异"科目，其登记及使用方法与"材料成本差异"科目相同。

2. 会计处理。库存商品生产完成并验收入库时，按其入库产成品实际成本，借记"库存商品"科目，贷记"生产成本"科目；对外销售等发出产成品，可采用先进先出法、加权平均法或个别计价法计算确定销售产成品的实际成本，结转销售产成品成本时，借记"主营业务成本"科目，贷记"库存商品"科目。

【例4-17】益华公司2×15年4月30日编制"产成品入库汇总表"，如表4-5所示。

表4-5　　　　　　　　　　产成品入库汇总表

2×15年4月

产品名称	单位	数量	单位成本	总成本
A产品	件	200	350	70 000
B产品	件	150	400	60 000
合计	—	350	—	130 000

借：库存商品——A产品　　　　　　　　　　　　　70 000
　　　　　　——B产品　　　　　　　　　　　　　60 000
　　贷：生产成本——A产品　　　　　　　　　　　　70 000
　　　　　　　——B产品　　　　　　　　　　　　60 000

【例4-18】益华公司2×15年5月31日按月末一次加权平均法计算确定本月销售A产品的实际成本为84 600元。月末结转已售A产品成本时：

借：主营业务成本——A产品　　　　　　　　　　　84 600
　　贷：库存商品——A产品　　　　　　　　　　　　84 600

六、周转材料的日常核算

周转材料，是指企业能够多次使用、其价值逐渐转移且仍保持原有形态但不确认为固定资产的材料，包括包装物、低值易耗品，以及企业（建造承包商）的钢模板、木模板、脚手架等。周转材料种类繁多，分布于生产经营的各个环节，具体用途各不相同，会计处理也不尽相同。为了核算企业周转材料的实际成本或计划成本的变动和结存情况，企业应设置"周转材料"科目，借方登记企业购入、自制、委托外单位加工完成并验收入库的周转材料的计划成本或实际成本；贷方登记企业发出的周转材料的计划成本或实际成本，期末余额在借方，反映企业周转材料的计划成本或实际成本以及在用周转材料的摊余价值。该科目可按周转材料的种类进行明细核算。当包装物、低值易耗品较多时，可单独设置"包装物"、"低值易耗品"科目进行核算。

（一）包装物

1. 包装物的内容。包装物是指为了包装本企业产品或商品而储备的各种包装容器，如桶、箱、瓶、坛、袋等。主要包括：

（1）生产过程中用于包装产品作为产品组成部分的包装物；

（2）随同产品出售不单独计价的包装物；

（3）随同产品出售单独计价的包装物；

（4）出租或出借给购买单位使用的包装物。

下列各项不属于包装物核算的范围：一是单位价值比较小或不能周转使用的各种包装材料（如纸、绳、铁丝等），一般作为原材料核算；二是用于储存和保管产品、商品、材料而不对外出售的包装物，一般应按其价值的大小和使用年限的长短，分别作为固定资产或低值易耗品管理和核算；三是计划上单独列作企业商品、产品的自制包装物，应作为库存商品进行管理和核算。

2. 主要会计科目的设置。为了反映和监督包装物的增减变化及其价值损耗、结存等情况，企业应设置"周转材料——包装物"科目进行核算。该科目借方登记验收入库包装物的实际成本或计划成本；贷方登记发出包装物的实际成本或计划成本；期末借方余额，反映企业库存包装物的实际成本或计划成本。该科目应按包装物的种类设置明细账，进行明细核算。

3. 包装物的核算。

（1）包装物入库。企业购入、自制、委托外单位加工完成验收入库的包装物的核算方法与原材料入库的核算方法相同，这里不再重复。

（2）生产领用包装物。企业生产部门领用的用于包装产品的包装物，构成了产品的组成部分，因此，应将包装物的成本计入产品生产成本。生产领用包装物，借记"生产成本"等科目，贷记"周转材料——包装物"科目。若按计划成本核算，还应同时结转材料成本差异。

（3）随同产品或商品出售的包装物。在出售产品或商品时，随同产品或商品一并出售的包装物在会计核算上分为两种情况：一是出售的包装物不单独计价，应于包装物发出时按其实际成本计入销售费用中，借记"销售费用"科目，贷记"周转材料——包装物"科目，按计划成本核算的，还应同时结转材料成本差异；二是出售的包装物单独计价，应单独反映其销售收入和销售成本，即将出售包装物的收入（不含税收入）记入"其他业务收入"科目，而包装物成本借记"其他业务成本"科目，贷记"周转材料——包装物"科目，按计划成本核算的，还应同时结转材料成本差异。

【例4-19】益华公司在商品销售过程中领用包装物一批，实际成本6 000元，其中，4 000元的包装物随同商品出售而不单独计价，另外2 000元的包装物随同商品出售而单独计价，销售收入2 800元，增值税税额476元，款项已存入银行。其账务处理如下。

不单独计价的包装物：

借：销售费用	4 000	
贷：周转材料——包装物		4 000

单独计价的包装物：

借：银行存款	3 276	
贷：其他业务收入		2 800
应交税费——应交增值税（销项税额）		476
借：其他业务成本	2 000	
贷：周转材料——包装物		2 000

（4）出租或出借包装物。为了确保周转使用包装物的安全完好，对于企业可以周转使用的包装物，一般采用出租或出借方式提供给客户使用。以出租方式提供包装物时，要求客户支付包装物的租金；以出借方式提供包装物时，不要求客户交付租金。

①包装物发出。企业不论以出租方式还是以出借方式发出包装物，均应向客户收取押金，作为客户按规定归还包装物的资金保证。企业应根据收到的押金，借记"库存现金"、"银行存款"等科目，贷记"其他应付款"科目。

企业出租包装物，除收取押金以外，还要收取租金，用于抵补出租包装物的摊销价值及相关支出。企业应根据收到的租金，借记"库存现金"、"银行存款"等科目，贷记"其他业务收入"等科目。

②包装物摊销。出租、出借及周转使用的包装物在使用过程中价值逐渐减少的过程称为摊销。包装物价值摊销方法一般有以下三种。

第一，一次转销法。一次转销法就是将包装物的成本一次全部转销的方法。在实务中，一次转销法又有两种不同的表现方式：一是在领用包装物时将其成本全部摊销；二是在包装物报废时将其成本全部摊销。采用这种方法，会计核算手续简单，但容易造成包装物的实际价值与其账面价值不符。一般适用于价值量较小、使用期限较短且各期领用比较均衡的包装物。

第二，分期（次）摊销法。分期（次）摊销法是按包装物的预计使用期限分期摊销或按包装物预计使用次数分次摊销包装物成本的方法。采用这种方法，包装物按实际使用时间（次数）摊销其成本，使各期摊销价值比较符合实际情况。一般适用于价值较高、使用时间较长且使用情况相对稳定的包装物。采用这种方法，出租、出借及开始周转使用全新包装物时，可按包装物的成本，借记"周转材料——包装物（在用）"科目，贷记"周转材料——包装物（在库）"科目。分期（次）摊销包装物成本时，借记"其他业务成本"、"销售费用"等科目，贷记"周转材料——包装物（在用）"科目。

第三，五五摊销法。五五摊销法又称五成摊销法，就是在领用包装物时摊销其成本的50%，在包装物报废时再摊销其成本的50%的方法。采用这种方法，如果报废包装物的残值较小，可以不预计残值，将包装物的全部成本在领用和报废时各摊销50%；如果残值较大，应按包装物成本减除其残值后的余额在领用和报废时各摊销50%。为了简化会计核算，一般情况下不预计残值。该方法一一般适用于经常领用且使用较为均衡的包装物。采用这种方法，一般在"周转材料——包装物"科目下设置"库存未用包装物"、"库存已用包装物"、"出租包装物"、"出借包装物"和"包装物摊销"等明细科目。出租、出借全新包装物时，应借记"周转材料——包装物（出租〈借〉包装物）"科目，贷记"周转材料——包装物（库存未用包装物）"科目；同时，按出租、出借包装物成本的50%，借记"其他业务成本"、"销售费用"等科目，贷记"周转材料——包装物（包装物摊销）"科目。包装物报废时，摊销其成本的另外50%，借记"其他业务成本"、"销售费用"等科目，贷记"周转材料——包装物（包装物摊销）"科目，同时，注销包装物成本及其已摊销价值，借记"周转材料——包装物（包装物摊销）"科目，贷记"周转材料——包装物（出租〈借〉包装物〈或库存已用包装物〉）"科目。

③包装物收回。企业出租、出借的包装物收回并退还押金时，借记"其他应付款"科目，贷记"银行存款"等科目。收回的包装物入库时，如果采用一次转销法和分期摊销法进行包装物价值摊销的，一般只在备查账簿中进行登记，不作账务处理；如果采用五五摊销法的，则应按包装物成本，借记"周转材料——包装物（库存已用包装物）"科目，贷记"周转材料——包装物（出租〈借〉包装物）"科目。

④包装物报废。收回的包装物，如果由于磨损等原因不能继续使用，应及时办理报废手续。已报废包装物的残料，一般应计价入库，同时冲减其已摊销价值。其中，用于出租的包装物的残料价值，应借记"原材料"等科目，贷记"其他业务成本"科目；用于出借的包装物的残料价值，应借记"原材料"等科目，贷记"销售费用"等科目。采用五五摊销法进行包装物价值摊销的，报废时还应摊销其成本的另外50%，并注销已报废包装物成本及其已摊销价值，即按包装物价值的50%借记"其他业务成本"、"销售费用"科目，贷记"周转材料——包装物（包装物摊销）"科目，同时，按报废成本，借记"周转材料——包装物（包装物摊销）"科目，贷记"周转材料——包装物（出租〈借〉包装物）"科目。

⑤没收逾期未退回包装物的押金[①]。对于超过退还期限而购货单位仍未退回的包装物，企业可按合同规定没收其押金。企业没收押金时，应根据没收的押金数额，借记"其他应付款"科目，根据其中所含的增值税税额，贷记"应交税费——应交增值税（销项税额）"科目，根据全部押金扣除增值税后的余额，贷记"其他业务收入"科目。如果这部分没收的押金收入应缴纳消费税等税费，还应将应交的税费计入其他业务成本，即借记"其他业务成本"科目，贷记"应交税费——应交消费税"等科目。

[①]《企业执行现行会计制度有关问题的解答》规定，对因逾期未收回包装物而没收的押金分别不同情况按下列方法处理：对于出租、出借包装物收取的押金，因逾期未收回包装物而没收的部分，应计入其他业务收入；包装物已作价随同产品销售，但为促使购货人将包装物退回而另外加收的押金，因逾期未收回包装物而没收的部分，应计入营业外收入。

(5) 包装物核算举例。

【例 4-20】某企业的包装物按实际成本核算，根据发生的有关经济业务，编制会计分录如下。

①以银行存款购进包装物，实际成本 4 680 元（其中包括进项税额 4 680 元）。

  借：周转材料——包装物   4 000
    应交税费——应交增值税（进项税额）   680
    贷：银行存款   4 680

②生产领用包装物，用于包装产品，实际成本 600 元。

  借：生产成本   600
    贷：周转材料——包装物   600

③销售产品领用不单独计价的包装物，实际成本 300 元。

  借：销售费用   300
    贷：周转材料——包装物   300

④销售产品领用单独计价的包装物，实际成本 800 元，售价 1 170 元（其中包括增值税税额 170 元）。

  借：银行存款   1 170
    贷：其他业务收入   1 000
    应交税费——应交增值税（销项税额）   170

同时：

  借：其他业务成本   800
    贷：周转材料——包装物   800

⑤出借包装物一批，包装物实际成本 1 000 元，收取押金 1 500 元。包装物价值摊销采用分期摊销法，计划分 5 期在 1 年内平均摊销。

收取押金时：

  借：银行存款   1 500
    贷：其他应付款   1 500

领用包装物时：

  借：周转材料——包装物（在用）   1 000
    贷：周转材料——包装物（在库）   1 000

分期摊销时（每期摊销 200 元）：

  借：销售费用   200
    贷：周转材料——包装物（在用）   200

⑥出租新包装物 100 个，包装物实际总成本 8 000 元，共收取押金 10 000 元，每月收取租金 936 元（其中增值税税额 136 元）。包装物价值摊销采取五五摊销法。

收到押金时：

  借：银行存款   10 000

贷：其他应付款　　　　　　　　　　　　　　　　　　　　　10 000
发出包装物时：
　　借：周转材料——包装物（出租包装物）　　　　　　　　　　 8 000
　　　　贷：周转材料——包装物（库存未用包装物）　　　　　　　 8 000
收到租金收入时：
　　借：银行存款　　　　　　　　　　　　　　　　　　　　　　　 936
　　　　贷：其他业务收入　　　　　　　　　　　　　　　　　　　 800
　　　　　　应交税费——应交增值税（销项税额）　　　　　　　　 136
月末摊销包装物成本的50%时：
　　借：其他业务成本　　　　　　　　　　　　　　　　　　　　 4 000
　　　　贷：周转材料——包装物（包装物摊销）　　　　　　　　　4 000
承租单位退回包装物80个，退还押金8 000元（100×80）。结转包装物入库的成本6 400元（80×80）：
　　借：其他应付款　　　　　　　　　　　　　　　　　　　　　 8 000
　　　　贷：银行存款　　　　　　　　　　　　　　　　　　　　 8 000
同时：
　　借：周转材料——包装物（库存已用包装物）　　　　　　　　　6 400
　　　　贷：周转材料——包装物（出租包装物）　　　　　　　　　6 400
没收逾期未退回的20个包装物的押金计2 000元（其中，销项税税额290.60元），并摊销其成本的50%，共800元（20×80×50%）：
　　借：其他应付款　　　　　　　　　　　　　　　　　　　　　 2 000
　　　　贷：其他业务收入　　　　　　　　　　　　　　　　　 1 709.40
　　　　　　应交税费——应交增值税（销项税额）　　　　　　 290.60
如果包装物不再退回，还应同时作如下会计分录：
　　借：其他业务成本　　　　　　　　　　　　　　　　　　　　　 800
　　　　贷：周转材料——包装物（包装物摊销）　　　　　　　　　 800
　　借：周转材料——包装物（包装物摊销）　　　　　　　　　　 1 600
　　　　贷：周转材料——包装物（出租包装物）　　　　　　　　 1 600
因入库收回的出租包装物多次出租，已无法使用，批准报废。报废时收回残料作为修理用材料使用，估计价值500元。应摊销其成本的50%，共3 200元（80×80×50%）。注销已报废包装物成本及其已摊销价值共计6 400元（80×80）。
　　借：原材料　　　　　　　　　　　　　　　　　　　　　　　　 500
　　　　贷：其他业务成本　　　　　　　　　　　　　　　　　　　 500
　　借：其他业务成本　　　　　　　　　　　　　　　　　　　　 3 200
　　　　贷：包装物——包装物摊销　　　　　　　　　　　　　　 3 200
　　借：周转材料——包装物（包装物摊销）　　　　　　　　　　 6 400
　　　　贷：周转材料——包装物（库存已用包装物）　　　　　　 6 400

（二）低值易耗品

1. 低值易耗品的内容。低值易耗品，是指在使用过程中基本保持其原有实物形态不变但单位价值相对较低、使用期限相对较短，或在使用过程中容易损坏，因而不能列入固定资产的各种用具物品，如工具、管理用具、玻璃器皿、劳保用品，以及在经营过程中周转使用的包装容器等。

低值易耗品通常被视同存货，作为流动资产进行核算和管理，划分为一般工具、专用工具、替换设备、管理用具、劳动保护用品、其他用具等。

2. 主要会计科目的设置。为了反映和监督低值易耗品的增减变化及其结存情况，企业应当设置"周转材料——低值易耗品"科目，借方登记低值易耗品的增加，贷方登记低值易耗品的减少，期末余额在借方，通常反映企业期末结存低值易耗品的金额。在采用五五摊销法的情况下，需要单独设置"周转材料——低值易耗品（在用）"、"周转材料——低值易耗品（在库）"和"周转材料——低值易耗品（摊销）"明细科目。

3. 低值易耗品的核算。低值易耗品的核算主要包括低值易耗品的购入（或形成）、低值易耗品的摊销及低值易耗品处置。其会计处理方法与包装物相同，此处不予赘述。

需要强调的是，根据我国《企业会计准则》的有关规定，企业的备品备件和维修设备通常确认为存货，但符合固定资产定义和确认条件的（如民用航空运输企业的高价周转件等），应当确认为固定资产。企业能够多次使用、逐渐转移其价值但仍保持原有形态不确认为固定资产的材料，如包装物和低值易耗品，应当采用一次转销法或者五五摊销法进行摊销；企业（建造承包商）的钢模板、木模板、脚手架和其他周转材料，可以使用一次转销法、五五摊销法或者分次摊销法进行摊销。

第三节 存货清查

企业在进行存货的日常收发及保管过程中，因种种原因可能造成存货实际结存数量与账面结存数量不符，有时还会因非常事项造成存货毁损。为了确保存货账实相符，企业应定期或不定期进行存货盘点。企业进行存货清查盘点，应当编制"存货盘存报告单"，并将其作为存货清查的原始凭证。发生存货盘盈（实际结存数量大于账面结存数量）、盘亏（实际结存数量小于账面结存数量）及毁损（非常事项造成的存货损失）要通过"待处理财产损溢"科目进行核算，应及时查明原因，并进行账务处理，以保证账实一致。

一、存货盘盈

发生存货盘盈时，应按规定的程序报经有关部门（如董事会、管理层或类似机构等）批准后才能做出处理。在批准处理以前，一般先根据盘盈的存货，按同类或类似存货的重置成本计价入账，调整存货账面记录，以使账实一致，即：借记"原材料"、"库存商品"等科目，贷记"待处理财产损溢——待处理流动资产损溢"科目。

盘盈的存货查明原因后，应按不同原因及处理决定分别入账，借记"待处理财产损溢——待处理流动资产损溢"科目，贷记有关科目。其中，对于无法确定具体原因的，一般应冲减企业的管理费用，借记"待处理财产损溢——待处理流动资产损溢"科目，贷记"管理费用"科目。

【例4-21】某企业进行财产清查，根据发生的有关存货盘盈的经济业务，编制会计分录如下。

①盘点原材料，发现甲材料溢余，按重置成本计算其成本为900元，盘盈原因待查。

借：原材料　　　　　　　　　　　　　　　　　　　　　900
　　贷：待处理财产损溢——待处理流动资产损溢　　　　　　900

②查明原因，盘盈的原材料系收发时的计量误差所致，经批准冲销企业的管理费用。

借：待处理财产损溢——待处理流动资产损溢　　　　　　900
　　贷：管理费用　　　　　　　　　　　　　　　　　　　900

二、存货盘亏和毁损

发生存货盘亏和毁损，在批准处理以前，应先通过"待处理财产损溢——待处理流动资产损溢"科目进行核算。盘亏和毁损时，一般按盘亏和毁损存货的实际成本（大多按盘亏、毁损的数量和该存货的期初结存单价计算确定）冲减存货的账面记录，借记"待处理财产损溢——待处理流动资产损溢"科目，贷记有关的存货科目。

需要指出的是，根据我国《增值税暂行条例》的规定，企业发生的非正常损失的购进货物以及非正常损失的在产品、产成品所耗用的购进货物或应税劳务的进项税额不得从销项税额中抵扣。因此，非正常损失的存货价值应包括其实际成本和应负担的进项税额两部分，发生非正常毁损（如自然灾害、被盗窃及管理不善造成大量霉烂变质等）时，应按非正常损失的价值借记"待处理财产损溢——待处理流动资产损溢"科目，按非正常损失存货的实际成本贷记有关存货科目，按非正常损失（自然灾害造成的损失除外）存货应负担的进项税额贷记"应交税费——应交增值税（进项税额转出）"科目。

查明盘亏和毁损的原因后，应按不同的原因及处理决定分别入账，借记有关科目，贷记"待处理财产损溢——待处理流动资产损溢"科目。其中，属于定额合理盘亏的，一般作为管理费用列支；属于一般经营性损失的，扣除残料价值以及可以收回的保险赔偿和过失人赔偿后的剩余净损失，经批准也可以作为管理费用列支；属于自然灾害损失、管理不善造成货物被盗、发生霉烂变质等损失以及其他非正常损失的，扣除可以收回的保险赔偿及残料价值后的剩余净损失，作为企业的营业外支出处理。

【例4-22】某企业根据发生的有关存货盘亏和毁损的经济业务，编制会计分录如下。

①盘亏甲材料，实际成本为800元，原因待查。

借：待处理财产损溢——待处理流动资产损溢　　　　　800
　　贷：原材料　　　　　　　　　　　　　　　　　　　　800

②查明原因，盘亏甲材料系定额内合理损耗，批准作为管理费用列支。

借：管理费用　　　　　　　　　　　　　　　　　　　　800
　　贷：待处理财产损溢——待处理流动资产损溢　　　　　800

③因产成品仓库发生被盗，对财产进行清查盘点。其中，产成品毁损额按实际成本计算为60 000元，产成品耗用的原材料及应税劳务的进项税为4 000元，企业已通知保险公司。

借：待处理财产损溢——待处理流动资产损溢　　　　　64 000
　　贷：库存商品　　　　　　　　　　　　　　　　　　60 000
　　　　应交税费——应交增值税（进项税额转出）　　　4 000

④因被盗造成的产成品损失已经做出处理决定，可以由保险公司赔偿的损失为48 000元，由企业负担的损失为16 000元。

借：其他应收款——保险公司　　　　　　　　　　　　48 000
　　营业外支出　　　　　　　　　　　　　　　　　　16 000
　　贷：待处理财产损溢——待处理流动资产损溢　　　　64 000

需要强调的是，企业清查的各种存货及其他资产的损益，应于期末前查明原因，并根据企业的管理权限，经股东大会或董事会或经理（厂长）会议等类似机构批准后，在期末结账前处理完毕。如清查的各种财产损益在期末结账前尚未批准，在对外提供财务报表时应先按上述处理原则进行处理，并在会计报表附注中说明；如果其后批准处理的金额与已处理的金额不一致，还应作为资产负债表日后事项调整会计报表相关项目的金额。期末，"待处理财产损溢"科目应无余额。

第四节　存货的期末计量

一、存货期末计量的原则

我国《企业会计准则》规定，资产负债表日，存货应当按照成本与可变现净值孰低计量。即资产负债表日，当存货成本低于可变现净值时，存货按成本计量；当存货成本高于可变现净值时，存货按可变现净值计量，同时按照成本高于可变现净值的差额计提存货跌价准备，计入当期损益。其中，存货成本，是指期末存货的实际成本。存货的可变现净值，是指在日常活动中存货的估计售价减去至完工时估计将要发生的成本、估计的销售费用以及相关税费后的金额。需注意的是，可变现净值为存货的预计未来净现金流量，而不是存货的预计售价或合同价。

成本与可变现净值孰低计量的理论基础主要是使存货符合资产的定义。当存货的可变现净值下跌至成本以下时，表明该存货会给企业带来的未来经济利益低于其账面成本，因而应将这部分损失从资产价值中扣除，计入当期损益。否则，存货的可变现净值低于成本时，如果仍以其成本计量，就会出现虚计资产的现象。

二、存货可变现净值低于成本迹象的判断

企业应当定期对存货进行全面检查，如果有迹象表明存货的可变现净值低于成本，应按可变现净值低于成本的部分，计提存货跌价准备。

1. 存货存在下列情形之一的，通常表明存货的可变现净值低于成本：

（1）该存货的市场价格持续下跌，并且在可预见的未来无回升的希望；

（2）企业使用该项原材料生产的产品的成本大于产品的销售价格；

（3）企业因产品更新换代，原有库存原材料已不适应新产品的需要，而该原材料的市场价格又低于其账面成本；

（4）因企业所提供的商品或劳务过时或消费者偏好改变而使市场的需求发生变化，导致市场价格逐渐下跌；

（5）其他足以证明该项存货实质上已经发生减值的情形。

2. 存货存在下列情形之一的，通常表明存货的可变现净值为零：

（1）已霉烂变质的存货；

（2）已过期且无转让价值的存货；

（3）生产中已不再需要，并且已无使用价值和转让价值的存货；

（4）其他足以证明已无使用价值和转让价值的存货。

三、可变现净值的确定

在运用成本与可变现净值孰低法对期末存货进行计量时，根据存货账面记录，存货的成本资料可以很容易地获得，关键是合理确定存货的可变现净值。

1. 企业确定存货可变现净值时应考虑的因素。企业在确定存货可变现净值时，应当以取得的确凿证据为基础，并且考虑持有存货的目的、资产负债表日后事项的影响等因素。

（1）确定存货可变现净值应以取得确凿证据为基础。确定存货的可变现净值必须建立在取得确凿证据的基础上。这里所讲的"确凿证据"是指对确定存货

可变现净值有直接影响的客观证明。如产品或商品的市场销售价格、与企业产品或商品相同或类似商品的市场销售价格、销售方提供的有关资料和生产成本资料等。

(2) 确定存货可变现净值应当考虑持有存货的目的。由于企业持有存货的目的不同，确定存货可变现净值的计算方法也不同。如用于出售的存货和用于继续加工的存货，其可变现净值的计算就不相同。因此，企业在确定存货可变现净值时，应考虑持有存货的目的。根据存货的定义，企业持有存货的目的基本有两个：一是持有以备出售，如商品、产成品，其中又分为合同约定的存货和没有合同约定的存货；二是将在生产过程或提供劳务过程中耗用，如材料等。

(3) 确定存货可变现净值应当考虑资产负债表日后事项等的影响。在确定资产负债表日存货的可变现净值时，不仅要考虑资产负债表日与该存货相关的价格与成本波动，而且还应考虑未来的相关事项。也就是说，不仅限于财务报告批准报出日之前发生的相关价格与成本波动，还应考虑以后期间发生的相关事项。

2. 不同情况下存货可变现净值的确定。

(1) 为销售而持有存货可变现净值的确定。企业的产成品、商品和用于出售的原材料等直接用于出售的存货，其可变现净值根据在正常生产经营过程中以存货的估计售价减去估计的销售费用以及相关税费后的金额确定。在具体确定时，还应当根据存货是否有销售合同约定分别确定。

①为执行销售合同或者劳务合同而持有的存货，通常以产成品或商品的合同价格作为可变现净值的计量基础。

$$可变现净值 = 合同价格 - 估计的销售费用和相关税费$$

【例4-23】$2×15$年10月20日，益华公司与东方公司签订了一份不可撤销的销售合同，合同约定，$2×16$年1月20日，益华公司应按每件8 000元的价格向东方公司提供M产品50件。$2×15$年12月31日，益华公司已生产完成M产品50件，M产品的一般市场销售价格为每件8 200元。预计销售每件M产品将发生销售费用30元及税费120元。

本例中，根据益华公司与东方公司签订的销售合同的规定，该批M产品的销售价格已由销售合同约定，并且其库存数量等于销售合同约定的数量，因此，在这种情况下，计算M产品的可变现净值应以销售合同约定的价格8 000元作为计量基础。

M产品的可变现净值计算过程如下：

M产品可变现净值 = 8 000 × 50 - 30 × 50 - 120 × 50 = 392 500（元）

②如果企业持有存货的数量多于销售合同订购数量，超出部分的存货可变现净值应当以产成品或商品的一般销售价格作为计量基础。

有合同约定的：

$$可变现净值 = 合同价格 - 估计的销售费用和相关税费$$

超过合同约定的：

$$可变现净值 = 一般销售价格 - 估计的销售费用和相关税费$$

【例4-24】承〖例4-23〗，2×15年12月31日，如果益华公司已生产完成M产品70件，其他条件不变。

因为生产完成的M产品库存数量超过了销售合同数量20件，所以其中50件应以销售合同价格8 000元为基础计算可变现净值，没有销售合同的20件应以一般市场销售价格为基础计算可变现净值。

M产品可变现净值的计算过程如下：

有销售合同部分的可变现净值 = 8 000 × 50 - 30 × 50 - 120 × 50
= 392 500（元）

超过销售合同部分的可变现净值 = 8 200 × 20 - 30 × 20 - 120 × 20
= 161 000（元）

③没有销售合同或者劳务合同约定的存货，其可变现净值应当以产成品或商品一般价格或原材料的市场价格为基础计算。

【例4-25】承〖例4-24〗，2×15年12月31日，如果益华公司已生产完成M产品50件没有签订有关销售合同，其他条件不变。

因为益华公司没有就M产品签订任何销售合同，所以已生产完工的50件M产品的可变现净值应以一般市场销售价格8 200元为基础确定。

M产品可变现净值的计算过程如下：

M产品可变现净值 = 8 200 × 50 - 30 × 50 - 120 × 50 = 402 500（元）

（2）为继续加工而持有的存货可变现净值的确定。需要经过加工的材料存货，如原材料、在产品、委托加工材料等，由于持有该材料的目的是用于生产产成品，而不是出售，该材料存货的价值将体现在用其生产的产成品上。因此，在确定需要经过加工的材料存货的可变现净值时，需要以其生产的产成品的可变现净值与该产成品的成本进行比较。

①如果用其生产的产成品的可变现净值高于产品的生产成本，则为继续加工而持有的存货价值应当按成本计量，无须再计算其可变现净值。

【例4-26】2×15年12月31日，益华公司持有用于生产N产品的A材料的账面价值（成本）为600 000元，A材料的市场购买价格为500 000元；由于A材料的市场价格下降，用其生产N产品的市场价格也相应由原来的1 150 000元降为1 100 000元，将A材料进一步加工成N产品尚需发生直接人工和制造费用400 000元，估计N产品销售费用及相关税金为50 000元。

本例中，益华公司持有的A材料是用于生产N产品的，首先比较N产品的生产成本和可变现净值。

N产品的成本 = 600 000 + 400 000 = 1 000 000（元）

N产品的可变现净值 = 1 100 000 - 50 000 = 1 050 000（元）

N产品的可变现净值1 050 000元高于N产品的成本1 000 000元，因此，即使A材料的账面价值（成本）高于其市场价格，也不应计提存货跌价准备，仍应按账面价值（成本）600 000元列示于益华公司2×15年12月31日资产负债表的存货项目之中。

②如果材料价格的下降表明以其生产的产成品的可变现净值低于产品的生产成本，则该材料应当按可变现净值计量，其可变现净值为在正常生产经营过程中以该材料所生产的产成品的估计售价减去至完工时估计将要发生的成本、估计的销售费用以及相关的税费后的金额确定。

可变现净值 = 所生产的产成品估计售价 − 至完工时估计将要发生的成本
　　　　　 − 销售产成品估计的销售费用和相关税费

【例 4 − 27】承〖例 4 − 26〗，如果 N 产品的市场价格由原来的 1 150 000 元降为 1 000 000 元，其他条件不变。

N 产品的成本 = 600 000 + 400 000 = 1 000 000（元）

N 产品可变现净值 = 10 000 000 − 50 000 = 950 000（元）

N 产品的可变现净值 950 000 元低于 N 产品的成本 1 000 000 元，因此，需进一步计算 A 材料的可变现净值。

A 材料可变现净值 = 1 000 000 − 400 000 − 50 000 = 550 000（元）

A 材料的可变现净值 550 000 元低于账面成本 600 000 元，因此，A 材料的期末价值应为其可变现净值 550 000 元，即 A 材料应按 550 000 元列示于益华公司 2×15 年 12 月 31 日资产负债表的存货项目之中。

四、存货跌价准备的计提

1. 存货跌价准备的计提方法。企业存货按成本与可变现净值孰低计价时，对成本与可变现净值的比较计算通常有三种方法，即单项比较法、分类比较法和总额比较法。

（1）单项比较法。单项比较法就是按存货的每一项目逐项比较其成本和可变现净值，取其较低者确定存货价值的方法。采用该方法，只要某存货项目的可变现净值低于其成本，就将该存货项目按可变现净值计价，不考虑其他存货的可变现净值是否低于成本，不受其他存货项目可变现净值大小的影响。

（2）分类比较法。分类比较法就是先将存货分类，并计算出各类存货的成本与可变现净值，然后逐类比较其成本和可变现净值，取其较低者确定存货价值的方法。按存货类别进行比较时，只要某类存货的可变现净值低于成本，就将该存货按可变现净值计价，不考虑其他类存货的可变现净值是否低于成本，不受其他类别存货市价的影响。但采用这种方法时，有些存货的可变现净值高于其成本，有些存货的可变现净值低于其成本，有些存货的可变现净值等于其成本，按该类存货可变现净值总额计价就会将不同存货项目可变现净值同成本的差异相互抵消，使得不同存货项目的可变现净值与成本的关系不能清晰地反映。

（3）总额比较法。总额比较法就是先计算出所有存货的成本总额与可变现净值总额，然后进行比较，取其较低者确定存货价值的方法。按存货总额比较，不仅会将不同存货项目之间可变现净值与成本的差异相互抵消，而且还会将不同存货类别之间可变现净值与成本之间的差异相互抵消，使得不同存货项目的可变现净值与成本的关系以及不同类别存货可变现净值与成本的关系无法清晰地反映。

在会计实务中,为了反映存货成本与市价比较的详细情况,一般按每个存货的项目进行成本与其可变现净值逐一进行比较,如果存货项目过多,也可以按存货类别进行成本与可变现净值的比较。但不论企业根据具体情况使用哪一种方法,原则上应保持各期方法的一致性。

根据我国《企业会计准则》的规定,企业通常应当按照单个存货计提存货跌价准备。对于数量繁多、单价较低的存货,可以按照存货类别计提存货跌价准备。与在同一地区生产和销售的产品系列相关、具有相同或类似最终用途或目的且难以与其他项目分开计量的存货,可以合并计提存货跌价准备。

2. 存货跌价准备的会计核算。

(1) 设置"存货跌价准备"科目。"存货跌价准备"科目用来核算企业存货跌价准备的提取、转回和转销情况,其贷方登记提取的存货跌价准备金额,借方登记实际发生的存货跌价损失金额和转回的存货跌价准备金额,期末贷方余额反映企业已计提但尚未转销的存货跌价准备。本科目可按企业存货项目或类别进行明细核算。

(2) 存货跌价准备的计提和转回。资产负债表日,企业应当确定存货的可变现净值。企业确定存货的可变现净值,应当以资产负债表日的状况为基础确定,既不能提前确定存货的可变现净值,也不能延后确定存货的可变现净值,并且在每一个资产负债表日都应当重新确定存货的可变现净值。采用一定的方法对存货的可变现净值与成本进行比较,如果可变现净值低于成本,则按其差额确认减值损失,计提存货跌价准备,借记"资产减值损失——计提的存货跌价准备"科目,贷记"存货跌价准备"科目。

当以前减记存货价值的影响因素已经消失,减记的金额应当予以恢复,并在原已计提的存货跌价准备金额内转回,转回的金额计入当期损益。在核算存货跌价准备的转回时,转回的存货跌价准备与计提该准备的存货项目或类别应当存在直接对应关系,转回的金额以将存货跌价准备的余额冲减至零为限。

【例4-28】益华公司2×14年年末A存货的账面成本为500 000元,但由于当年A存货的市场价格持续下跌,根据资产负债表日状况确定的A存货的可变现净值为420 000元,"存货跌价准备"科目期初余额为零,由此应计提存货跌价准备80 000元(500 000-420 000)。相关账务处理如下:

借:资产减值损失——计提的存货跌价准备　　　　　　80 000
　　贷:存货跌价准备——A存货　　　　　　　　　　　　80 000

【例4-29】承〖例4-28〗,假设2×15年12月31日,益华公司存货的种类和数量、账面成本和已计提的存货跌价准备均未发生变化,但是2×15年以来A存货市场价格持续上升,市场前景明显好转,至2×15年年末根据当时状态确定的A存货的可变现净值为600 000元。

本例中,由于A存货市场价格上涨,2×15年年末A存货的可变现净值(600 000元)高于其账面成本(500 000元),可以判定以前造成减记存货价值的影响因素（价格下跌）已经消失。A 存货减记的金额应当在原已计提的存货跌价准备金额 80 000 元内予以恢复。相关账务处理如下：

借：存货跌价准备——计提的存货跌价准备　　　　80 000
　　贷：资产减值损失——A 存货　　　　　　　　　　　　80 000

（3）存货跌价准备的结转。企业计提了存货跌价准备，如果其中有部分存货已经销售，则企业在结转销售成本时，应同时结转对其已计提的存货跌价准备。对于因债务重组、非货币性资产交换转出的存货，也应同时结转已计提的存货跌价准备。如果按存货类别计提存货跌价准备的，应当按照发生销售、债务重组、非货币性资产交换等而转出存货的成本占该存货未转出前该类别存货成本的比例结转相应的存货跌价准备。

【例 4-30】益华公司 2×15 年 4 月 20 日销售一批 B 存货，价款 120 000 元，增值税税额 20 400 元，货款已收到。该批存货账面成本 80 000 元，已计提存货跌价准备 4 000 元。

①益华公司根据发票及收款单据等进行账务处理：

借：银行存款　　　　　　　　　　　　　　　　140 400
　　贷：主营业务收入　　　　　　　　　　　　　　　　120 000
　　　　应交税费——应交增值税（销项税额）　　　　　20 400

②结转该批已售商品成本时：

借：主营业务成本　　　　　　　　　　　　　　　76 000
　　存货跌价准备——计提的存货跌价准备　　　　　4 000
　　贷：库存商品——B 存货　　　　　　　　　　　　　80 000

第五节　与《小企业会计准则》的差异

关于存货的会计核算，《企业会计准则》与《小企业会计准则》的差异主要体现在以下三个方面。

1. 外购存货的成本。《企业会计准则》规定，商品流通企业在采购商品过程中发生的运输费、装卸费、保险费以及其他可归属于存货采购成本的费用等，应当计入存货的采购成本，也可以先进行归集，期末再根据所购商品的存销情况进行分摊。对于已售商品的进货费用，计入当期损益；对于未售商品的进货费用，计入期末存货成本。企业采购商品的进货费用金额较小的，可以在发生时直接计入当期损益。《小企业会计准则》则规定，小企业（批发业、零售业）在购买商品过程中发生的运输费、装卸费、包装费、保险费、运输途中的合理损耗和入库前的挑选整理费等，在发生时直接计入当期销售费用，不计入所购商品的成本。

2. 存货跌价准备的计提。《企业会计准则》规定，资产负债表日，存货应当按照成本与可变现净值孰低计量。存货成本高于其可变现净值的，应当计提存货跌价准备，计入当期损益。对于因销售、债务重组、非货币性资产交换转出存货时，应同时结转已计提的存货跌价准备。《小企业会计准则》则不要求小企业计提存货跌价准备，对于已售存货，应当直接结转相应的成本，不存在存货跌价准备的结转问题。

3. 周转材料摊销方法。《企业会计准则》规定，企业应当采用一次转销法或者五五摊销法对低值易耗品和包装物进行摊销，计入相关资产的成本或者当期损益。即企业周转材料的摊销不再采用分期（次）摊销法。《小企业会计准则》则规定，对于周转材料，采用一次转销法进行会计处理，在领用时按其成本计入生产成本或当期损益；金额较大的周转材料，也可以采用分次摊销法进行会计处理。出租或出借周转材料，不需要结转其成本，但应进行备查登记。即小企业摊销周转材料可不按五五摊销法，相对简化了小企业资产转移的计算方法。

思 考 题

1. 存货的确认应具备哪些条件？
2. 不同来源取得的存货，其入账价值在构成上各有什么特点？
3. 实际成本法下发出存货的计价方法有哪些？对企业财务报表有什么影响？
4. 什么是计划成本法？如何分摊材料成本差异？
5. 存货的可变现净值如何确定？
6. 存货减值迹象有哪些？何时表明存货价值为零？

习 题

1. 某企业为增值税一般纳税人，原材料采用实际成本法核算，2×15年7月初"原材料——A材料"科目借方余额6 000元，数量50件。该企业采用月末一次加权平均法核算发出存货成本。7月发生下列经济业务：

(1) 1日，赊购A材料一批，共计200件，价值20 000元，增值税税额3 400元，发票已到，材料尚未运到。

(2) 5日，仓库转来收料单，本月1日赊购的A材料已验收入库。

(3) 11日，生产车间领用A材料230件用于直接生产甲产品。

(4) 15日，与甲公司签订购货合同，购买A材料400件，每件125元，根据合同规定，先预付货款50 000元的40%，其余货款在材料验收入库后支付。

(5) 16日，购入A材料100件，材料已运到并验收入库，月末尚未收到发票等结算凭证。该材料的同期市场价格为12 000元。

(6) 25日，收到15日购买的A材料并验收入库，以银行存款支付其余货款及增值税。

(7) 月末结转A材料的发出成本。

要求：根据上述材料业务编制相关的会计分录。

2. 某企业为增值税一般纳税人，原材料按计划成本法核算，甲材料计划单位成本为每千克20元，该企业2×15年6月有关业务资料如下：

(1) "原材料"科目月初余额50 000元，"材料成本差异"科目月初贷方余额600元，

"材料采购"科目月初借方余额20 800元。

（2）5日，企业上月已付款的甲材料1 000千克如数收到，已验收入库。

（3）15日，从外地A公司购入甲材料6 000千克，增值税专用发票注明的材料价款为108 000元，增值税税额18 360元，企业已用银行存款支付上述款项，材料尚未到达。

（4）20日，从A公司购入的甲材料到达，验收入库时发现短缺40千克，经查明为途中定额内自然损耗，按实收数量验收入库。

（5）30日，汇总本月发料凭证，本月共发出甲材料8 000千克，全部用于产品生产。

要求：

（1）计算本月材料成本差异率、本月发出材料应负担的成本差异及月末库存材料的实际成本。

（2）根据上述业务编制相关的会计分录。

3. 甲企业发出A材料委托乙企业加工成B产品直接用于销售。A材料计划成本400 000元，材料成本差异率为 -2%。甲企业发生往返运杂费5 000元，向乙企业支付不含税加工费30 000元，甲企业和乙企业均为一般纳税人，B产品适用的增值税税率为17%，消费税税率为10%。所有款项均以银行存款结算完毕。

要求：

（1）编制甲企业发出A材料的会计分录。

（2）根据乙企业收取的加工费计算乙企业代收代缴应交消费税税额和应纳增值税税额，并编制会计分录。

（3）编制甲企业支付运杂费、加工费及税金等款项的会计分录。

（4）计算甲企业B产品成本并编制验收入库的会计分录。

4. 甲公司2×15年1月6日向仓库领用一批新的包装物，实际成本16 000元，用于出租和出借的各占50%。出租包装物的期限为11个月，应收租金800元，出借包装物的期限为3个月。包装物采用一次转销法。出租、出借的押金各为8 000元已收存银行。

要求：根据以上业务编制会计分录。

5. 长荣公司对存货按照单项存货计提存货跌价准备，2×15年年末关于计提存货跌价准备的资料如下：

（1）库存甲商品账面余额为250 000元，已计提存货跌价准备30 000元。按照一般市场价格预计售价为280 000元，预计销售费用和相关税金为10 000元。

（2）库存乙商品账面余额为300 000元，未计提存货跌价准备。库存乙商品中，有60%已签订销售合同，合同价格为200 000元；另外40%未签订合同，按照一般市场价格预计销售价格为110 000元。乙商品的预计销售费用和相关税金共25 000元。

（3）库存A材料因改变生产结构，导致无须使用，准备对外销售。A材料的账面余额为160 000元，预计销售价格为150 000元，预计销售费用及相关税金为10 000元，未计提存货跌价准备。

（4）库存B材料20千克，每千克实际成本1 600元。20千克B材料全部用于生产丙产品10件，每件加工成本为2 000元，市场售价为5 000元/件，现有8件已签订销售合同，合同规定单价为4 500元/件，假定销售税费均为销售价格的10%。B材料未计提存货跌价准备。

要求：

（1）计算上述存货的期末可变现净值和应计提的存货跌价准备。

（2）编制有关存货跌价准备的会计分录。

第五章 金融资产

学习目标

1. 掌握以公允价值计量且变动计入当期损益的金融资产的特征。
2. 掌握以公允价值计量且变动计入当期损益的金融资产的会计核算方法。
3. 掌握以公允价值计量且变动计入其他综合收益的金融资产的会计核算方法。
4. 掌握以摊余成本计量的金融资产的会计核算方法。
5. 掌握金融资产重分类的计量。
6. 了解《企业会计准则》和《小企业会计准则》对金融资产会计核算的区别。

第一节 金融资产概述

金融资产（financial assets）在企业（尤其是金融企业）资产中占有重要地位，其最大的特点是能够在金融市场上进行交易，并为其所有者提供即期或远期的货币流入量。金融资产，是指企业持有的现金、其他方的权益工具以及符合下列条件之一的资产。

1. 从其他方收取现金或其他金融资产的合同权利。例如，企业的银行存款、应收账款等属于金融资产。

2. 在潜在有利条件下，与其他方交换金融资产或金融负债的合同权利。例如，企业持有的看涨期权或看跌期权等。

3. 将来须用或可用企业自身权益工具进行结算的衍生工具合同，但以固定数量的自身权益工具交换固定金额的现金或其他金融资产的衍生工具合同除外。其中，企业自身权益工具不包括应当按照《企业会计准则第37号——金融工具列报》分类为权益工具的可回售工具或发行方仅在清算时才有义务向另一方按比例交付其净资产的金融工具，也不包括本身就要求在未来收取或交付企业自身权益工具的合同。

金融资产主要包括库存现金、银行存款、应收账款、应收票据、其他应收款项、股权投资、债券投资和衍生工具形成的资产等。本章不涉及货币资金、应收款项、长期股权投资等金融资产的会计处理。

根据《企业会计准则第22号——金融工具确认和计量》的规定,企业应当根据其管理金融资产的业务模式和金融资产的现金流量特征,将取得的金融资产在初始确认时划分为三类:以摊余成本计量的金融资产、以公允价值计量且其变动计入其他综合收益的金融资产和以公允价值计量且变动计入当期损益的金融资产。金融资产的分类关系到金融资产的计量,不同类别的金融资产,初始计量的基础不同,因此,对金融资产的分类一经确定,不应随意变更。

该三类金融资产的会计计量要求有两种:一是以公允价值计量;二是以摊余成本计量。以公允价值计量的金融资产包括以公允价值计量且其变动直接计入当期损益的金融资产和以公允价值计量且其变动计入其他综合收益的金融资产两种。

第二节 以公允价值计量且其变动计入当期损益的金融资产

一、以公允价值计量且其变动计入当期损益的金融资产概述

以公允价值计量且其变动计入当期损益的金融资产(financial assets at fair value through profit or loss)可以分为两种:一是交易性金融资产(finacial assets held for trading);二是直接指定为以公允价值计量且其变动计入当期损益的金融资产。

交易性金融资产是指满足下列条件之一的金融资产。

1. 取得该金融资产的目的,主要是为了近期内出售。

2. 属于进行集中管理的可辨认金融工具组合的一部分,且有客观证据表明企业近期采用短期获利方式对该组合进行管理。例如,企业基于投资策略和风险管理的需要,将某些金融资产进行组合从事短期获利活动,对于组合内的金融资产,应采用公允价值计量,并将其相关公允价值变动计入当期损益。

3. 属于衍生金融工具。例如国债期货、远期合同等,其公允价值变动大于零时,应将其相关变动金额确认为交易性金融资产,同时计入当期损益。但是,如果衍生金融工具被企业指定为有效套期关系中的套期工具,那么该衍生金融工具初始确认后的公允价值变动应根据其对应的套期关系不同,采用相应的方法进行处理。

交易性金融资产主要是指企业为了近期内出售而持有、在活跃市场上有公开报价、公允价值能够持续可靠获得的金融资产。一般而言,企业以赚取价差为目的,利用闲置资金从二级市场购入的股票、债券和基金等属于交易性金融资产。

根据交易性金融资产的定义可知,交易性金融资产应具备三个基本特征:(1)持有目的主要是为了近期出售;(2)活跃市场上有公开报价;(3)公允价

值能够持续可靠获得。不具备上述三个基本特征的金融资产一般不属于交易性金融资产。

直接指定为以公允价值计量且其变动计入当期损益的金融资产,在初始确认时,如果能够消除或显著减少会计错配,企业可以将金融资产直接指定为以公允价值计量且其变动计入当期损益的金融资产。该指定一经作出,不得撤销。

二、交易性金融资产的会计处理[①]

交易性金融资产的核算主要包括:交易性金融资产取得业务的核算;交易性金融资产持有期间收到的股利和利息的核算;交易性金融资产期末计价的核算;交易性金融资产出售的核算。

(一)交易性金融资产取得的核算

企业取得交易性金融资产时,应以公允价值计量入账。在取得交易性金融资产的交易过程中发生的交易费用不作为交易性金融资产的成本,应当直接计入当期损益。

交易费用是指可直接归属于购买、发行或处置金融工具新增的外部费用[②]。交易费用包括在交易过程中支付给代理机构、咨询公司、券商等的手续费和佣金及其他必要支出,不包括债券溢折价、融资费用、内部管理成本及其他与交易不直接相关的费用。

交易性金融资产取得的核算可以按照下列规定进行账务处理。

1. 以支付货币资金取得的交易性金融资产,应当按照交易时支付的对价作为交易性金融资产的成本。如果在支付的对价中包括已宣告分派的现金股利或已到付息期但尚未领取的利息,应当单独确认为"应收股利"或"应收利息",不计入交易性金融资产的成本。

2. 以非货币性资产取得的交易性金融资产,应当按照换出的非货币性资产的公允价值作为交易性金融资产的成本。

企业取得交易性金融资产时,按交易性金融资产的公允价值借记"交易性金融资产——成本"科目,按发生的交易费用借记"投资收益"科目;如果在支付的对价中包括已宣告分派的现金股利或已到付息期但尚未领取的利息,还应借记"应收股利"或"应收利息"科目,按实际支付的金额贷记"银行存款"科目或"其他货币资金——存出投资款"科目。

【例5-1】诚毅公司于2×15年2月1日从证券市场购入10 000股B公司的股票,当日的交易价为3.5元,交易款已支付。公司将其分类为以公允价值计量

---

① 因篇幅关系,本教材暂不讲解金融资产(第五章和第六章)的增值税处理业务,相关知识点可以阅读注册会计师考试《税法》。
② 所谓新增的外部费用是指企业不购买、发行或处置金融工具就不会发生的费用。但企业购买金融工具所发生的差旅费等,不属于该处所讲的交易费用。

且其变动计入当期损益的金融资产。在交易过程中另支付交易手续费及印花税等计 2 000 元。

诚毅公司在 2×15 年 2 月 1 日的账务处理如下：

借：交易性金融资产——成本　　　　　　　　　　35 000
　　投资收益　　　　　　　　　　　　　　　　　 2 000
　　贷：银行存款　　　　　　　　　　　　　　　　　37 000

【例 5-2】诚毅公司于 2×15 年 3 月 1 日从证券市场购入 C 公司在 2×14 年 3 月 1 日发行的债券，面值 250 000 元，票面利率为 4%，债券利息于每年 3 月 4 日支付。诚毅公司购买该债券支付了 265 000 元，该购买价格中包含已到付息期但尚未领取的债券利息 10 000 元，购买债券时还支付了交易费用 3 000 元，相关的交易款项均已支付。诚毅公司购买该债券是以交易为目的，不准备持有至到期，公司将其分类为以公允价值计量且其变动计入当期损益的金融资产。

诚毅公司在 2×15 年 3 月 1 日的账务处理如下：

借：交易性金融资产——成本　　　　　　　　　　255 000
　　应收利息　　　　　　　　　　　　　　　　　10 000
　　投资收益　　　　　　　　　　　　　　　　　 3 000
　　贷：银行存款　　　　　　　　　　　　　　　　 268 000

（二）交易性金融资产持有期间收到的股利和利息的核算

交易性金融资产在持有期间可以凭持有的交易性金融资产依法获得相关的股利和债券利息收入。交易性金融资产持有期间，被投资单位宣告发放现金股利，或在资产负债表日计算出已到付息期但尚未收到的利息收入，应确认为应收项目，借记"应收股利"或"应收利息"科目，同时确认当期损益，贷记"投资收益"科目。实际收到股利或利息时，借记"银行存款"或"其他货币资金——存出投资款"科目，贷记"应收股利"科目或"应收利息"科目。

交易性金融资产在持有期间被投资单位宣告发派股票股利时，投资企业不需要进行账务处理，但要做好备查记录，增加被投资单位股票的持有股数。

【例 5-3】承【例 5-1】，在 2×15 年 4 月 5 日，B 公司宣告发放现金股利每股 0.1 元。股权登记日为 4 月 15 日。诚毅公司于 2×15 年 4 月 20 日收到 B 公司宣告发放的现金股利。

诚毅公司在 2×15 年 4 月 15 日的账务处理：

借：应收股利　　　　　　　　　　　　　　　　　 1 000
　　贷：投资收益　　　　　　　　　　　　　　　　　 1 000

诚毅公司在 2×15 年 4 月 20 日的账务处理：

借：银行存款　　　　　　　　　　　　　　　　　 1 000
　　贷：应收股利　　　　　　　　　　　　　　　　　 1 000

【例 5-4】承【例 5-2】，诚毅公司在 3 月 4 日收到 C 公司债券利息 10 000 元。

借：银行存款　　　　　　　　　　　　　　　　　10 000

贷：应收利息　　　　　　　　　　　　　　　　　　　　　　　10 000

【例5-5】承【例5-2】，2×15年6月30日是债券计息日，当日计算应收C公司债券的利息为3 333.33元。

诚毅公司在2×15年6月30日的账务处理：

　　借：应收利息　　　　　　　　　　　　　　　　　　　　　　　3 333.33
　　　　贷：投资收益　　　　　　　　　　　　　　　　　　　　　　3 333.33

（三）交易性金融资产期末计价的核算

交易性金融资产的期末计量是指期末交易性金融资产在资产负债表中反映的价值。

在期末，交易性金融资产应按公允价值进行后续计量。当交易性金融资产的公允价值高于其账面价值时，将两者之间的差额借记"交易性金融资产——公允价值变动"科目，同时将该差额贷记"公允价值变动损益"科目。当交易性金融资产的公允价值低于其账面价值时，要将两者之间的差额贷记"交易性金融资产——公允价值变动"科目，同时将该差额借记"公允价值变动损益"科目。

【例5-6】承【例5-1】和【例5-3】，B公司的股票在2×15年6月30日收盘价为每股4.8元，此时诚毅公司购买的B公司股票的公允价值为48 000元，而诚毅公司账面上记录的B公司股票的账面价值为35 000元，因此，要增记该交易性金融资产的账面价值。

诚毅公司于2×15年6月30日的账务处理：

　　借：交易性金融资产——公允价值变动　　　　　　　　　　　　13 000
　　　　贷：公允价值变动损益　　　　　　　　　　　　　　　　　　13 000

【例5-7】承【例5-2】、【例5-4】和【例5-5】，诚毅公司投资的C公司债券在2×15年6月30日收盘价为254 000元，而诚毅公司账面上记录的C公司债券账面价值为255 000元，因此，要减记该交易性金融资产的账面价值。

诚毅公司于2×15年6月30日的账务处理：

　　借：公允价值变动损益　　　　　　　　　　　　　　　　　　　1 000
　　　　贷：交易性金融资产——公允价值变动　　　　　　　　　　　1 000

（四）交易性金融资产出售的核算

出售交易性金融资产，应核算已实现的交易价差，确认为当期损益。此时出售交易性金融资产实现的损益应包括两部分内容：(1)交易性金融资产出售的金额与其账面价值的差额；(2)交易性金融资产出售前已计入公允价值变动损益部分的金额。在会计处理中，如果是全额出售交易性金融资产，这两部分的损益内容均应计入当期实现的投资收益；如果是部分出售交易性金融资产，那么出售的交易性金融资产的账面价值和原已计入公允价值变动损益部分的金额需按出售的比例来计算。

出售交易性金融资产也会发生交易费用，应按出售交易性金融资产的出售价格减去交易费用后的实际金额借记"银行存款"或"其他货币资金——存出投资款"科目;按出售比例计算的交易性金融资产的账面价值,贷记"交易性金融资产——成本"科目,贷记或借记"交易性金融资产——公允价值变动"科目;实际收到的金额与账面价值的差额,贷记或借记"投资收益"科目。同时,将原记入该交易性金融资产的公允价值变动损益转入"投资收益"科目,原来的公允价值变动是记入"公允价值变动损益"科目贷方的,此时应借记"公允价值变动损益"科目,贷记"投资收益"科目;原来的公允价值变动记入"公允价值变动损益"科目借方的,此时应借记"投资收益"科目,贷记"公允价值变动损益"科目。

【例5-8】承【例5-1】、【例5-3】和【例5-6】,在2×15年7月15日,诚毅公司出售了6 000股B公司的股票,当日的交易价为每股5.5元,交易过程中支付了1 200元的交易费用。

截至2×15年7月15日出售前,该交易性金融资产的账面价值为48 000元(其中,"成本"明细账余额为借方35 000元,"公允价值变动"明细账余额为借方13 000元),因为只出售了60%的交易性金融资产,所以处置时应转出的交易性金融资产的账面价值为28 800元(其中,"成本"明细账21 000元,"公允价值变动"明细账7 800元)。出售该交易性金融资产获得净收入为31 800元(5.5×6 000-1 200)。

诚毅公司于2×15年7月15日的账务处理:

借:银行存款　　　　　　　　　　　　　　　　31 800
　　贷:交易性金融资产——成本　　　　　　　　21 000
　　　　　　　　　　　　——公允价值变动　　　 7 800
　　　　投资收益　　　　　　　　　　　　　　　 3 000

同时,还应将原已记入"公允价值变动损益"科目的金额转入"投资收益"科目,因为只出售了60%的交易性金融资产,所以将原记入"公允价值变动损益"科目13 000元的60%金额转入"投资收益"科目。

借:公允价值变动损益　　　　　　　　　　　　　7 800
　　贷:投资收益　　　　　　　　　　　　　　　　7 800

由此可见,该交易性金融资产出售60%,实际实现的投资收益为10 800元。因为该60%交易性金融资产的购买成本为21 000元,出售的净收入为31 800元,所以该金融资产的交易价差也就是实际的投资收益为10 800元,但是,在会计处理上,该投资收益分为两部分反映:一是出售交易性金融资产的售价与账面价值的差额3 000元;二是本期从公允价值变动损益中转出已实现的收益7 800元。

【例5-9】承【例5-2】、【例5-4】和【例5-7】中的资料,诚毅公司于2×15年7月24日将持有的C公司债券全部出售,售价254 500元,交易过程中支付了12 200元的交易费用。所得价款已存入银行。

截至2×15年7月24日出售前,该交易性金融资产的账面价值为254 000元(其中,"成本"明细账余额为借方255 000元,公允价值变动明细余额为贷方1 000元），出售该交易性金融资产获得净收入为242 300元（254 500 - 12 200）。

诚毅公司于2×15年7月24日的账务处理：

借：银行存款　　　　　　　　　　　　　　　　242 300
　　交易性金融资产——公允价值变动　　　　　　1 000
　　投资收益　　　　　　　　　　　　　　　　　11 700
　　贷：交易性金融资产——成本　　　　　　　　255 000

同时，还应将原已记入"公允价值变动损益"科目的金额转入"投资收益"科目，因为将该交易性金融资产全部出售，所以将原记入"公允价值变动损益"科目的1 000元全部转入"投资收益"科目。

借：投资收益　　　　　　　　　　　　　　　　1 000
　　贷：公允价值变动损益　　　　　　　　　　　1 000

在资产负债表中，交易性金融资产是以账面价值反映的。而交易性金融资产在持有期间公允价值变动的部分，作为当期损益，在利润表的营业利润中以单独项目予以反映。而在处置交易性金融资产时，将原已计入公允价值变动损益的金额转入投资收益，无论该结转的会计处理与确认公允价值变动损益的会计处理是否处于同一个会计年度，都不会影响当年所应确认的营业利润，因为投资收益和公允价值变动损益均属于营业利润的组成部分，将原已计入公允价值变动损益的金额转入投资收益，是营业利润内部不同项目的一增一减，不影响当年营业利润的变化，只是将原来计入公允价值变动损益的未真正实现的收益通过"投资收益"反映出其真正实现的收益。

第三节　以公允价值计量且其变动计入其他综合收益的金融资产

一、以公允价值计量且其变动计入其他综合收益的金融资产概述

金融资产同时符合下列条件的，应当分类为以公允价值计量且其变动计入其他综合收益的金融资产。

1. 企业管理该金融资产的业务模式既以收取合同现金流量为目标又以出售金融资产为目标。

2. 该金融资产的合同条款规定，在特定日期产生的现金流量，仅为对本金和以未偿付本金金额为基础的利息支付。

权益工具投资的合同现金流量评估一般不符合基本借贷安排，因此，只能分类为以公允价值计量且其变动计入当期损益的金融资产。但在初始确认时，企业可以将非交易性权益工具投资指定为以公允价值计量且其变动计入其他综合收益

的金融资产,并按规定确认股利收入。该指定一经做出,不得撤销。企业在非同一控制下的企业合并中确认的或有对价构成金融资产的,该金融资产应当分类为以公允价值计量且其变动计入当期损益的金融资产,不得指定为以公允价值计量且其变动计入其他综合收益的金融资产。

二、以公允价值计量且其变动计入其他综合收益的金融资产会计处理

(一) 以公允价值计量且其变动计入其他综合收益的金融资产取得的核算

根据《企业会计准则第22号——金融工具确认和计量》的规定,对于以公允价值计量且其变动计入其他综合收益的金融资产应根据不同金融产品分别核算。

1. 购入债券等债权类投资,将该债权投资分类为以公允价值计量且其变动计入其他综合收益的金融资产,应按该金融资产的公允价值与交易费用之和作为初始确认金额,按债券的面值,借记"其他债权投资——成本"科目,若取得该金融资产支付的价款中包含已到付息期但尚未领取的债券利息,将其单独核算,借记"应收利息"科目,购入该金融资产实际支付的金额,贷记"银行存款"或"其他货币资金——存出投资款"科目,差额部分,借记或贷记"其他债权投资——利息调整"科目。由此可见,以公允价值计量且其变动计入其他综合收益的金融资产的初始成本包括了交易费用在内,这与交易性金融资产的初始计量不同。

2. 购入股票等非交易性权益工具投资,将该非交易性权益工具投资分类为以公允价值计量且其变动计入其他综合收益的金融资产,应按该金融资产的公允价值与交易费用之和作为初始确认金额,借记"其他权益工具投资——成本"科目[1],如取得该金融资产支付的价款中包含已宣告但尚未发放的现金股利,将其单独核算,借记"应收股利"科目,购入该金融资产实际支付的金额,贷记"银行存款"或"其他货币资金——存出投资款"科目。

【例5-10】诚毅公司于2×15年2月25日从证券市场购入20 000股M公司的股票,当日的交易价为4.6元,在交易过程中支付手续费、印花税等交易费用2 500元。诚毅公司将其指定为公允价值计量且其变动计入其他综合收益的非交易性权益工具投资。

诚毅公司2×15年2月25日对该非交易性权益工具投资的账务处理:

---

[1] 若可供出售金融资产是债券,因债券可以平价发行、溢价发行和折价发行,溢价或折价购入债券时,在以公允价值与交易费用之和作为可供出售金融资产初始确认金额时,应按债券的面值,借记"可供出售金融资产——成本"科目,按照公允价值与交易费用之和同面值的差额,借记或贷记"可供出售金融资产——利息调整"科目。

借：其他权益工具投资——成本　　　　　　　　　　　　　　94 500
　　贷：银行存款　　　　　　　　　　　　　　　　　　　　94 500

【例5-11】2×15年1月1日诚毅公司支付价款10 282.44元购入某公司发行的3年期公司债券，该公司债券的票面总金额为10 000元，票面年利率为4%，实际年利率为3%，利息每年年末支付，本金到期支付。诚毅公司将该公司债券指定为以公允价值计量且其变动计入其他综合收益的金融资产。2×15年12月31日，该债券的市场价格为10 000.91元。假定无交易费用和其他因素影响，诚毅公司的账务处理如下。

2×15年1月1日，购入债券：
借：其他债权投资——成本　　　　　　　　　　　　　　10 000
　　　　　　　　——利息调整　　　　　　　　　　　　　282.44
　　贷：银行存款　　　　　　　　　　　　　　　　　　　10 282.44

（二）以公允价值计量且其变动计入其他综合收益的金融资产持有期间股利和利息的核算

以公允价值计量且其变动计入其他综合收益的金融资产持有期间，应将被投资单位宣告发放的现金股利或在资产负债表日已到付息期尚未收到的利息，作为以公允价值计量且其变动计入其他综合收益的金融资产持有期间获得的收益，应作为当期损益，记入"投资收益"科目。同时要核算因此产生的债权，记入"应收股利"科目或"应收利息"科目。

指定为以公允价值计量且其变动计入其他综合收益的非交易性权益工具投资持有期间，应将被投资单位宣告发放的现金股利借记"应收股利"科目，贷记"投资收益"科目；实际收到现金股利时，借记"银行存款"或"其他货币资金——存出投资款"科目，贷记"应收股利"科目。

【例5-12】承【例5-10】，M公司于2×15年4月2日宣告发放现金股利每股0.15元。股权登记日为4月12日。

诚毅公司在2×15年4月12日的账务处理：
借：应收股利　　　　　　　　　　　　　　　　　　　　　3 000
　　贷：投资收益　　　　　　　　　　　　　　　　　　　3 000

假设诚毅公司于2×15年4月20日收到M公司宣告发放的现金股利。诚毅公司的账务处理如下：
借：银行存款　　　　　　　　　　　　　　　　　　　　　3 000
　　贷：应收股利　　　　　　　　　　　　　　　　　　　3 000

指定为以公允价值计量且其变动计入其他综合收益的债权性投资持有期间应收利息的核算，要注意该债权性金融资产的付息方式，若为分期付息到期还本的付息方式，在资产负债表日已到付息期尚未收到的利息，应按票面利率计算应收的利息，借记"应收利息"科目，按该债权性投资的摊余成本和实际利率计算利息收入，贷记"投资收益"科目，差额部分，借记或贷记"其他债权投资——

利息调整"科目；若为到期一次还本付息的付息方式，在资产负债表日应按权责发生制的要求，对按票面利率确定的尚未收到的利息，应借记"其他债权投资——应计利息"科目，按该债权性投资的摊余成本和实际利率计算利息收入，贷记"投资收益"科目，差额部分，借记或贷记"其他债权投资——利息调整"科目。

【例 5 – 13】承〖例 5 – 11〗，2×15 年 12 月 31 日，收到债券利息。

债券利息 = 10 000 × 4% = 400（元）

实际投资收益 = 10 282.44 × 3% ≈ 308.47（元）

年末摊余成本 = 10 282.44 + 308.47 – 400 = 10 190.91（元）

借：应收利息　　　　　　　　　　　　　　　　400
　　贷：投资收益　　　　　　　　　　　　　　　　308.47
　　　　其他债权投资——利息调整　　　　　　　　91.53

借：银行存款　　　　　　　　　　　　　　　　400
　　贷：应收利息　　　　　　　　　　　　　　　　400

（三）以公允价值计量且其变动计入其他综合收益的金融资产的期末计价

根据企业会计准则的规定，分类为以公允价值计量且其变动计入其他综合收益的金融资产因公允价值形成的利得或损失，应计入其他综合收益，直至该金融资产终止确认或被重分类。

以公允价值计量且其变动计入其他综合收益的金融资产，因金融产品不同，其公允价值变动的计量方法也不同。

1. 指定为以公允价值计量且其变动计入其他综合收益的非交易性权益工具，公允价值变动就是该非交易性权益工具期末与期初公允价值的差额。

2. 分类为以公允价值计量且其变动计入其他综合收益的债权性投资，公允价值变动要先确定该金融资产的摊余成本，然后再确认和计量该金融资产的公允价值变动。

【例 5 – 14】承〖例 5 – 10〗，诚毅公司购入 M 公司的股票于 2×15 年 12 月 31 日的收盘价为每股 5.2 元，则该金融资产的公允价值总额为 104 000 元。

诚毅公司 2×15 年 12 月 31 日确认公允价值变动的账务处理如下：

借：其他权益工具投资——公允价值变动　　　　9 500
　　贷：其他综合收益　　　　　　　　　　　　　　9 500

【例 5 – 15】承〖例 5 – 11〗和〖例 5 – 13〗，2×15 年 12 月 31 日确认公允价值下降 190 元（10 190.91 – 10 000.91）。

借：其他综合收益　　　　　　　　　　　　　　190
　　贷：其他债权投资——公允价值变动　　　　　　190

(四) 以公允价值计量且其变动计入其他综合收益的金融资产转让出售的核算

当企业转让出售以公允价值计量且其变动计入其他综合收益的金融资产时，也是该金融资产终止确认的业务，需要将转让出售的金融资产从账面上转销。转让出售以公允价值计量且其变动计入其他综合收益的金融资产，应将转让出售所得的收入记入"银行存款"或"其他货币资金——存出投资款"科目，将该金融资产的账面价值从"其他债权投资——成本、公允价值变动、利息调整、应计利息"科目的贷方转出，两者的差额借记或贷记"投资收益"科目。同时，应将与转让出售的金融资产相关的原已计入其他综合收益的累计利得或损失转出，并计入当期损益（投资收益）。

初始确认时，企业可基于单项非交易性权益工具投资，将其指定为以公允价值计量且其变动计入其他综合收益的金融资产，其公允价值的后续变动计入其他综合收益，不需计提减值准备。除了获得的股利（明确代表投资成本部分收回的股利除外）计入当期损益外，其他相关的利得和损失（包括汇兑损益）均应计入其他综合收益，且后续不得转入当期损益。当金融资产终止确认时，之前计入其他综合收益的累计利得或损失应当从其他综合收益中转出，计入留存收益。因此，转让出售以公允价值计量且其变动计入其他综合收益的非交易性权益工具投资，应将转让出售所得的收入记入"银行存款"或"其他货币资金——存出投资款"科目，将该金融资产的账面价值从"其他权益工具投资——成本、公允价值变动"科目的贷方转出，将原已计入其他综合收益的累计利得或损失转出，借记或贷记"其他综合收益"科目，差额部分计入留存收益，按差额的10%，借记或贷记"盈余公积——法定盈余公积"科目，剩余金额，借记或贷记"利润分配——未分配利润"科目。

【例5-16】2×15年3月20日，诚毅公司出售持有的B公司股票15 000股，交易价为每股8元，交易过程支付了0.4%的交易费用，所得收入119 520元 [15 000×8×(1-0.4%)] 已存入银行。在诚毅公司的账面上，所持有的B公司股票被公司指定为以公允价值计量且其变动计入其他综合收益的非交易性权益工具投资，该金融资产的账面价值为112 260元，其中成本明细账借方余额为110 440元。在该金融资产的公允价值变动明细账上有借方余额1 820元，也就是已有1 820元记入"其他综合收益"科目贷方。

2×15年3月20日，诚毅公司出售B公司股票的账务处理：

借：银行存款　　　　　　　　　　　　　　　　　　119 520
　　其他综合收益　　　　　　　　　　　　　　　　　1 820
　　贷：其他权益工具投资——成本　　　　　　　　 110 440
　　　　　　　　　　　　——公允价值变动　　　　　 1 820
　　　　盈余公积——法定盈余公积　　　　　　　　　　 908
　　　　利润分配——未分配利润　　　　　　　　　　 8 172

【例5-17】2×15年3月20日,诚毅公司出售持有的A公司债券,取得价款1 260 000元,公司将该债券分类为以公允价值计量且其变动计入其他综合收益的金融资产。该金融资产的账面价值为1 270 000元,其中,成本明细账借方余额1 250 000元,公允价值变动明细账借方余额10 000元,利息调整明细账借方余额10 000元。

2×15年3月20日,诚毅公司出售A公司债券的账务处理:
借:银行存款　　　　　　　　　　　　　　　　1 260 000
　　投资收益　　　　　　　　　　　　　　　　　　10 000
　　贷:其他债权投资——成本　　　　　　　　　　　1 250 000
　　　　　　　　　　——公允价值变动　　　　　　　　10 000
　　　　　　　　　　——利息调整　　　　　　　　　　10 000

同时,应从其他综合收益中转出公允价值累计金额10 000元,计入投资收益。账务处理:
借:其他综合收益　　　　　　　　　　　　　　　　10 000
　　贷:投资收益　　　　　　　　　　　　　　　　　10 000

第四节　以摊余成本计量的金融资产

一、以摊余成本计量的金融资产概述

金融资产同时符合下列条件的,应当分类为以摊余成本计量的金融资产:
1. 企业管理该金融资产的业务模式是以收取合同现金流量为目标。
2. 该金融资产的合同条款规定,在特定日期产生的现金流量,仅为对本金和以未偿付本金金额为基础的利息支付。

二、以摊余成本计量的金融资产的会计处理

以摊余成本计量的金融资产的核算主要涉及以摊余成本计量的金融资产取得的核算、以摊余成本计量的金融资产持有期间的核算、以摊余成本计量的金融资产出售和转换的核算。

为了正确核算以摊余成本计量的金融资产,应设置"债权投资"总账科目,按照以摊余成本计量的金融资产的类别和品种,分别"成本"、"利息调整"、"应计利息"等明细科目进行明细核算。

(一)以摊余成本计量的金融资产取得的核算

以摊余成本计量的金融资产应按取得时的公允价值与交易费用之和作为初始

确认金额,若支付的价款中含有已到付息期但尚未领取的债券利息,应作为短期债权处理,单独记入"应收利息"科目,不计入以摊余成本计量的金融资产的初始入账价值。

企业购买以摊余成本计量的金融资产时,支付的价格,可能平价,也可能溢价或折价。企业溢价购进该金融资产,是因为该金融资产的票面利率高于市场利率,则企业按票面利率收到的利息将高于按市场利率所能得到的利息,那么此时的溢价是为了以后各期多得利息而预付的款项。也就是说,以后企业各期得到的利息中还含有溢价购进时预付的款项。同理,企业折价购进该金融资产,是因为该金融资产的票面利率低于市场利率,则企业按票面利率收到的利息将低于按市场利率所能得到的利息,那么此时的折价就是为了弥补企业以后各期少收的利息。也就是说,企业在以后各期实际得到的收益除了按票面利率得到的利息之外,还应包括折价弥补的利息。

为了解决企业购进此类金融资产实际收益的计量,在取得以摊余成本计量的金融资产时,还应确定该金融资产投资的实际利率①。例如,诚毅公司于2×15年1月1日以107 210元的价格(含交易费用)购入 M 公司发行的面值总额为100 000元的公司债券并分类为以摊余成本计量的金融资产,该债券期限5年,票面利率14%,按年支付利息。则诚毅公司每年应得利息为14 000元,假设不考虑所得税、减值损失等因素,该债券的实际利率为R,那么 $14\,000 \times PVIFA_{R,5} + 100\,000 \times PVIF_{R,5} = 107\,210$,采用插值法,可以计算得到实际利率 $R = 12\%$。

企业购入以摊余成本计量的金融资产,应按金融资产的面值,借记"债权投资——成本"科目,若支付的价款中包含已到付息期但尚未领取的利息,借记"应收利息"科目或"债权投资——应计利息"科目,按实际支付的价款,贷记"银行存款"科目或"其他货币资金——存出投资款"科目,差额部分,借记或贷记"债券投资——利息调整"科目。

【例5-18】诚毅公司于2×15年1月1日以150 500元的价格购进L公司2×14年1月1日发行的面值为150 000元、票面利率为7%、3年期的债券,公司根据其管理该债券的业务模式和该债券的合同现金流量特征,将该债券分类为以摊余成本计量的金融资产。债券利息于每年1月3日支付,最后一年偿还本金并支付最后一次利息。诚毅公司购买该债券另支付了10 000元的交易费用。

诚毅公司2×15年1月1日的账务处理:

借:债权投资——成本　　　　　　　　　　　　150 000
　　应收利息　　　　　　　　　　　　　　　　 10 500
　　贷:银行存款　　　　　　　　　　　　　　　　　160 500

于2×15年1月3日收到L公司支付的利息,再作收到利息的账务处理:

---

① 实际利率(effective interst),是指将金融资产或金融负债在预期存续期的估计未来现金流量折现为该金融资产账面余额所使用的利率。在确定实际利率时,应当在考虑金融资产所有合同条款的基础上估计预期现金流量,但不应当考虑预期信用损失。合同各方之间支付或收取的属于实际利率组成部分的各项费用、交易费用及溢价或折价等,应当在确定实际利率或经信用调整的实际利率时予以考虑。

借：银行存款　　　　　　　　　　　　　　　　　10 500
　　贷：应收利息　　　　　　　　　　　　　　　　　10 500

由于该债券是每年支付一次利息，每年的利息为 10 500 元，假设该债券投资的实际利率为 R，则 $10\,500 \times PVIFA_{R,2} + 150\,000 \times PVIF_{R,2} = 150\,000$，采用插值法，可以计算得到实际利率 R = 7%。也就是说，实际利率与票面利率相等。

【例 5 – 19】诚毅公司于 2×15 年 1 月 1 日以 153 712 元的价格购进 B 公司当日发行的面值为 150 000 元、票面利率为 9%、3 年期的债券，公司根据其管理该债券的业务模式和该债券的合同现金流量特征，将该债券分类为以摊余成本计量的金融资产。债券利息于每年 1 月 4 日支付，最后一年偿还本金并支付最后一次利息。诚毅公司在购买该债券时另外支付了 153.72 元的佣金。

诚毅公司是溢价购入 B 公司债券，购买时支付的总价款为 153 865.72 元，而债券面值为 150 000 元，因此，应记入"债权投资——利息调整"科目借方 3 865.72 元。诚毅公司在 2×15 年 1 月 1 日的账务处理为：

借：债权投资——成本　　　　　　　　　　　　　150 000
　　　　　　——利息调整　　　　　　　　　　　　3 865.72
　　贷：银行存款　　　　　　　　　　　　　　　　153 865.72

由于该债券是每年支付一次利息，每年的利息为 13 500 元，假设该债券投资的实际利率为 R，则 $13\,500 \times PVIFA_{R,3} + 150\,000 \times PVIF_{R,3} = 153\,865.72$，采用插值法，可以计算得到实际利率 R = 8%。

如果该债券不是分期付息，而是到期一次还本付息，且利息采用单利计算，三年总计的利息为 40 500 元，则 $[40\,500 + 150\,000] \times PVIF_{R,3} = 153\,865.72$，同样采用插值法，可以计算得到实际利率 R = 7.38%。

【例 5 – 20】诚毅公司于 2×15 年 1 月 1 日以 116 791 元的价格购进 LB 公司当日发行的面值为 120 000 元、票面利率为 7%、3 年期的债券，公司将该债券分类为以摊余成本计量的金融资产。债券利息于每年 1 月 3 日支付，最后一年偿还本金并支付最后一次利息。诚毅公司在购买该债券时另外又支付了 116.79 元的佣金。

诚毅公司是折价购入 LB 公司债券，购买时支付的总价款为 116 907.79 元，而债券面值为 120 000 元，因此，应记入"债权投资——利息调整"科目贷方 3 092.21 元。诚毅公司在 2×15 年 1 月 1 日的账务处理为：

借：债权投资——成本　　　　　　　　　　　　　120 000
　　贷：债权投资——利息调整　　　　　　　　　　3 092.21
　　　　银行存款　　　　　　　　　　　　　　　　116 907.79

该债券是每年支付一次利息，每年利息为 8 400 元，假设债券投资的实际利率为 R，则 $8\,400 \times PVIFA_{R,3} + 120\,000 \times PVIF_{R,3} = 116\,907.79$，利用插值法，可以计算得到实际利率 R = 8%。

（二）分类为以摊余成本计量的金融资产持有期间投资收益的核算

按照权责发生制的核算要求，分类为以摊余成本计量的金融资产应在资产负债表日确认利息收入,利息收入应当根据金融资产账面余额和实际利率计算确定,但下列情况除外:(1)对于购入或源生的已发生信用减值的金融资产,企业应当自初始确认起,按照该金融资产的摊余成本和经信用调整的实际利率[①]计算确定其利息收入。(2)对于购入或源生的未发生信用减值但在后续期间成为已发生信用减值的金融资产,企业应当在后续期间按照该金融资产的摊余成本和实际利率计算确定其利息收入。企业按上述规定对金融资产的摊余成本运用实际利率法计算利息收入的,若该金融资产在后续期间因其信用风险有所改善而不再存在信用减值,并且这一改善在客观上可与应用上述规定之后发生的某一事件相联系,企业应当转按实际利率乘以该金融资产账面余额来计算确定利息收入。

折溢价购入债券时,由于溢价是对多得利息的预付款,而折价是对少得利息的补偿,因此,在折溢价购入债券的实际投资收益计算时,应考虑折溢价的影响。对于债券的折溢价摊销,按会计准则的规定采用实际利率法。

实际利率法(effective interest method)是指按照金融资产的实际利率计算其摊余成本和各期利息收入的方法。摊余成本(amortized cost)是以金融资产的初始确认金额经下列调整后的结果确定:(1)扣除已偿还的本金;(2)加上或减去采用实际利率法将该初始确认金额与到期日金额之间的差额进行摊销形成的累计摊销额;(3)扣除累计计提的损失准备。

对于分期付息、到期一次还本的以摊余成本计量的金融资产,在确认利息收入时,按债券面值和票面利率计算应收利息,借记"应收利息"科目,按该金融资产的账面余额和实际利率确定利息收入,贷记"投资收益"科目,差额部分,借记或贷记"债权投资——利息调整"科目。

而对于到期一次还本付息的以摊余成本计量的金融资产,在确认利息收入时,按面值和票面利率计算应收利息,借记"债权投资——应计利息"科目,按该金融资产的账面余额和实际利率确定利息收入,贷记"投资收益"科目,差额部分,借记或贷记"债权投资——利息调整"科目。

【例5-21】承[例5-18],诚毅公司于2×15年12月31日确认L公司债券的利息收入。

诚毅公司2×15年12月31日应确认2×15年的利息收入10 500元(150 000×7%),该债券的实际投资收益率与票面利率相等,则投资收益也为10 500元,此时的账务处理为:

借:应收利息　　　　　　　　　　　　　　　　10 500
　　贷:投资收益　　　　　　　　　　　　　　　　10 500

2×16年1月3日,诚毅公司收到L公司支付的利息,则账务处理为:

借:银行存款　　　　　　　　　　　　　　　　10 500
　　贷:应收利息　　　　　　　　　　　　　　　　10 500

---

① 经信用调整的实际利率,是指将购入或源生的已发生信用减值的金融资产在预计存续期的估计未来现金流量,折现为该金融资产摊余成本的利率。在确定经信用调整的实际利率时,应当在考虑金融资产的所有合同条款以及初始预期信用损失的基础上估计预期现金流量。

同理,2×16年12月31日诚毅公司的账务处理为:
  借:应收利息   10 500
    贷:投资收益   10 500

2×16年1月3日,诚毅公司收到L公司支付的利息,则账务处理为:
  借:银行存款   10 500
    贷:应收利息   10 500

2×16年12月31日,L公司的债券到期,若按时还本付息,则此时诚毅公司将收到一年的利息10 500元和该债券的本金150 000元。诚毅公司的账务处理为:
  借:银行存款   160 500
    贷:投资收益   10 500
      债权投资——成本   150 000

【例5-22】承【例5-19】,诚毅公司采用实际利率法确定购买B公司债券后各年的利息收入和摊余成本。在【例5-19】中,已计算诚毅公司投资B公司债券的实际利率为8%,编制B公司债券各期投资收益和溢价摊销表,如表5-1所示。

表5-1　　　　　B公司债券各期投资收益和溢价摊销　　　　　单位:元

计息期	应收利息 (1) = 面值×票面利率	投资收益 (2) = 期初(4)×实际利率	利息调整摊销 (3) = (1) - (2)	摊余成本 (4) = 期初(4) - (3)
	—	—	—	153 865.72
2×15年	13 500	12 309.26	1 190.74	152 674.98
2×16年	13 500	12 214.00	1 286.00	151 388.98
2×17年	13 500	12 111.02 *	1 388.98 *	150 000.00

注: *此处含尾数调整。

诚毅公司于2×15年12月31日确认利息收入并摊销债券投资溢价的账务处理:
  借:应收利息   13 500
    贷:投资收益   12 309.26
      债权投资——利息调整   1 190.74

2×15年12月31日,诚毅公司该金融资产的摊余成本为152 674.98元。
诚毅公司于2×16年12月31日的账务处理:
  借:应收利息   13 500
    贷:投资收益   12 214
      债权投资——利息调整   1 286

2×16年12月31日，诚毅公司该金融资产的摊余成本为151 388.98元。

诚毅公司将分别于2×16年1月4日和2×17年1月4日收到利息时，进行账务处理：

借：银行存款　　　　　　　　　　　　　　　　　　　　13 500
　　贷：应收利息　　　　　　　　　　　　　　　　　　　13 500

诚毅公司在2×17年12月31日收取B公司债券最后一期利息13 500元和本金150 000元，同时还应摊销投资溢价，账务处理为：

借：银行存款　　　　　　　　　　　　　　　　　　　　163 500
　　贷：投资收益　　　　　　　　　　　　　　　　　　　12 111.02
　　　　债权投资——利息调整　　　　　　　　　　　　　1 388.98
　　　　　　　　——成本　　　　　　　　　　　　　　　150 000

该例题中的B公司债券付息方式如果是到期一次还本付息，前面已计算出其实际利率为7.38%，那么每年计提的利息应记入"债权投资——应计利息"科目，则每年该金融资产的摊余成本应考虑应计利息的部分。此时B公司债券各期投资收益和溢价摊销表如表5-2所示。

表5-2　　　　B公司债券各期投资收益和溢价摊销　　　　　　单位：元

计息期	债权投资——应计利息 (1) = 面值×票面利率	投资收益 (2) = 期初(4)×实际利率	利息调整摊销 (3) = (1) - (2)	摊余成本 (4) = 期初(4) - (3) + (1)
	—	—	—	153 865.72
2×15年	13 500	11 355.29	2 144.71	165 221.01
2×16年	13 500	12 193.31	1 306.69	177 414.32
2×17年	13 500	13 085.68	414.32	190 500.00

诚毅公司于2×15年12月31日确认利息收入并摊销债券投资的溢价账务处理：

借：债权投资——应计利息　　　　　　　　　　　　　　13 500
　　贷：投资收益　　　　　　　　　　　　　　　　　　　11 355.29
　　　　债权投资——利息调整　　　　　　　　　　　　　2 144.71

2×15年12月31日，诚毅公司该金融资产的摊余成本为165 221.01元。

诚毅公司于2×16年12月31日的账务处理：

借：债权投资——应计利息　　　　　　　　　　　　　　13 500
　　贷：投资收益　　　　　　　　　　　　　　　　　　　12 193.31
　　　　债权投资——利息调整　　　　　　　　　　　　　1 306.69

2×16年12月31日，诚毅公司该金融资产的摊余成本为177 414.32元。

诚毅公司于2×17年12月31日确认本年的投资收益并摊销债券投资溢价，

其账务处理为：

借：债权投资——应计利息　　　　　　　　　　　　　13 500
　　贷：投资收益　　　　　　　　　　　　　　　　　　　13 085.68
　　　　债权投资——利息调整　　　　　　　　　　　　　　414.32

同时，当日诚毅公司一次性收取了B公司债券三年的利息40 500元和本金150 000元。账务处理为：

借：银行存款　　　　　　　　　　　　　　　　　　190 500
　　贷：债权投资——应计利息　　　　　　　　　　　　　40 500
　　　　　　　　——成本　　　　　　　　　　　　　　　150 000

【例5-23】承〖例5-20〗，诚毅公司采用实际利率法确定购买LB公司债券后各年的利息收入和摊余成本。在〖例5-20〗中，已计算诚毅公司投资LB公司债券的实际利率为8%，LB公司债券各期投资收益和折价摊销表，如表5-3所示。

表5-3　　　　LB公司债券各期投资收益和折价摊销　　　　单位：元

计息期	应收利息 (1) = 面值×票面利率	投资收益 (2) = 期初 (4) ×实际利率	利息调整摊销 (3) = (2) - (1)	摊余成本 (4) = 期初 (4) + (3)
	—	—		116 907.79
2×15年	8 400	9 352.62	952.62	117 860.41
2×16年	8 400	9 428.83	1 028.83	118 889.24
2×17年	8 400	9 510.76*	1 110.76*	120 000.00

注：*此处含尾数调整。

诚毅公司于2×15年12月31日计提利息，确认投资收益并摊销债券投资的折价，账务处理：

借：应收利息　　　　　　　　　　　　　　　　　　　8 400
　　债权投资——利息调整　　　　　　　　　　　　　　952.62
　　贷：投资收益　　　　　　　　　　　　　　　　　　9 352.62

2×15年12月31日，诚毅公司该金融资产的摊余成本为117 860.41元。

诚毅公司于2×16年12月31日的账务处理：

借：应收利息　　　　　　　　　　　　　　　　　　　8 400
　　债权投资——利息调整　　　　　　　　　　　　　1 028.83
　　贷：投资收益　　　　　　　　　　　　　　　　　　9 428.83

2×16年12月31日，诚毅公司该金融资产的摊余成本为118 889.24元。

诚毅公司将分别于2×16年1月3日和2×17年1月3日收到利息时，进行账务处理：

借：银行存款 8 400
　　贷：应收利息 8 400

诚毅公司在 2×17 年 12 月 31 日收取 LB 公司债券最后一期利息 8 400 元和本金 120 000 元，同时还应摊销债券投资折价，账务处理为：

借：银行存款 128 400
　　债权投资——利息调整 1 110.76
　　贷：投资收益 9 510.76
　　　　债权投资——成本 120 000.00

假定诚毅公司预计在 2×16 年 12 月 31 日收回 50% 的 LB 公司债券本金，剩余 50% 的本金于 2×17 年 12 月 31 日收回。此时，诚毅公司应调整 2×16 年年初的摊余成本，计入当期损益；调整时采用最初确定的实际利率。

2×16 年年初的摊余成本
$= (60\ 000 + 8\ 400) \times PVIF_{8\%,1} + (60\ 000 + 4\ 200) \times PVIF_{8\%,2}$
$= 118\ 374.49$（元）

2×16 年 1 月 1 日应调整期初账面余额 514.08 元（118 374.49 − 117 860.41），账务处理为：

借：债权投资——利息调整 514.08
　　贷：投资收益 514.08

2×16 年 12 月 31 日确认利息收入时、应按照调整后的 2×16 年年初摊余成本和实际利率计算，确认投资收益 9 469.96 元（118 374.49×8%）。2×16 年 12 月 31 日应摊销折价 1 069.96 元（9 469.96 − 8 400）。

2×16 年 12 月 31 日确认投资收益、收回 50% 本金并摊销债券投资折价，账务处理为：

借：银行存款 60 000
　　贷：债权投资——成本 60 000
借：应收利息 8 400
　　债权投资——利息调整 1 069.96
　　贷：投资收益 9 469.96

第五节　金融资产之间重分类的处理

企业改变其管理金融资产的业务模式时，应当按照规定对所有受影响的相关金融资产进行重分类。也就是说，金融资产可以在以摊余成本计量、以公允价值计量且其变动计入其他综合收益和以公允价值计量且其变动计入当期损益之间进行重分类。

企业对金融资产进行重分类，应当自重分类日起采用未来适用法进行相关会计处理，不得对以前已经确认的利得、损失或利息进行追溯调整。重分类日,是指导致企业对金融资产进行重分类的业务模式发生变更后的首个报告期间的第一天。

一、以摊余成本计量的金融资产的重分类核算

1. 企业将一项以摊余成本计量的金融资产重分类为以公允价值计量且其变动计入当期损益的金融资产的,应当按照该资产在重分类日的公允价值进行计量。原账面价值与公允价值之间的差额计入当期损益。

【例5-24】承【例5-20】、【例5-23】,假设诚毅公司在2×16年12月31日收回50%的LB公司债券本金,之后将剩余的50% LB公司债券重分类为以公允价值计量且其变动计入当期损益的金融资产,当日剩余债券的公允价值为61 000元。

2×16年12月31日收回50%本金的账务处理为:

借:银行存款　　　　　　　　　　　　　　　　60 000
　　贷:债权投资——成本　　　　　　　　　　　　　60 000

2×16年12月31日将剩余50%债券重分类的账务处理为:

借:交易性金融资产——成本　　　　　　　　　　61 000
　　债权投资——利息调整　　　　　　　　　　　555.32
　　贷:债权投资——成本　　　　　　　　　　　　　60 000
　　　　公允价值变动损益　　　　　　　　　　　　1 555.32

2. 企业将一项以摊余成本计量的金融资产重分类为以公允价值计量且其变动计入其他综合收益的金融资产的,应当按照该金融资产在重分类日的公允价值进行计量。原账面价值与公允价值之间的差额计入其他综合收益。该金融资产重分类不影响其实际利率和预期信用损失的计量。

【例5-25】承【例5-20】、【例5-23】,假设诚毅公司在2×16年12月31日收回50%的LB公司债券本金,之后将剩余的50% LB公司债券重分类为以公允价值计量且其变动计入其他综合收益的金融资产,当日剩余债券的公允价值为61 000元。

2×16年12月31日收回50%本金的账务处理为:

借:银行存款　　　　　　　　　　　　　　　　60 000
　　贷:债权投资——成本　　　　　　　　　　　　　60 000

2×16年12月31日将剩余50%债券重分类的账务处理为:

借:其他债权投资——成本　　　　　　　　　　　60 000
　　　　　　　　——公允价值变动　　　　　　　1 555.32
　　债权投资——利息调整　　　　　　　　　　　555.32
　　贷:债权投资——成本　　　　　　　　　　　　　60 000
　　　　其他债权投资——利息调整　　　　　　　　　555.32
　　　　其他综合收益　　　　　　　　　　　　　　1 555.32

二、以公允价值计量且其变动计入其他综合收益的金融资产的重分类核算

1. 企业将一项以公允价值计量且其变动计入其他综合收益的金融资产重分类为以摊余成本计量的金融资产,应当将之前计入其他综合收益的累计利得或损失转出,调整该金融资产在重分类日的公允价值,并以调整后的金额作为新的账面价值,即视同该金融资产一直以摊余成本计量。该金融资产重分类不影响其实际利率和预期信用损失的计量。

【例5-26】诚毅公司在2×16年12月31日将原分类为以公允价值计量且其变动计入其他综合收益的金融资产重分类为以摊余成本计量的金融资产。该金融资产当日公允价值为130 000元,账面价值为130 000元,其中,成本明细账余额60 000元,利息调整明细账借方余额12 000元,公允价值变动明细账借方余额58 000元。

2×16年12月31日重分类的账务处理为:

借:债权投资——成本 60 000
 ——利息调整 12 000
 其他综合收益 58 000
 贷:其他债权投资——成本 60 000
 ——公允价值变动 58 000
 ——利息调整 12 000

2. 企业将一项以公允价值计量且其变动计入其他综合收益的金融资产重分类为以公允价值计量且其变动计入当期损益的金融资产,应当继续以公允价值计量该金融资产。同时,企业应当将之前计入其他综合收益的累计利得和损失从其他综合收益转入当期损益。

【例5-27】诚毅公司在2×16年12月31日将原分类为以公允价值计量且其变动计入其他综合收益的金融资产重分类为以公允价值计量且其变动计入当期损益的金融资产。该金融资产当日公允价值为130 000元,账面价值为130 000元,其中,成本明细账余额60 000元,公允价值变动明细账借方余额70 000元。

2×16年12月31日重分类的账务处理为:

借:交易性金融资产——成本 60 000
 ——公允价值变动 70 000
 贷:其他债权投资——成本 60 000
 ——公允价值变动 70 000

同时,将之前计入其他综合收益的累计利得和损失从其他综合收益转入当期损益账务处理为:

借:其他综合收益 70 000
 贷:公允价值变动损益 70 000

三、以公允价值计量且其变动计入当期损益的金融资产的重分类核算

1. 企业将一项以公允价值计量且其变动计入当期损益的金融资产重分类为以摊余成本计量的金融资产，应当以其在重分类日的公允价值作为新的账面余额。

【例5-28】诚毅公司在2×16年12月31日将原分类为以公允价值计量且其变动计入当期损益的金融资产重分类为以摊余成本计量的金融资产。该金融资产当日公允价值为130 000元，其中，成本明细账余额60 000元，公允价值变动明细账借方余额70 000元。

2×16年12月31日重分类的账务处理为：

借：债权投资——成本　　　　　　　　　　　　　　60 000
　　　　　　——利息调整　　　　　　　　　　　　70 000
　　贷：交易性金融资产——成本　　　　　　　　　60 000
　　　　　　　　　　　——公允价值变动　　　　　70 000
借：公允价值变动损益　　　　　　　　　　　　　　70 000
　　贷：投资收益　　　　　　　　　　　　　　　　70 000

2. 企业将一项以公允价值计量且其变动计入当期损益的金融资产重分类为以公允价值计量且其变动计入其他综合收益的金融资产，应当继续以公允价值计量该金融资产。

【例5-29】诚毅公司在2×16年12月31日将原分类为以公允价值计量且其变动计入当期损益的金融资产重分类为以公允价值计量且其变动计入其他综合收益的金融资产。该金融资产当日公允价值为130 000元，账面价值为130 000元，其中，成本明细账余额60 000元，公允价值变动明细账借方余额70 000元。

2×16年12月31日重分类的账务处理为：

借：其他债权投资——成本　　　　　　　　　　　　60 000
　　　　　　　　——公允价值变动　　　　　　　　70 000
　　贷：交易性金融资产——成本　　　　　　　　　60 000
　　　　　　　　　　　——公允价值变动　　　　　70 000
借：公允价值变动损益　　　　　　　　　　　　　　70 000
　　贷：其他综合收益　　　　　　　　　　　　　　70 000

对以公允价值计量且其变动计入当期损益的金融资产进行重分类的，企业应当根据该金融资产在重分类日的公允价值确定其实际利率。同时，企业应当自重分类日起对该金融资产使用金融资产减值的相关规定，并将重分类日视为初始确认日。

第六节 金融资产的减值[①]

企业应当以预期信用损失为基础,对分类为以摊余成本计量的金融资产和以公允价值计量且其变动计入其他综合收益的金融资产进行减值会计处理并确认损失准备。

一、预计信用损失

(一) 预计信用损失的概念

预期信用损失,是指以发生违约的风险为权重的金融工具信用损失的加权平均值。

信用损失,是指企业按照原实际利率折现的、根据合同应收的所有合同现金流量与预期收取的所有现金流量之间的差额,即全部现金短缺的现值。其中,对于企业购买或源生的已发生信用减值的金融资产,应按照该金融资产经信用调整的实际利率折现。由于预期信用损失考虑付款的金额和时间分布,因此,即使企业预计可以全额收款但收款时间晚于合同规定的到期期限,也会产生信用损失。

在估计现金流量时,企业应当考虑金融工具在整个预计存续期的所有合同条款(如提前还款、展期、看涨期权或其他类似期权等)。企业所考虑的现金流量应当包括出售所持担保品获得的现金流量,以及属于合同条款组成部分的其他信用增级所产生的现金流量。

企业通常能够可靠估计金融工具的预计存续期。在极少数情况下,金融工具预计存续期无法可靠估计的,企业在计算确定预期信用损失时,应当基于该金融工具的剩余合同期间。

(二) 预计信用损失的计量

企业计量金融工具预期信用损失的方法应当反映下列各项要素:
1. 通过评价一系列可能的结果而确定的无偏概率加权平均金额。
2. 货币时间价值。
3. 在资产负债表日无须付出不必要的额外成本或努力即可获得的有关过去事项、当前状况以及未来经济状况预测的合理且有依据的信息。

对于金融资产,信用损失应为企业应收取的合同现金流量与预期收取的现金流量之间差额的现值。对于资产负债表日已发生信用减值但并非购买或源生已发

[①] 此处仅讲述以摊余成本计量的金融资产和以公允价值计量且其变动计入其他综合收益的金融资产的减值处理,不涉及租赁应收款、合同资产、贷款承诺、财务担保合同和长期股权投资的减值。

生信用减值的金融资产，信用损失应为该金融资产账面余额与按原实际利率折现的估计未来现金流量的现值之间的差额。

企业应当以概率加权平均为基础对预期信用损失进行计量。企业对预期信用损失的计量应当反映发生信用损失的各种可能性，但不必识别所有的情形。在计量预期信用损失时，企业需考虑的最长期限为企业面临信用风险的最长合同期限（包括考虑续约选择权），而不是更长期间，即使该期间与业务实践相一致。

二、金融资产减值的账务处理

（一）损失准备的计量

一般情况下，企业应当在每个资产负债表日评估相关金融工具的信用风险自初始确认后是否已显著增加，并按照下列情形分别计量其损失准备、确认预期信用损失及其变动。

1. 如果该金融工具的信用风险自初始确认后已显著增加，企业应当按照相当于该金融工具整个存续期内预期信用损失的金额计量其损失准备。

无论企业评估信用损失的基础是单项金融工具还是金融工具组合，由此形成的损失准备的增加或转回金额，应当作为减值损失或利得计入当期损益。

2. 如果该金融工具的信用风险自初始确认后并未显著增加，企业应当按照相当于该金融工具未来12个月内预期信用损失的金额计量其损失准备，无论企业评估信用损失的基础是单项金融工具还是金融工具组合，由此形成的损失准备的增加或转回金额，应当作为减值损失或利得计入当期损益。

未来12个月内预期信用损失，是指因资产负债表日后12个月内（若金融工具的预计存续期少于12个月，则为预计存续期）可能发生的金融工具违约事件而导致的预期信用损失，是整个存续期预期信用损失的一部分。

（二）信用风险显著增加的判断

企业在评估金融工具的信用风险自初始确认后是否已显著增加时，应当考虑金融工具存续期内发生违约风险的变化，而不是预期信用损失金额的变化。企业应该通过比较金融工具在资产负债表日发生违约的风险与在初始确认日发生违约的风险，以确定金融工具预计存续期内发生违约风险的变化情况。

企业通常应当在金融工具逾期前确认该工具整个存续期预期信用损失。企业在确定信用风险自初始确认后是否显著增加时，企业无须付出不必要的额外成本或努力即可获得合理且有依据的前瞻性信息的，不得仅依赖逾期信息来确定信用风险自初始确认后是否已显著增加；企业必须付出不必要的额外成本或努力才可获得合理且有依据的逾期信息以外的前瞻性信息的，可以采用逾期信息来确定信用风险自初始确认后是否显著增加。

无论企业采用何种方式评估信用风险是否显著增加，通常情况下，如果逾期超过30日，则表明金融工具的信用风险已经显著增加。除非企业在无须付出不必要的额外成本或努力即可获得合理且有依据的信息，证明即使逾期超过30日，信用风险自初始确认后仍未显著增加。如果企业在合同付款逾期超过30日前已确定信用风险显著增加，则应当按照整个存续期的预期信用损失确认损失准备。如果交易对方未按合同规定时间支付约定的款项，则表明该金融资产发生逾期。

企业在评估金融工具的信用风险自初始确认后是否已显著增加时，应考虑违约风险的相对变化，而非违约风险变动的绝对值。企业确定金融工具在资产负债表日只具有较低的信用风险的，可以假设该金融工具的信用风险自初始确认后并未显著增加。如果金融工具的违约风险较低，借款人在短期内履行其合同现金流量义务能力很强，并且即便较长时期内经济形势和经营环境存在不利变化，但未必一定降低借款人履行其合同现金流量义务的能力，该金融工具被视为具有较低的信用风险。

（三）金融工具减值的账务处理

1. 对于购买或源生的已发生信用减值的金融资产，企业应当在资产负债表日仅将自初始确认后整个存续期内预期信用损失的累计变动确认为损失准备。在每个资产负债表日，企业应当将整个存续期内预期信用损失的变动金额作为减值损失或利得计入当期损益。即使该资产负债表日确定的整个存续期内预期信用损失小于初始确认时估计现金流量所反映的预期信用损失的金额，企业也应当将预期信用损失的有利变动确认为减值利得。

2. 企业在前一会计期间已按照相当于金融工具整个存续期内预期信用损失的金额计量了损失准备，但在当期资产负债表日，该金融工具已不再属于自初始确认后信用风险显著增加的情形的，企业应当在当期资产负债表日按照相当于未来12个月内预期信用损失的金额计量该金融工具的损失准备，由此形成的损失准备的转回金额应当作为减值利得计入当期损益。

3. 对于分类为以公允价值计量且其变动计入其他综合收益的金融资产，企业应当在其他综合收益中确认其损失准备，并将减值损失或利得计入当期损益，且不应减少该金融资产在资产负债表中列示的账面价值。

第七节 与《小企业会计准则》的差异

《企业会计准则》与《小企业会计准则》关于投资的规定是不一致的，主要体现在以下五个方面。

1. 投资的分类不同。在《小企业会计准则》中，对于投资的划分是按照投资的期限将投资分为短期投资、长期债券投资和长期股权投资，与《企业会计准则》按照企业管理金融资产的业务模式和金融资产的合同现金流量特征而进行的分类是完全不同的。

2. 投资的计量属性不同。在《小企业会计准则》中,对投资的计量属性主要是按成本计量;《企业会计准则》对投资的计量属性则是以公允价值和摊余成本计量为主。

3. 对于投资核算的会计科目设置不同。《小企业会计准则》所定义的短期投资是指小企业购入的能随时变现并且持有时间不准备超过1年(含1年)的投资,包括小企业以赚取差价为目的从二级市场购入的股票、债券、基金等。因此,在会计上设立了"短期投资"科目进行核算。

在《小企业会计准则》中,长期债券投资是指小企业准备长期(在1年以上)持有的债券投资。其特征在于,小企业进行债券投资的目的很明确,是为了赚取高于银行存款利息收入而进行的,同时进行的债券投资时间比较长(通常超过1年),而且投资的品种不易变现或持有意图长于1年。强调了长期债券投资核算的是超过1年投资期的债券投资,而不满1年的债券投资则在短期投资中核算。设立"长期债券投资"科目来核算长期类债券投资。

在《小企业会计准则》中,长期股权投资是指小企业准备长期(在1年以上)持有的权益性投资。《小企业会计准则》是从企业持有时间的角度对权益性投资进行划分,超过1年投资期的权益性投资为长期股权投资,而不满1年投资期的权益性投资则划入短期投资中核算。在《小企业会计准则》中,长期股权投资无须考虑对被投资企业的影响力,也不需要考虑是否有活跃市场报价、公允价值是否可靠计量。设立"长期股权投资"科目核算长期类股权投资。

而对于在《企业会计准则》中规范的以摊余成本计量的金融资产、以公允价值计量且其变动计入其他综合收益的金融资产和以公允价值计量且其变动计入当期损益的金融资产,分别以"债权投资"、"其他债权投资"、"其他权益工具投资"和"交易性金融资产"等科目核算。

4. 对短期投资初始成本确认的不同。《小企业会计准则》对短期投资初始成本的确定:短期投资的成本包括取得短期投资支付的购买价款和相关税费。此处的相关费用是指小企业在交易过程中按照有关规定应负担的各种税款、行政事业性收费以及手续费、佣金等。因此,小企业短期投资的成本包含了税费在内,不同于《企业会计准则》中对交易性金融资产初始成本的确定。

5. 对短期投资处置的会计处理不同。《小企业会计准则》规定,小企业处置短期投资时,应当将出售价款扣除该短期投资的账面余额(即成本)、出售过程中支付的相关税费的净额,计入处置当期的投资收益。而对于处置时短期投资成本的结转分别不同情况:(1)一次性全部处置短期投资,其成本为短期投资的账面余额;(2)部分处置某项短期投资,可以比照存货成本的方法进行计算结转,可以采用先进先出法、加权平均法或者个别计价法结转所处置部分的短期投资成本。

而在《企业会计准则》中,对交易性金融资产的处置,虽然也是将出售价款扣除出售过程中支付的相关税费和交易性金融资产的账面价值的净额计入处置当期的投资收益,但是,对处置的交易性金融资产的账面价值则是按处置的百分比来结转，同时，还应将处置部分的原计入公允价值变动损益的金额转入投资收益中。

6. 对债券投资持有期间投资收益的核算不同。《小企业会计准则》规定，长期债券投资应当在债务人应付利息日，按照债券面值和票面利率计算利息收入，并计入当期的投资收益。而对于折溢价购入债券的折溢价摊销，则采用直线法摊销。折溢价摊销应调整已确认的利息收入，即债务人应付利息日按照债券面值和票面利率计算的应收利息扣除当期摊销的溢价确认为投资收益，或在债务人应付利息日按照债券面值和票面利率计算的应收利息于当期摊销的折价确认为投资收益。《企业会计准则》对以摊余成本计量的金融资产持有期间的投资收益的计量，采用实际利率法来确定。

思 考 题

1. 什么是以公允价值计量且其变动计入当期损益的金融资产？其特征是什么？
2. 以公允价值计量且其变动计入当期损益的金融资产取得时和资产负债表日应如何计量？
3. 什么是以公允价值计量且其变动计入其他综合收益的金融资产？其条件是什么？
4. 以公允价值计量且其变动计入其他综合收益的金融资产取得时和资产负债表日应如何计量？
5. 以公允价值计量且其变动计入当期损益的金融资产与以公允价值计量且其变动计入其他综合收益的金融资产在资产负债表日的计量有何异同？
6. 什么是摊余成本？
7. 以摊余成本计量的金融资产在资产负债表日应如何确认投资收益？
8. 《企业会计准则》与《小企业会计准则》有关金融资产的规定存在哪些差异？

习 题

1. 2×15年3月6日甲公司以赚取差价为目的从二级市场购入一批乙公司发行的股票100万股，甲公司将其分类为以公允价值计量且其变动计入当期损益的金融资产，取得时公允价值为每股5.2元，含已宣告但尚未发放的现金股利每股0.2元，另支付交易费用5万元，全部价款以银行存款支付。2×15年3月16日收到最初支付价款中所含现金股利。2×15年3月31日，该股票公允价值为每股4.5元。2×15年4月21日，将该股票全部处置，每股5.1元，交易费用为5万元。

要求：

(1) 编制甲公司该金融资产相关交易业务的会计分录。
(2) 计算该金融资产对甲公司2×15年3月利润表中投资收益项、公允价值变动收益项和营业利润项的影响金额。

2. 2×15年1月10日，A公司购入B公司发行的公司债券，该笔债券于2×14年10月1日发行，面值为6 000万元，票面利率为5%，债券利息每半年支付一次。A公司将其分类为以公允价值计量且其变动计入当期损益的金融资产。A公司购买该债券支付价款6 400万元（其中包含应支付的债券利息75万元），另支付交易费用50万元。2×15年3月31日，A公司收到债券利息150万元。2×15年6月30日，该笔债券的市价为6 380万元。2×15年7月10日，A公司出售了一半的B公司债券，售价为3 500万元。

要求：编制A公司该金融资产相关交易业务的会计分录。

3. 2×15年1月1日，甲公司支付价款514.12万元购入M公司发行的3年期公司债券，该公司债券的票面总金额为500万元，票面利率为4%，实际利率为3%，利息每年年末支付，本金到期支付。购买过程中支付了0.52万元的交易费用。甲公司将其分类为以公允价值计量且其变动计入其他综合收益的金融资产。2×15年12月31日，该债券的市场价格为505.05万元。2×16年1月13日，甲公司以501.12万元的价格将该公司债券出售，交易过程中支付了0.48万元的交易费用。

要求：编制甲公司该金融资产相关交易业务的会计分录。

4. 2×15年5月6日，甲公司支付货款508万元（含交易费用0.5万元和已宣告发放现金股利7.5万元）购入乙公司发行的股票200万股，甲公司将其分类为以公允价值计量且其变动计入其他综合收益的金融资产。2×15年5月16日，甲公司收到乙公司发放的现金股利7.5万元。2×15年5月31日，该股票市价为每股2.6元。

要求：作出甲公司该金融资产的相关会计分录。

5. 2×15年1月1日，M公司购入某公司于当日发行的3年期债券，将其分类为以摊余成本计量的金融资产。该债券票面金额为100万元，票面利率为10%，M公司实际支付106万元。该债券每年年末付息一次，最后一年归还本金并支付最后一期利息，假设M公司按年计算利息。实际利率为7.69%。

要求：编制M公司该金融资产持有期间所有的会计分录。

6. 2×15年1月2日，A公司从证券市场上购入B公司于2×14年1月1日发行的面值为1 000万元债券，该债券4年期、票面年利率为4%，每年1月5日支付上年度的利息，到期日一次归还本金和支付最后一次利息。A公司购入债券实际支付价款为992.77万元，另支付相关费用20万元。A公司购入后将其分类为以摊余成本计量的金融资产。购入债券的实际利率为5%。假定按年计提利息。

要求：编制A公司该金融资产持有期间所有的会计分录。

第六章 长期股权投资

学习目标

1. 了解子公司投资、合营企业投资和联营企业投资的含义。
2. 掌握企业合并和非企业合并的初始计量原则。
3. 掌握长期股权投资后续计量方法。
4. 掌握长期股权投资转换的核算。
5. 了解《企业会计准则》和《小企业会计准则》对长期股权投资会计核算的区别。

第一节 长期股权投资概述

一、长期股权投资的概念

长期股权投资（long-term investment equity interest）是指企业通过投出各种资产取得被投资单位股权且不准备随时出售的长期权益性投资。按照《企业会计准则第2号——长期股权投资》的规定①，本节讨论的长期股权投资也就是指投资方对被投资单位实施控制、重大影响的权益性投资，以及对其合营企业的权益性投资。除此之外，其他权益性投资不作为长期股权投资核算而应当按照《企业会计准则第22号——金融工具确认和计量》的规定进行会计核算。

企业进行长期股权投资主要是为了企业自身的长远利益，通过投资成为被投资单位的股东而有权参与被投资单位经营决策，从而影响、控制被投资单位。

二、长期股权投资的特征

长期股权投资具有以下一些特征。
1. 投资时间较长。长期股权投资的目的是通过长期持有被投资单位的股份

---

① 2014年3月，财政部发布新修订的《企业会计准则第2号——长期股权投资》（CAS 2 (2014)），自2014年7月1日起在所有执行企业会计准则的企业范围内施行，鼓励在境外上市的企业提前执行，原CAS 2 (2006) 同时废止。

从而长期地影响、控制被投资单位的经营决策,因此,长期股权投资的时间都比较长。

2. 获取较大的经济利益并承担相应的风险。长期股权投资的目标是获得较大的经济利益,其获得的经济利益可以通过股利、利润及其他方式获得。但是,投资企业作为股东,同样要承担被投资单位因经营状况不佳或破产清算的投资损失。

3. 长期股权投资不准备随时出售。长期股权投资是投资企业通过购买股权而成为被投资单位的股东,股东将依所持股份享有股东的权利并承担相应的义务,一般情况下不得随意抽回投资。同时,股权投资为了获得长远的经济利益,也不准备随时售出。

三、长期股权投资的分类

长期股权投资按照投资企业对被投资单位的影响程度,依据《企业会计准则第2号——长期股权投资》的规定,可以分为子公司投资、合营企业投资、联营企业投资。

1. 子公司投资。子公司投资是指企业持有能够对被投资单位实施控制的权益性投资。[1]

控制是指投资企业拥有对被投资单位的权力,通过参与对被投资单位的相关活动而享有可变回报,并且有能力运用对被投资单位的权利影响其回报金额[2]。

控制方要实现控制,必须具备两项基本要素:一是因涉入被投资单位而享有可变回报;二是拥有对被投资单位的权力,并且有能力运用对被投资单位的权力影响其回报金额。投资企业只能同时具备上述两个要素时,才能控制被投资单位。

投资企业在判断能否控制被投资单位时,具体判断如下:

(1) 判断通过涉入被投资单位的活动享有的是否为可变回报。享有控制权的控制方,通过参与被投资单位相关活动享有的是可变回报。该可变回报是不固定且可能随着被投资单位业绩而变化的回报,可以仅是正回报或负回报,也可以同时包括正回报和负回报。投资企业在评价其享有被投资单位的回报是否可变以及可变的程度时,需基于合同安排的实质,而不是法律形式。可变回报的形式主要包括:①股利、被投资单位经济利益的其他分配、投资企业对被投资单位的投资的价值变动;②因向被投资单位的资产或负债提供服务而得到的报酬、因提供信用支持或流动性支持收取的费用或承担的损失、被投资单位清算时在其剩余净资产中所享有的权益、税务利益、因参与被投资单位而获得的未来流动性;③其他利益持有方无法得到的回报。

---

[1] 投资方属于投资性主体且子公司不纳入合并财务报表的情况除外。
[2] 关于控制和相关活动的理解及具体判断,详见《企业会计准则第33号——合并财务报表》及其应用指南(2014)。

（2）判断投资企业是否对被投资单位拥有权力，并能够运用此权力影响回报金额。投资企业能够主导被投资单位的相关活动时，称投资企业对被投资单位享有"权力"。在判断投资企业是否对被投资单位拥有权力时，应注意：①权力只表明投资企业主导被投资单位相关活动的现时能力，并不要求投资企业实际行使其权利。即，如果投资企业拥有主导被投资单位相关活动的现时能力，即使这种能力尚未被实际行使，也视为该投资企业拥有对被投资单位的权力；②权力是一种实质性权利，而不是保护性权利；③权力是为自己行使的，而不是代其他方行使；④权力通常表现为表决权，但有时也可能表现为其他合同安排。

要判断投资企业是否拥有对被投资单位的权力，首先需要识别被投资单位的相关活动。相关活动是指对被投资单位的回报产生重大影响的活动，应当根据具体情况进行判断，通常包括商品或劳务的销售和购买、金融资产的管理、资产的购买和处置、研究与开发活动以及融资活动等。因此，判断相关活动时，应关注的是那些对被投资单位的回报具有重大影响的活动，而不是对被投资单位回报影响甚微或没有影响的行政活动。其次要分析相关活动的决策机制。就相关活动做出决策包括但不限于：①对被投资单位的经营、融资等活动做出决策，包括编制预算；②任命被投资单位的关键管理人员或服务提供商，并决定其报酬，以及终止该关键管理人员的劳务关系或终止与服务提供商的业务关系。投资企业在分析相关活动的决策机制时，应当重点关注被投资单位设立的目的和设计以及如何做出有关下列活动的决策，例如，变更战略方向，包括收购和处置子公司；购买或处置主要资本性资产；委任董事及其他关键管理人员并确定其酬劳；批准年度计划、预算和股利政策。

2. 合营企业投资。合营企业投资，是指投资方持有的对构成合营企业的合营安排的投资，即投资方与其他合营方一同对被投资单位实施共同控制且对被投资单位净资产享有权利的权益性投资①。合营企业是合营安排的一种形式。合营安排，是指一项由两个或两个以上参与方共同控制的安排。合营安排参与方，既包括对合营安排享有共同控制的参与方（即合营方），也包括对合营安排不享有共同控制的参与方。

投资方判断持有的对合营企业的投资，首先看是否构成合营安排，其次看有关合营安排是否构成合营企业。投资方通过与其他方共同出资设立被投资单位或是通过购买等方式取得对被投资单位的投资，能够与其他方一并对被投资单位实施共同控制的，虽然法律形式上体现为投资，但能否成为会计意义上对合营企业的投资还是仅构成对合营安排中的投资，并最终体现为投资方财务报表中占合营安排中有关资产、负债、收入、费用的份额，要根据有关判断确定。

共同控制是指按照相关约定对某项安排所共有的控制，并且该安排的相关活动必须经过分享控制权的参与方一致同意后才能决策。在判断是否存在共同控制

---

① 对合营企业的投资，不包括对合营安排不享有共同控制的参与方的权益性投资，也不包括共同经营。

时，首先判断所有参与方或参与方组合是否集体控制该安排；其次判断该安排相关活动的决策是否必须经过这些集体控制该安排的参与方一致同意。因此，判断共同控制有两个要件：集体控制和一致同意。

在判断集体控制时，应注意以下三点：（1）集体控制不是单独一方控制。在集体控制下，不存在任何一个参与方能够单独控制某安排，而是由一组参与方或所有参与方联合起来才能控制该安排。"一组参与方或所有参与方"即意味着要有两个或两个以上的参与方联合起来才能形成控制。（2）尽管所有参与方联合起来一定能够控制该安排，但集体控制下，集体控制该安排的组合指的是那些既能联合起来控制该安排又使得参与方数量最少的一组或几组参与方。（3）能够集体控制一项安排的组合很可能不止一个。共同控制要求组合必唯一，如果存在两个或两个以上的参与方组合能够集体控制某项安排，不构成共同控制。

在共同控制下，安排相关活动的所有重大决策必须经分享控制权的各方一致同意。"一致同意"并不是要求其中一方必须具备主动提出议案的能力，只要具备对安排相关活动的所有重大决策予以否决的权力即可；也不需要该安排的每个参与方都一致同意，只要那些能够集体控制该安排的参与方意见一致，就可以达成一致同意。一致同意就是指具有共同控制的任何一个参与方均可以阻止其他参与方在未经其同意的情况下就相关活动单方面做出的决策。

3. 联营企业投资。联营企业投资是指企业持有的能够对被投资单位实施重大影响的权益性投资。

重大影响是指对一个企业的财务和经营政策有参与决策的权力，但并不能够控制或者与其他方一起共同控制这些政策的制定。一般来说，符合以下情况之一的，可以认为对被投资单位具有重大影响：

（1）在被投资单位的董事会或类似权力机构中派有代表。由于在被投资单位的董事会或类似权力机构中派有代表，并享有相应的实质性的参与决策权，投资企业可以通过派出的代表参与被投资单位经营决策的制定，从而达到对被投资单位施加重大影响。

（2）参与被投资单位的政策制定过程。因投资企业参与了被投资单位的政策制定过程，在制定政策过程中可以提出有利于自身利益的建议，从而对被投资单位施加重大影响。

（3）与被投资单位之间发生重要交易。与被投资单位发生重要交易，该交易对被投资单位的日常经营具有重要性，进而一定程度上可以影响到被投资单位的生产经营决策。

（4）向被投资单位派出管理人员。投资企业向被投资单位派出管理人员，管理人员有权力负责被投资单位的财务和经营活动，从而能够对被投资单位施加重大影响。

（5）向被投资单位提供关键技术资料。投资企业向被投资单位提供关键技术资料，因被投资单位的生产经营需要依赖投资企业的技术或技术资料，表明对被投资单位施加重大影响。

除上述三种类型的权益性投资，企业持有的其他权益性投资，应当按照《企业会计准则第22号——金融工具确认和计量》的规定，在初始确认时划分为以公允价值计量且其变动计入当期损益的金融资产或以公允价值计量且其变动计入其他综合收益的金融资产。

第二节　长期股权投资初始计量

长期股权投资的取得有企业控股合并取得和非企业控股合并取得两大类，不同方式取得的长期股权投资，初始投资成本的确定方法有所不同。

一、企业控股合并取得的长期股权投资的初始计量

企业控股合并取得的长期股权投资，又分为同一控制下控股合并和非同一控制下控股合并取得的长期股权投资。

1. 同一控制下控股合并取得的长期股权投资。同一控制下的企业合并，是指参与合并的企业在合并前后均受同一方或相同的多方最终控制，且该控制并非暂时性的。也就是说，最终的控制方在企业合并前后能够控制的资产并没有发生变化。

同一方是指对参与合并的企业在合并前后均实施最终控制的投资者。相同的多方是指根据投资者之间的协议约定，在对被投资单位的生产经营决策行使表决权时发表一致意见的两个或两个以上的投资者。控制并非暂时性是指参与合并的各方在合并前后较长的时间内受同一方或相同的多方最终控制，较长的时间通常是指1年以上（含1年）。

同一控制下的企业合并，在合并日取得对其他参与合并企业控制权的一方为合并方，参与合并的其他企业为被合并方。合并日是指合并方实际取得对被合并方控制权的日期。

同一控制下的企业合并，从能够对参与合并各方在合并前后均实施最终控制的一方来看，该项合并并不构成一项实质性的交易，最终控制方在企业合并前后能够控制的资产并没有发生变化，因此，合并方应当在合并日按照取得被合并方所有者权益账面价值的份额作为长期股权投资的初始投资成本。

（1）合并方以支付现金、转让非现金资产或承担债务等方式取得被合并方的股权。如果合并方以支付现金、转让非现金资产或承担债务方式作为合并对价的长期股权投资，其初始投资成本为合并日取得被合并方所有者权益账面价值的份额，所确认的初始投资成本借记"长期股权投资——成本"科目；按照支付的货币资金或转让非现金资产、承担负债的账面价值，贷记"银行存款"科目以及相应的资产或负债科目；长期股权投资初始成本与支付的现金、转让的非现金资产以及所承担负债账面价值之间的差额，借记或贷记"资本公积——资本溢价或股

本溢价"科目，当资本公积（资本溢价或股本溢价）不足冲减的，则应调整留存收益，借记"盈余公积"、"利润分配——未分配利润"科目。合并方支付的价款中如果含有已宣告发放但尚未支取的现金股利，应单独通过"应收股利"科目核算，不计入长期股权投资成本。

确定长期股权投资初始成本的前提是合并双方采用的会计政策应当一致，否则应先统一合并双方的会计政策。在同一控制下，合并方为进行企业合并发生的各项直接相关费用，包括为合并支付的审计费用、评估费用、法律服务费用等中介费用以及其他相关管理费用，应当于发生时计入当期损益，借记"管理费用"科目，贷记"银行存款"科目。

【例6-1】甲公司和乙公司同属一个集团公司，2×15年3月1日甲公司以8 000 000元的价格收购了乙公司60%的股权。合并日，乙公司所有者权益的账面价值为12 000 000元。甲公司"资本公积——资本溢价"账面余额为500 000元，"盈余公积"账面余额为800 000元。甲公司取得股权之后，对乙公司的财务和生产经营实施控制。

2×15年3月1日甲公司取得长期股权投资的账务处理如下：

甲公司长期股权投资初始成本 = 12 000 000 × 60% = 7 200 000（元）

借：长期股权投资——成本　　　　　　　　　　7 200 000
　　　资本公积——资本溢价　　　　　　　　　　500 000
　　　盈余公积　　　　　　　　　　　　　　　　300 000
　　贷：银行存款　　　　　　　　　　　　　　　　8 000 000

由于甲公司资本公积（资本溢价）的余额只有500 000元，不足冲减，因此，调整留存收益中的盈余公积。本题中，如果盈余公积余额不足冲减，则还应调整利润分配（未分配利润）。

（2）合并方以发行权益性证券取得被合并方的股权。合并方以发行权益性证券作为合并对价，应在合并日按照取得被合并方所有者权益账面价值的份额作为长期股权投资的初始投资成本，借记"长期股权投资——成本"科目；按照发行权益性证券的面值总额，贷记"股本"科目；按照长期股权投资初始投资成本与所发行权益性证券面值总额之间的差额，借记或贷记"资本公积——资本溢价或股本溢价"科目，当资本公积（资本溢价或股本溢价）不足冲减时，则应调整留存收益，借记"盈余公积"、"利润分配——未分配利润"科目。

合并方发行权益性证券所支付的手续费、佣金等费用，按照《企业会计准则第37号——金融工具列报》的规定，应当抵减权益性证券的溢价收入，溢价收入不足冲减的，调整留存收益。

【例6-2】2×15年6月1日，M公司向同一集团内B公司的原股东定向增发20 000 000股普通股（每股面值1元，市价8元），取得B公司100%的股权，同时支付了发行股票手续费200 000元。合并当日，B公司所有者权益的账面价值为44 040 000元。取得股权之后，M公司对B公司的财务和生产经营决策实施控制。

2×15年6月1日M公司取得长期股权投资的账务处理如下：

借：长期股权投资——成本	44 040 000
贷：股本	20 000 000
银行存款	200 000
资本公积——资本溢价	23 840 000

在按照合并日应享有被合并方账面所有者权益的份额确定长期股权投资的初始投资成本时，对于被合并方账面所有者权益，应当在考虑以下三个因素的基础上计算确定形成长期股权投资的初始投资成本：第一，被合并方与合并方的会计政策、会计期间是否一致。如果合并前后合并方与被合并方的会计政策、会计期间不同，应先按照合并方的会计政策、会计期间对被合并方的资产、负债的账面价值进行调整，在此基础上计算确定被合并方的账面所有者权益，并计算确定长期股权投资的初始投资成本。第二，被合并方账面所有者权益是指被合并方的所有者权益相对于最终控制方而言的账面价值，也就是说，同一控制下企业合并形成的长期股权投资，其初始投资成本是合并日按照持股比例与被合并方所有者权益在最终控制方合并财务报表上的账面价值中享有的份额计算的结果，即如果被合并方在被合并以前，是最终控制方通过非同一控制下的企业合并所控制的，则合并方长期股权投资的初始投资成本还应包含相关的商誉金额。第三，形成同一控制下控股合并的长期股权投资，如果子公司按照改制时确定的资产、负债经评估确认的价值调整资产、负债的账面价值，合并方应当按照取得子公司经评估确认的净资产的份额，作为长期股权投资的初始投资成本。

（3）通过多次交换交易，分步取得股权最终形成同一控制下控股合并的，购买方在个别财务报表中，应当以持股比例计算的合并日应享有被合并方所有者权益在最终控制方合并财务报表中的账面价值份额，作为该项投资的初始投资成本。初始投资成本与其原长期股权投资账面价值加上合并日为取得新的股份所支付对价的现金、转让的非现金资产及所承担债务账面价值之和的差额，调整资本公积（资本溢价或股本溢价），资本公积不足冲减的，冲减留存收益（盈余公积、利润分配——未分配利润）。

2. 非同一控制下控股合并取得的长期股权投资。非同一控制下控股合并，是指参与合并的各方在合并前后不受同一方或相同的多方最终控制。非同一控制下控股合并是合并双方自愿、公平的交易，因此，应当以公允价值为基础计量。

非同一控制下控股合并，在购买日取得对其他参与合并企业控制权的一方为购买方，参与合并的其他企业为被购买方。购买日是指购买方实际取得对被购买方控制权的日期。

非同一控制的控股合并，购买方应当按照购买方付出的资产、发生或承担的负债、发行的权益性证券的公允价值之和作为长期股权投资的初始成本。在非同一控制中，购买方为进行企业合并所发生的各项直接相关费用，包括为合并支付的审计费用、评估费用、法律服务费用等中介费用以及其他相关管理费用，应当于发生时计入当期损益，借记"管理费用"科目，贷记"银行存款"科目。若合并对价中包含了应享有的被投资单位已经宣告但尚未发放的现金股利或利润，则应作为应收项目单独核算，不构成长期股权投资的初始成本。

（1）购买方以支付货币资金的方式取得被购买方的股权。购买方以支付货币资金的方式取得被购买方的股权，应以支付的货币资金作为长期股权投资的初始成本，借记"长期股权投资——成本"科目，贷记"银行存款"科目。若支付的货币资金中含有被投资单位已宣告但尚未发放的现金股利或利润，应单独核算。

【例6-3】诚毅公司于2×15年1月2日购入N公司60%的股权，双方协议价80 000 000元，以货币资金支付。另外，诚毅公司还支付了审计费、评估费等费用100 000元。购买日，N公司所有者权益的账面价值为110 000 000元。购买之前，诚毅公司与N公司不存在任何关联关系。诚毅公司取得该股权之后，能够对M公司的生产经营决策实施控制。

诚毅公司2×15年1月2日取得长期股权投资的账务处理为：

借：长期股权投资——成本　　　　　　　80 000 000
　　贷：银行存款　　　　　　　　　　　　　　80 000 000

诚毅公司另外支付的审计费用、评估费用等的账务处理为：

借：管理费用　　　　　　　　　　　　　　100 000
　　贷：银行存款　　　　　　　　　　　　　　　100 000

（2）购买方以货币资金以外的其他资产的方式取得被购买方的股权。购买方在购买日以付出货币资金以外的其他资产的方式取得被购买方的股权，应按付出资产的公允价值作为长期股权投资的初始成本，借记"长期股权投资——成本"科目；按照资产的公允价值，贷记"主营业务收入"、"其他业务收入"、"固定资产清理"、"应交税费"等科目；同时结转付出资产的成本。以公允价值计量且其变动计入其他综合收益的债权性金融资产作为合并对价的，原持有期间公允价值变动形成的其他综合收益应一并转入投资收益，借记"其他综合收益"科目，贷记"投资收益"科目。

【例6-4】诚毅公司于2×15年4月2日以一批库存商品和机器设备换取L公司60%的股权。库存商品的账面价值为5 900 000元，未计提存货跌价准备，不含增值税的公允价值为6 000 000元，增值税销项税额为1 020 000元；机器设备的原始价值总额为13 000 000元（不含增值税），累计折旧为3 000 000元，未计提固定资产价值准备，不含增值税的公允价值为11 000 000元，增值税销项税额为1 870 000元。另外，诚毅公司还支付了审计、评估等费用20 000元。购买日，L公司所有者权益的账面价值为25 000 000元。诚毅公司与L公司不属于关联企业。诚毅公司取得该股权之后，能够对M公司的生产经营决策实施控制。

诚毅公司2×15年4月2日取得长期股权投资的账务处理如下：

诚毅公司取得该长期股权投资的成本 = 6 000 000 + 1 020 000 + 11 000 000
　　　　　　　　　　　　　　　　+ 1 870 000
　　　　　　　　　　　　　　　　= 19 890 000（元）

借：长期股权投资——成本	19 890 000	
贷：主营业务收入		6 000 000
固定资产清理		11 000 000
应交税费——应交增值税（销项税额）		2 890 000

同时结转库存商品付出成本：

借：主营业务成本	5 900 000	
贷：库存商品		5 900 000

同时结转固定资产付出成本：

借：固定资产清理	10 000 000	
累计折旧	3 000 000	
贷：固定资产		13 000 000

并结转固定资产转让收益：

借：固定资产清理	1 000 000	
贷：营业外收入		1 000 000

（3）购买方以承担负债的方式取得被购买方的股权。购买方以承担负债的方式取得被购买方的股权，应按照负债的公允价值作为初始投资成本，借记"长期股权投资——成本"科目，贷记有关负债科目。

（4）购买方以发行权益性证券方式取得被购买方的股权。购买方以发行权益性证券方式取得被购买方的股权，应在购买日按照发行权益性证券的公允价值作为长期股权投资的初始成本，借记"长期股权投资——成本"科目，按照发行权益性证券的面值总额贷记"股本"科目，按照长期股权投资的初始成本与所发行权益性证券面值总额之间的差额贷记"资本公积——资本溢价"科目。

诚毅公司支付审计、评估等费用的账务处理为：

借：管理费用	20 000	
贷：银行存款		20 000

购买方发行权益性证券所支付的手续费、佣金等费用，按照《企业会计准则第 37 号——金融工具列报》的规定，应当抵减权益性证券的溢价收入，溢价收入不足冲减的，调整留存收益。

【例 6-5】长江公司发行 12 000 000 股股票取得 B 公司 100% 的股权，股票面值为 1 元，当日的发行价为 8 元，在发行过程中，长江公司支付了手续费、佣金等费用 228 000 元。购买日，B 公司所有者权益的账面价值为 100 000 000 元。长江公司与 B 公司不属于关联企业。长江公司取得该股权之后，开始对 M 公司的生产经营决策实施控制。

长江公司取得该长期股权投资的账务处理如下：

借：长期股权投资——成本	96 000 000	
贷：股本		12 000 000
银行存款		228 000
资本公积——股本溢价		83 772 000

(5) 通过多次交换交易，分步取得股权最终形成非同一控制下控股合并的，购买方在个别财务报表中，应当以购买日之前所持被购买方的股权投资的账面价值与购买日新增投资成本之和，作为该项投资的初始投资成本。其中，形成控股合并前对长期股权投资采用权益法核算的，购买日长期股权投资的初始投资成本，为原权益法下的账面价值加上购买日为取得新的股份所支付对价的公允价值之和；购买日之前持有的被购买方股权因权益法形成的其他综合收益或其他资本公积的，购买日暂时不作处理，等处置该项投资时将与其相关的其他综合收益或其他资本公积采用与被购买方直接处置相关资产或负债相同的基础进行会计处理；形成控股合并前对长期股权投资采用公允价值计量的（例如，原分类为以公允价值计量且其变动计入其他综合收益金融资产的非交易性权益工具投资），长期股权投资在购买日的初始投资成本为原公允价值计量的账面价值加上购买日取得新的股份所支付对价的公允价值之和，购买日之前持有的被购买方股权涉及其他综合收益的，转入当期损益。

二、企业非控股合并取得的长期股权投资的初始计量

企业非控股合并取得的长期股权投资，其初始成本的确定与非同一控制下控股合并取得的长期股权投资初始成本的确定类似，但是，其初始投资成本包括与取得长期股权投资直接相关的费用、税金及其他必要支出。

1. 以支付现金、非现金资产等方式取得的长期股权投资。以支付现金、非现金资产等方式取得的非控股合并形成的长期股权投资，应当按照实际支付的购买价款或支付的非现金资产的公允价值作为长期股权投资的初始成本，包括与取得长期股权投资直接相关费用、税金及其他必要支出。但所支付价款中包含的被投资单位已宣告但尚未发放的现金股利或利润应作为应收项目核算，不构成取得长期股权投资的成本。

【例6-6】诚毅公司于2×15年1月2日从公开市场购入M公司30%的股权，实际支付价款4 000 000元，其中含有M公司刚刚宣告但尚未发放的现金股利300 000元。另外，在购买过程中，诚毅公司还支付了手续费、佣金等费用100 000元。诚毅公司取得该股权之后，能够对M公司的生产经营决策施加重大影响。

诚毅公司2×15年1月2日取得长期股权投资的账务处理如下：
该长期股权投资的成本 = 4 100 000 - 300 000 = 3 800 000（元）
借：长期股权投资——成本　　　　　　　　　3 800 000
　　应收股利　　　　　　　　　　　　　　　　300 000
　　贷：银行存款　　　　　　　　　　　　　　　　4 100 000

2. 以发行权益性证券方式取得的长期股权投资。以发行权益性证券方式取得的非控股合并形成的长期股权投资，应当按照发行权益性证券的公允价值作为初始投资成本，但不包括应从被投资单位收取的已宣告但尚未发放的现金股利或

利润,也不包括为发行权益性证券支付的手续费、佣金等与权益性证券发行直接相关的费用。按照《企业会计准则第 37 号——金融工具列报》的规定,与权益性证券发行直接相关的费用应从权益性证券的溢价收入中扣除,权益性证券的溢价收入不足冲减的,应冲减盈余公积和未分配利润。

【例 6-7】承【例 6-5】假设长江公司发行股票仅取得 B 公司 40% 的股权,长江公司取得该股权之后,对 M 公司的生产经营决策具有重大影响。

长江公司取得该长期股权投资的账务处理如下:

借:长期股权投资——成本　　　　　　　　　　　96 000 000
　　贷:股本　　　　　　　　　　　　　　　　　12 000 000
　　　　银行存款　　　　　　　　　　　　　　　　　228 000
　　　　资本公积——股本溢价　　　　　　　　　　83 772 000

3. 投资者投入的长期股权投资。投资者投入的长期股权投资是指投资者以其持有的对第三方的投资作为出资投入企业。投资者投入的长期股权投资,应当按照投资合同或协议约定的价值作为初始投资成本,但有明确证据表明合同或协议约定的价值不公允的除外。

企业接受投资者投入的长期股权投资,应按投资合同或协议约定的价值借记"长期股权投资"科目,按其在股本中所占的份额贷记"股本"或"实收资本"科目,两者之间的差额贷记"资本公积——资本溢价或股本溢价"科目。

【例 6-8】投资者福泰公司将手中持有的 B 公司股权作为投资款注资宏达公司。宏达公司的注册资本为 80 000 000 元,福泰公司出资占宏达公司注册资本的 30%。投资各方在投资合同中约定,该股权投资款作价 30 000 000 元。取得投资之后,宏达公司能够派人参与 B 公司的财务和生产经营决策。

宏达公司取得投资者投入的长期股权投资的账务处理为:

借:长期股权投资——成本　　　　　　　　　　　30 000 000
　　贷:实收资本　　　　　　　　　　　　　　　24 000 000
　　　　资本公积——资本溢价　　　　　　　　　　6 000 000

第三节　长期股权投资后续计量

取得长期股权投资后,持有期间的核算应按照投资企业对被投资单位控制和影响的程度不同分别采用成本法和权益法进行核算。

一、长期股权投资的成本法

1. 成本法的适用范围。成本法(cost method)是指以长期股权投资的成本不受被投资单位权益变动的影响的方法。也就是说,采用成本法进行长期股权投资后续计量的,长期股权投资按照初始确认的投资成本计价,之后一般不予调整,除非出现追加或收回投资时才能调整长期股权投资的成本。

长期股权投资后续计量采用成本法，适用于企业持有的、能够对被投资单位实施控制的长期股权投资。

投资企业对子公司的长期股权投资在后续期间，母公司的日常核算和个别财务报表采用成本法，但是，编制合并财务报表时则要求按照权益法调整。

2. 成本法的后续计量。采用成本法对长期股权投资进行后续计量的，长期股权投资的账面价值按照初始确认的成本入账，不需要调整，除了追加或收回投资的情况。

在长期股权投资持有期间，被投资单位宣告发放现金股利或利润时，投资企业按应享有份额确认为当期投资收益，借记"应收股利"科目，贷记"投资收益"科目。若被投资单位宣告发放的是股票股利，则只需调整持股数量，降低每股成本，不需要编制会计分录。

【例6-9】承〖例6-3〗，假设2×15年5月15日，N公司宣告发放现金股利480 000元。

由于取得股权之后，诚毅公司对N公司的财务和生产经营决策实施控制，因此，诚毅公司取得的对N公司的长期股权投资的后续计量就可以采用成本法，所以不需要调整长期股权投资的入账价值。

2×15年5月15日，N公司宣告发放股利时，诚毅公司的账务处理如下：

诚毅公司享有的现金股利 = 480 000 × 60% = 288 000（元）

借：应收股利　　　　　　　　　　　　　　　288 000
　　贷：投资收益　　　　　　　　　　　　　　　　288 000

假设2×15年5月25日，收到N公司发放的现金股利时，诚毅公司的账务处理为：

借：银行存款　　　　　　　　　　　　　　　288 000
　　贷：应收股利　　　　　　　　　　　　　　　　288 000

一般来说，企业控股合并取得的股权投资，也就是对子公司的投资，投资企业对被投资单位的财务和经营决策能实施控制，因此，合并取得的股权投资后续计量都采用成本法。

二、长期股权投资的权益法

1. 权益法的适用范围。权益法（equity method）是指长期股权投资的账面价值要随被投资单位的所有者权益变动而变动的方法。也就是说，企业取得长期股权投资之后，在持有期间要随着应享有的被投资单位所有者权益的份额变动而对长期股权投资的账面价值进行相应的调整。

长期股权投资后续计量采用权益法，一般适用于投资企业对被投资单位具有共同控制或重大影响的长期股权投资，即对合营企业投资及联营企业投资。但是，风险投资机构、共同基金以及类似主体持有的、在初始确认时按照《企业会计准则第 22 号——金融工具确认和计量》的规定，无论以上主体是否对这部分投资具有重大影响，都作为以公允价值计量且其变动计入当期损益的金融资产来确认和计量。投资企业对联营企业的权益性投资，其中一部分通过风险投资机构、共同基金、信托公司或包括投连险基金在内的类似主体间接持有的，无论以上主体是否对这部分投资具有重大影响，投资企业都可以按照《企业会计准则第 22 号——金融工具确认和计量》的规定，对间接持有的该部分投资选择以公允价值计量且其变动计入当期损益，并对其余部分采用权益法核算。共同控制性的投资和重大影响性的投资，投资企业不需要编制合并报表，但是，为了更客观地反映投资状况，应按权益法对长期股权投资的账面价值进行调整。

在权益法下，除了设置"长期股权投资"总账科目核算，还应按被投资单位分别"成本"、"损益调整"、"其他权益变动"、"其他综合收益"等明细科目进行明细核算。

2. 权益法的后续计量。

（1）初始投资成本的调整。采用权益法对长期股权投资进行后续计量，长期股权投资的账面价值要反映投资企业在被投资单位所有者权益中占有的份额。为了更客观地反映投资企业在被投资单位所有者权益中享有的份额，应将初始投资成本按照被投资单位可辨认净资产公允价值和持股比例进行调整。可辨认净资产的公允价值，是指被投资单位可辨认资产的公允价值减去负债的公允价值后的金额。

在权益法下，对于取得投资时的初始投资成本与投资时应享有的被投资单位可辨认净资产的公允价值份额之间的差额，应区别以下情况处理：

①初始投资成本大于取得投资时应享有的被投资单位可辨认净资产公允价值份额的，不需要对长期股权投资的初始投资成本进行调整。由于这部分差额通常是投资企业在投资过程中体现出的与所取得股权份额相对应的商誉，而商誉不可单独辨认。

②初始投资成本小于取得投资时应享有的被投资单位可辨认净资产公允价值份额的，应调增长期股权投资的账面价值至享有被投资单位可辨认净资产公允价值份额。由于这部分差额，通常是投资双方在交易作价过程中被投资单位做出的让步，该部分经济利益对于投资企业而言应视为收益来处理，计入取得投资当期的营业外收入。按照初始投资成本与取得投资时应享有的被投资单位可辨认净资产公允价值份额之间的差额，借记"长期股权投资——成本"科目，贷记"营业外收入"科目。

【例 6-10】承〖例 6-6〗，2×15 年 1 月 2 日，M 公司可辨认净资产的账面价值为 7 500 000 元，可辨认净资产的公允价值为 8 500 000 元。

由于诚毅公司取得该股权之后，能够对 M 公司的生产经营决策施加重大影响，所以该长期股权投资的后续计量采用权益法核算。

因为该长期股权投资初始成本为 3 800 000 元，而享有 M 公司可辨认净资产公允价值份额 = 8 500 000 × 30% = 2 550 000（元），所以长期股权投资的初始投资成本比取得投资时享有的被投资单位可辨认净资产公允价值份额高了 1 250 000 元（3 800 000 – 2 550 000），该差额不需要调整长期股权投资的账面价值。

如果2×15年1月2日M公司可辨认净资产的公允价值为13 500 000元。那么诚毅公司按持股比例30%计算应享有M公司可辨认净资产公允价值的份额为 4 050 000 元，则初始投资成本比应享有的被投资单位可辨认净资产公允价值份额少了 250 000 元（4 050 000 – 3 800 000），应计入取得投资当期的营业外收入，诚毅公司2×15年1月2日调整长期股权投资账面价值的账务处理为：

借：长期股权投资——成本   250 000
    贷：营业外收入   250 000

（2）投资损益的确认及处理。在权益法下，为了客观地反映投资企业在被投资单位的实际权益，在投资的持有期间，对于被投资单位的所有者权益无论是因盈亏还是因其他原因引起的变动，投资企业都要相应地调整长期股权投资的账面价值，并确认当期投资损益。

对被投资单位因实现净损益产生的所有者权益的变动，投资企业应按照持股比例计算应享有的份额，确认为当期投资收益，同时调整长期股权投资的账面价值。

在确认应享有被投资单位的净损益时，对被投资单位账面净损益需考虑以下因素的影响进行适当调整：

①被投资单位采用的会计政策及会计期间与投资企业不一致的，应按投资企业的会计政策及会计期间对被投资单位的财务报表进行调整。

②以取得投资时被投资单位固定资产、无形资产的公允价值为基础计提的折旧或摊销额，以及以投资企业取得投资时的公允价值为基础计算确定的资产减值准备金额等对被投资单位净损益的影响。

被投资单位个别利润表中的净损益是以其持有的资产、负债账面价值为基础持续计算的，而投资企业在取得投资时，是以被投资单位有关资产、负债的公允价值为基础确定投资成本，长期股权投资的投资收益所代表的是投资日被投资单位资产、负债在公允价值计量的情况下在未来期间通过经营产生的损益中归属于投资企业的部分。取得投资时有关资产、负债的公允价值与其账面价值不同的，未来期间，在计算归属于投资企业应享有的净利润或应承担的净亏损时，应以投资时被投资单位有关资产对投资企业的成本即取得投资时的公允价值为基础计算确定，从而产生了需要对被投资单位账面净损益进行调整的情况。

在对被投资单位实现的净损益进行调整时，应考虑重要性原则，不具重要性的项目可不予调整。如果无法合理确定取得投资时被投资单位各项可辨认资产的公允价值，或者投资时被投资单位可辨认资产的公允价值与其账面价值相比，两者之间的差额不具有重要性，或者其他原因导致无法取得被投资单位的有关资料，不能按照会计准则中规定的原则对被投资单位的净损益进行调整的，也可以按照被投资单位的账面净利润与持股比例计算的结果确认投资收益，但应在附注中说明不能按照会计准则规定进行核算的原因。

③对投资企业与其联营企业及合营企业之间发生的未实现内部交易损益应予以抵销。

权益法下,如果投资企业与联营企业或合营企业之间发生内部交易,不论是投资企业向联营企业或合营企业销货(即顺流交易)还是联营企业或合营企业向投资企业销货(即逆流交易),其未实现的内部损益中属于投资企业享有的份额,投资企业在确认投资收益时应予以扣除。

【例6-11】承【例6-6】和【例6-10】,诚毅公司于2×15年1月2日取得投资时,M公司的固定资产账面价值为3 000 000元,公允价值为4 000 000元,其他可辨认资产的公允价值与账面价值一致。固定资产剩余折旧年限还有10年。M公司2×16年度实现的账面净利润为2 000 000元,假设M公司各期收益均衡,不考虑所得税的影响。

诚毅公司需基于投资时M公司固定资产的公允价值调整净利润,后按持股比例计算确认当期投资收益。

诚毅公司确认2×16年度投资收益的账务处理如下:

调整后的净利润 = 2 000 000 - [4 000 000 - 3 000 000] ÷ 10 = 1 900 000(元)
确认的投资收益 = 1 900 000 × 30% = 570 000(元)

借:长期股权投资——损益调整　　　　　　　　　570 000
　　贷:投资收益　　　　　　　　　　　　　　　　570 000

【例6-12】承【例6-1】,M公司2×16年度实现的账面净利润为3 000 000元,当年诚毅公司将一批账面价值为3 200 000元的库存商品销售给M公司,不含增值税的销售价格为4 000 000元,M公司将购入的该库存商品确认为固定资产管理,折旧年限为8年,采用直线法计提折旧,不考虑净残值。

诚毅公司确认2×16年度的投资收益时,不仅需要考虑投资时M公司固定资产公允价值的影响额100 000元[(4 000 000 - 3 000 000) ÷ 10],还要考虑诚毅公司销售商品给M公司未实现损益800 000元(4 000 000 - 3 200 000)和M公司计提折旧额的影响额100 000元[(4 000 000 - 3 200 000) ÷ 8]。

诚毅公司确认2×16年度投资收益的账务处理如下:

调整后的净利润 = 3 000 000 - 100 000 - 800 000 + 100 000 = 2 200 000(元)
确认的投资收益 = 2 200 000 × 30% = 660 000(元)

借:长期股权投资——损益调整　　　　　　　　　660 000
　　贷:投资收益　　　　　　　　　　　　　　　　660 000

④在确认应享有或应分担的被投资单位净利润(或亏损)时,法规或章程规定不属于投资企业的净损益应当予以剔除后计算,例如,被投资单位发行了分类为权益的可累积优先股等类似的权益工具,无论被投资单位是否宣告分配优先股股利,投资企业计算应享有被投资单位的净利润时,均应将归属于其他投资方的累积优先股股利予以扣除。

⑤在评估投资企业对被投资单位是否具有重大时,应当考虑潜在表决权的影响,但在确定应享有的被投资单位实现的净损益、其他综合收益和其他所有者权

益变动的份额时,潜在表决权所对应的权益份额不应予以考虑。

(3) 超额亏损的确认。按权益法核算的长期股权投资,如果被投资单位发生亏损,投资企业也应按持股比例确认应分担的损失。投资企业确认应分担的被投资单位发生的净亏损,原则上应当以长期股权投资的账面价值以及其他实质上构成对被投资单位净投资的长期权益减记至零为限,但投资企业负有承担额外损失义务的除外。其他实质上构成对被投资单位净投资的长期权益,通常是指长期应收项目,如企业对被投资单位的长期债权,该债权没有明确的清收计划且在可预见的未来期间不准备收回的,实质上构成对被投资单位的净投资,但不包括投资企业与被投资单位之间因销售商品、提供劳务等日常活动所产生的长期债权。

投资企业在确认应分担被投资单位发生的亏损时,应借记"投资收益"科目,贷记"长期股权投资——损益调整"科目。在长期股权投资的账面价值减记至零的情况下,若还有未确认的投资损失,则考虑其他实质上构成对被投资单位净投资的长期权益,再借记"投资收益"科目,贷记"长期应收款"等科目;当该长期权益的账面价值减记至零时,若还有未确认的投资损失,按照投资合同或协议约定导致投资企业需要承担额外损失弥补等义务的,按照《企业会计准则第13号——或有事项》的规定,对于符合确认条件的义务,应按预计将承担的义务金额确认为当期投资损失,同时确认预计负债,借记"投资收益"科目,贷记"预计负债"科目。除上述情况仍未确认的应分担被投资单位的损失,应在账外备查登记。

在确认了有关的投资损失以后,被投资单位于以后期间实现盈利的,应按以上相反的顺序分别减记账外备查登记的金额、已确认的预计负债、恢复其他长期权益以及长期股权投资的账面价值,同时确认投资收益。即应当按顺序分别借记"预计负债"、"长期应收款"、"长期股权投资"科目,贷记"投资收益"科目。

【例6-13】承〖例6-6〗、〖例6-10〗、〖例6-11〗和〖例6-12〗,M公司由于主要经营业务市场条件发生变化,2×17年度公司发生巨额亏损90 000 000元。当年诚毅公司账上还有应收M公司的长期应收款6 000 000元,该款项还未有明确的清偿计划且非产生于商品购销等日常活动。

M公司在2×17年度发生的亏损也应以购买日各项可辨认资产的公允价值为基础同时考虑内部交易未实现的损益进行调整后,加以确定。

调整后的亏损 = -90 000 000 - 100 000 + 100 000 = -90 000 000(元)

应确认的投资损失 = 90 000 000 × 30% = 27 000 000(元)

截至目前,诚毅公司持有M公司长期股权投资的账面价值为5 030 000元(3 800 000 + 570 000 + 660 000),持有应收M公司的长期应收款6 000 000元,诚毅公司2×17年度确认投资损失的账务处理为:

借:投资收益 11 030 000
  贷:长期股权投资——损益调整 5 030 000
    长期应收款 6 000 000

此时,诚毅公司还有 15 970 000 元 (27 000 000 - 11 030 000) 应负担 M 公司的损失还未确认,登记在账外的备查账簿中。

(4) 取得现金股利或利润的处理。按照权益法核算的长期股权投资,投资企业取得被投资单位发放的现金股利或利润,应抵减长期股权投资的账面价值。在被投资单位宣告分派现金股利或利润时,借记"应收股利"科目,贷记"长期股权投资——损益调整"科目;如果自被投资单位取得的现金股利或利润超过已确认损益调整的部分应视同投资成本的收回。

如果收到被投资单位宣告分派的股票股利,投资企业不需要确认收益,因而不用进行账务处理,但应于除权日在备查账簿中登记所增加的股数,减少每股投资成本。

(5) 其他综合收益的处理。在权益法核算下,被投资单位确认的其他综合收益及其变动,也会影响被投资单位所有者权益总额,进而影响投资企业应享有被投资单位所有者权益的份额。因此,当被投资单位其他综合收益发生变化时,投资企业应当按照归属于本企业的部分,相应调整长期股权投资的账面价值,同时增加或减少其他综合收益。

(6) 被投资单位所有者权益其他变动的处理。采用权益法核算,投资企业对于被投资单位除净损益、其他综合收益以及利润分配以外所有者权益的其他变动,在持股比例不变的情况下,应按照持股比例与被投资单位所有者权益的其他变动计算的归属本企业的部分,相应调整长期股权投资的账面价值,同时增加或减少资本公积(其他资本公积),借记或贷记"长期股权投资——其他权益变动"科目,贷记或借记"资本公积——其他资本公积"科目。被投资单位除净损益、其他综合收益以及利润分配以外的所有者权益的其他变动,主要包括:被投资单位接受其他股东的资本性投入、被投资单位发行可分离交易的可转换公司债券中包含的权益成分、以权益结算的股份支付等。

【例 6-14】承【例 6-13】,2×17 年度,M 公司持有的可供出售金融资产公允价值上升而计入其他综合收益的金额为 6 000 000 元。当年 M 公司接受其母公司的捐赠 10 000 000 元,该捐赠实质上属于资本性投入,M 公司将其计入资本公积(股本溢价)。除该两事项外,暂时不考虑当年 M 公司发生的净损益及其他因素的影响。

诚毅公司在 2×17 年对该两事项分别确认其他综合收益和应享有的被投资单位所有者权益其他变动的账务处理为:

借:长期股权投资——其他综合收益　　　　　　　　1 800 000
　　　　　　　　——其他权益变动　　　　　　　　3 000 000
　　贷:其他综合收益　　　　　　　　　　　　　　1 800 000
　　　　资本公积——其他资本公积　　　　　　　　3 000 000

被投资单位分派股票股利,投资企业不作账务处理,但应于除权日注明所增加的股数,反映股份的变化情况。

三、长期股权投资减值的核算

长期股权投资在按照规定进行核算确定其账面价值的基础上,如果存在减值迹象,应当按照相关准则的规定计提减值准备。其中,对子公司、联营企业及合营企业的投资,应当按照《企业会计准则第8号——资产减值》的规定确定其可收回金额及应予计提的减值准备。

长期股权投资减值损失的核算,借记"资产减值损失"科目,贷记"长期股权投资减值准备"科目。长期股权投资减值损失一经确认,在以后会计期间不得转回。

四、长期股权投资处置的核算

企业将持有的长期股权投资全部或部分对外出售时,应结转与所售股权相对应的长期股权投资的账面价值,将出售所得价款与处置长期股权投资账面价值之间的差额确认为当期处置损益。

在处置长期股权投资时,应按实际收到的价款借记"银行存款"科目,按处置长期股权投资的账面价值贷记"长期股权投资"科目,按尚未领取的现金股利或利润贷记"应收股利"科目,按其差额借记或贷记"投资收益"科目。已计提减值准备的长期股权投资,在处置时还应同时结转已计提的减值准备。采用权益法核算的长期股权投资,原计入其他综合收益(不能结转损益的除外)或资本公积(其他资本公积)中的金额,若处置后因具有重大影响或共同控制仍然采用权益法核算的,在处置时也应结转,将与所出售股权相对应的部分在处置时自其他综合收益或资本公积转入当期损益,借记或贷记"其他综合收益"科目、"资本公积——其他资本公积"科目,贷记或借记"投资收益"科目。若处置后对有关投资终止采用权益法的,则原计入其他综合收益(不能结转损益的除外)或资本公积(其他资本公积)中的金额应全部结转。

【例6-15】2×15年1月18日,甲公司将持有乙企业股权的10%进行出售,取得价款8 900 000元。出售时,甲公司持有乙企业长期股权投资的账面价值为34 000 000元,其中,投资成本24 000 000元,损益调整6 000 000元,其他综合收益1 000 000元,其他权益变动3 000 000元。出售之后,甲公司原持有乙企业40%的股权减少到30%。

甲公司处置该长期股权投资的账务处理为:

借:银行存款 8 900 000
　　贷:长期股权投资——成本 2 400 000
　　　　　　　　　——损益调整 600 000
　　　　　　　　　——其他综合收益 100 000
　　　　　　　　　——其他权益变动 300 000

  投资收益   5 500 000

同时将原计入其他综合收益、资本公积的部分按比例转入当期损益：
  借：资本公积——其他资本公积   300 000
    其他综合收益   100 000
    贷：投资收益   400 000

第四节 长期股权投资核算方法转换

  长期股权投资在持有期间发生追加投资或减少投资等情况，投资企业对被投资单位的影响程度也会随之发生相应的变化，则长期股权投资的后续计量核算方法就可能需要转换，由成本法转换为权益法、由公允价值计量或权益法转换为成本法、公允价值计量转换为权益法、成本法转换为公允价值计量或权益法转换为公允价值计量。

一、成本法转换为权益法

  投资企业因收回投资或处置投资而导致对被投资单位不再具有控制权，但仍存在共同控制或重大影响的，则应当将剩余投资额由成本法核算改按权益法进行核算。

  对处置部分股权投资后，剩余投资额由成本法转换成权益法，首先，应按处置或收回投资的比例结转应终止确认的长期股权投资成本。在此基础上，比较剩余的长期股权投资成本与原投资日按剩余持股比例计算的应享有的被投资单位可辨认净资产公允价值的份额，按权益法进行调整：属于投资作价中体现的商誉部分，不调整长期股权投资的账面价值；属于投资成本小于应享有被投资单位可辨认净资产公允价值份额的，在调整长期股权投资成本的同时，应调整留存收益。其次，对于原投资日至处置日之间被投资单位实现净损益按照剩余持股比例计算应享有的份额，调整长期股权投资的账面价值，同时对于原取得投资时至处置投资当期期初被投资单位实现的净损益（扣除已发放及已宣告发放的现金股利及利润）中应享有的份额，调整留存收益；对于处置投资当期期初至处置投资日被投资单位实现的净损益中享有的份额，调整当期损益。最后，对于因其他原因导致被投资单位所有者权益变动中应享有的份额，也要调整长期股权投资的账面价值，同时记入"其他综合收益"或"资本公积——其他资本公积"科目。

  【例 6-16】 甲公司原持有 L 公司 80% 的股权，账面价值为 30 000 000 元。2×15 年 1 月 12 日，甲公司将持有的 L 公司股权的 50% 出售给其他企业，取得价款 27 000 000 元，当日 L 公司可辨认净资产公允价值总额为 80 000 000 元（假定可辨认净资产公允价值与账面价值相同）。甲公司取得 L 公司 80% 股权时，L 公司可辨认净资产公允价值总额为 45 000 000 元（假定可辨认净资产公允价值与账面价值相同),自甲公司取得L公司80%股权之日至处置部分股权之日,L公司实现净利润25 000 000元,甲公司与L公司之间没有内部交易。甲公司处置部分股权之后,在L公司董事会上仍派有董事,但已不能对L公司的财务和生产经营决策实施控制。假定甲公司和L公司提收盈余公积的比例均为10%,L公司未分配现金股利,不考虑其他因素。

①2×15年1月12日,甲公司处置股权的账务处理:

借:银行存款 27 000 000
    贷:长期股权投资——成本 18 750 000
        投资收益 8 250 000

②2×15年1月12日,调整处置股权后剩余投资的账面价值。由于处置股权之后,虽然甲公司不能对L公司的财务和生产经营决策实施控制,但在L公司董事会上仍派有董事,所以甲公司能够对L公司的财务和经营决策施加重大影响,则对该项投资的核算应转换为权益法核算。

首先,剩余投资的投资成本11 250 000元(30 000 000 - 18 750 000)小于原投资日应享有的L公司可辨认净资产公允价值份额13 500 000元(45 000 000 × 30%),则需要调整增加该项长期股权投资的成本2 250 000元(13 500 000 - 11 250 000),同时调整留存收益。

其次,对L公司自原投资日至处置投资日(2×15年1月12日)实现的净利润25 000 000元,应按剩余持股比例调整增加长期股权投资的账面余额7 500 000元[25 000 000 × 30%],同时调整留存收益。

借:长期股权投资——成本 2 250 000
        ——损益调整 7 500 000
    贷:盈余公积 975 000
        利润分配——未分配利润 8 775 000

最后,L公司自原投资日至处置投资日(2×15年1月12日)之间公允价值变动35 000 000元(80 000 000 - 45 000 000),除实现的净利润25 000 000元,还有其他原因导致的可辨认净资产公允价值的变动10 000 000元,按照剩余持股比例调整增加长期股权投资的账面余额3 000 000元(10 000 000 × 30%),同时计入资本公积。

借:长期股权投资——其他权益变动 3 000 000
    贷:资本公积——其他资本公积 3 000 000

二、公允价值计量或权益法转换为成本法

因追加投资原因导致原持有的分类为以公允价值计量及其变动计入当期损益的金融资产,或非交易性权益工具投资分类为以公允价值计量且变动计入其他综合收益的金融资产,以及对联营企业或合营企业的投资转变为对子公司投资的,实质就是投资企业通过多次交换交易,分步取得股权最终形成企业合并,投资企

业能够对被投资单位实施控制,需要改按成本法核算。

购买日之前持有的股权投资,采用金融工具确认和计量准则进行会计处理的,应当将按照该准则确定的股权投资的公允价值加上新增投资成本之和,作为改按成本法核算的初始投资成本。如原分类为以公允价值计量且其变动计入当期损益的金融资产,则按转换时的公允价值,借记"长期股权投资"科目,按照原持有股权投资确认的金融资产账面价值,贷记"交易性金融资产"科目,公允价值与账面价值之间的差额,贷记"投资收益"科目;如原分类为以公允价值计量且其变动计入其他综合收益的金融资产,则按转换时的公允价值,借记"长期股权投资"科目,按照原持有股权投资确认的金融资产账面价值,贷记"其他权益工具投资"科目,公允价值与账面价值之间的差额,贷记"投资收益"科目,原计入其他综合收益的累计公允价值变动应当全部转入改按成本法核算的当期损益,借记或贷记"投资收益"科目。

【例6-17】2×14年1月4日,甲公司以银行存款6 000 000元取得A公司5%的股份,甲公司将其分类为以公允价值计量且其变动计入其他综合收益的金融资产。同日A公司可辨认净资产账面价值为130 000 000元(与公允价值相等)。2×14年年末,该项股权投资的公允价值为6 500 000元。2×15年3月6日,甲公司以定向增发股票的方式购买同一集团内另一企业持有的A公司50%股权。为取得该股权,甲公司增发20 000 000股普通股,每股面值为1元,每股公允价值为4元;支付承销商佣金500 000元。取得该股权时,A公司相对于最终控制方而言的可辨认净资产账面价值为150 000 000元。进一步取得投资后,甲公司能够对A公司实施控制。假定甲公司和A公司采用的会计政策、会计期间相同,不考虑其他因素的影响。

本例中,2×15年3月6日,甲公司对A公司股权增持后,持股比例改为55%,此时甲公司与A公司属于同一控制的合并,合并日初始投资成本为82 500 000元(150 000 000×55%),原持有5%股权的账面价值为6 500 000元,新增长期股权投资成本76 000 000元(82 500 000 - 6 500 000),应确认的资本公积为55 500 000元(76 000 000 - 20 000 000 - 500 000)。

借:长期股权投资　　　　　　　　　　　　　　82 500 000
　　贷:其他权益工具投资——成本　　　　　　　6 000 000
　　　　　　　　　　　　——公允价值变动　　　　500 000
　　　　股本　　　　　　　　　　　　　　　20 000 000
　　　　银行存款　　　　　　　　　　　　　　　500 000
　　　　资本公积——股本溢价　　　　　　　55 500 000
借:其他综合收益　　　　　　　　　　　　　　　500 000
　　贷:投资收益　　　　　　　　　　　　　　　　500 000

购买日之前持有的股权投资,采用权益法核算的,因追加投资形成非同一控制下合并的,应当将按照原权益法下股权投资的账面价值加上新增投资成本之和,作为改按成本法核算的初始投资成本。因追加投资形成同一控制下合并的,应当在购买日按取得被合并方所有者权益在最终控制方合并财务报表中账面价值的份额,作为改按成本法核算的初始投资成本。购买日之前持有的股权投资因采用权益法核算而确认的其他综合收益,应当在处置该项投资时采用与被投资单位直接处置相关资产或负债相同的基础进行会计处理。

【例6-18】C公司于2×15年1月5日以190 000 000元购入甲公司20%的股权,对甲公司的生产经营决策有重大影响,故采用权益法对其进行核算,当日乙公司可辨认净资产公允价值为1 000 000 000元(假定可辨认净资产公允价值与账面价值相同)。2×16年1月4日,C公司以340 000 000元再次购入甲公司40%的股权,以达到对甲公司的生产经营决策实施控制。2×15年度甲公司实现净利润80 000 000元,2×16年1月4日甲公司可辨认净资产公允价值为1 080 000 000元(假定可辨认净资产公允价值与账面价值相同)。C公司与甲公司不存在任何关联方关系,两家公司之间没有内部交易活动。不考虑其他因素的影响。

2×16年1月4日C公司再次购入股权时,持股比例达到60%,对甲公司的生产经营决策实施控制,此时应按成本法对股权投资进行核算。因C公司与甲公司不存在任何关联方关系,故形成非同一控制的控股合并。

2×16年1月4日C公司再次购入40%股权时的账务处理:
  借:长期股权投资——成本　　　　　　　340 000 000
    贷:银行存款　　　　　　　　　　　　340 000 000

2×15年1月5日C公司购入甲公司20%的股权,对甲公司的生产经营决策有重大影响,故采用权益法对其进行核算,当日C公司持有的长期股权投资成本190 000 000元小于享有甲公司可辨认净资产公允价值份额200 000 000元(1 000 000 000×20%),确认的长期股权投资初始成本200 000 000元,营业外收入10 000 000元。2×15年度甲公司实现净利润80 000 000元,按享有份额调增长期股权投资账面价值16 000 000元,同时确认投资收益16 000 000元。截至2×16年1月4日,原有20%股权的账面价值为216 000 000元(200 000 000 + 16 000 000),再次购入40%股权的成本为340 000 000元,此时60%长期股权投资的初始投资成本为556 000元(216 000 000 + 340 000 000)。

三、公允价值计量转换为权益法

投资企业对原持有的被投资单位的股权不具有控制、共同控制或重大影响,按照《企业会计准则第22号——金融工具确认和计量》进行会计处理的,因追加投资等原因导致持股比例增加,使其能够对被投资单位实施共同控制或重大影响而转按权益法核算的,应在转换日,按照原股权的公允价值加上为取得新增投资而应支付对价的公允价值,作为改按权益法核算的初始投资成本;原股权投资于转换日的公允价值与账面价值之间的差额,以及原计入其他综合收益的累计公允价值变动转入改按权益法核算的当期损益。在此基础上,比较初始投资成本与获得被投资单位共同控制或重大影响时应享有被投资单位可辨认净资产公允价值份额之间的差额，若初始投资成本大于获得被投资单位共同控制或重大影响时应享有被投资单位可辨认净资产公允价值份额，不调整长期股权投资的账面价值；若初始投资成本小于获得被投资单位共同控制或重大影响时应享有被投资单位可辨认净资产公允价值份额，差额部分调整长期股权投资的账面价值，并记入当期"营业外收入"科目。

【例6-19】 A公司于2×14年1月12日取得C公司10%的股权，投资成本为6 000 000元，由于对C公司不具有控制、共同控制和重大影响，C公司将其分类为可供出售金融资产。取得投资当日C公司可辨认净资产公允价值总额为56 000 000元（假定可辨认净资产公允价值与账面价值相同）。

2×15年1月10日，A公司又以20 000 000元的价款取得C公司20%的股权，当日C公司可辨认净资产公允价值总额为80 000 000元（假定可辨认净资产公允价值与账面价值相同）。取得该部分股权之后，A公司能够对C公司的财务和经营决策施加重大影响。2×14年度C公司实现的净利润6 000 000元，尚未分派现金股利或利润。A公司和C公司之间没有发生内部交易。除所实现净利润外，未发生其他所有者权益变动事项。2×15年1月10日，A公司对C公司投资原10%股权的公允价值为9 000 000元，原计入其他综合收益的累计公允价值变动收益为1 000 000元。

2×15年1月10日，A公司对C公司投资原10%股权的公允价值为9 000 000元，账面价值为7 000 000元（投资成本6 000 000+公允价值变动1 000 000），差额计入当期损益；同时，因追加投资改按权益法核算，原计入其他综合收益的累计公允价值变动收益1 000 000元转入当期损益。

A公司对C公司股权增持后，持股比例变为30%，此时初始投资的成本为29 000 000元（9 000 000+20 000 000），应享有C公司可辨认净资产公允价值份额为24 000 000元（80 000 000×30%），由于初始投资成本大于获得重大影响时应享有C公司可辨认净资产公允价值份额，不调整长期股权投资的账面价值。

借：长期股权投资——成本　　　　　　　　　　　　29 000 000
　　贷：银行存款　　　　　　　　　　　　　　　　20 000 000
　　　　可供出售金融资产——成本　　　　　　　　 6 000 000
　　　　　　　　　　　　——公允价值变动　　　　 1 000 000
　　　　投资收益　　　　　　　　　　　　　　　　 2 000 000
借：其他综合收益　　　　　　　　　　　　　　　　 1 000 000
　　贷：投资收益　　　　　　　　　　　　　　　　 1 000 000

四、成本法转公允价值计量

原持有的对被投资单位实施控制的长期股权投资，因处置投资导致持股比例减少，使得投资企业对被投资单位不再具有控制，同时也不具有实施共同控制或重大影响的，则应将剩余股权改按《企业会计准则第22号——金融工具确认和计量》的要求进行处理，于丧失控制权日将剩余股权按公允价值重新计量，公允价值与原账面价值的差额计入当期损益。

【例6-20】甲公司原持有乙公司80%的股权，能控制乙公司，投资成本为1 600 000元，按成本法核算。2×15年3月4日，甲公司出售所持乙公司股权的90%给非关联方，出售价为2 250 000元。转让股权后甲公司丧失了控制权，同时也无法对乙公司施加共同控制和重大影响。甲公司将其分类为可供出售金融资产管理。假定不考虑其他因素。

①2×15年3月4日，甲公司出售股权的账务处理：

借：银行存款　　　　　　　　　　　　　　　2 250 000
　　贷：长期股权投资　　　　　　　　　　　　1 440 000
　　　　投资收益　　　　　　　　　　　　　　 810 000

②剩余股权8%，在丧失控制权日的公允价值为250 000元（2 250 000÷90%×10%），将其确认为可供出售金融资产管理，账务处理为：

借：可供出售金融资产　　　　　　　　　　　　 250 000
　　贷：长期股权投资　　　　　　　　　　　　　160 000
　　　　投资收益　　　　　　　　　　　　　　　 90 000

五、权益法转换为公允价值计量的金融资产

投资企业原持有的对被投资单位实施共同控制或施加重大影响的长期股权投资，因处置投资导致持股比例减少，使得投资企业对被投资单位不再具有实施共同控制或施加重大影响，应于失去共同控制或重大影响时，改按《企业会计准则第22号——金融工具确认和计量》的规定对剩余股权进行会计处理。

投资企业处置投资导致长期股权投资的核算由权益法转换为公允价值计量时，对剩余股权改按公允价值计量，公允价值与其原账面价值之间的差额计入当期损益。同时，原采用权益法核算的相关其他综合收益应当在终止采用权益法核算时，采用与被投资单位直接处置相关资产或负债相同的基础进行会计处理；因被投资单位除净损益、其他综合收益和利润分配以外的其他所有者权益变动而确认的所有者权益，应当在终止采用权益法时全部转入当期损益。

【例6-21】甲公司原持有乙公司40%的股权，对乙公司的生产经营决策有重大影响，故采用权益法对其进行核算，2×15年3月4日，甲公司将该项投资的80%进行转让，出售价为18 000 000元，出售当日该长期股权投资的账面价值总额为19 400 000元，其中，投资成本为13 000 000元，损益调整为3 000 000元，因乙公司的非交易性权益工具投资以公允价值计量且其变动计入其他综合收益的金融资产的累计公允价值变动享有部分为1 400 000元，除净损益、其他综合收益和利润分配外的其他所有者权益变动为2 000 000元。转让股权后甲公司无法对乙公司施加重大影响，甲公司将剩余股权分类为以公允价值计量且其变动计入当期损益的金融资产中的交易性金融资产。假定不考虑其他因素。

①2×15年3月4日，甲公司出售股权的账务处理：

借：银行存款 18 000 000
　　贷：长期股权投资——成本 10 400 000
　　　　　　　　　　——损益调整 2 400 000
　　　　　　　　　　——其他综合收益 1 120 000
　　　　　　　　　　——其他权益变动 1 600 000
　　　　　投资收益 2 480 000

②由于终止采用权益法核算，将原确认的相关其他综合收益、原计入资本公积的其他所有者权益变动全部转入当期损益：

借：其他综合收益 1 400 000
　　资本公积——其他资本公积 2 000 000
　　贷：投资收益 3 400 000

③剩余8%的股权转为交易性金融资产，于丧失重大影响日的公允价值为4 500 000元（18 000 000÷80%×20%），账面价值为3 880 000元（19 400 000×20%，其中，投资成本为2 600 000元，损益调整为600 000元，因乙公司的非交易性权益工具投资以公允价值计量且其变动计入其他综合收益的金融资产的累计公允价值变动享有部分为280 000元，除净损益、其他综合收益和利润分配外的其他所有者权益变动为400 000元），两者之间的差额620 000元计入当期损益。

借：交易性金融资产 4 500 000
　　贷：长期股权投资——成本 2 600 000
　　　　　　　　　　——损益调整 600 000
　　　　　　　　　　——其他综合收益 280 000
　　　　　　　　　　——其他权益变动 400 000
　　　　　投资收益 620 000

第五节　与《小企业会计准则》的差异

一、长期股权投资的差异

《企业会计准则》中规范的长期股权投资与《小企业会计准则》中规范的长期股权投资在确认和核算上不同。

1. 对长期股权投资的确认不同。在《小企业会计准则》中，长期股权投资是指小企业准备长期（在1年以上）持有的权益性投资。《小企业会计准则》是从企业持有时间的角度对权益性投资进行划分，超过1年投资期的权益性投资为长期股权投资，而不满1年投资期的权益性投资则划入短期投资中核算。在《小企业会计准则》中，长期股权投资无须考虑对被投资单位的影响力，也不需要考虑是否有活跃市场报价、公允价值是否可靠计量。

而在《企业会计准则》中规范的长期股权投资是指企业通过投出各种资产取得被投资单位股权且不准备随时出售的长期权益性投资。同时，按照对被投资单位的影响将长期股权投资分为三类：（1）控制性投资，例如对子公司的投资；（2）共同控制性投资，例如对合营企业的投资；（3）重大影响性投资，例如对联营企业的投资。投资企业对被投资单位不具有控制、共同控制和重大影响的长期股权投资，无论是否具有活跃市场、公允价值能否可靠确定，均属于《企业会计准则第22号——金融工具确认和计量》的规范范围。

2. 对长期股权投资的核算设立的明细科目不同。《小企业会计准则》规定，设置"长期股权投资"总账科目，核算小企业准备长期（1年以上）持有的权益性投资，按照被投资单位设置明细账科目进行明细核算。《企业会计准则》规定，设置"长期股权投资"总账科目，核算企业的长期股权投资，按照长期股权投资的类别，分别"成本"、"损益调整"、"其他权益变动"、"其他综合收益"等明细科目进行明细核算。

3. 对长期股权投资的初始计量不同。《小企业会计准则》规定，长期股权投资按照成本进行计量，以支付现金取得的长期股权投资应当按照购买价款和相关税费作为成本进行计量。实际支付价款中包含的已到付息期但尚未领取的债券利息，应当单独确认为应收利息，不计入长期股权投资的成本中。通过非货币性资产交换取得的长期股权投资，应当按照换出非货币性资产的评估价值和相关税费作为成本进行计量。《企业会计准则》规定，长期股权投资初始成本的计量要视合并形成长期股权投资和非合并形成长期股权投资不同而定。

（1）对于合并控股形成长期股权投资的初始成本还应按同一控制下的控股合并和非同一控制下的控股合并分别计量：同一控制下的企业合并形成的长期股权投资的初始成本按合并日取得被合并企业所有者权益账面价值的份额计量；非同一控制下的企业合并形成的长期股权投资的初始成本按合并日投资企业付出的资产、发生或承担的负债、发行的权益性证券的公允价值和相关费用之和来计量。

（2）对于非控股合并形成长期股权投资的初始成本则按取得的不同方式来确定：以支付现金方式取得长期股权投资按支付的购买价和相关税费之和作为初始投资成本；以发行权益性证券取得长期股权投资按发行的权益性证券公允价值作为初始投资成本；投资者投入的长期股权投资按投资合同或协议约定的价值作为初始投资成本；等等。

可见，在《小企业会计准则》中，考虑到了小企业对外投资业务少、取得方式单一，因此，对长期股权投资的核算作了简化。

4. 对长期股权投资的后续计量不同。《小企业会计准则》规定，长期股权投资后续持有期间，采用成本法进行核算，该方法下长期股权投资应当按初始投资成本计量，除了追加或处置投资之外，长期股权投资的账面价值一般应保持不变。在长期股权投资持有期间，被投资单位宣告分配的现金股利或利润，应当按应享有的份额确认为当期投资收益。《企业会计准则》对长期股权投资后续持有期间的核算，要视投资企业对被投资单位的影响，分别采用成本法和权益法进行核算。长期股权投资的账面价值因采用的后续计量方法不同而呈现不同的表现形式。对于长期股权投资后续持有期间获得被投资单位发放的现金股利和利润也因采用的后续计量方法不同规定不同的处理方法。有关具体的账务处理见本章第三节的内容。

5. 对处置长期股权投资的核算不同。《小企业会计准则》规定，处置长期股权投资，应当将处置价款扣除该投资的成本、相关税费后的净额计入当期投资收益。处置长期股权投资时，其成本应分别不同情况进行结转：

（1）一次性全部处置某项长期股权投资，其成本为长期股权投资账面余额；

（2）部分处置某项长期股权投资，可以比照发出存货成本的方法进行结转，如采用先进先出法、加权平均法或个别计价法等结转其所处置投资的成本。

《企业会计准则》规定，处置长期股权投资，将实际所取得的价款与账面价值之间的差额计入当期投资收益。对于采用权益法核算的长期股权投资，还应对被投资单位原计入其他综合收益（不能结转损益的除外）或资本公积（其他资本公积）中的金额，按处置股权比例转入当期投资收益。

由此可见，《小企业会计准则》因长期股权投资一律采用成本法核算，所以不存在对没有将原计入资本公积的部分进行结转的问题。《小企业会计准则》不要求计提长期股权投资减值准备，所以处置结转的账面价值就是长期股权投资的账面余额。而《企业会计准则》处置结转的账面价值是长期股权投资账面余额扣除长期股权投资减值准备后的价值。

6. 对长期股权投资的减值核算不同。《小企业会计准则》规定，长期股权投资若符合下列条件之一的，减除可收回金额后确认为无法收回的长期股权投资，作为长期股权投资损失：

（1）被投资单位依法宣告破产、关闭、解散、被撤销，或者被依法注销、吊销营业执照的。

（2）被投资单位财务状况严重恶化，累计发生巨额亏损，已连续停止经营3年以上，且无重新恢复经营改组计划的。

（3）对被投资单位不具有控制权，投资期限届满或者投资期限已超过10年，且被投资单位因连续3年经营亏损导致资不抵债的。

（4）被投资单位财务状况严重恶化，累计发生巨额亏损，已完成清算或清算期超过3年以上的。

（5）国务院财政、税务主管部门规定的其他条件。

长期股权投资损失应当于实际发生时计入营业外支出，同时冲减长期股权投资账面余额。因此，在《小企业会计准则》中，对长期股权投资减值损失采用直接法核算。《小企业会计准则》中没有规范有关股权投资价值回升的账务处理。

《企业会计准则》中对长期股权投资要求在资产负债表日判断资产是否存在可能发生减值的迹象。当资产存在减值迹象时，应当估计其可收回金额，当可收回金额低于长期股权投资账面价值时，就应当计提减值准备。可见，在《企业会计准则》中对长期股权投资损失采用备抵法核算。同时，在准则明确规定长期股权投资计提的减值损失在价值回升时不得转回。

思 考 题

1. 什么是长期股权投资？它有几种类别？
2. 长期股权投资的初始成本如何计量？
3. 长期股权投资的成本法和权益法适用范围是什么？其会计核算的区别有哪些？
4. 长期股权投资的减值如何确定和核算？
5. 《企业会计准则》与《小企业会计准则》有关长期股权投资的规定存在哪些差异？

习 题

1. 甲公司和丁公司同为大华集团公司的子公司，甲公司 2×14~2×15 年有关长期股权投资的资料如下：

（1）2×14 年 4 月 1 日，甲公司以原价为 2 000 万元、累计折旧为 600 万元、公允价值为 1 500 万元的固定资产作为合并对价，从丁公司取得其子公司 A 公司 60% 的普通股权。合并日 A 公司的账面所有者权益总额为 3 000 万元，可辨认净资产的公允价值为 3 200 万元。在企业合并过程中，甲公司支付相关法律费用 20 万元，相关手续均已办理完毕。

（2）2×14 年 4 月 21 日，A 公司宣告分派 2×13 年度的现金股利 200 万元。

（3）2×14 年 5 月 10 日，甲公司收到 A 公司分派的现金股利。

（4）2×14 年度，A 公司实现净利润 600 万元（其中 1~3 月净利润为 200 万元）。

（5）2×15 年 4 月 25 日，A 公司宣告分派 2×14 年度的现金股利 300 万元。

要求：编制甲公司该项长期股权投资业务相关的会计分录。

2. 2×14 年 1 月 1 日，甲上市公司以其库存商品对乙企业投资，投出商品的成本为 360 万元，公允价值和计税价格均为 400 万元，增值税税率为 17%（不考虑其他税费）。甲上市公司对乙企业的投资占乙企业注册资本的 20%，甲上市公司采用权益法核算该项长期股权投资。2×14 年 1 月 1 日，乙企业所有者权益账面价值及可辨认净资产公允价值均为 2 000 万元。乙企业 2×14 年实现净利润 1 200 万元。2×15 年乙企业发生亏损 4 400 万元。假定甲企业账上有应收乙企业长期应收款 160 万元，未有明确的偿还计划。2×16 年乙企业实现净利润 2 000 万元。

要求：编制甲上市公司对乙企业投资的相关会计分录。

3. 甲公司于 2×14 年 1 月 1 日取得 M 公司 10% 的股权，成本为 7 200 万元，甲公司将其分类为以公允价值计量且其变动计入其他综合收益的金融资产。2×14 年 12 月 31 日，该金融资产的账面价值为 8 000 万元。

2×15 年 7 月 1 日，甲公司以 15 700 万元的价格取得 M 公司 20% 的股权，当日 M 公司可辨认净资产公允价值总额为 76 000 万元。取得该部分股权之后，甲公司能够对 M 公司施加重大影响。当日，以公允价值计量且其变动计入其他综合收益的金融资产的公允价值为 9 000 万元。2×15年7月1日，M公司存货的账面价值为2 000万元，公允价值为2 500万元，2×15年该批存货售出80%，剩余部分在2×16年全部售出。2×15年M公司其他资产的公允价值和账面价值相等。2×15年M公司实现净利润10 000万元。

2×16年M公司以公允价值计量且其变动计入其他综合收益的金融资产的公允价值变动为借方50万元。2×16年M公司实现净利润9 000万元，宣告分派现金股利2 500万元。

2×17年1月1日，甲公司以27 600万元的价格收购M公司30%的股权。

甲公司和M公司不存在任何关联方关系。

要求：就甲公司2×14～2×17年对M公司的投资业务进行账务处理。

第七章 固定资产

学习目标

1. 通过本章的学习,理解固定资产的概念、分类及计量,掌握固定资产核算应设置的账户,熟练掌握各种来源取得固定资产的会计处理和固定资产折旧的范围、方法及其会计处理,掌握固定资产处置及期末的会计处理。

2. 了解《企业会计准则》与《小企业会计准则》有关固定资产会计处理的差异。

第一节 固定资产概述

一、固定资产的概念及分类

(一) 固定资产的概念

固定资产(fixed assets),是指为生产商品、提供劳务、出租或经营管理而持有的使用寿命超过一个会计年度的有形资产。固定资产是生产经营过程中用来改变和影响劳动对象的劳动资料,即劳动手段。包括直接参加劳动过程的机器设备和生产工具;生产经营中起辅助作用的运输工具、管理设备等;生产中必要的物质条件,如厂房、建筑物等。

该定义给出了判断资产是否属于固定资产的三个标准——目的标准、使用寿命标准和资产形态标准。

1. 目的标准。持有固定资产的目的是生产商品、提供劳务、出租或经营管理,即企业持有的固定资产是企业的劳动工具或手段,而不是用于出售的产品。不过,用于企业生产经营之中的设备器具未必都属于固定资产。例如,企业以经营租赁方式租入的设备虽然用于企业生产经营之中,但它并不属于固定资产,因为它不符合资产的定义。值得注意的是,《企业会计准则》规定"出租"的固定资产,是指企业以经营租赁方式出租的机器设备类固定资产,不包括以经营租赁方式出租的建筑物,后者属于企业的投资性房地产,不属于固定资产。

2. 使用寿命标准。即使用寿命超过一个会计年度。固定资产的使用寿命,是指企业使用固定资产的预计期间，或者该固定资产所能生产产品或提供劳务的数量。通常情况下，固定资产的使用寿命是指使用固定资产的预计期间，比如自用房屋建筑物的使用寿命表现为企业使用其的预计使用年限。对于某些机器设备或运输设备等固定资产，其使用寿命表现为以该固定资产所能生产产品或提供劳务的数量，如汽车或飞机等，按其预计行驶或飞行里程估计使用寿命。固定资产使用寿命超过一个会计年度，意味着固定资产属于非流动资产。

3. 资产形态标准。即有形资产。有形资产是指能单独存在具有具体的实体形态的资产。固定资产具有实物形态，这一标准将固定资产与无形资产区别开来，没有实物形态的资产一定不属于固定资产。如我们常见的房屋、建筑物、机器设备等，人们可以通过感官直接感知其存在，它们均属于固定资产。而有些无形资产可能同时符合固定资产的其他特征，如无形资产为生产商品、提供劳务而持有，使用寿命超过一个会计年度，但是，由于其没有实物形态，所以不属于固定资产。

在实务中，有些资产符合上述确认固定资产的三项标准，但并不确认为固定资产。例如企业所持有的工具、模具、管理用具、玻璃器皿等资产，由于它们数量多、单价低，逐项确认为固定资产不符合成本效益和重要性原则，因此，在实务中并不确认为固定资产，而是确认为存货。

（二）固定资产的分类

企业固定资产种类繁多，它们在生产中所处地位不同，发挥的作用也不同。为加强管理和便于核算，应对固定资产进行合理的分类，以便分别反映和监督其增加、减少、使用、保管等情况，考核、分析固定资产的利用情况，为经营管理提供必要的信息。

1. 按经济用途分类。固定资产按经济用途可以划分为以下两类。

（1）生产经营用固定资产。生产经营用固定资产是指直接参加或服务于生产经营过程的各种固定资产，包括生产经营用的房屋、建筑物、机器设备、工具、仪器及其他生产经营用固定资产。

（2）非生产经营用固定资产。非生产经营用固定资产是指不直接服务于生产经营过程的各种固定资产。主要是为了满足职工物质文化、生活福利需要的固定资产，如职工宿舍、食堂、托儿所、幼儿园、浴室、医务室、图书馆以及科研等其他方面使用的房屋、设备等固定资产。

这种分类方法可以反映出企业生产用和非生产用固定资产的比重，说明企业的生产能力和职工生活条件的改善情况，促使企业合理地配置固定资产。

2. 按使用情况分类。固定资产按使用情况可以划分为以下三类。

（1）使用中固定资产。使用中固定资产是指企业正在使用的各种固定资产，包括由于季节性和大修理等原因暂时停用以及存放在使用部门以备替换使用的机器设备。

（2）未使用固定资产。未使用固定资产是指尚未投入使用的新增固定资产和经批准暂停使用的固定资产。

（3）不需用固定资产。不需用固定资产是指不适合本企业需要，准备处理的各种固定资产。如企业因生产任务变更等原因而不再需用的固定资产。

这种分类方法能及时反映固定资产的使用情况，促使企业将未使用固定资产尽快投入使用，提高固定资产利用率，将不需用固定资产及时处理，有利于挖掘固定资产的潜力，做到物尽其用。

3. 按所有权分类。固定资产按所有权分类，可以分为自有固定资产和融资租入固定资产。

（1）自有固定资产是指企业拥有所有权的各种固定资产。

（2）融资租入固定资产是指企业在租赁期间不拥有所有权但拥有实质控制权的各种固定资产。

这种分类可以分析、考核企业固定资产的实有数额，了解企业固定资产的来源情况。

4. 综合分类。固定资产的综合分类是将固定资产按经济用途和使用情况这两种分类方法结合起来，可将固定资产划分为以下七类。

（1）生产经营用固定资产。

（2）非生产经营用固定资产。

（3）租出固定资产。这是指出租给外单位使用的固定资产。这类固定资产，只是将其使用权暂时让渡给承租单位，所有权仍归本企业，由本企业收取租金收入，应视作营业中使用的固定资产，照提折旧。

（4）不需用固定资产。

（5）未使用固定资产。

（6）土地。这是指过去已经估价单独入账的土地。因征用土地而支付的补偿费，应计入与土地有关的房屋、建筑物的价值内，不单独作为土地入账。企业取得的土地使用权不作为固定资产管理，应作为无形资产核算。

（7）融资租入固定资产。这是指企业以融资租赁方式租入的固定资产。在租赁期内，应视同企业自有固定资产进行管理。

二、固定资产的计量

固定资产计量是指以货币为计量单位来衡量固定资产的价值。固定资产计量正确与否，不仅关系到固定资产的管理和核算，而且也关系到企业的收入与费用是否配比、经营成果的核算是否真实。固定资产的计量包括三个方面：一是初始计量，是指固定资产取得时价值的确定；二是后续计量，是指固定资产在使用过程中价值的确定，主要包括固定资产折旧、后续支出的计量；三是期末计量，是指固定资产期末价值的确定。

固定资产的计价标准一般有以下四种。

1. 按原始价值计价。原始价值也称历史成本、原始成本，是指企业为取得某项固定资产所支付的全部价款以及使固定资产达到预期工作状态前所发生的一切合理、必要的支出。这些支出包括直接发生的价款、运杂费、包装费和安装成本等，也包括间接发生的，如应承担的借款利息、外币借款折算差额以及应分摊的其他间接费用等，对于特殊行业的特定固定资产，确定其初始入账成本时还应考虑弃置费用。企业采用不同方式购建的固定资产，其原始价值的构成有所不同，本教材将在后面结合取得固定资产的具体方式讲述。

采用原始价值计价的主要优点在于原始价值具有客观性和可验证性，同时，原始价值可以如实反映企业的固定资产投资规模，是企业计提折旧的依据。因此，原始价值是固定资产的基本计价标准，我国对固定资产的初始计量采用这种计价方法。

这种计价方法的缺点在于，在经济环境和社会物价水平发生变化时，由于货币时间价值的作用和物价水平变动的影响，使原始价值与现时价值之间会产生差异，原始价值不能反映固定资产的真实价值。为了弥补这种计价方法的缺陷，企业可以在年度会计报表附注中公布固定资产的现时重置成本。

固定资产的原始价值登记入账后，除发生下列情况外，企业不得任意变动、调整固定资产的账面价值：

（1）根据国家规定对固定资产价值重新估价，如产权变动、股份制改造时对固定资产价值进行重估。

（2）增加补充设备或改良装置。

（3）将固定资产的一部分拆除。

（4）根据实际价值调整原来的暂估价值。

（5）发现原固定资产价值有误。

2. 按重置价值计价。重置价值也称现时重置成本，是指在当前的生产技术条件下重新购建同样的固定资产所需要的全部支出。按重置价值计价可以比较真实地反映固定资产的现时价值，因此，有人主张以重置价值代替原始价值作为固定资产的计价依据。但是，这种方法缺乏可验证性，具体操作也比较复杂，一般在无法取得固定资产原始价值或需要对报表进行补充说明时采用。如发现盘盈固定资产时，可以用重置价值入账。但在这种情况下，重置价值一经入账，即成为该固定资产的原始价值。

3. 按折余价值计价。折余价值也称净值，是指固定资产的原始价值或重置价值减去已提折旧后的净额。固定资产折余价值可以反映企业一定时期固定资产尚未磨损的现有价值和固定资产实际占用的资金数额。将折余价值与原始价值相比，可反映企业当前固定资产的新旧程度。

4. 按现值计价。现值是指固定资产在使用期间以及处置时产生的未来净现金流量的折现值。《企业会计准则》对购买固定资产的价款超过正常信用条件延期支付情况下的会计处理做出了具体规定，要求企业以购买价款的现值为基础确定固定资产的成本。

三、固定资产核算应设置的科目

为了对固定资产进行会计核算,企业一般需要设置"固定资产"、"累计折旧"、"固定资产减值准备"、"工程物资"、"在建工程"、"固定资产清理"等科目,核算固定资产增减、计提折旧、减值、处置等情况。

1. "固定资产"科目。"固定资产"科目核算企业持有的固定资产原值的增减变动和结存情况。该科目借方登记增加固定资产的原值;贷方登记减少固定资产的原值;期末余额在借方,反映企业持有的固定资产的原值。该科目可按固定资产类别、使用部门以及单个项目进行明细核算。一般按照固定资产类别(生产经营用固定资产、非生产经营用固定资产、租出固定资产、不需用固定资产、未使用固定资产、融资租入固定资产、土地等)设置二级科目,也可按用途(厂房、机器设备、仪器仪表、电子设备、运输工具及其他)设置二级科目。为了反映固定资产的明细资料,企业还应根据固定资产目录设置卡片式固定资产明细账。

2. "累计折旧"科目。"累计折旧"科目核算企业提取固定资产折旧的累计数额,属于"固定资产"科目的抵减科目。该科目贷方登记计提的固定资产折旧,借方登记减少的旧固定资产的已提折旧,贷方余额表示企业固定资产的累计折旧额。该科目可按固定资产的类别或项目进行明细核算。

3. "固定资产减值准备"科目。"固定资产减值准备"科目核算由于固定资产市价持续下跌,或技术陈旧、损坏、长期闲置等原因导致其可收回金额低于账面价值的差额,也属于"固定资产"科目的抵减科目。该科目贷方登记提取的减值准备,借方登记处置固定资产时结转的减值准备,贷方余额表示企业已计提但尚未转销的固定资产减值准备。

4. "工程物资"科目。"工程物资"科目核算企业为基建工程等而准备的各种物资实际成本的增减变动和结存情况,包括工程用材料、尚未安装的设备以及为生产准备的工器具等。该科目的借方登记企业验收入库的工程物资的实际成本,贷方登记领用工程物资的实际成本,期末借方余额反映企业为工程购入但尚未领用的库存工程专用物资的实际成本。该科目可按"专用材料"、"专用设备"、"工器具"等进行明细核算。工程物资发生减值的,可以单独设置"工程物资减值准备"科目,比照"固定资产减值准备"科目进行处理。

5. "在建工程"科目。"在建工程"科目核算企业基建、更新改造等在建工程发生的实际支出,包括需要安装设备的价值。该科目的借方登记企业各项在建工程的实际支出,贷方登记完工工程转出的实际支出,期末借方余额反映企业尚未完工的在建工程发生的实际支出。该科目可按"建筑工程"、"安装工程"、"在安装设备"、"待摊支出"以及单项工程等进行明细核算。在建工程发生减值的,可以单独设置"在建工程减值准备"科目,比照"固定资产减值准备"科目进行处理。

6. "固定资产清理"科目。"固定资产清理"科目核算企业因出售、报废、毁损、对外投资等原因转出的固定资产价值及其在清理过程中所发生的清理费用和清理收入的情况。该科目借方登记转入清理的固定资产净值、清理过程中发生的清理费用以及应交的税金，贷方登记清理固定资产的变价收入、保险公司或过失人的赔偿款等。该科目应按被清理的固定资产项目设置明细账，进行明细核算。

第二节 固定资产取得的核算

企业取得的固定资产，主要包括外购的固定资产、自行建造的固定资产和投资转入的固定资产等。

一、购入固定资产的核算

企业外购的固定资产包括购入不需要安装的固定资产和购入需要安装的固定资产；采用的结算方式有现购结算方式和赊购结算方式。企业应根据不同情况，分别采用不同的核算方法。

1. 外购固定资产的初始计量。企业外购固定资产的成本，包括购买价款、相关税费[①]、使固定资产达到预定可使用状态前所发生的可归属于该项资产的运输费、装卸费、安装费和专业人员服务费等。

外购固定资产是否达到预定可使用状态，需要根据具体情况进行分析判断。如果购入不需安装的固定资产，购入后即可发挥作用，则购入后即可达到预定可使用状态。如果购入需安装的固定资产，只有在安装调试后达到设计要求或合同规定的标准，才达到预定可使用状态。

在实际工作中，企业可能以一笔款项购入多项没有单独标价的固定资产。此时，应当按照各项固定资产的公允价值比例对总成本进行分配，分别确定各项固定资产的成本。如果以一笔款项购入的多项资产中除固定资产之外还包括其他资产，也应按类似的方法予以处理。

购买固定资产的价款超过正常信用条件延期支付，实质上具有融资性质的，固定资产的成本以购买价款的现值为基础确定。实际支付的价款与购买价款的现值之间的差额，除按照《企业会计准则第17号——借款费用》应予资本化的以外，应当在信用期间内计入当期损益。

2. 外购固定资产的会计处理。
（1）购入不需要安装的固定资产。企业采用现购结算方式购入不需要安装的

[①] 2009年1月1日增值税转型改革后，企业购建生产用固定资产发生的增值税进项税额可以从销项税额中抵扣。因此，此处的"相关税费"中不包括允许抵扣的增值税进项税额。

固定资产,应按计入固定资产成本的金额,借记"固定资产"科目,按可以抵扣的增值税进项税额,借记"应交税费——应交增值税(进项税额)"科目,按实际支付金额,贷记"银行存款"等科目。

企业采用赊购结算方式购入不需要安装的固定资产,应按计入固定资产成本的金额(发票价格和包装运杂费等),借记"固定资产"科目,按可以抵扣的增值税进项税额,借记"应交税费——应交增值税(进项税额)"科目,按应支付金额,贷记"应付账款"等科目。

【例7-1】玉溪公司向集利公司购入一台不需安装的设备,取得的增值税专用发票上注明的设备价款为130 000元,增值税税额为22 100元,运输费用结算单据上注明的运输费用为1 500元,增值税税额165元,全部价款已用银行存款支付。玉溪公司应编制如下会计分录:

借:固定资产——生产经营用固定资产——设备　　131 500
　　应交税费——应交增值税(进项税额)　　　　　22 265
　　贷:银行存款　　　　　　　　　　　　　　　　　153 765

【例7-2】玉溪公司向一汽轿车股份有限公司购进小汽车一辆,取得的增值税专用发票上注明小汽车价款为300 000元,增值税税额为51 000元,账款当即签发转账支票支付,小汽车也已验收合格交付使用。玉溪公司应编制如下会计分录:

借:固定资产——非生产经营用——小汽车　　　　300 000
　　应交税费——应交增值税(进项税额)　　　　　51 000
　　贷:银行存款　　　　　　　　　　　　　　　　　351 000

【例7-3】玉溪公司向福新公司一揽子购进三台不同型号且具有不同生产能力的设备A、B和C。玉溪公司为该批设备以银行转账方式共支付货款7 600 000元,增值税税额为1 292 000元。假定设备A、B和C均满足固定资产的定义及其确认条件,公允价值分别为2 980 000元、2 650 000元、2 370 000元;不考虑其他相关税费。玉溪公司的会计处理如下:

三台设备总成本 = 7 600 000(元)
三台设备公允价值合计 = 2 980 000 + 2 650 000 + 2 370 000 = 8 000 000(元)
分配率 = 7 600 000 ÷ 8 000 000 = 0.95
设备A的成本 = 2 980 000 × 0.95 = 2 831 000(元)
设备B的成本 = 2 650 000 × 0.95 = 2 517 500(元)
设备C的成本 = 2 370 000 × 0.95 = 2 251 500(元)

借:固定资产——生产经营用固定资产——设备A　　2 831 000
　　　　　　　　　　　　　　　　　　　——设备B　　2 517 500
　　　　　　　　　　　　　　　　　　　——设备C　　2 251 500
　　应交税费——应交增值税(进项税额)　　　　　　1 292 000
　　贷:银行存款　　　　　　　　　　　　　　　　　　8 892 000

(2)购入需要安装的固定资产。企业购入需要安装的固定资产,在安装过程中发生的实际安装费，应计入固定资产成本。固定资产安装工程可以采用自营安装方式，也可以采用出包安装方式。采用自营安装方式，安装费包括安装工程耗用的材料、人工以及其他支出；采用出包安装方式，安装费为向承包单位支付的安装价款。不论采用何种安装方式，企业购入需要安装固定资产的全部安装工程成本（包括固定资产买价以及包装运杂费和安装费等），应先通过"在建工程"科目核算，达到预定可使用状态时，转入"固定资产"科目。

企业购入需要安装的固定资产，应根据实际支付的买价、包装运杂费和安装费，借记"在建工程"科目，按可以抵扣的增值税进项税额，借记"应交税费——应交增值税（进项税额）"科目，按实际支付或应付金额，贷记"银行存款"、"应付账款"等科目。安装完成验收合格交付使用时，按其实际成本（包括买价、相关税费、包装运杂费和安装费等）作为固定资产的原价入账，借记"固定资产"科目，贷记"在建工程"科目。

【例7-4】2012年11月11日玉溪公司向M公司赊购一台需要安装的设备，取得的增值税专用发票上注明设备价款为211 000元，增值税税额为35 870元，运输费用结算单据上注明的运输费用为5 000元，增值税税额为550元，设备已运抵企业，等待安装；11月15日设备交付W公司安装；11月20日以银行存款向W公司支付安装费15 000元及增值税2 250元；11月20日设备安装完毕，验收合格交付使用。玉溪公司应编制如下会计分录。

①2012年11月11日，购入设备，等待安装：
借：工程物资　　　　　　　　　　　　　　　　　216 000
　　应交税费——应交增值税（进项税额）　　　　 36 420
　　贷：应付账款——M公司　　　　　　　　　　　　　252 420

②2012年11月15日，设备交付W公司安装：
借：在建工程　　　　　　　　　　　　　　　　　216 000
　　贷：工程物资　　　　　　　　　　　　　　　　　　216 000

③2012年11月20日向W公司支付安装费：
借：在建工程　　　　　　　　　　　　　　　　　 15 000
　　应交税费——应交增值税（进项税额）　　　　　2 250
　　贷：银行存款　　　　　　　　　　　　　　　　　 17 250

④设备安装完毕，经验收合格交付使用：
借：固定资产　　　　　　　　　　　　　　　　　231 000
　　贷：在建工程　　　　　　　　　　　　　　　　　 231 000

二、自行建造固定资产的核算

（一）自行建造固定资产的初始计量

自行建造的固定资产，其成本由建造该项资产达到预定可使用状态前所发生的必要支出构成，包括工程用物资成本、人工成本、缴纳的相关税费（不包括可予抵扣的增值税）、应予资本化的借款费用以及应分摊的间接费用等。企业为建造固定资产通过出让方式取得土地使用权而支付的土地出让金不计入在建工程成本，应确认为无形资产（土地使用权）。企业自行建造固定资产包括自营建造和出包建造两种方式。

1. 自营方式建造固定资产。企业以自营方式建造固定资产，是指企业自行组织工程物资采购、自行组织施工人员从事工程施工完成固定资产建造。其成本应当按照实际发生的材料、人工、机械施工费等计量。

2. 出包方式建造固定资产。采用出包方式建造固定资产，是指企业向外发包，由其他单位组织工程物资采购、组织施工人员从事工程施工完成固定资产建造。出包工程建造的固定资产，应以实际支付给承包单位的工程价款作为该项资产的成本。

（二）自行建造固定资产的会计处理

1. 自营方式建造固定资产。购入工程物资时，借记"工程物资"、"应交税费"等科目，贷记"银行存款"等科目。

领用工程物资时，借记"在建工程"科目，贷记"工程物资"科目。

建造固定资产领用本企业原材料时，借记"在建工程"科目，贷记"原材料"科目。

建造固定资产领用本企业生产的商品时，借记"在建工程"科目，贷记"库存商品"科目。

自营工程发生的其他费用（如分配工程人员工资等），借记"在建工程"科目，贷记"银行存款"、"应付职工薪酬"等科目。

自营工程达到预定可使用状态时，按其成本，借记"固定资产"科目，贷记"在建工程"科目。

已达到预计可使用状态但尚未办理竣工决算手续的固定资产，可先按估计价值记账，待确定实际价值后再进行调整。

【例7-5】玉溪公司自建生产线一条，购入工程物资取得增值税专用发票，价款3 100 000元，增值税税额527 000元，运费单据上运费9 000元及增值税税额990元，装卸费、保险费等3 000元及增值税税额180元，款项以银行存款支付。工程在自建过程中全部领用了其采购的专项物资，并领用生产用原材料实际成本150 000元，自建人员薪酬70 000元。工程完工并交付使用。玉溪公司应编制如下会计分录。

①购入工程物资：

借：工程物资　　　　　　　　　　　　　　　　3 112 000
　　应交税费——应交增值税（进项税额）　　　　528 170
　　　贷：银行存款　　　　　　　　　　　　　　　　3 640 170

②领用工程物资：

借：在建工程 3 112 000
　　贷：工程物资 3 112 000
③领用生产用原材料：
借：在建工程 150 000
　　贷：原材料 150 000
④分配自建人员薪酬
借：在建工程 70 000
　　贷：应付职工薪酬 70 000
⑤工程完工并交付使用
借：固定资产 3 332 000
　　贷：在建工程 3 332 000

自营工程购入工程物资如果用于厂房、建筑物等建筑工程，2016年5月1日之后发生的不动产在建工程，其进项税额应分两年从销项税额中抵扣，第一年抵扣比例为60%，第二年抵扣比例为40%。因此，当年不能抵扣的进项税额应记入"应交税费——待抵扣进项税额"科目。

购进时已全额抵扣进行税额的货物或服务，专用于不动产在建工程的，其已抵扣进项税额的40%部分应于转用的当期从进项税额中扣减，计入待抵扣进项税额，借记"应交税费——待抵扣进项税额"科目，贷记"应交税费——应交增值税（进项税额转出）"科目，并于转用的当月起第13个月，从"待抵扣进项税额"转入"进项税额"，借记"应交税费——应交增值税（进项税额）"科目，贷记"应交税费——待抵扣进项税额"科目。

【例7-6】玉溪公司自建厂房一幢，购入为工程准备的各种物资600 000元，支付的增值税税额为102 000元，款项以银行存款支付。工程在自建过程中全部领用了其采购的专项物资，并领用本企业生产的钢筋一批，实际成本为300 000元；工程人员应计薪酬150 000元，支付其他费用20 000元及增值税税额2 200元。工程完工并达到预定可使用状态。玉溪公司应编制如下会计分录。

①购入工程物资：
借：工程物资 600 000
　　应交税费——应交增值税（进项税额） 61 200
　　　　　　——待抵扣进项税额 40 800
　　贷：银行存款 702 000
②领用工程物资：
借：在建工程 600 000
　　贷：工程物资 600 000
③工程领用本企业生产的钢筋：
借：在建工程 300 000
　　贷：库存商品 300 000

④分配工程人员薪酬：
借：在建工程 150 000
　　贷：应付职工薪酬 150 000
⑤支付工程发生的其他费用：
借：在建工程 20 000
　　应交税费——应交增值税（进项税额） 2 200
　　贷：银行存款等 22 200
⑥工程完工转入固定资产：
借：固定资产 1 070 000
　　贷：在建工程 1 070 000

2. 出包方式建造固定资产。在这种方式下，"在建工程"科目主要是企业与建造承包商办理工程价款的结算科目。企业支付给建造承包商的工程价款作为工程成本，通过"在建工程"科目核算。企业按合理估计的发包工程进度和合同规定向建造承包商结算的进度款，借记"在建工程"科目，贷记"银行存款"等科目；工程完成时按合同规定补付的工程款，借记"在建工程"科目，贷记"银行存款"等科目；工程达到预定可使用状态时，按其成本，借记"固定资产"科目，贷记"在建工程"科目。

【例7-7】玉溪公司将一仓库的建筑工程出包给华泰公司，合同规定，全部工程款（不含增值税）为1 500 000元，合同签订日预付25%工程款；工程完成60%时，结算工程进度款及增值税（税率11%）；工程全部完工并验收合格时，支付剩余工程款及增值税。玉溪公司应编制如下会计分录。

①合同签订日预付工程款：
借：在建工程——预付工程款 375 000
　　贷：银行存款 375 000
②工程完成60%，结算工程进度款：
借：在建工程——工程成本 900 000
　　应交税费——应交增值税（进项税额） 99 000
　　贷：在建工程——预付工程款 375 000
　　　　银行存款 624 000
③工程完工，验收合格，支付剩余工程款：
借：在建工程——工程成本 600 000
　　应交税费——应交增值税（进项税额） 66 000
　　贷：银行存款 666 000
④工程交付使用，结转固定资产成本：
借：固定资产 1 500 000
　　贷：在建工程——工程成本 1 500 000

三、投资者投入固定资产的核算

投资者投入的固定资产,应按投资合同或协议约定价值确定成本,但合同或协议约定价值不公允的,应按固定资产的公允价值确定。

企业接受投资者投入的固定资产,按投资合同或协议约定的价值,借记"固定资产"科目,贷记"实收资本"(或"股本")等科目。

【例 7-8】2012 年 8 月 31 日,玉水公司接受利豪公司以一幢厂房进行投资。该厂房的原价为 890 000 元,已计提折旧 360 000 元,双方经协商确认的价值为 500 000 元,增值税专用发票列明增值税税额为 55 000 元,占玉水公司注册资本的 30%。玉水公司注册资本为 1 300 000 元。假定不考虑其他相关税费。玉水公司应编制如下会计分录:

借:固定资产　　　　　　　　　　　　　　　　　　500 000
　　应交税费——应交增值税(进项税额)　　　　　　55 000
　　贷:实收资本——利豪公司　　　　　　　　　　　390 000
　　　　资本公积——资本溢价　　　　　　　　　　　165 000

第三节　固定资产折旧的核算

一、固定资产折旧概述

(一)固定资产折旧的含义

固定资产折旧是指企业的固定资产由于损耗而逐渐转移的价值。这部分转移的价值以折旧费的形式计入成本费用,并从企业营业收入中得到补偿。

固定资产的服务潜力之所以会随着使用而逐渐消逝,是由于固定资产在使用过程中会发生各种损耗。

固定资产的损耗分为有形损耗和无形损耗两种。有形损耗是指固定资产在使用过程中由于使用和自然力的影响在使用价值和价值上的损耗。无形损耗是指由于技术进步等原因引起的使用价值和价值的损耗,这种损耗的特点是固定资产在物质形态上仍具有一定的服务潜力,但企业若继续使用已无经济价值。

(二)影响固定资产折旧的因素

由上述可知,固定资产在使用寿命内由于磨损和损耗而逐渐转移的总价值为应计折旧额。在会计分期假设下,会计需要分期计提折旧,则固定资产的应计折旧额应当在其使用年限内系统而合理地摊销。因此,影响固定资产折旧的因素主要有以下三个方面。

1. 固定资产原值。固定资产原值是指取得固定资产时的初始成本。固定资产原值是企业确定固定资产应计折旧额的基础。

2. 固定资产的净残值。固定资产的净残值是指假定固定资产预计使用寿命已满并处于使用寿命终了时的预期状态,可以收回的残余价值扣除预计清理费用后的数额。

预计净残值无须通过折旧方式收回,因此,在计算应计折旧额时应从固定资产原值中扣除。由于预计净残值直接影响应计折旧额、各期成本、费用和利润,企业应当根据固定资产的性质和使用情况合理确定固定资产的预计净残值率。

3. 固定资产的使用寿命。固定资产的使用寿命是指企业使用固定资产的预计期间,或者该固定资产所能生产产品或提供劳务的数量。固定资产使用寿命的长短直接影响各期应计提的折旧额。企业确定固定资产使用寿命,应当考虑预计生产能力或实物产量、预计有形损耗和无形损耗、法律或者类似规定对资产使用的限制等因素。一般情况下,以固定资产使用寿命作为固定资产的折旧年限。但企业因更新改造等原因而调整价值的固定资产、企业接受捐赠的固定资产,其折旧年限为预计的尚可使用年限。

为此,企业应当根据固定资产的性质和使用情况,合理确定固定资产的使用寿命和预计净残值,并根据科技发展、环境及其他因素,选择合理的固定资产折旧方法。固定资产的使用寿命、预计净残值一经确定,不得随意变更。

(三) 固定资产折旧的计提范围

《企业会计准则》规定,企业应对所有的固定资产计提折旧,但是,已提足折旧仍继续使用的固定资产和单独计价入账的土地除外。

已达到预定可使用状态但尚未办理竣工决算的固定资产,应当按照估计价值确定其成本,并计提折旧;待办理竣工决算后再按实际成本调整原来的暂估价值,但不需要调整原已计提的折旧额。

处于更新改造过程停止使用的固定资产,应将其账面价值转入在建工程,不再计提折旧。更新改造项目达到预定可使用状态转为固定资产后,再按照重新确定的折旧方法和该项固定资产尚可使用年限计提折旧。

融资租入固定资产,应当采用与自有应计提折旧资产相一致的折旧政策。确定租赁资产的折旧期间应依租赁合同而定。能够合理确定租赁期届满时将会取得租赁资产所有权,应以租赁期开始日租赁资产的使用寿命作为折旧期间;无法合理确定租赁期届满后承租人是否能够取得租赁资产所有权的,应当以租赁期与租赁资产使用寿命两者中较短者作为折旧期间。

企业应当按月计算提取固定资产折旧。提取折旧时,一般以月初应计提折旧的固定资产账面原值为依据,因此,当月增加的固定资产当月不提折旧,从下月起开始提取折旧;当月减少的固定资产,当月应照提折旧,从下月起停止提取折旧。

二、固定资产折旧的计算方法

企业应当根据与固定资产有关的经济利益的预期实现方式,合理选择折旧方法。固定资产折旧方法有直线法和加速折旧法。

直线法是指按照时间或完成的工作量平均计算折旧的方法,直线法包括年限平均法和工作量法。

加速折旧法也称递减折旧法,是指在固定资产使用早期多提折旧、在使用后期少提折旧的一种方法。这种方法的理论依据是:固定资产在使用初期发生的故障少,需要的修理费用少,提供的服务多,为企业创造的效益高,理应多提折旧;在固定资产的使用后期,随着实物磨损程度的加剧,需要的修理费用越来越多,单位时间提供的服务量逐年减少,理应少提折旧。这样,可使固定资产在各年承担的总费用比较接近,利润比较平稳,也弥补了年限平均法的不足。企业较常用的加速折旧法有双倍余额递减法和年数总和法。

企业选用不同的固定资产折旧方法,将影响固定资产使用寿命期间内不同时期的折旧费用,因此,固定资产折旧方法一经确定,不得随意变更。

(一) 年限平均法

年限平均法,是指将固定资产的应计折旧额均衡地分摊到固定资产预计使用寿命内的一种方法。这种方法假定固定资产服务的潜力随着时间的推移而减退。因此,固定资产的价值应平均分摊于各个使用期间。年限平均法有关计算公式如下:

$$固定资产年折旧额 = \frac{固定资产原值 - 预计净残值}{预计使用年限}$$

$$= \frac{固定资产原值 \times (1 - 预计净残值率)}{预计使用年限}$$

其中:

$$预计净残值率 = \frac{预计净残值}{固定资产原值} \times 100\%$$

$$固定资产月折旧额 = 固定资产年折旧额 / 12$$

【例7-9】玉溪公司购入固定资产一台,原值为61 000元,预计使用年限5年,预计净残值1 000元。按年限平均法计提折旧,则该固定资产年折旧额、月折旧额计算如下:

年折旧额 = (61 000 - 1 000)/5 = 12 000(元)

月折旧额 = 12 000/12 = 1 000(元)

这种方法的特点是,在固定资产原值不变的情况下,各期提取的折旧额是相等的。这种方法的优点是计算简便,缺点是只着重于固定资产使用时间的长短,不考虑固定资产使用的强度和效率。

在实际工作中，为了反映固定资产折旧水平，通常要计算固定资产的折旧率。固定资产折旧率是一定时期内固定资产折旧额与固定资产原值的比率。固定资产折旧率可分为个别折旧率、分类折旧率和综合折旧率三种。

1. 个别折旧率。个别折旧率是根据每一项固定资产的原值、预计使用年限和预计净残值率计算的折旧率。其计算公式如下：

$$某项固定资产年折旧率 = \frac{1 - 预计净残值率}{该项固定资产预计使用年限} \times 100\%$$

$$某项固定资产月折旧率 = 该项固定资产年折旧率 / 12$$

$$某项固定资产月折旧额 = 该项固定资产原值 \times 该项固定资产月折旧率$$

【例 7-10】玉溪公司有设备一台，原值为 85 000 元，预计净残值率为 4%，预计使用年限为 10 年，则该项固定资产的年折旧率、月折旧率和月折旧额计算如下：

$$该项固定资产年折旧率 = \frac{1 - 4\%}{10} \times 100\% = 9.6\%$$

$$该项固定资产月折旧率 = 9.6\% / 12 = 0.8\%$$

$$该项固定资产月折旧额 = 85\,000 \times 0.8\% = 680（元）$$

采用个别折旧率计算，汇总的折旧费用比较准确，但工作量大。为了简化核算手续，有的企业就采用分类折旧率进行计算。

2. 分类折旧率。分类折旧率是指按固定资产的类别计算的平均折旧率。固定资产的类别一般是根据固定资产的性质和用途划分的，例如房屋，可划分为一般生产用房、受腐蚀生产用房、受强腐蚀生产用房、非生产用房、简易房等类别。分类折旧率的计算公式为：

$$某类固定资产年折旧率 = \frac{某类固定资产年折旧总额}{该类固定资产原值总额} \times 100\%$$

$$某类固定资产月折旧率 = 该类固定资产年折旧率 / 12$$

$$某类固定资产月折旧额 = 该类固定资产原值 \times 该类固定资产月折旧率$$

按分类折旧率计提折旧，可以简化核算手续，并使折旧率与各项固定资产使用年限基本接近。

3. 综合折旧率。综合折旧率是按全部固定资产计算的平均折旧率。综合折旧率的计算公式为：

$$固定资产年综合折旧率 = \frac{全部固定资产年折旧总额}{全部固定资产原值总额} \times 100\%$$

采用综合折旧率计提折旧，可以简化折旧的计算工作。但因各项固定资产的使用年限不同，固定资产的构成内容也会经常变动，因而不能正确地计算各项或各类固定资产的折旧额和净值，一般不宜用来计算固定资产的实际折旧费用。企业在编制计划、预算时可采用综合折旧率进行测算。

(二) 工作量法

工作量法是指按实际工作量计提固定资产折旧额的一种方法。一般是按固定资产所能工作的时数平均计算折旧额。这种方法是假定固定资产的服务潜力随着使用而减退,不是随着时间的推移而减退,因此,损耗的价值应平均分摊于固定资产所完成的各个工作量中。其计算公式如下:

$$单位工作量折旧额 = \frac{固定资产原值 \times (1 - 预计净残值率)}{预计总工作量}$$

$$月折旧额 = 当月实际工作量 \times 单位工作量折旧额$$

【例7-11】玉溪公司有运输汽车一辆,原值为360 000元,预计净残值率为3%,预计行使总里程为600 000千米。某月该汽车行驶9 500千米。该汽车采用工作量法计提折旧。折旧额计算如下:

单位工作量折旧额 = 360 000 × (1 - 3%)/600 000 = 0.582(元/千米)

本月折旧额 = 9 500 × 0.582 = 5 529(元)

这种方法的特点是,固定资产单位工作量计提的折旧额是相等的,但在各个使用期限内计提的折旧额会因固定资产实际工作量不同而有所差异。工作量法的优点是,按照实际使用过程中磨损程度计算,能正确反映运输工具、精密设备等使用程度,而且把折旧费用与业务成果联系起来。缺点是:(1)即使每年的折旧费用是变动的,工作量法仍然类似于直线法。因为它假定每一服务单位分配等量的折旧费,但是,假定每一服务单位的成本相等是没有根据的。(2)工作量法未能考虑到修理和维修费用的递增以及操作效率或收入的递减等因素。

工作量法一般适用于价值较高的大型机器设备及运输设备等固定资产折旧的计算。这些固定资产的各月工作量一般不很均衡,采用这种方法计提折旧会使各月成本费用负担比较合理。

(三) 双倍余额递减法

双倍余额递减法是指在不考虑固定资产预计净残值的情况下,根据每期期初固定资产账面净值和直线法折旧率的双倍计算固定资产折旧的一种方法。这种方法是在不考虑固定资产预计净残值的情况下计算折旧,其计算公式如下:

$$年折旧率 = \frac{2}{预计使用年限} \times 100\%$$

$$年折旧额 = 该年年初固定资产账面净值 \times 年折旧率$$

$$月折旧额 = 年折旧额/12$$

由于采用双倍余额递减法在确定固定资产折旧率时不考虑固定资产的净残值因素,因此,在连续计算各年折旧额时,如果发现使用双倍余额递减法计算的折旧额小于采用直线法计算的折旧额时,就应该改用直线法计提折旧。上述条件可表述如下:

$$固定资产期初账面净值 \times 直线法折旧率的双倍 < \frac{固定资产期初账面净值 - 预计净残值}{尚可使用年限}$$

【例7-12】玉溪公司有一项设备原值为50 000元,预计净残值率为2%,预计使用年限为5年,用双倍余额递减法计算该设备各年的折旧额。

该设备折旧率 = $\dfrac{2}{5} \times 100\% = 40.00\%$

各年折旧计算如表7-1所示。

表7-1　　　　　　　　折旧计算表（双倍余额递减法）　　　　　　单位：元

年份	期初账面净值	年折旧率	年折旧额	累计折旧额	期末账面净值
1	50 000	40%	20 000	20 000	30 000
2	30 000	40%	12 000	32 000	18 000
3	18 000	40%	7 200	39 200	10 800
4	10 800	—	4 900	44 100	5 900
5	5 900	—	4 900	49 000	1 000

第4年、第5年的年折旧额 = $\dfrac{10\,800 - 50\,000 \times 2\%}{2} = 4\,900$（元）

（四）年数总和法

年数总和法，又称年限合计法，是指按固定资产应计提折旧总额和某年尚可使用年数占各年尚可使用年数总和的比重（即年折旧率）计提折旧的方法。其计算公式如下。

假如固定资产的使用年限为n年，则：

$$年数总和 = 1 + 2 + 3 + \cdots + n = n(n+1)/2$$

$$年折旧率 = \dfrac{尚可使用年限}{年数总和} \times 100\%$$

或者：

$$年折旧率 = \dfrac{预计使用年限 - 已使用年限}{年数总和} \times 100\%$$

$$年折旧额 = 应计提折旧总额 \times 年折旧率$$

$$月折旧额 = 年折旧额/12$$

【例7-13】 玉溪公司有一项设备原值为61 000元，预计净残值为1 000元，预计使用年限为5年，用年数总和法计算该设备各年的折旧额。

年数总和 = 1 + 2 + 3 + 4 + 5 = 15

应计折旧总额 = 61 000 - 1 000 = 60 000（元）

各年折旧率和折旧额计算见表7-2。

上面两例加速折旧法计算的都是年折旧额，在实际工作中必须将年折旧额再除以12以求得月折旧额。

表7-2　　　　　　　　　折旧计算表（年数总和法）　　　　　　　　单位：元

年份	应计折旧总额	年折旧率	年折旧额	累计折旧额
1	60 000	5/15	20 000	20 000
2	60 000	4/15	16 000	36 000
3	60 000	3/15	12 000	48 000
4	60 000	2/15	8 000	56 000
5	60 000	1/15	4 000	60 000

三、固定资产折旧的账务处理

企业按月计提的固定资产折旧，应当根据用途计入相关资产的成本或者当期损益。例如，基本生产车间使用的固定资产，其计提的折旧应计入制造费用；管理部门使用的固定资产，计提的折旧应计入管理费用；销售部门使用的固定资产，计提的折旧应计入销售费用；未使用固定资产，计提的折旧应计入管理费用等。因此，计提折旧时应借记"制造费用"、"管理费用"、"销售费用"、"在建工程"、"其他业务成本"等科目，贷记"累计折旧"科目。

企业根据固定资产计提折旧的范围和采用的折旧计算方法编制固定资产折旧计算表。固定资产当月应计提的折旧额，可根据固定资产上月计提的折旧额，加上上月增加的固定资产应计提折旧额，减去上月减少的固定资产应计提折旧额计算。其计算公式如下：

$$\text{本月应计提折旧额} = \text{上月计提折旧额} + \text{上月增加固定资产应计提折旧额} - \text{上月减少固定资产应计提折旧额}$$

固定资产折旧计算表可以由财会部门编制，也可以先由各使用单位编制后，再由财会部门汇总编制。

【例7-14】玉溪公司的财会部门编制了2×15年11月固定资产折旧计算汇总表，如表7-3所示。

表7-3　　　　　　　　　固定资产折旧计算汇总表　　　　　　　　单位：元

使用部门	固定资产项目	上月折旧额	上月增加固定资产		上月减少固定资产		本月折旧额
			原值	月折旧额	原值	月折旧额	
一车间	厂房	6 500					6 500
	机器设备	230 000	60 000	3 500	50 000	2 700	230 800
	其他设备	1 200					1 200
	小计	237 700	60 000	3 500	50 000	2 700	238 500

续表

使用部门	固定资产项目	上月折旧额	上月增加固定资产		上月减少固定资产		本月折旧额
			原值	月折旧额	原值	月折旧额	
二车间	厂房	12 600					12 600
	机器设备	18 900			80 000	5 300	13 600
	其他设备	2 000					2 000
	小计	33 500			80 000	5 300	28 200
厂部管理部门	办公楼	3 600					3 600
	办公设备	2 200					2 200
	运输工具	3 300					3 300
	小计	9 100					9 100
总计		280 300	60 000	3 500	130 000	8 000	275 800

根据上述固定资产折旧计算汇总表，财会部门编制如下会计分录：

借：制造费用——一车间　　　　　　　　　　　　238 500
　　　　　　——二车间　　　　　　　　　　　　 28 200
　　管理费用　　　　　　　　　　　　　　　　　　9 100
　贷：累计折旧　　　　　　　　　　　　　　　　275 800

四、固定资产使用寿命、预计净残值和折旧方法的复核

《企业会计准则》规定，企业至少应当于每年年度终了对固定资产的使用寿命、预计净残值和折旧方法进行复核。

在固定资产使用过程中，其所处的经济环境、技术环境以及其他环境有可能对固定资产使用寿命和预计净残值产生较大影响。例如，固定资产使用强度比正常情况大大加强，致使固定资产使用寿命大大缩短；替代该项固定资产的新产品的出现致使其实际使用寿命缩短；预计净残值减少等。此时，应对固定资产使用寿命和预计净残值进行调整，以便更准确地反映其实际情况，也能真实反映其为企业提供经济利益的期间及每期实际的资产消耗。

在固定资产使用过程中，与其有关的经济利益预期实现方式也可能发生重大变化，在这种情况下，企业也应相应地改变固定资产折旧方法。例如，某采掘企业各期产量相对稳定，原来采用年限平均法计提固定资产折旧，年度复核中发现，由于该企业使用了先进技术，产量大幅增加，可采储量逐年减少，该项固定资产给企业带来经济利益的预期实现方式已发生重大改变，需要将年限平均法改为产量法。

固定资产使用寿命、预计净残值和折旧方法的改变按照会计估计变更的有关规定进行处理。

第四节　固定资产后续支出的核算

一、固定资产后续支出概述

企业的固定资产在投入使用后，为了适应新技术发展的需要，或者为维护或提高固定资产的使用效能，往往需要对现有固定资产进行维护、改建、扩建或者改良。固定资产经初始计量并入账后又发生的与固定资产相关的支出称为固定资产后续支出。

从支出目的来看，固定资产后续支出有的是为了维护、恢复或改进固定资产的性能，使固定资产在质量上发生变化；有的是为了改建、扩建或增建固定资产，使固定资产在数量上发生变化。

对于发生的固定资产后续支出，按其性质不同可分为资本性支出和费用性支出。

（1）资本性支出。资本性支出是指与固定资产有关的后续支出符合固定资产确认条件的支出。发生的资本性支出应当计入固定资产成本，同时将被替换部分的账面价值扣除。

（2）费用性支出。费用性支出是指与固定资产有关的后续支出不符合固定资产的确认条件，或没有同时满足固定资产确认条件的支出。发生的费用性支出不能追加固定资产的初始成本，应将其计入当期损益。

对企业发生后续支出的性质的判断，应根据实质重于形式的原则，注重后续支出的经济实质，而不能只注重后续支出的形式。在具体实务中，对于固定资产发生的各项后续支出，通常的处理方法如下：

（1）固定资产发生的更新改造支出、房屋装修费用等，符合确认固定资产的两个特征的，应当计入固定资产成本，同时将被替换部分的账面价值扣除；不符合确认固定资产的两个特征的，应当在发生时计入当期管理费用或销售费用。

（2）固定资产的大修理费用和日常修理费用，通常不符合确认固定资产的两个特征，应当在发生时计入当期管理费用或销售费用，不得采用预提或待摊方式处理。固定资产的大修理费用，符合资本化条件的，可以计入固定资产成本。

（3）将发生的固定资产后续支出计入固定资产成本的，应当终止确认被替换部分的账面价值。

（4）企业以经营租赁方式租入的固定资产发生的改良支出，应予资本化，作为长期待摊费用，合理进行摊销。

二、资本化的后续支出

固定资产发生可资本化的后续支出时，企业一般应将该固定资产的原价、已计提的累计折旧和减值准备转销，将其账面价值转入在建工程，并停止计提折旧。发生的可资本化的后续支出，通过"在建工程"科目核算。在固定资产发生的后续支出完工并达到预定可使用状态时，再从在建工程转为固定资产，并按重新确定的使用寿命、预计净残值和折旧方法计提折旧。

【例7-15】玉水公司是一家果汁生产企业，有关业务资料如下：

①2×14年12月31日，由于生产的产品适销对路，现有果汁生产线的生产能力已难以满足公司生产发展的需要，但若新建生产线成本过高，周期过长，于是公司决定对现有生产线进行改扩建，以提高生产能力。该生产线原值为722 000元，预计净残值为2 000元，预计使用年限为6年，采用年限平均法计提折旧，已计提折旧370 000元。

②2×15年1月8日，用银行存款购进工程物资一批，增值税专用发票上注明的价款为210 000元，增值税税额为35 700元。

③2×15年1月15日，生产线改扩建领用所购进的全部工程物资。

④2×15年3月31日，生产线改扩建工程经结算发生有关人员薪酬131 000元。

⑤2×15年3月31日，完成了对该生产线的改扩建工程，达到预定可使用状态。

⑥该生产线改扩建工程达到预定可使用状态后，大大提高了生产能力，预计尚可使用年限为5年。假定改扩建后的生产线预计净残值为3 000元；折旧方法仍用年限平均法。

假定玉水公司按年度计提固定资产折旧，为简化计算过程，整个过程不考虑其他相关税费，玉水公司的账务处理如下。

①果汁生产线改扩建后生产能力大大提高，能够为企业带来更多的经济利益，改扩建的支出金额也能可靠计量，因此，该后续支出符合固定资产的确认条件，应计入固定资产的成本。

2×14年12月31日，将该生产线的账面价值转入在建工程：

借：在建工程——果汁生产线　　　　　　　　　　　352 000
　　累计折旧　　　　　　　　　　　　　　　　　　370 000
　　　贷：固定资产——果汁生产线　　　　　　　　　　　　722 000

②2×15年1月8日，用银行存款购进工程物资：

借：工程物资　　　　　　　　　　　　　　　　　　210 000
　　应交税费——应交增值税（进项税额）　　　　　35 700
　　　贷：银行存款　　　　　　　　　　　　　　　　　　　245 700

③2×15年1月15日，生产线改扩建领用工程物资：

借：在建工程——果汁生产线　　　　　　　　　　　210 000

　　　　贷：工程物资　　　　　　　　　　　　　　　　　　　　　210 000
④2×15年3月31日，分配生产线改扩建工程有关人员薪酬：
　　借：在建工程——果汁生产线　　　　　　　　　　　　　　131 000
　　　　贷：应付职工薪酬　　　　　　　　　　　　　　　　　　131 000
⑤2×15年3月31日，生产线改扩建工程达到预定可使用状态，转为固定资产：
　　借：固定资产——果汁生产线　　　　　　　　　　　　　　693 000
　　　　贷：在建工程——果汁生产线　　　　　　　　　　　　　693 000
⑥自2×15年4月起，按重新确定的使用寿命、预计净残值和折旧方法计提折旧。
　　年折旧额=(693 000-3 000)/5=138 000（元）
　　月折旧额=138 000/12=11 500（元）
　　每月计提折旧的会计分录为：
　　借：制造费用　　　　　　　　　　　　　　　　　　　　　 11 500
　　　　贷：累计折旧　　　　　　　　　　　　　　　　　　　　 11 500

三、费用化的后续支出

　　一般情况下，固定资产投入使用之后，由于固定资产磨损、各组成部分耐用程度不同，可能导致固定资产的局部损坏，为了维护固定资产的正常运转和使用，充分发挥其使用效能，企业将对固定资产进行必要的维护。
　　固定资产的日常修理费用等支出只是确保固定资产的正常工作状况，一般不产生未来的经济利益。因此，通常不符合固定资产的确认条件，在发生时应直接计入当期损益。企业生产车间（部门）和行政管理部门等发生的固定资产修理费用等后续支出计入管理费用；企业设置专设销售机构的，其发生的与专设销售机构相关的固定资产修理费用等后续支出计入销售费用。
　　对处于大修理、更新改造过程而停止使用的固定资产，如果其大修理、更新改造支出不满足固定资产的确认条件，在发生时也应直接计入当期损益。
　　融资租入固定资产发生的固定资产后续支出，比照上述原则处理。经营租入固定资产发生的改良支出，应通过"长期待摊费用"科目核算，并在剩余租赁期与租赁资产尚可使用年限两者中较短的期间内采用合理的方法进行摊销。
　　【例7-16】玉山公司开出转账支票用于支付生产车间设备修理费9 600元、管理部门办公设备的修理费2 900元和专设销售部门办公设备修理费1 300元，增值税专用发票列明增值税税额为2 346元。
　　借：管理费用——修理费　　　　　　　　　　　　　　　　 12 500
　　　　销售费用——修理费　　　　　　　　　　　　　　　　　 1 300
　　　　应交税费——应交增值税（进项税额）　　　　　　　　　 2 346
　　　　贷：银行存款　　　　　　　　　　　　　　　　　　　　 16 146

第五节　固定资产期末计价与清查

一、固定资产的期末计价

(一) 固定资产期末计价概述

由于企业经营环境的变化和科学技术的进步，或者由于企业经营管理不善等原因，导致固定资产创造未来经济利益的能力发生非正常下降，使得固定资产可收回金额低于其账面价值。

在会计期末，固定资产应按其可收回金额与账面净值孰低计价。企业应当在期末或至少在每年年度终了对固定资产逐项进行检查，如果由于市价持续下跌或技术陈旧、损坏、长期闲置等原因导致其可收回金额低于其账面价值的，应确认固定资产发生减值，将可收回金额低于账面价值部分确认为固定资产减值，计提固定资产减值准备。固定资产减值准备应按单项资产计提。

(二) 固定资产的减值迹象

企业应当在会计期末判断固定资产是否存在可能发生减值的迹象。如存在下列迹象，表明固定资产可能发生了减值：

(1) 固定资产的市价当期大幅度下跌，其跌幅明显高于因时间的推移或者正常使用而预计的下跌。

(2) 企业经营所处的经济、技术或者法律等环境以及固定资产所处的市场在当期或者将在近期发生重大变化，从而对企业产生不利影响。

(3) 市场利率或者其他市场投资报酬率在当期已经提高，从而影响企业计算固定资产预计未来现金流量现值的折现率，导致固定资产可收回金额大幅度降低。

(4) 有证据表明固定资产已经陈旧过时或者其实体已经损坏。

(5) 固定资产已经或者将被闲置、终止使用或者计划提前处置。

(6) 企业内部报告的证据表明固定资产的经济绩效已经低于或者将低于预期，如固定资产所创造的净现金流量或者实现的营业利润（或者亏损）远远低于（或者高于）预计金额等。

(7) 其他表明固定资产可能已经发生减值的迹象。

(三) 固定资产可收回金额的计量

固定资产存在减值迹象的，应当估计其可收回金额。可收回金额应当根据资产的公允价值减去处置费用后的净额与资产预计未来现金流量的现值两者之间较高者确定。

处置费用包括与资产处置有关的法律费用、相关税费、搬运费以及为使资产达到可销售状态所发生的直接费用等。

资产的公允价值减去处置费用后的净额,应当根据公平交易中销售协议价格减去可直接归属于该资产处置费用的金额确定。

资产预计未来现金流量的现值,应当按照资产在持续使用过程中和最终处置时所产生的预计未来现金流量,选择恰当的折现率对其进行折现后的金额加以确定。

预计的资产未来现金流量应当包括下列各项:(1)资产持续使用过程中预计产生的现金流入;(2)为实现资产持续使用过程中产生的现金流入所必需的预计现金流出(包括为使资产达到预定可使用状态所发生的现金流出);(3)资产使用寿命结束时,处置资产所收到或者支付的净现金流量。

(四)固定资产减值的会计处理

可收回金额的计量结果表明,固定资产的可收回金额低于其账面价值的,应当将固定资产的账面价值减记至可收回金额,减记的金额确认为资产减值损失,计入当期损益,同时计提相应的固定资产减值准备。借记"资产减值损失"科目,贷记"固定资产减值准备"科目。

"固定资产减值准备"科目的贷方登记企业发生固定资产减值时提取的准备额,借方登记因固定资产减少而冲减原已计提的减值准备金额,期末贷方余额反映企业已提取的固定资产减值准备。

已计提减值准备的固定资产,应当按照固定资产的账面价值以及尚可使用年限重新计算确定折旧率和折旧额。固定资产减值准备一经提取,在以后会计期间不得转回。

【例7-17】玉溪公司于2×14年12月购入生产用设备1台,原值650 000元,预计净残值率为3%,预计使用5年,采用直线法计提折旧。该公司于每年年末对固定资产进行逐项检查,2×15年年末至2×17年年末该资产公允价值减去处置费用后的净额与该资产预计未来现金流量的现值如表7-4所示。

表7-4　　　　　　　　　　固定资产检查情况　　　　　　　　　　单位:元

时间	公允价值减去处置费用后的净额	预计未来现金流量的现值
2×15年年末	525 000	513 000
2×16年年末	390 000	375 000
2×17年年末	256 000	265 000

①确认 2×15 年年末是否发生了减值并计提减值准备。

该设备预计净残值 = 650 000 × 3% = 19 500（元）

该设备年折旧额 =（650 000 - 19 500）/5 = 126 100（元）

至 2×15 年年末累计折旧额 = 126 100（元）

至 2×15 年年末计提减值前的账面价值 = 650 000 - 126 100 = 523 900（元）

由表 7-4 可知，2×15 年年末该设备可收回金额 = 525 000（元）

可见 2×15 年年末可收回金额大于账面价值，未发生减值，无须计提减值准备。

②确认 2×16 年年末是否发生了减值并计提减值准备。

至 2×16 年年末累计折旧额 = 126 100 + 126 100 = 252 200（元）

至 2×16 年年末计提减值前的账面价值 = 650 000 - 252 200 = 397 800（元）

由表 7-4 可知，2×16 年年末该设备可收回金额 = 390 000（元）

可见，2×16 年年末可收回金额小于账面价值，发生减值，需计提减值准备。

需计提的减值准备 = 397 800 - 390 000 = 7 800（元）

计提减值准备的会计分录如下：

借：资产减值损失——固定资产减值损失　　　　　　　7 800
　　贷：固定资产减值准备　　　　　　　　　　　　　　　　7 800

③确认 2×17 年年末是否发生了减值并计提减值准备。

该设备年折旧额 =（390 000 - 19 500）/3 = 123 500（元）

至 2×17 年年末累计折旧额 = 252 200 + 123 500 = 375 700（元）

至 2×17 年年末计提减值前的账面价值 = 650 000 - 375 700 - 7 800
　　　　　　　　　　　　　　　　　　= 266 500（元）

由表 7-4 可知，2×17 年年末该设备可收回金额 = 265 000（元）

可见，2×17 年年末可收回金额小于账面价值，发生减值，需计提减值准备。

需计提的减值准备 = 266 500 - 265 000 = 1 500（元）

计提减值准备的会计分录如下：

借：资产减值损失——固定资产减值损失　　　　　　　1 500
　　贷：固定资产减值准备　　　　　　　　　　　　　　　　1 500

二、固定资产的清查

为了保证固定资产账实相符，确保固定资产的安全和完整，实现对固定资产的合理配置和有效使用，企业应当定期或至少每年对固定资产进行一次清查。在固定资产清查过程中，如果发现盘盈、盘亏的固定资产，应填写"固定资产盘盈盘亏报告表"，详细记录盘盈、盘亏固定资产的名称、原值、累计折旧、估计损耗程度等资料，并据以调整账面的会计处理；清查固定资产的损益，应及时查明原因，并按照规定程序报批处理。

1. 固定资产盘盈。企业在财产清查中盘盈的固定资产，作为前期差错处理，按管理权限报经批准处理前应先通过"以前年度损益调整"科目核算。盘盈的固定资产，应按重置成本确定其入账价值，借记"固定资产"科目，贷记"以前年度损益调整"科目。

【例7-18】玉溪公司于2×15年12月10日对全部固定资产进行盘查，发现2×14年12月28日购入的一台机器设备尚未入账，该设备重置成本为38 600元（假定与其计税基础不存在差异）。企业所得税税率为25%，公司按净利润的10%计提法定盈余公积。玉溪公司应编制如下会计分录。

①发现盘盈固定资产，登记入账：

借：固定资产	38 600
贷：以前年度损益调整	38 600

②调整企业所得税：

借：以前年度损益调整	9 650
贷：应交税费——应交所得税	9 650

③结转以前年度损益调整：

借：以前年度损益调整	28 950
贷：盈余公积——法定盈余公积	2 895
利润分配——未分配利润	26 055

2. 固定资产盘亏。企业在期末财产清查中发现盘亏的固定资产，在未查明原因及未报经批准处理前，应先按盘亏固定资产账面价值借记"待处理财产损溢"科目，按已计提的累计折旧借记"累计折旧"科目，按已计提的减值准备借记"固定资产减值准备"科目，按固定资产原价贷记"固定资产"科目。待查明原因并按管理权限报经批准处理时，按可收回的保险赔偿或过失人赔偿借记"其他应收款"科目，按应计入营业外支出的金额借记"营业外支出——盘亏损失"科目，贷记"待处理财产损溢"科目。

【例7-19】玉溪公司于2×15年12月10日进行财产清查时发现短缺一台设备，该设备账面原值为18 000元，已计提折旧6 000元，已计提减值准备1 000元。玉溪公司应编制如下会计分录。

①发现固定资产盘亏时：

借：待处理财产损溢——待处理固定资产损溢	11 000
累计折旧	6 000
固定资产减值准备	1 000
贷：固定资产	18 000

②报经批准后转入营业外支出：

借：营业外支出——盘亏损失	11 000
贷：待处理财产损溢——待处理固定资产损溢	11 000

第六节 固定资产处置的核算

一、固定资产终止确认的条件

企业在生产经营过程中可能由于固定资产磨损、技术进步、遭受自然灾害、经营方向转变等原因而对固定资产进行处置。固定资产处置包括固定资产的出售、转让、报废或毁损、对外投资、非货币性资产交换、债务重组等。

固定资产满足下列条件之一的，应当予以终止确认：

1. 该固定资产处于处置状态。处于处置状态的固定资产不再用于生产商品、提供劳务、出租或经营管理，因此，不再符合固定资产的定义，应予终止确认。

2. 该固定资产预期通过使用或处置不能产生经济利益。固定资产的确认条件之一是"与该固定资产有关的经济利益很可能流入企业"，如果一项固定资产预期通过使用或处置不能产生经济利益，就不再符合固定资产的定义和确认条件，应予终止确认。

二、固定资产处置的会计处理

企业出售、转让、报废固定资产或发生固定资产毁损，应当将处置收入扣除账面价值和相关税费后的金额计入当期损益。固定资产的账面价值是固定资产成本扣减累计折旧和累计减值准备后的金额。固定资产处置一般通过"固定资产清理"科目进行核算。

（一）固定资产出售、报废或毁损的处理

1. 固定资产转入清理。固定资产转入清理时，按固定资产账面价值借记"固定资产清理"科目，按已计提的累计折旧借记"累计折旧"科目，按已计提的减值准备借记"固定资产减值准备"科目，按固定资产原价贷记"固定资产"科目。

2. 发生的清理费用及相关税费。企业在固定资产清理过程中发生的清理费用及相关税费，应借记"固定资产清理"、"应交税费——应交增值税（进项税额）"等科目，贷记"银行存款"等科目。

3. 出售收入、残料等的处理。企业收回出售固定资产的价款、残料价值和变价收入等，应冲减清理支出，借记"银行存款"、"原材料"等科目，贷记"固定资产清理"、"应交税费——应交增值税"等科目。

4. 保险赔款的处理。企业计算或收到的应由保险公司或过失人赔偿的损失，借记"其他应收款"、"银行存款"等科目，贷记"固定资产清理"科目。

5. 清理净损益的处理。固定资产清理完成后，属于生产经营期间正常的处理净损失，借记"营业外支出——处置非流动资产损失"科目，贷记"固定资产清理"科目；属于生产经营期间由于自然灾害等非正常原因造成的，借记"营业外支出——非常损失"科目，贷记"固定资产清理"科目。固定资产清理完成后的净收益，借记"固定资产清理"科目，贷记"营业外收入"科目。

【例7-20】玉溪公司销售一台生产用已使用过的固定资产，原值为1 000 000元，已计提折旧100 000元，已计提减值准备200 000元，该固定资产取得时，其进项税额170 000元记入"应交税费——应交增值税（进项税额）"科目，出售时收到价款800 000元及增值税税额136 000元。玉溪公司应编制如下会计分录。

①将出售的固定资产转入清理：

借：固定资产清理　　　　　　　　　　　　　　　　　　700 000
　　累计折旧　　　　　　　　　　　　　　　　　　　　100 000
　　固定资产减值准备　　　　　　　　　　　　　　　　200 000
　　贷：固定资产　　　　　　　　　　　　　　　　　1 000 000

②收到出售的价款及增值税：

借：银行存款　　　　　　　　　　　　　　　　　　　936 000
　　贷：固定资产清理　　　　　　　　　　　　　　　　800 000
　　　　应交税费——应交增值税（销项税额）　　　　　136 000

③结转出售固定资产实现的净损益：

借：固定资产清理　　　　　　　　　　　　　　　　　100 000
　　贷：营业外收入——非流动资产处置利得　　　　　　100 000

【例7-21】玉溪公司将一座建筑物出售，原值为1 500 000元，已提折旧1 000 000元，未计提减值准备，实际出售价格为760 000元，增值税税额83 600元，已通过银行收回价款。玉溪公司应编制如下会计分录。

①将出售建筑物转入清理：

借：固定资产清理　　　　　　　　　　　　　　　　　500 000
　　累计折旧　　　　　　　　　　　　　　　　　　1 000 000
　　贷：固定资产　　　　　　　　　　　　　　　　1 500 000

②收到出售的价款：

借：银行存款　　　　　　　　　　　　　　　　　　　843 600
　　贷：固定资产清理　　　　　　　　　　　　　　　　760 000
　　　　应交税费——应交增值税（销项税额）　　　　　 83 600

③结转出售固定资产实现的净损益：

借：固定资产清理　　　　　　　　　　　　　　　　　260 000
　　贷：营业外收入——非流动资产处置利得　　　　　　260 000

【例7-22】玉溪公司的运输卡车一辆，原价220 000元，已计提折旧80 000元，已计提减值准备20 000元。在一次交通事故中毁损严重，报经批准后予以报废，收回过失人赔偿款 56 000 元，计算的应由保险公司赔偿的损失为 65 000 元，卡车残料变价收入 8 000 元，增值税税额 1 360 元。玉溪公司应编制如下会计分录。

①将报废的运输卡车转入清理：

借：固定资产清理	120 000
累计折旧	80 000
固定资产减值准备	20 000
贷：固定资产	220 000

②收到过失人赔款：

借：银行存款	56 000
贷：固定资产清理	56 000

③计算应由保险公司赔偿的损失：

借：其他应收款	65 000
贷：固定资产清理	65 000

④收到残料的变价：

借：银行存款	9 360
贷：固定资产清理	8 000
应交税费——应交增值税（销项税额）	1 360

⑤结转固定资产净损益：

借：固定资产清理	9 000
贷：营业外收入	9 000

（二）其他方式减少的固定资产

其他方式减少的固定资产，如以固定资产清偿债务、投资转出固定资产、以非货币性资产交换换出固定资产等，分别按照债务重组、非货币性资产交换等的处理原则进行核算。

第七节　与《小企业会计准则》的差异

1. 自行建造固定资产成本计算的截止时间不同。

《企业会计准则》规定，自行建造固定资产成本截止到达到预定可使用状态时点。

《小企业会计准则》则规定，自行建造固定资产的完工成本按照竣工决算前发生的相关支出计入成本，即截至竣工决算时点。

2. 固定资产的改建和修理费支出的处理不同。

《企业会计准则》规定，固定资产的更新改造等后续支出，满足资本化确认条件的，应当计入固定资产成本；不满足资本化确认条件的固定资产修理费用等，应当在发生时计入当期损益。

《小企业会计准则》规定，固定资产的改建，改变了房屋或者建筑物结构、延长使用年限等发生的支出，应当计入固定资产的成本，但已提足折旧的固定资产和经营租入的固定资产发生的改建支出应当计入长期待摊费用。固定资产的日常修理费，应当在发生时根据固定资产的受益对象计入相关资产成本或者当期损益。

3. 融资租入固定资产的入账价值不同。

《企业会计准则》中，将租赁开始日租赁资产公允价值与最低租赁付款额现值中较低者作为租入资产的入账价值。

《小企业会计准则》规定，融资租入的固定资产的成本，应当按照租赁合同约定的付款总额和签订租赁合同过程中发生的相关税费等确定。

4. 固定资产折旧的处理不同。

《企业会计准则》规定，企业应当根据固定资产的性质和使用情况，合理确定固定资产的使用寿命和预计净残值；企业应当根据与固定资产有关的经济利益的预期实现方式，合理选择固定资产折旧方法。固定资产的使用寿命、预计净残值和折旧方法一经确定，不得随意变更。但是，固定资产的使用寿命、预计净残值预计数与原先估计数有差异或有关经济利益预期实现方式发生重大改变的，企业至少应当于每年年度终了对固定资产的使用寿命、预计净残值和折旧方法进行复核。

《小企业会计准则》规定，企业应当按照年限平均法（即直线法）计提折旧。小企业的固定资产由于技术进步等原因确需加速折旧的，可以采用双倍余额递减法或年数总和法。小企业应当根据固定资产的性质和使用情况，并考虑税法的规定，合理确定固定资产的使用寿命和预计净残值。固定资产的折旧方法、使用寿命、预计净残值一经确定，不得随意变更。

5. 盘盈固定资产的处理不同。

《企业会计准则》中，盘盈固定资产按前期差错处理，计入以前年度损益调整。

《小企业会计准则》中，盘盈固定资产计入营业外收入。

6. 固定资产减值处理不同。

《企业会计准则》中，在资产负债表日，要求按相关规定计提固定资产减值准备。

《小企业会计准则》中，在资产负债表日，不要求计提减值准备。

思 考 题

1. 什么是固定资产？其特征是什么？
2. 固定资产如何分类？
3. 取得固定资产有哪些确认条件？

4. 固定资产初始计量成本包括哪些？
5. 哪些固定资产应计提折旧？哪些固定资产不应计提折旧？
6. 影响固定资产折旧的因素有哪些？
7. 固定资产期末如何进行计价？
8. 固定资产终止确认的条件有哪些？
9.《企业会计准则》与《小企业会计准则》有关固定资产的规定存在哪些差异？

习　题

1. 天兴公司（增值税一般纳税人）2×15 年发生下列有关购建厂房的经济业务：

（1）1 月 20 日，为自建一幢厂房工程购入需准备的各种物资 890 000 元，支付的增值税税额为 151 300 元，款项以银行存款支付，物资已运达企业并验收入库。

（2）2 月 1 日，将厂房出包永立建筑股份有限公司建造，以银行存款预付工程施工款 80 000 元。

（3）2 月 3 日，永立建筑股份有限公司一次性全部领用了本公司为建造厂房而专门购入的工程物资。

（4）2 月 8 日，永立建筑股份有限公司领用了本公司生产的钢筋一批，实际成本为 360 000 元，税务部门确定的计税价格为 390 000 元，增值税税率为 17%。

（5）3 月 26 日，厂房建造完工，本公司与永立建筑股份有限公司办理建造价款结算 200 000 元，款项已通过银行转账支付。

（6）工程完工并达到预定可使用状态，经验收合格交付使用。

要求：根据上述经济业务编制相关会计分录。

2. 祥龙公司 2×15 年 1 月 1 日生产车间固定资产明细账户的期初资料如下表所示。

生产车间固定资产明细账资料

固定资产名称	计量单位	数量	原始价值（元）	预计使用寿命（年）	预计净残值率（%）	月折旧额（元）
厂房	幢	1	2 360 000	20	5	
车床	台	20	2 500 000	10	5	
刨床	台	2	220 000	10	5	
合计			5 080 000			

其他有关资料如下：

（1）2×15 年 1 月 5 日，购入叉车一辆，买价 90 000 元，增值税税额 15 300 元，款项以转账支票付讫。叉车预计使用寿命 4 年，预计净残值率 5%，叉车已验收并交付使用。

（2）2 月，有 3 台车床由于使用不当经批准予以报废，原始价值各为 120 000 元，其中，1 台至上月恰好计提折旧 10 年，2 台至上月已计提折旧为 8 年。

要求：

（1）根据上述资料，采用年限平均法计算各项固定资产的月折旧额。

（2）根据上述资料，计算1~3月各月折旧额，并编制计提折旧的会计分录。

3. 易天股份有限公司的一台设备，原始成本为180 000元，预计使用年限为5年，预计净残值率为5%。

要求：

（1）根据上述资料使用年限平均法计算该固定资产的年折旧率、月折旧率、年折旧额、月折旧额；

（2）根据上述资料分别采用双倍余额递减法和年数总和法计算该固定资产的年折旧率和年折旧额。

4. 玉水实业股份有限公司有一台设备，2×15年年末账面净值与账面价值均为680 000元，但由于技术进步等原因造成设备贬值，经专业评估师评估，该项固定资产预计可收回金额为630 000元。2×16年年末经专业评估师评估，可收回金额只比当年的该固定资产账面净值低38 000元。

要求：根据上述资料对玉水实业股份有限公司该设备的减值进行会计处理。

5. 三分公司（增值税一般纳税人）有一座不需要的旧厂房，经批准予以转让。该固定资产原值600 000元，已计提折旧330 000元，出售取得收入518 000元，发生手续费5 000元，余款存入银行，增值税税率为17%。

要求：根据上述资料编制相关的会计分录。

第八章 无形资产

学习目标

1. 理解无形资产的概念、特征、内容及其分类，掌握无形资产的确认与计量，熟练掌握无形资产取得、摊销及其处置业务的会计处理。
2. 了解《企业会计准则》与《小企业会计准则》有关无形资产会计处理的差异。

第一节 无形资产概述

一、无形资产的概念及其特征

无形资产（intangible assets），是指企业拥有或者控制的没有实物形态的可辨认非货币性资产。相对于其他资产，无形资产具有以下特征。

1. 不具有实物形态。无形资产通常表现为某种权利、某项技术或是某种获取超额利润的综合能力。它们不具有实物形态，看不见，摸不着，例如土地使用权、非专利技术等。这一特征主要是与固定资产、存货等具有实物形态的资产相对而言的。

需要指出的是，某些无形资产的存在有赖于实物载体。比如，计算机软件需要存储在介质中。但这并不改变无形资产本身不具有实物形态的特性。在确定一项包含无形和有形要素的资产是属于固定资产还是属于无形资产时，需要通过判断来加以确定，通常以哪个要素更重要作为判断的依据。例如，计算机控制的机械工具没有特定计算机软件就不能运行时，则说明该软件是构成相关硬件不可缺少的组成部分，该软件应作为固定资产处理；如果计算机软件不是相关硬件不可缺少的组成部分，则该软件应作为无形资产核算。无论是否存在实物载体，只要将一项资产归类为无形资产，则不具有实物形态仍然是无形资产的特征之一。

2. 具有可辨认性。要作为无形资产进行核算，该资产必须是能够区别于其他资产可单独辨认的，如企业持有的专利权、非专利技术、商标权、土地使用权、特许权等。符合以下条件之一的，则认为其具有可辨认性：

（1）能够从企业中分离或者划分出来，并能单独用于出售或转让等，而不需要同时处置在同一获利活动中的其他资产，则说明其可以辨认。某些情况下无形资产可能需要与有关的合同一起用于出售、转让等，这种情况下也视为可辨认无形资产。

（2）产生于合同性权利或其他法定权利，无论这些权利是否可以从企业或其他权利和义务中转移或者分离。如一方通过与另一方签订特许权合同而获得的特许使用权，通过法律程序申请获得的商标权、专利权等。

这一特征主要是与商誉等不可辨认经济资源相对而言的。商誉的存在无法与企业自身分离，不具有可辨认性，不属于无形资产。

3. 属于非货币性资产。非货币性资产，是指企业持有的货币资金和将以固定或可确定的金额收取的资产以外的其他资产。无形资产由于没有发达的交易市场，一般不容易转化成现金，在持有过程中为企业带来未来经济利益的情况不确定，不属于以固定或可确定的金额收取的资产，属于非货币性资产。货币性资产主要有现金、银行存款、应收账款、应收票据和短期有价证券等，它们的共同特点是直接表现为固定的货币数额，或在将来收到一定货币数额的权利。应收款项等资产也没有实物形态，其与无形资产的区别在于，无形资产属于非货币性资产，而应收款项等资产则不属于非货币性资产。这一特征主要是与应收账款等货币性资产相对而言的。

此外，无形资产的使用年限在1年以上，其价值将在各个受益期间逐渐摊销。

二、无形资产的内容

无形资产通常包括专利权、非专利技术、商标权、著作权、特许权、土地使用权等。

1. 专利权。专利权，是指国家专利主管机关依法授予发明创造专利申请人对其发明创造在法定期限内所享有的专有权利，包括发明专利权、实用新型专利权和外观设计专利权。发明，是指对产品、方法或者其改进所提出的新的技术方案。实用新型，是指对产品的形状、构造或者其结合所提出的适于实用的新的技术方案。外观设计，是指对产品的形状、图案或者其结合以及色彩与形状、图案相结合所做出的富有美感并适用于工业应用的新设计。发明专利权的期限为20年，实用新型专利权和外观设计专利权的期限为10年，均自申请日起计算。

2. 非专利技术。非专利技术，也称专有技术，或技术秘密、技术诀窍，是指先进的、未公开的、未申请专利、可以带来经济效益的各种技术和诀窍。非专利技术一般包括工业专有技术、商业贸易专有技术、管理专有技术等。工业专有技术，指在生产上已经采用，仅限于少数人知道，不享有专利权或发明权的生产、装配、修理、工艺或加工方法的技术知识，可以用蓝图、配方、技术记录、操作方法的说明等具体资料表现出来，也可以通过卖方派出技术人员进行指导，或接受买方人员进行技术实习等手段实现；商业贸易专有技术，指具有保密性质的市场情报、原材料价格情报以及用户、竞争对象的情况的有关知识;管理专有技术,指生产组织的经营方式、管理方法、培训职工方法等保密知识。非专利技术并不是专利法的保护对象,非专利技术用自我保密的方式来维持其独占性,具有经济性、机密性和动态性等特点。

3. 商标权。商标是用来辨认特定的商品或劳务的标记。商标权指专门在某类指定的商品或产品上使用特定的名称或图案的权利。经商标局核准注册的商标为注册商标,包括商品商标、服务商标和集体商标、证明商标;商标注册人享有商标专用权,受法律保护。集体商标,是指以团体、协会或者其他组织名义注册,专供该组织成员在商事活动中使用,以表明使用者在该组织中的成员资格的标志。证明商标,是指由对某种商品或者服务具有监督能力的组织所控制,而由该组织以外的单位或者个人用于其商品或者服务,用于证明该商品或者服务的原产地、原料、制造方法、质量或者其他特定品质的商标。注册商标的有效期为10年,自核准注册之日起计算。注册商标有效期满需要继续使用的,应当在期满前6个月内申请续展注册;在此期间未能提出申请的,可以给予6个月的宽展期。宽展期满仍未提出申请的,注销其注册商标。每次续展注册的有效期为10年。

4. 著作权。著作权又称版权,指作者对其创作的文学、科学和艺术作品依法享有的某些特殊权利。著作权包括作品署名权、发表权、修改权和保护作品完整权,还包括复制权、发行权、出租权、展览权、表演权、放映权、广播权、信息网络传播权、摄制权、改编权、翻译权、汇编权以及应当由著作权人享有的其他权利。著作权人包括作者和其他依法享有著作权的公民、法人或者其他组织。著作权属于作者,创作作品的公民是作者。由法人或者其他组织主持,代表法人或者其他组织意志创作,并由法人或者其他组织承担责任的作品,法人或者其他组织视为作者。作者的署名权、修改权、保护作品完整权的保护期不受限制。公民的作品,其发表权、复制权、发行权、出租权、展览权、表演权、放映权、广播权、信息网络传播权、摄制权、改编权、翻译权、汇编权以及应当由著作权人享有的其他权利的保护期,为作者终生及其死亡后50年,截止到作者死亡后第50年的12月31日;如果是合作作品,截止到最后死亡的作者死亡后第50年的12月31日。

5. 特许权。特许权,又称经营特许权、专营权,指企业在某一地区经营或销售某种特定商品的权利或是一家企业接受另一家企业使用其商标、商号、技术秘密等的权利。通常有两种形式:一种是由政府机构授权,准许企业使用或在一定地区享有经营某种业务的特权,如水、电、邮电通信等专营权和烟草专卖权等;另一种指企业间依照签订的合同,有限期或无限期使用另一家企业的某些权利,如连锁店分店使用总店的名称等。特许权业务涉及特许权受让人和让与人两个方面。通常在特许权转让合同中规定了特许权转让的期限、转让人和受让人的权利与义务。转让人一般要向受让人提供商标、商号等使用权,传授专有技术,并负责培训营业人员,提供经营所必需的设备和特殊原料。受让人则需要向转让人支付取得特许权的费用，开业后则按营业收入的一定比例或其他计算方法支付享用特许权费用。此外，还要为转让人保守商业秘密。

6. 土地使用权。土地使用权，是指国家准许某企业在一定期间内对国有土地享有开发、利用、经营的权利。根据我国《土地管理法》的规定，我国土地实行公有制，任何单位和个人不得侵占、买卖或者以其他形式非法转让。企业取得土地使用权的方式大致有行政划拨取得、外购取得（例如以缴纳土地出让金方式取得）及投资者投资取得。通常情况下，以缴纳土地出让金等方式外购的土地使用权、投资者投入等方式取得的土地使用权，作为无形资产核算。

三、无形资产的分类

无形资产可按不同的标准进行分类，以便于对其进行管理与核算。

1. 按来源途径分类，可以分为外来无形资产和自创无形资产。

（1）外来无形资产。外来无形资产是指从企业外部取得的无形资产，包括企业外购的无形资产、接受投资的无形资产、接受捐赠的无形资产、政府给予的经营特许权等。

（2）自创无形资产。自创无形资产是指企业自行研制、开发的无形资产。

2. 按经济寿命期限是否确定分类，可以分为期限确定的无形资产和期限不确定的无形资产。

（1）期限确定的无形资产。期限确定的无形资产是指在有关法律中规定有最长有效期限的无形资产，如专利权、商标权、著作权、土地使用权和特许权等。这些无形资产，在法律规定的有效期限内受法律保护；有效期满时，如果企业未能继续办理有关手续予以展期，将不再受法律保护。

（2）期限不确定的无形资产。期限不确定的无形资产是指没有相关法律规定其有效期限，其经济寿命难以预先准确估计的无形资产，如非专利技术。这些无形资产的经济寿命取决于技术进步的快慢以及技术保密工作的好坏等因素。当新的可替代技术成果出现时，旧的非专利技术自然贬值，甚至被淘汰；当技术不再是秘密时，也就无价值可言。

四、无形资产的确认

无形资产应当在符合定义的前提下，同时满足以下两个确认条件时，才能予以确认。

1. 与该资产有关的经济利益很可能流入企业。作为无形资产确认的项目，必须具备产生的经济利益很可能流入企业。通常情况下，无形资产产生的未来经济利益可能包括在销售商品、提供劳务的收入中，或者企业使用该项无形资产而减少或节约的成本中，或体现在获得的其他利益中。例如，生产加工企业在生产工序中使用了某种知识产权，使其降低了未来生产成本，而不是增加未来收入。

实务中，要确定无形资产创造的经济利益是否很可能流入企业，需要实施职业判断。在实施这种判断时，需要对无形资产在预计使用寿命内可能存在的各种经济因素做出合理估计，并且应当有明确的证据支持，比如，企业是否有足够的人力资源、高素质的管理队伍、相关的硬件设备、相关的原材料等来配合无形资产为企业创造经济利益，同时，更为重要的是，关注一些外界因素的影响，比如是否存在相关的新技术、新产品冲击与无形资产相关的技术或据其生产的产品的市场等。在实施判断时，企业的管理当局应对无形资产的预计使用寿命内存在的各种因素做出最稳健的估计。

2. 该无形资产的成本能够可靠地计量。成本能够可靠地计量是资产确认的一项基本条件。对于无形资产来说，这个条件相对更为重要。比如，企业内部产生的品牌、报刊名等，因其成本无法可靠计量，不作为无形资产确认。又比如，一些高新科技企业的科技人才，假定其与企业签订了服务合同，且合同规定其在一定期限内不能为其他企业提供服务。在这种情况下，虽然这些科技人才的知识在规定的期限内预期能够为企业创造经济利益，但由于这些技术人才的知识难以辨认，且形成这些知识所发生的支出难以计量，因而不能作为企业的无形资产加以确认。

五、无形资产的计量

无形资产的计量包括初始计量、后续计量和期末计量。

（一）无形资产的初始计量

根据《企业会计准则》的规定，无形资产按照成本进行初始计量，即以取得无形资产并使之达到预定用途而发生的全部支出作为无形资产的成本。对于不同来源取得的无形资产，其初始成本构成也不尽相同。

1. 外购无形资产的初始计量。外购无形资产应按实际成本进行初始计量，包括购买价款、相关税费（可抵扣的增值税除外）以及直接归属于使该项资产达到预定用途所发生的其他支出。其中，直接归属于使该项资产达到预定用途所发生的其他支出包括使无形资产达到预定用途所发生的专业服务费用、测试无形资产是否能够正常发挥作用的费用等，但不包括为引入新产品进行宣传发生的广告费、管理费用及其他间接费用，也不包括在无形资产已经达到预定用途以后发生的费用。

购入无形资产的价款超过正常信用条件延期支付，实质上具有融资性质的，无形资产的成本以购买价款的现值为基础确定。实际支付的价款与购买价款的现值之间的差额作为未确认融资费用，在信用期间采用实际利率法进行摊销，摊销金额除满足借款费用资本化条件应当计入无形资产成本外，均应当在信用期间内确认为财务费用，计入当期损益。

2. 自行研发无形资产的初始计量。企业在自行开发无形资产过程中发生的内部研究开发项目支出，应区分研究阶段支出与开发阶段支出。研究是指为获取新的技术和知识等进行有计划的调查。开发是指在进行商业性生产或使用前，将研究成果或其他知识应用于某项计划或设计，以生产出新的或具有实质性改进的材料、装置、产品等。

企业内部研究开发项目开发阶段的支出，同时满足下列条件的，才能计入无形资产的成本，确认为无形资产：
（1）完成该无形资产以使其能够使用或出售在技术上具有可行性；
（2）具有完成该无形资产并使用或出售的意图；
（3）无形资产产生经济利益的方式，包括能够证明运用该无形资产生产的产品存在市场或无形资产自身存在市场，无形资产将在内部使用的，应当证明其有用性；
（4）有足够的技术、财务资源和其他资源支持，以完成该无形资产的开发，并有能力使用或出售该无形资产；
（5）归属于该无形资产开发阶段的支出能够可靠地计量。

企业开发阶段发生的直接用于新产品、新技术、新工艺的原材料和职工薪酬等支出，应予以资本化；发生的用于管理、培训等方面的支出，应予以费用化。

3. 投资者投入无形资产的初始计量。投资者投入无形资产的成本，应当按照投资合同或协议约定的价值确定，但合同或协议约定的价值不公允的除外。

（二）无形资产的后续计量

无形资产初始确认和计量后，在其后使用该项无形资产期间内应以成本减去累计摊销额和累计减值损失后的余额计量。需要强调的是，确定无形资产在使用过程中的累计摊销额，基础是估计其使用寿命，只有使用寿命有限的无形资产才需要在估计的使用寿命内采用系统合理的方法进行摊销，对于使用寿命不确定的无形资产则不需要摊销，但每年进行减值测试。

（三）无形资产的期末计量

在会计期末，无形资产应当按照账面价值与可收回金额孰低计量。为此，在资产负债表日，企业应对持有的无形资产进行减值测试。

六、无形资产核算的科目设置

为了核算无形资产的取得、摊销、减值和处置等情况，企业应当设置"无形资产"、"研发支出"、"累计摊销"、"无形资产减值准备"等科目。

1. "无形资产"科目。为了总括反映无形资产原始价值的增减变化及其结果，企业应设置"无形资产"科目。该科目核算企业持有的无形资产成本，借方登记取得无形资产的成本，贷方登记出售无形资产而转出的无形资产账面余额，期末借方余额，反映企业无形资产的成本。该科目应按无形资产项目设置明细科目,进行明细核算。

2."研发支出"科目。为了核算企业进行研究与开发无形资产过程中发生的各项支出,企业应设置"研发支出"科目。该科目借方登记实际发生的研发支出,贷方登记转为无形资产和管理费用的金额,期末借方余额反映企业正在进行的研究开发项目中满足资本化条件的支出。该科目应当按照研究开发项目分别"费用化支出"与"资本化支出"进行明细核算。

3."累计摊销"科目。为了核算企业对使用寿命有限的无形资产计提的累计摊销,企业应设置"累计摊销"科目,该科目属于"无形资产"科目的抵减科目,贷方登记企业计提的无形资产摊销,借方登记处置无形资产转出的累计摊销,期末贷方余额,反映企业无形资产的累计摊销额。

4."无形资产减值准备"科目。该科目核算企业提取的无形资产减值准备,是"无形资产"科目的抵减科目,贷方登记期末计提的无形资产减值,借方登记处置无形资产转出的已计提的减值准备,期末贷方余额,表示企业已提取的无形资产减值准备。

第二节 无形资产取得的核算

无形资产的取得途径主要有外购、自行研究开发、接受投资等。取得的方式不同,其会计处理也有所差别。

一、外购无形资产

企业外购的无形资产,应按计入无形资产成本的金额,借记"无形资产"科目,按取得可抵扣发票上所列增值税税额,借记"应交税费——应交增值税(进项税额)"科目,贷记"银行存款"等科目;购入无形资产超过正常信用条件延期支付价款,实质上具有融资性质的,应以购买价款的现值为基础确定的金额借记"无形资产"科目,按取得可抵扣发票上所列增值税税额,借记"应交税费——应交增值税(进项税额)"科目,按应支付的金额贷记"长期应付款"科目,按其差额借记"未确认融资费用"科目。

【例8-1】玉溪公司从华力公司购入一项专利权,增值税专用发票上价款2 000 000元,增值税税额120 000元,总计2 120 000元,用银行存款支付。会计处理如下:

借:无形资产——专利权　　　　　　　　　　　　　2 000 000
　　应交税费——应交增值税(进项税额)　　　　　　 120 000
　　贷:银行存款　　　　　　　　　　　　　　　　　2 120 000

【例8-2】玉溪公司从天明公司购买一项非专利技术,由于玉溪公司资金短缺,经与天明公司协议采用分期付款方式支付款项。合同规定,该项非专利技术总计 800 万元，每年年末付款 200 万元，4 年付清。假定银行同期贷款利率为 6%（已知 4 年期 6% 利率的年金现值系数为 3.465）。购入时的会计处理如下：

无形资产现值 = 200 × (P/A, 6%, 4) = 200 × 3.465 = 693（万元）

未确认融资费用 = 800 - 693 = 107（万元）

借：无形资产——非专利技术	6 930 000
未确认融资费用	1 070 000
贷：长期应付款——天明公司	8 000 000

企业取得的土地使用权通常应确认为无形资产。土地使用权用于自行开发建造厂房等土地建筑物时，土地使用权的账面价值不与地上建筑物合并计算其成本，而仍作为无形资产进行核算。房地产开发企业取得的土地使用权用于建造对外出售的房屋建筑物，相关的土地使用权应当计入所建造的房屋建筑物成本。企业外购的房屋建筑物，实际支付的价款中包括土地以及建筑物的价值，则应当对支付的价款按照合理的方法（例如公允价值比例）在土地和地上建筑物之间进行分配；如果确实无法在地上建筑物与土地使用权之间进行合理分配，应当全部作为固定资产核算。企业改变土地使用权的用途，将其作为用于出租或增值目的的，应将其转为投资性房地产进行核算。

【例 8-3】玉溪公司为了扩大生产规模，拟建造一厂房，向政府管理部门申请，经审批后，公司支付土地出让金 3 000 000 元取得某地块的土地使用权。会计处理如下：

借：无形资产——土地使用权	3 000 000
贷：银行存款	3 000 000

二、自行研发无形资产（自创的无形资产）

企业自行开发无形资产发生的研发支出，不满足资本化条件的，借记"研发支出——费用化支出"科目，满足资本化条件的，借记"研发支出——资本化支出"科目，贷记"原材料"、"银行存款"、"应付职工薪酬"等科目。研究开发项目达到预定用途形成无形资产的，应按"研发支出——资本化支出"科目的余额，借记"无形资产"科目，贷记"研发支出——资本化支出"科目。期（月）末，应将"研发支出——费用化支出"科目归集的金额转入"管理费用"科目，借记"管理费用"科目，贷记"研发支出——费用化支出"科目。如果无法可靠区分研究阶段的支出和开发阶段的支出，应将其所发生的研发支出全部费用化，计入当期损益。

【例 8-4】玉溪公司自行研究、开发一项技术，截至 2×14 年 12 月 31 日，累计以银行存款支付调研费 150 000 元及增值税税额 9 000 元。经测试，该项研发活动完成了研究阶段，从 2×15 年 1 月 1 日开始进入开发阶段。开发阶段发生材料费 500 000 元，职工薪酬 200 000 元，其他支出 86 000 元及增值税税额 5 160 元，以银行存款支付。开发阶段的各项支出均符合《企业会计准则第 6 号——无形资产》规定的开发支出资本化的条件。2×15年12月31日,该项研发活动结束,最终开发出一项专利技术,并以银行存款支付注册登记费22 000元。根据以上资料编制会计分录如下。

①2×14年12月31日前,研究阶段发生调研费支出时:
借:研发支出——费用化支出　　　　　　　　150 000
　　应交税费——应交增值税(进项税额)　　　9 000
　　贷:银行存款　　　　　　　　　　　　　　159 000

②2×14年12月31日,期末结转费用化支出:
借:管理费用——研究费用　　　　　　　　　150 000
　　贷:研发支出——费用化支出　　　　　　　150 000

③2×15年,发生开发支出并满足资本化确认条件:
借:研发支出——资本化支出　　　　　　　　786 000
　　应交税费——应交增值税(进项税额)　　　5 160
　　贷:原材料　　　　　　　　　　　　　　　500 000
　　　　应付职工薪酬　　　　　　　　　　　　200 000
　　　　银行存款　　　　　　　　　　　　　　91 160

④2×15年12月31日,该项技术研发完成,以银行存款支付注册登记费:
借:研发支出——资本化支出　　　　　　　　22 000
　　贷:银行存款　　　　　　　　　　　　　　22 000

⑤2×15年12月31日,专利权申请成功,结转专利权项目的开发成本:
借:无形资产——专利权　　　　　　　　　　808 000
　　贷:研发支出——资本化支出　　　　　　　808 000

三、投资者投入无形资产

投资者投入无形资产的成本,应当按照投资合同或协议约定的价值确定无形资产的取得成本。如果投资合同或协议约定的价值不公允,应按无形资产的公允价值作为无形资产初始成本入账,借记"无形资产"科目,按取得可抵扣发票上所列增值税税额,借记"应交税费——应交增值税(进项税额)"科目,按照在企业占有股权份额的比例,贷记"实收资本"或"股本"科目,按其差额贷记"资本公积——资本溢价(或股本溢价)"科目。

【例8-5】玉溪公司于2×15年12月12日接受百乐公司作为投资转入的一项专利权,双方协商作价600 000元,增值税专用发票列明增值税税额36 000元。根据上述资料,编制如下会计分录:
借:无形资产——专利权　　　　　　　　　　600 000
　　应交税费——应交增值税(进项税额)　　　36 000
　　贷:实收资本——百乐公司　　　　　　　　636 000

第三节 无形资产摊销的核算

使用寿命有限的无形资产，应在其预计的使用寿命内采用系统合理的方法对应摊销金额进行摊销。对于使用寿命不确定的无形资产在持有期间不予摊销，但应当在每个会计期间进行减值测试。

一、无形资产使用寿命的确定

1. 估计无形资产使用寿命。无形资产使用寿命包括法定寿命和经济寿命两个方面。有些无形资产的使用寿命受法律、规章或合同的限制，称为法定寿命。如我国法律规定，发明专利权有效期为 20 年，商标权的有效期为 10 年。有些无形资产如永久性特许经营权、非专利技术等的寿命则不受法律或合同的限制。经济寿命是指无形资产可以为企业带来经济利益的年限。由于受技术进步、市场竞争等因素的影响，无形资产的经济寿命往往短于法定寿命，因此，在估计无形资产的使用寿命时，应当综合考虑各方面相关因素的影响，合理确定无形资产的使用寿命。

估计无形资产的经济使用寿命，通常应考虑以下因素：
(1) 该资产通常的产品寿命周期，以及可获得的类似资产使用寿命的信息；
(2) 技术、工艺等方面的现实情况及对未来发展的估计；
(3) 以该资产生产的产品或服务的市场需求情况；
(4) 现在或潜在的竞争者预期采取的行动；
(5) 为维持该资产产生未来经济利益的能力预期的维护支出及企业预计支付有关支出的能力；
(6) 对该资产的控制期限，对该资产使用的法律或类似限制，如特许使用期间、租赁期间等；
(7) 与企业持有的其他资产使用寿命的关联性等。

2. 无形资产使用寿命的确定。企业持有的无形资产，通常来源于合同性权利或其他法定权利，且合同规定或法律规定有明确的使用年限。

源自合同性权利或其他法定权利取得的无形资产，其使用寿命不应超过合同性权利或其他法定权利的期限。例如，企业以支付土地出让金方式取得一块土地的使用权，如果企业准备持续持有，在 50 年期间内没有计划出售，该块土地使用权预期为企业带来未来经济利益的期间为 50 年。如果合同性权利或其他法定权利能够在到期时因续约等延续，当有证据表明企业续约不需要付出重大成本时，续约期才能够包括在使用寿命的估计中。下列情况一般说明企业无须付出重大成本即可延续合同性权利或其他法定权利：有证据表明合同性权利或法定权利将被重新延续，如果在延续之前需要第三方同意，则还需有第三方将会同意的证据；有证据表明为获得重新延续所必需的所有条件相对于企业的未来经济利益不具有重要性，如果企业在延续无形资产持有期间时付出的成本与预期流入企业的未来经济利益相比具有重要性，本质上来看是企业获得了一项新的无形资产。

没有明确的合同或法律规定的无形资产，企业应当综合各方面情况，如聘请相关专家进行论证或与同行业的情况进行比较以及企业的历史经验等，来确定无形资产为企业带来未来经济利益的期限，如果经过这些努力确实无法合理确定无形资产为企业带来经济利益的期限，才能将其作为使用寿命不确定的无形资产。例如，企业通过公开拍卖取得一项出租车运营许可，按照所在地规定，以现有出租运营许可为限，不再授予新的运营许可，而且在旧的出租车报废以后，其运营许可可用于新的出租车。企业估计在有限的未来其将持续经营出租车行业。对于该运营许可，其为企业带来未来经济利益的期限从目前情况看无法可靠估计，应视为使用寿命不确定的无形资产。

3. 无形资产使用寿命的复核。企业至少应当于每年年度终了对无形资产的使用寿命进行复核，如果有证据表明无形资产的使用寿命不同于以前的估计，如由于合同的续约或无形资产应用条件的改善延长了无形资产的使用寿命，对于使用寿命有限的无形资产应改变其摊销年限，并按照《企业会计准则第28号——会计政策、会计估计变更和差错更正》进行处理。

对于使用寿命不确定的无形资产，如果有证据表明其使用寿命是有限的，应当按照《企业会计准则第28号——会计政策、会计估计变更和差错更正》进行处理。并按照《企业会计准则第6号——无形资产》中关于使用寿命有限的无形资产的处理原则进行处理。

二、无形资产摊销期和摊销方法的确定

1. 摊销期。无形资产的摊销期自其可供使用时开始至终止确认时止，取得当月起在预计使用年限内系统合理地摊销，处置无形资产的当月不再摊销。即：当月增加的无形资产，当月开始摊销；当月减少的无形资产，当月不再摊销。

2. 摊销方法。无形资产的摊销方法有平均年限法、工作量法、双倍余额递减法和年数总和法等。对某项无形资产摊销所使用的方法应当反映与该项无形资产有关的经济利益的预期实现方式，并一致地运用于不同会计期间。例如，受技术陈旧因素影响较大的专利权和专有技术等无形资产，可采用类似固定资产加速折旧的方法进行摊销；有特定产量限制的特许经营权或专利权，应采用产量法进行摊销；无法可靠确定预期实现方式的，应当采用平均年限法摊销。

三、无形资产摊销金额的确定

无形资产的应摊销金额为其成本扣除预计残值后的金额。已计提减值准备的无形资产，还应扣除已计提的无形资产减值准备累计金额。

无形资产的残值意味着在其经济寿命结束之前企业预计将会处置该无形资产并且从该处置中取得利益。估计无形资产的残值应以资产处置时的可收回金额为基础,此时的可收回金额是指在预计出售日出售一项使用寿命已满且处于类似使用状况下同类无形资产预计的处置价格(扣除相关税费)。残值确定以后,在持有无形资产的期间,至少应于每年年末进行复核,预计其残值与原估计金额不同的,应按照会计估计变更进行处理。如果无形资产的残值重新估计以后高于其账面价值,无形资产不再摊销,直至残值降至低于账面价值时再恢复摊销。

使用寿命有限的无形资产,其残值应当视为零,但下列情况除外:

(1) 有第三方承诺在无形资产使用寿命结束时购买该无形资产;

(2) 可以根据活跃市场得到预计残值信息,并且该市场在无形资产使用寿命结束时很可能存在。

【例 8-6】玉溪公司取得一项专利技术,法律保护期间为 20 年,企业预计运用该专利生产的产品在未来 15 年内会为企业带来经济利益。就该项专利技术,第三方向企业承诺在 5 年内以其取得之日公允价值的 60% 购买该项专利权,从企业管理层目前的持有计划来看,准备在 5 年内将其出售给第三方,该项专利技术应在企业持有其 5 年内摊销,残值为该专利在取得之日公允价值的 60%。

四、无形资产摊销的会计处理

无形资产的摊销金额一般应计入当期损益,即记入"管理费用"、"其他业务成本"等科目,但如果某项无形资产是专门用于生产某种产品或其他资产的,其所包含的经济利益是通过转入所生产的产品或其他资产中实现的,则该无形资产的摊销金额应当计入相关资产的成本。例如,一项专门用于生产某种产品的专利技术,其摊销金额应构成所生产产品成本的一部分,记入制造该产品的"制造费用"科目。

【例 8-7】玉溪公司从外单位购得一项商标权,支付价款 300 000 元及增值税税额 18 000 元,款项已支付,该商标权的使用寿命为 10 年,不考虑残值的因素,以直线法摊销。会计处理如下:

①取得无形资产时:

借:无形资产——商标权　　　　　　　　　　　　　　　300 000

　　应交税费——应交增值税(进项税额)　　　　　　　 18 000

　　贷:银行存款　　　　　　　　　　　　　　　　　　318 000

②每期(月)摊销时:

借:管理费用(300 000÷10÷12)　　　　　　　　　　　2 500

　　贷:累计摊销　　　　　　　　　　　　　　　　　　 2 500

【例 8-8】2×15 年 1 月 1 日,玉溪公司从外单位购得一项新专利技术用于产品生产,支付价款 9 000 000 元及增值税税额 540 000 元,款项已支付。该项专利技术法律保护期间为 20 年,公司预计运用该项专利技术生产的产品在未来 10

年内会为公司带来经济利益。假定这项无形资产的净残值为零,采用直线法摊销。

本例中,玉溪公司外购的专利技术的预计使用期限(10年)短于法律保护期间(20年),则应当按照企业预期使用期限确定其使用寿命,同时,这也就表明该项专利技术是使用寿命有限的无形资产,且该项无形资产用于产品生产,因此,应当将其摊销金额计入相关产品的制造成本。

玉溪公司的会计处理如下。

①取得无形资产时:

借:无形资产——专利权　　　　　　　　　　　9 000 000
　　应交税费——应交增值税(进项税额)　　　　540 000
　　贷:银行存款　　　　　　　　　　　　　　　　9 540 000

②每期(月)摊销时:

借:制造费用——专利权摊销(9 000 000÷10÷12)　75 000
　　贷:累计摊销　　　　　　　　　　　　　　　　75 000

第四节　无形资产的期末计价

一、无形资产减值概述

无形资产减值是指无形资产预计可收回金额低于其账面价值。企业应当在期末判断各项无形资产是否可能存在发生减值的迹象。判断无形资产减值的依据,与固定资产相同,不再重述。对存在减值迹象的无形资产,应当估计其可收回金额。

按照《企业会计准则第8号——资产减值》的有关规定,企业应当至少在每年年度终了对使用寿命有限的无形资产和使用寿命不确定的无形资产进行减值测试。如经减值测试表明已发生减值,则应确认无形资产减值损失并计提无形资产减值准备。

二、无形资产减值损失的确定

无形资产的可收回金额低于其账面价值的金额确认为无形资产减值损失。无形资产可收回金额应当根据无形资产的公允价值减去处置费用后的净额与无形资产预计未来现金流量的现值两者之间的较高者确定。

处置费用包括与资产处置有关的法律费用、相关税费、搬运费以及为使资产达到可销售状态所发生的直接费用等。

无形资产减值损失一经确认,在以后会计期间不得转回。

三、无形资产减值的会计处理

无形资产发生减值时,按企业所持有无形资产账面价值高于该项无形资产可收回金额的差额,借记"资产减值损失"科目,贷记"无形资产减值准备"科目。

【例 8-9】 玉溪公司的一项专利权账面原值为 360 000 元,截至 2×15 年 12 月 31 日已摊销了 200 000 元。现因有其他新技术出现,该项专利权的可收回金额大幅度下降,预计其在剩余的使用寿命内可收回金额为 130 000 元。计提减值准备的会计处理如下:

借:资产减值损失——无形资产减值损失　　　　　　　30 000
　　贷:无形资产减值准备　　　　　　　　　　　　　　　　　　30 000

第五节　无形资产处置的核算

无形资产处置主要指无形资产转让和报废。

一、无形资产转让

企业转让无形资产有转让所有权和转让使用权两种方式。

1. 出售无形资产是无形资产所有权转让的主要形式,应当注销所出售无形资产的账面价值,实际取得的转让收入与该项无形资产账面价值的差额计入营业外收入或营业外支出。出售无形资产应缴纳的增值税,作为相应营业外收入的减少或营业外支出的增加。

出售无形资产时,应按实际收到的金额借记"银行存款"等科目;按已计提的累计摊销额借记"累计摊销"科目;原已计提减值准备的,借记"无形资产减值准备"科目;按应支付的相关税费及其他费用贷记"应交税费"、"银行存款"等科目;按其账面余额贷记"无形资产"科目;按其差额贷记"营业外收入——处置非流动资产利得"科目或借记"营业外支出——处置非流动资产损失"科目。

土地使用权的转让,视同所有权转让,会计处理方法相同。

【例 8-10】 玉溪公司所拥有的某项商标权的成本为 5 000 000 元,已摊销金额为 2 000 000 元,已计提减值准备为 610 000 元。该公司于当期出售该商标权的所有权,增值税专用发票上列明价款 3 200 000 元,增值税税额 192 000 元,价税款已存入银行。玉溪公司的会计处理如下:

借:银行存款　　　　　　　　　　　　　　　　　　3 392 000
　　累计摊销　　　　　　　　　　　　　　　　　　　　2 000 000

无形资产减值准备	610 000
贷：无形资产	5 000 000
应交税费——应交增值税（销项税额）	192 000
营业外收入——处置非流动资产利得	810 000

2. 无形资产使用权（不包括土地使用权）的转让，亦即无形资产出租，仅是将部分使用权让渡给其他单位或个人，出让方仍保留对该无形资产的所有权，受让方只能在合同规定的范围内合理使用而无权转让。转让企业仍拥有无形资产的所有权，因此，不应注销无形资产的账面价值。企业让渡无形资产使用权形成的租金收入和发生的相关费用，分别确认为其他业务收入和其他业务成本，税金记入"税金及附加"科目。

【例8-11】2×15年1月1日，玉溪公司将某商标权出租给天乐公司使用，租期为5年，每年收取租金380 000元，租金收入适用的增值税税率为11%，玉溪公司在出租期间内不再使用该商标权。该商标权系玉溪公司2×13年1月1日购入的，初始入账价值为2 500 000元，预计使用年限为10年，采用直线法摊销，假定不考虑增值税以外的其他税费并按年摊销。据此2×15年起玉溪公司的会计处理如下：

①每年取得租金：

借：银行存款	421 800
贷：其他业务收入——出租商标权	380 000
应交税费——应交增值税（销项税额）	41 800

②每年对该商标权进行摊销：

借：其他业务成本——商标权摊销	250 000
贷：累计摊销（2 500 000÷10）	250 000

二、无形资产报废

如果无形资产预期不能为企业带来经济利益，例如，该无形资产已被其他新技术所替代，则应将其报废并予转销，其账面价值转作当期损益。

转销时，应按已计提的累计摊销借记"累计摊销"科目；按其账面余额（原值）贷记"无形资产"科目；按其差额借记"营业外支出"科目。已计提减值准备的，还应同时结转减值准备。

【例8-12】玉溪公司原拥有一项非专利技术，采用直线法进行摊销，预计使用期限为10年，现该项非专利技术已被内部研发成功的新技术所替代，并且根据市场调查，用该非专利技术生产的产品已没有市场，预期不能再为企业带来任何经济利益，故应当予以转销，转销时，该项非专利技术的成本为1 800 000元，已摊销6年，累计摊销920 000元，累计计提减值准备250 000元，该项非专利技术的残值为零。假定不考虑其他相关因素。则玉溪公司的会计处理如下：

借：累计摊销	920 000

无形资产减值准备——非专利技术	250 000
营业外支出——处置非流动资产损失	630 000
贷：无形资产——非专利技术	1 800 000

第六节 与《小企业会计准则》的差异

1. 投资者投入无形资产的成本确定不同。

《企业会计准则》下，投资者投入无形资产的成本应当按照投资合同或协议约定的价值确定，但合同或协议约定价值不公允的除外。

《小企业会计准则》下，投资者投入无形资产的成本应当按照评估价值和相关税费确定。

2. 摊销处理不同。

《企业会计准则》下，对使用寿命有限的无形资产，其应摊销金额应当在使用寿命内系统合理地摊销，并且摊销方法应当反映与该项无形资产有关的经济利益的预期实现方式，无法可靠确定预期实现方式的，应当采用直线法摊销。使用寿命不确定的无形资产不应摊销。

《小企业会计准则》下，对所有无形资产均进行摊销，并且只能采用年限平均法进行摊销。对不能可靠估计无形资产使用寿命的，摊销期不得低于 10 年。

3. 减值处理不同。

《企业会计准则》下，无形资产发生减值时要计提无形资产减值准备。

《小企业会计准则》下，无形资产不计提减值准备。

思 考 题

1. 什么是无形资产？其特征是什么？
2. 无形资产包括哪些内容？如何分类？
3. 无形资产有哪些确认条件？
4. 无形资产的取得方式有哪些？入账价值如何确定？
5. 无形资产的摊销金额如何确定？
6. 无形资产期末如何进行计价？
7. 《企业会计准则》与《小企业会计准则》有关无形资产的规定存在哪些差异？

习 题

1. 玉溪公司从力华公司购入一项商标权。协议约定价款为 3 700 000 元，并支付增值税 222 000 元和有关专业服务费用 58 000 元及其增值税 3 480 元，款项已通过银行转账支付。该商标权的使用寿命为 10 年，不考虑残值等因素，以直线法摊销。

要求：根据上述资料编制无形资产取得和摊销相关的会计分录。

2. 维明公司将拥有的一项非专利技术出售，取得价款收入 670 000 元存入银行，增值税税率为 6%（其他税费略）。该项非专利技术的入账成本为 980 000 元，已摊销金额 300 000 元，已计提的减值准备为 5 000 元。

要求：根据上述资料编制出售该项非专利技术的会计分录。

3. 豪特公司的某项专利技术，在使用到第 7 年时，由于用其所生产的产品已没有市场，公司决定将其转入报废处理。该项专利技术的入账成本为 1 200 000 元，已摊销金额 820 000 元，已计提的减值准备为 130 000 元。

要求：根据上述资料编制该项专利技术报废的会计分录。

第九章 其他长期资产

学习目标

1. 理解和掌握投资性房地产的定义、范围、计量以及转换、处置等会计处理；了解并掌握长期待摊费用的定义和相应的会计处理。

2. 了解《企业会计准则》与《小企业会计准则》有关其他长期资产处理的差异。

第一节 投资性房地产

一、投资性房地产概述

投资性房地产，是指为赚取租金或资本增值或两者兼有而持有的房地产。

投资性房地产包括已出租的土地使用权、持有并准备增值后转让的土地使用权、已出租的建筑物。

1. 已出租的土地使用权。已出租的土地使用权，是指企业通过出让或转让方式取得的以经营租赁方式出租的土地使用权。企业可以在一级市场上通过缴纳土地出让金的方式取得土地使用权，也可以在二级市场上通过其他企业转让而取得土地使用权。企业取得土地使用权再将它出租的，是属于投资性房地产的范围。但是，企业以经营租赁方式租入土地使用权再转租出去的，不能确认为投资性房地产。

2. 持有并准备增值后转让的土地使用权。持有并准备增值后转让的土地使用权，是指企业取得的、准备增值后转让的土地使用权。但是，按照国家有关规定认定的闲置土地不属于持有并准备增值后转让的土地使用权，因而也不属于投资性房地产。

3. 已出租的建筑物。已出租的建筑物，是指企业拥有产权的、以经营租赁方式出租的建筑物，包括自行建造或开发活动完成后用于出租的建筑物以及正在建造或开发过程中将来用于出租的建筑物。

自用房地产、作为存货的房地产不属于投资性房地产。自用房地产，是指为生产商品、提供劳务或者经营管理而持有的房地产。作为存货的房地产，是指房地产开发企业在正常经营过程中销售的或为销售而正在开发的商品房和土地。

二、投资性房地产的确认与计量

(一) 投资性房地产的确认和初始计量

1. 投资性房地产的确认。投资性房地产只有符合定义以及满足下列条件才能予以确认：(1) 与该投资性房地产有关的经济利益很可能流入企业；(2) 该投资性房地产的成本能够可靠地计量。确认已出租的土地使用权、已出租的建筑物为投资性房地产的时间点，一般为租赁期开始日。但是，对企业持有以备经营出租的空置建筑物或在建建筑物，董事会或类似机构做出书面协议，明确地表明将其用于经营出租且持有意图短期内不再发生变化的，企业不论是否就建筑物签订租赁协议都应确认投资性房地产。对持有并准备增值后转让的土地使用权，企业应在将自用土地使用权停止自用、准备增值后转让的日期确认投资性房地产。

2. 投资性房地产的初始计量。投资性房地产应按照成本进行初始计量。

(1) 外购投资性房地产的初始计量。对于外购投资性房地产，企业应当按照购买价款、相关税费和可直接归属于该资产的其他支出，借记"投资性房地产"科目，贷记"银行存款"等科目。如果企业购入的房地产部分用于出租或者资本增值，部分自用，那么两者应单独确认。企业采用不同部分的公允价值占购入房地产公允价值的比例将成本在不同部分之间进行分配。

采用公允价值计量模式下，投资性房地产的初始计量与采用成本计量模式时一致。但在后续计量上，两者存在差异。在公允价值模式下，"投资性房地产"科目下设"成本"和"公允价值变动"两个明细科目。初始计量时，企业将外购投资性房地产的购买价款、相关税费和可直接归属于该资产的其他支出，记入"投资性房地产——成本"科目。

(2) 自行建造投资性房地产的初始计量。对于自行建造投资性房地产，企业应当按照建造该项资产达到预定可使用状态前所发生的必要支出，借记"投资性房地产（在建）"科目，贷记"银行存款"等科目。自行建造资产达到预定可使用状态前所发生的必要支出，包括土地开发费、建筑成本、安装成本、应予以资本化的借款费用、支付的其他费用和分摊的间接费用等。建造过程中发生的非正常性损失，直接计入当期损益，不计入建造成本。

3. 与投资性房地产有关的后续支出。与投资性房地产有关的后续支出，满足投资性房地产确认条件的，企业应当将支出计入投资性房地产成本，借记"投资性房地产"科目，贷记"银行存款"等科目。不满足投资性房地产确认条件的，企业应当在发生时计入当期损益，借记"其他业务成本"等科目，贷记"银行存款"等科目。

【例9-1】2×15年4月初，乙公司计划购入一栋写字楼用于对外出租。4月底，乙公司和丙公司签订经营租赁合同，约定将写字楼自购买之日起出租给丙公司，租期10年。5月1日，乙公司实际购入写字楼，支付价款3 000万元，假设不考虑其他因素，乙公司采用成本模式进行后续计量。

借：投资性房地产——写字楼　　　　　　　　　　　30 000 000
　　贷：银行存款　　　　　　　　　　　　　　　　30 000 000

【例9－2】2×15年6月，丙公司决定将合同即将到期的经营性出租厂房进行翻修，以便增加租金收入。7月1日经营性出租合同到期，丙公司将厂房进行翻修，并与丁公司签订租赁合同，约定厂房翻修完毕就出租给丁公司使用。假设丙公司按照成本模式进行后续计量，厂房原价1 600万元，已经计提折旧300万元，厂房在11月2日完成翻修，翻修投入200万元。丙公司的账务处理如下。

①2×15年7月1日投资性房地产转成改扩建工程：

借：投资性房地产——厂房（在建）　　　　　　　　13 000 000
　　投资性房地产累计折旧　　　　　　　　　　　　 3 000 000
　　贷：投资性房地产——厂房　　　　　　　　　　16 000 000

②厂房翻修过程的账务处理：

借：投资性房地产——厂房（在建）　　　　　　　　 2 000 000
　　贷：银行存款、原材料等　　　　　　　　　　　 2 000 000

③2×15年11月2日厂房翻修完工：

借：投资性房地产——厂房　　　　　　　　　　　　15 000 000
　　贷：投资性房地产——厂房（在建）　　　　　　15 000 000

【例9－3】庚公司对其某项投资性房地产进行日常维修，发生维修费用2万元。庚公司的账务处理如下：

借：其他业务成本　　　　　　　　　　　　　　　　　　20 000
　　贷：银行存款等　　　　　　　　　　　　　　　　　20 000

（二）投资性房地产的后续计量

企业应当在资产负债表日采用成本模式对投资性房地产进行后续计量，有确凿证据表明投资性房地产的公允价值能够持续可靠取得的，可以对投资性房地产采用公允价值模式进行后续计量。但是，同一企业只能采用一种模式对所有投资性房地产进行后续计量，不得同时采用两种计量模式。

1. 采用成本模式进行后续计量。采用成本模式进行后续计量，企业按期（月）计提折旧或摊销，借记"其他业务成本"科目，贷记"投资性房地产累计折旧（摊销）"科目；按照取得租金收入，借记"银行存款"科目，贷记"其他业务收入"等科目。发生减值准备的，企业应当按照确定的减值额，借记"资产减值损失"科目，贷记"投资性房地产减值准备"科目。资产减值一经确认，在以后的会计期间不得转回。

2. 采用公允价值模式进行后续计量。企业必须同时满足下列条件的，才可以采用公允价值模式计量：（1）投资性房地产所在地有活跃的房地产交易市场；（2）企业能够从房地产交易市场上取得同类或类似房地产的市场价格及其他相关信息,从而对投资性房地产的公允价值做出合理的估计。

采用公允价值模式计量的,企业不对投资性房地产计提折旧或进行摊销,应当以资产负债表日投资性房地产的公允价值为基础调整其账面价值,公允价值与原账面价值之间的差额计入当期损益,即:当公允价值大于账面价值时,企业按照两者差额,借记"投资性房地产——公允价值变动"科目,贷记"公允价值变动损益"科目;公允价值小于账面价值时,企业按照两者差额作相反分录。

【例9-4】壬公司有一栋用于出租的写字楼属于投资性房地产,采用成本模式进行后续计量。写字楼的成本为30 000 000元,预计净残值为零,使用寿命40年,按照直线法计提折旧。壬公司每个月能从写字楼的出租中获得10万元租金收入。壬公司账务处理如下。

①每月计提折旧:
每月折旧=30 000 000/(40×12)=62 500(元)
借:其他业务成本　　　　　　　　　　　　　　62 500
　　贷:投资性房地产累计折旧　　　　　　　　　　　62 500
②每月确认租金收入:
借:银行存款　　　　　　　　　　　　　　　100 000
　　贷:其他业务收入　　　　　　　　　　　　　　100 000

【例9-5】癸公司有一栋用于出租的写字楼,属于投资性房地产。2×15年年初,写字楼的账面价值为6 000万元。2×15年12月31日,该写字楼的公允价值为6 500万元。假设癸公司采用公允价值模式进行后续计量。2×15年12月31日,癸公司就写字楼的账务处理如下:

借:投资性房地产——公允价值变动　　　　　　5 000 000
　　贷:公允价值变动损益　　　　　　　　　　　　5 000 000

三、投资性房地产的转换和处置

(一)投资性房地产的转换

投资性房地产的转换,是指因房地产用途发生改变而对房地产进行重新分类。《企业会计准则》规定,企业有确凿证据表明房地产用途发生改变,满足下列条件之一的,应当将投资性房地产转换为其他资产或者将其他资产转换为投资性房地产:

(1)投资性房地产开始自用;
(2)作为存货的房地产,改为出租;
(3)自用土地使用权停止自用,用于赚取租金或资本增值;
(4)自用建筑物停止自用,改为出租。

投资性房地产转换日的确定是非常重要的,它关系到确认时间和入账价值。转换日的确定标准是:投资性房地产开始自用,转换日为房地产达到自用状态;

投资性房地产转换为存货,转换日为租赁期满、企业董事会或类似机构做出书面决议明确表明将其重新开发用于对外销售的日期;作为存货的房地产改为出租,或者自用建筑物或土地使用权停止自用改为出租,转换日通常为租赁期开始日。

1. 投资性房地产转换为非投资性房地产。

(1) 采用成本模式下的投资性房地产的转换。企业将投资性房地产转换为自用房地产,应当按照该项投资性房地产在转换日的账面余额、累计折旧或摊销、减值准备等,分别转入"固定资产"、"累计折旧"、"固定资产减值准备"等科目,即按照投资性房地产的账面余额,借记"固定资产"等科目,贷记"投资性房地产"科目;按已计提的折旧或摊销,借记"投资性房地产累计折旧(摊销)"等科目,贷记"累计折旧"或"累计摊销"等科目;按已计提投资性房地产减值准备,借记"投资性房地产减值准备"科目,贷记"固定资产减值准备"等科目。

【例9-6】2×15年丁公司将出租在外的厂房收回,并用于本公司的生产经营活动。该厂房的成本为4 000万元,已经累计计提折旧1 600万元。假设丁公司采用成本计量模式,账务处理如下:

借:固定资产　　　　　　　　　　　　　　　　　　40 000 000
　　投资性房地产累计折旧　　　　　　　　　　　　16 000 000
　　贷:投资性房地产——厂房　　　　　　　　　　40 000 000
　　　　累计折旧　　　　　　　　　　　　　　　　16 000 000

企业将投资性房地产转换为存货时,应当按照该项房地产在转换日的账面价值借记"开发商品"科目,按照已计提的折旧或摊销借记"投资性房地产累计折旧(摊销)"科目,原已计提减值准备的借记"投资性房地产减值准备"科目,按照投资性房地产的账面余额贷记"投资性房地产"科目。

【例9-7】2×15年7月1日庚房地产公司出租的写字楼期满回收,决定把它用于出售。写字楼的账面价值为8 000万元,累计计提折旧2 000万元,庚房地产公司采用成本模式计量。账务处理如下:

借:开发商品　　　　　　　　　　　　　　　　　　60 000 000
　　投资性房地产累计折旧　　　　　　　　　　　　20 000 000
　　贷:投资性房地产——写字楼　　　　　　　　　80 000 000

(2) 采用公允价值模式下的投资性房地产的转换。企业采用公允价值模式计量的投资性房地产转换为自用房地产时,在转换日,按照该项投资性房地产的公允价值借记"固定资产"等科目,按照该项投资性房地产的成本贷记"投资性房地产——成本"科目,按照该项投资性房地产的累计公允价值变动贷记或借记"投资性房地产——公允价值变动"科目,按照其差额贷记或借记"公允价值变动损益"科目。

企业采用公允价值模式计量的投资性房地产转换为存货时,在转换日,按照该项投资性房地产的公允价值借记"开发商品"等科目,按照该项投资性房地产的成本贷记"投资性房地产——成本"科目;按照该项投资性房地产的累计公允价值变动贷记或借记"投资性房地产——公允价值变动"科目；按照其差额贷记或借记"公允价值变动损益"科目。

【例9-8】2×15年5月31日，乙公司将租赁期满的写字楼收回，并决定用于公司的办公大楼。当日该写字楼的公允价值为4 800万元。该项房地产在转换前采用公允价值模式计量，原账面价值4 750万元，其中，成本为4 500万元，转换之前写字楼公允价值变动为增值250万元。

借：固定资产　　　　　　　　　　　　　　　　48 000 000
　　贷：投资性房地产——成本　　　　　　　　　45 000 000
　　　　　　　　　　——公允价值变动　　　　　 2 500 000
　　　　公允价值变动损益　　　　　　　　　　　　 500 000

【例9-9】2×15年9月20日，辛房地产公司决定将出租期满的写字楼收回用于对外销售，即将投资性房地产转换为存货。当日写字楼的公允价值为7 000万元。该项房地产在转换前采用公允价值模式计量，原账面价值为6 500万元，其中，成本为6 000万元，公允价值增值为500万元。账务处理如下：

借：开发商品　　　　　　　　　　　　　　　　70 000 000
　　贷：投资性房地产——成本　　　　　　　　　60 000 000
　　　　　　　　　　——公允价值变动　　　　　 5 000 000
　　　　公允价值变动损益　　　　　　　　　　　5 000 000

2. 非投资性房地产转换为投资性房地产。

（1）非投资性房地产转换为采用成本模式进行后续计量的投资性房地产。企业将作为存货的房地产转换为采用成本模式计量的投资性房地产，应当按该项存货在转换日的账面价值，借记"投资性房地产"科目，贷记"开发商品"科目，原已计提存货跌价准备的，借记"存货跌价准备"科目。

企业将自用土地使用权或建筑物转换为以成本模式计量的投资性房地产，应当在转换日，按该项建筑物或土地使用权的账面余额，借记"投资性房地产"科目；贷记"固定资产"或"无形资产"科目；按已计折旧或摊销，借记"累计折旧"或"累计摊销"科目，贷记"投资性房地产累计折旧（摊销）"科目；原已计提减值准备的，借记"固定资产减值准备"或"无形资产减值准备"科目，贷记"投资性房地产减值准备"科目。

（2）非投资性房地产转换为采用公允价值进行后续计量的投资性房地产。企业将作为存货的房地产转换为采用公允价值模式计量的投资性房地产，应当按该项房地产在转换日的公允价值入账借记"投资性房地产——成本"科目，按其账面余值贷记"开发商品"等科目，原已计提跌价准备的借记"存货跌价准备"科目。同时，转换日公允价值小于账面余值的差额，借记"公允价值变动损益"科目；转换日的公允价值大于账面余值的差额，贷记"其他综合收益"科目。当该项投资性房地产处置时，因转换计入其他综合收益的部分应转入当期损益。

企业将自用房地产转换为采用公允价值模式计量的投资性房地产，应当按照该项土地使用权或建筑物在转换日的公允价值借记"投资性房地产——成本"科目，按其账面余额贷记"固定资产"或"无形资产"科目，按已计提的累计折旧或累计摊销借记"累计折旧"或"累计摊销"科目，原已计提减值准备的，借记"固定资产减值准备"、"无形资产减值准备"科目。同时，转换日的公允价值小于账面价值的差额，借记"公允价值变动损益"科目；转换日公允价值大于账面价值的差额，贷记"其他综合收益"科目。当该项投资性房地产处置时，因转换计入其他综合收益的部分应转入当期损益。

（二）投资性房地产的处置

采用成本模式进行后续计量的投资性房地产在处置时，企业应当按实际收到的金额，借记"银行存款"等科目，贷记"其他业务收入"科目；按该项投资性房地产的账面价值借记"其他业务成本"科目，按投资性房地产的账面余额贷记"投资性房地产"科目，按已计提减值准备借记"投资性房地产减值准备"科目，按已计提的折旧或摊销借记"投资性房地产累计折旧（摊销）"科目。

采用公允价值模式计量的投资性房地产在处置时，企业应当按实际收到的金额，借记"银行存款"等科目，贷记"其他业务收入"科目；按该项投资性房地产的账面余额借记"其他业务成本"科目，按其成本贷记"投资性房地产——成本"科目，按其累计公允价值变动贷记或借记"投资性房地产——公允价值变动"科目。同时，结转投资性房地产累计公允价值变动。若存在原转换日计入其他综合收益的金额，也一并结转。

第二节 长期待摊费用

长期待摊费用，是指企业当期发生的应当在1年以上的期间内分期摊销计入产品成本或期间费用的支出，主要是开办费、经营租赁固定资产的改良支出等。

开办费，是指企业在筹建期间发生的不能计入各项资产价值的支出，主要包括筹建期间人员的工资、办公费、培训费、差旅费、印刷费、注册登记费以及不计入固定资产价值的汇兑损益、利息支出等。开办费应在企业生产经营开始之日一次摊销。发生开办费时，应借记"长期待摊费用"科目，贷记有关科目；摊销时，应借记"管理费用"科目，贷记"长期待摊费用"科目。

【例9-10】戊公司在筹建期间发生人员工资、差旅费、办公费等开办费用共计4 000 000元。账务处理如下。

①发生开办费用时：

借：长期待摊费用　　　　　　　　　　　　　　　　　　4 000 000
　　贷：库存现金、银行存款、应付职工薪酬等　　　　　　　　4 000 000

②公司开始经营时：

借：管理费用　　　　　　　　　　　　　　　　　　　　4 000 000
　　贷：长期待摊费用　　　　　　　　　　　　　　　　　　　4 000 000

第三节 与《小企业会计准则》的差异

《小企业会计准则》并未规定投资性房地产的会计处理，如果涉及投资性房地产的交易或事项，小企业可以参照《企业会计准则》的规定进行处理。

关于长期待摊费用的会计处理，《小企业会计准则》与《企业会计准则》存在差异。但为了简便核算，减轻小企业的纳税调整负担，《小企业会计准则》关于长期待摊费用的规定与《企业所得税法》的规定相一致。《小企业会计准则》规定：

（1）小企业的长期待摊费用包括已提折旧的固定资产的改建支出、经营租入固定资产的改建支出、固定资产的大修理支出和其他长期待摊费用等。

固定资产的大修理支出，是指同时符合下列条件的支出：修理支出达到取得固定资产时的计税基础50%以上；修理后固定资产的使用寿命延长2年以上。

这一条与《企业会计准则》规定的差异是：第一，固定资产大修理的认定标准存在差异；第二，《企业会计准则》规定，企业发生的固定资产大修理费用，有确凿证据表明符合固定资产确认条件的部分，可以计入固定资产成本，不符合固定资产确认条件的部分应当费用化，计入当期损益。

（2）长期待摊费用应当在其摊销期限内采用年限平均法进行摊销，根据其受益对象计入相关资产的成本或管理费用，并冲减长期待摊费用。

为了便于实务操作，《小企业会计准则》还区分了以下四种情况：已提足折旧的固定资产的改建支出，按照固定资产预计尚可使用年限分期摊销；经营租入固定资产的改建支出，按照合同约定的剩余租赁期限分期摊销；固定资产的大修理支出，按照固定资产尚可使用年限分期摊销；其他长期待摊费用，自支出发生月份的下月分期摊销，摊销期不得低于3年。

思 考 题

1. 什么是投资性房地产？投资性房地产主要包括什么？什么是投资性房地产转换？

2. 关于投资性房地产，《企业会计准则》与《小企业会计准则》、《企业所得税法》的处理差异主要有哪些？

第十章 流动负债

学习目标
1. 了解流动负债的性质与分类。
2. 掌握短期借款、应付票据、应付账款、预收款项、应交增值税和应付职工薪酬的会计核算。
3. 理解其他应付款、应交消费税、应交城市维护建设税与教育费附加的会计核算以及"营改增"试点企业的会计处理。

第一节 流动负债的定义与分类

流动负债是指企业在1年或超过1年的一个正常营业周期内，需要以流动资产或增加其他负债来抵偿的债务。主要包括短期借款、应付及预收账款、应付职工薪酬、应交税费、应付利息、应付股利等。确认流动负债是为了其与流动资产进行对比，反映企业的短期偿债能力。

流动负债按照各种不同的标准，可以分为不同的种类。例如，流动负债按其偿付手段，可以分为货币性流动负债和非货币流动负债，后者如预收账款；按其偿付金额是否确定，可以分为偿付金额确定的流动负债和偿付金额需要估计的流动负债，后者如结算凭证尚未到达但已经入库的存货，其应付账款应于月末估计确定；按其形成原因，可以分为融资活动形成的流动负债和营业活动形成的流动负债。

企业流动负债的偿付对象主要包括银行等金融机构、发生业务往来的企业、税务机关、单位以及个人。

（1）金融机构。融资活动形成的负债是指企业从银行和其他金融机构投资者等主体筹集资金形成的流动负债，主要包括短期借款、应付利息、应付股利等。

（2）发生业务往来的企业、单位与个人。企业在生产经营过程中，因购买货物或劳务应付但尚未付给有关单位和个人的款项，因销售货物或劳务的预收款项，以及其他由外部结算业务形成的流动负债。主要包括应付票据、应付账款、预收账款、其他应付款中应付外单位的款项等。

（3）税务部门。企业在生产经营过程中，依据税法及相关制度规定，可能产生相应的缴纳税费义务。这些税费主要包括增值税、消费税、城市维护建设税、教育费附加和所得税等。

(4) 企业内部的单位与个人。企业对单位与个人的流动负债中,企业与内部单位和个人的应付款项及应付职工薪酬构成企业内部往来流动负债。

第二节 流动负债的计量

负债是企业应在未来偿付的债务,在会计计量时,理论上应按未来应付金额的现值入账。但是,流动负债的偿付时间一般在1年以内,未来应付金额与其现值相差不大,按照重要性原则,一般以流动负债业务发生时的金额也即未来应付金额计量。

第三节 短期借款

短期借款是企业从银行或其他金融机构借入的偿还期在1年以内(特殊情况在超过1年的一个营业周期以内,本章下同)的款项。企业短期借款的债权人不仅包括银行,还包括其他金融机构,如小额贷款公司等。小企业存在向第三方(如个人)借入的款项并且应负担利息费用,也视同短期借款进行会计处理,如果期限超过1年,则应视同长期借款进行会计处理。

一、短期借款的取得

企业从银行或其他金融机构借入款项时,签订的借款合同应包括借款金额、利率和还款时间等条款。取得短期借款时,应借记"银行存款"科目,贷记"短期借款"科目。短期借款按照债权人、借款种类、还款时间设置明细账。

【例10-1】甲企业2×15年7月1日从银行取得偿还期为6个月的借款100 000元,年利率为6%,每季度结息一次。根据上述资料,编制会计分录如下:

借:银行存款　　　　　　　　　　　　　　100 000
　　贷:短期借款　　　　　　　　　　　　　　　　100 000

二、短期借款的利息费用

企业因短期借款而发生的利息费用应作为财务费用处理,计入当期损益。按照权责发生制的原则,因短期借款而发生的利息即使当月没有支付,也应作为利息费用予以确认,借记"财务费用"科目,贷记"应付利息"科目。在实际支付利息的月份,实际支付的利息分为两个部分:一部分为之前月份计提的应付利息,借记"应付利息"科目,贷记"银行存款"科目;另一部分为当月应负担的利息，借记"财务费用"科目，贷记"银行存款"科目。在实际支付利息的月份，也可以采用月末调整应付利息差额的方法，根据实际支付的利息，借记"应付利息"科目，贷记"银行存款"科目，月末再调整应付利息的差额，借记"财务费用"科目，贷记"应付利息"科目。采用后一种方法，可在应付利息明细账中全面反映借款利息的预提和支出情况。

【例10-2】承【例10-1】，该企业使用预提法进行利息费用的核算，具体会计处理如下：

①7月、8月预提利息费用500元，共预提1 000元：

借：财务费用　　　　　　　　　　　　　　　　500
　　贷：应付利息　　　　　　　　　　　　　　　　500

②9月实际支付利息1 500元：

借：应付利息　　　　　　　　　　　　　　　　1 000
　　财务费用　　　　　　　　　　　　　　　　　500
　　贷：银行存款　　　　　　　　　　　　　　　1 500

在实际支付利息的9月份，也可以在月末确认财务费用计提应付利息，全面反映应付利息发生额。在实际支付利息时：

借：应付利息　　　　　　　　　　　　　　　　1 500
　　贷：银行存款　　　　　　　　　　　　　　　1 500

在月末：

借：财务费用　　　　　　　　　　　　　　　　500
　　贷：应付利息　　　　　　　　　　　　　　　　500

在短期借款利息数额不大的情况下，为简化会计核算，可以在实际支付利息的月份确认财务费用。但是，当应付利息跨越会计年度时，应在年末预提本年负担但尚未支付的利息，确认财务费用。

三、短期借款的偿还

短期借款到期，企业偿还本金时，借记"短期借款"科目，贷记"银行存款"科目。

【例10-3】承【例10-1】，该企业偿还短期借款100 000元，编制如下会计分录：

借：短期借款　　　　　　　　　　　　　　　　100 000
　　贷：银行存款　　　　　　　　　　　　　　　100 000

第四节　应付票据、应付账款与预收账款

应付票据与应付账款均是企业在生产经营过程中因购买货物或劳务应付但尚

未给付形成的流动负债。预收账款是企业按照合同约定预先向购买方收取但尚未用产品或劳务偿付的流动负债。三者均反映企业作为购销双方中的主体之一与另一主体间的货款结算关系。

一、应付票据

应付票据是企业采用商业汇票结算方式在票据到期时偿付款项的流动负债。采用商业汇票结算是一种延期付款的方式，签发人在商业汇票到期时才需要支付票据款。在我国，商业汇票的付款期限最长仅为6个月，因此，应将应付票据归类为流动负债。

1. 应付票据的确认。企业签付经过承兑的商业汇票可以用于抵付货款，抵偿应付账款。依据承兑人的不同，商业汇票分为银行承兑汇票与商业承兑汇票。实际工作中，银行承兑汇票由于基本不存在到期不能兑付的风险，得到了更为广泛的使用。我国的商业汇票一般为不带息的商业汇票。

商业汇票在签发时，其到期值即为票面价值。按照重要性原则，企业在取得结算凭证并签付商业汇票后，应按到期值即票面值，借记"原材料"、"应交税费"、"应付账款"等科目，贷记"应付票据"科目。签付银行承兑汇票时，银行收取的手续费应作为财务费用确认。

【例10-4】甲企业2×14年11月1日购入原材料一批，结算凭证注明价款20 000元，增值税税额3 400元，共计23 400元，原材料已验收入库。采用商业汇票结算方式进行结算，签付一张6个月期的商业承兑汇票。根据以上资料，编制如下会计分录：

借：原材料　　　　　　　　　　　　　　　　　　　20 000
　　应交税费——应交增值税（进项税额）　　　　　 3 400
　　贷：应付票据　　　　　　　　　　　　　　　　　23 400

2. 商业汇票到期。商业汇票到期时签付企业应无条件支付票据款，但现实中可能出现企业无力支付票据款的情况。在企业有能力支付票据款的情况下，商业汇票到期，企业的开户银行在收到商业汇票付款通知时应无条件支付票据款。企业在收到开户银行付款通知时，核销该项应付票据，借记"应付票据"科目，贷记"银行存款"科目。

【例10-5】承【例10-4】，2×15年5月1日商业承兑汇票到期，甲企业用银行存款支付票据款23 400元，编制如下会计分录：

借：应付票据　　　　　　　　　　　　　　　　　　23 400
　　贷：银行存款　　　　　　　　　　　　　　　　　23 400

当企业无力支付票据款时，根据商业汇票承兑人的不同应区别处理。

承兑人是银行的银行承兑汇票，承兑银行在票据到期持票人提示付款时，即使企业无力付款也应代为支付，并将代为支付的款项转为对企业的逾期贷款。由于此时汇票已经失效，企业应将应付票据转为短期借款，按票面价值，借记"应付票据"科目,贷记"短期借款"科目。由此产生的罚息,企业应确认为财务费用。

【例10-6】若〖例10-4〗中签付的是银行承兑汇票,2×15年5月1日银行承兑汇票到期,甲企业无力支付,银行代为支付,甲企业应编制如下会计分录:

借:应付票据   23 400
  贷:短期借款   23 400

承兑人是企业的商业承兑汇票,企业无力付款时,银行将把商业承兑汇票退还给持票人,由收付款双方自行协商解决。此时,商业汇票已经失效,企业应将应付票据转为应付账款,按票面价值,借记"应付票据"科目,贷记"应付账款"科目。

【例10-7】若〖例10-5〗中2×15年5月1日商业承兑汇票到期,甲企业无力支付,甲企业应编制如下会计分录:

借:应付票据   23 400
  贷:应付账款   23 400

二、应付账款

应付账款是指企业因购买材料、商品和接受劳务供应等日常生产经营活动应在1年内偿付的款项,是由买卖双方在购销活动中由于取得物资与支付货款在时间上不一致而产生的负债。

从理论上说,企业因购买行为发生的应付账款应在收到对方结算凭证进行会计确认。取得结算凭证意味着企业取得了相应的资产,应在确认资产的同时确认负债。

但现实中,由于赊购的偿付期较短,往往在月内就能够付款,为了简化会计工作,企业在取得结算凭证时暂不作账务处理。若在月内付款,直接贷记"银行存款"科目;若在月末该笔款项仍未支付,则应在月末对应付账款进行会计确认。

如果购进货物已经验收入库但结算凭证在月末仍未到达,企业应对货物和应收账款进行暂估,同时确认资产和负债,但应在下月1日编制红字凭证冲销。

根据重要性原则,应付账款依据未来应付金额入账,也即业务发生时的金额。借记"原材料"、"库存商品"、"应交税费"、"应付票据"等科目,贷记"应付账款"科目。企业偿付应付账款时,借记"应付账款"科目,贷记"银行存款"科目。债权人提供现金折扣时,企业若在折扣期内付款,取得的现金折扣应视为利息收入,用于冲减财务费用。按应付账款总价借记"应付账款"科目,按实际支付价款贷记"银行存款"科目,差额贷记"财务费用"科目。

【例10-8】甲企业2×14年11月10日赊购一批原材料,发票中注明买价10 000元,增值税税额为1 700元,价税合计11 700元,材料已验收入库。付款条件为"2/10,1/20,n/30"。11月18日实际支付价款11 466元,取得现金折扣234元。

①11月10日购入原材料:
借:原材料 10 000
  应交税费——应交增值税(进项税额) 1 700
   贷:应付账款 11 700

②11月18日支付货款:
借:应付账款 11 700
  贷:银行存款 11 466
   财务费用 234

三、预收账款

预收账款是企业按照合同约定在销货之前预先向购买方收取的款项,应在1年以内用产品或劳务来偿付。预收账款虽然表现为货币资金的增加,但并不能作为企业收入予以确认,其实质为一项流动负债。

企业收到预收账款时,按照实际发生金额进行会计确认,借记"银行存款"科目,贷记"预收账款"科目。销售货物或提供劳务时,借记"预收账款"科目,贷记"主营业务收入"、"应交税费"等科目。货物或劳务的实际结算金额与预收账款很可能不一致,当实际结算金额大于预收账款时,若购货方以银行存款补足差额,借记"银行存款"科目,贷记"预收账款"科目;若月末购货方仍未补付差额,"预收账款"科目将有借方余额,应列入资产负债表中的"应收账款"项目。当实际结算金额小于预收账款时,若退还多收购货方款项,借记"预收账款"科目,贷记"银行存款"科目。

在企业预收账款业务不多的情况下,为了简化会计核算工作,也可以不设"预收账款"科目,预收的款项记入"应收账款"科目的贷方。月末,"应收账款"科目所属的明细科目若有贷方余额,在资产负债表中应列入"预收账款"项目。

【例10-9】 甲企业根据发生的有关预收账款业务编制会计分录如下。

①2×14年11月15日预收乙企业货款80 000元,存入银行。
借:银行存款 80 000
  贷:预收账款——乙企业 80 000

②12月3日,向乙企业发货一批,不含税价款为100 000元,增值税税额为17 000元,乙企业尚未补付货款。
借:预收账款——乙企业 117 000
  贷:主营业务收入 100 000
   应交税费——应交增值税(销项税额) 17 000

12月31日,"预收账款——乙企业"明细科目借方余额37 000元应列入资产负债表中的"应收账款"项目。

③ 2×15 年 1 月 10 日，乙企业补付货款 37 000 元，存入银行。

借：银行存款　　　　　　　　　　　　　　　　37 000
　　贷：预收账款——乙企业　　　　　　　　　　　　37 000

若甲企业不设"预收账款"科目，则上述甲企业应编制如下会计分录。

① 2×14 年 11 月 15 日预收货款。

借：银行存款　　　　　　　　　　　　　　　　80 000
　　贷：应收账款——乙企业　　　　　　　　　　　　80 000

11 月 30 日资产负债表中，就将"应收账款——乙企业"明细科目余额贷方 80 000 元列入"预收账款"项目。

② 12 月 3 日发货。

借：应收账款——乙企业　　　　　　　　　　　117 000
　　贷：主营业务收入　　　　　　　　　　　　　　100 000
　　　　应交税费——应交增值税（销项税额）　　　 17 000

③ 2×15 年 1 月 10 日，乙企业补付货款。

借：银行存款　　　　　　　　　　　　　　　　37 000
　　贷：应收账款——乙企业　　　　　　　　　　　　37 000

第五节　应交税费

企业在生产经营活动中，依据税法规定产生了各种各样的缴纳税费的义务。这些税费主要包括增值税、消费税、城市维护建设税、企业所得税、资源税、土地增值税、城镇土地使用税、房产税、车船税和教育费附加、矿产资源补偿费、排污费、堤围防护费以及代扣代缴个人所得税等。本章主要介绍增值税、消费税、城市维护建设税和教育费附加，代扣代缴个人所得税在应付职工薪酬中介绍，而企业所得税将在第十三章中讲述。

一、增值税[①]

增值税是以商品或应税劳务在流转过程中产生的增值额作为计税依据而征收的一种流转税。增值税是一种价外税，其计税依据不包含增值税本身，销售货物和提供应税劳务收取的增值税不计入销售收入，购进货物和接受应税劳务支付的增值税一般也不计入货物和劳务的成本，在价外单独核算。

---

① 自 2018 年 5 月 1 日起，中国政府将制造业等行业增值税税率从 17% 下调为 16%，将交通、建筑、基础电信服务等行业及农产品等货物的增值税税率从 11% 下调为 10%。本教材中案例凡涉及增值税，大都还采用 17% 的税率。这主要是因为工作量大、时间紧，来不及修改，同时编者考虑这不妨碍读者对原理的理解。

（一）纳税人

在中华人民共和国境内销售货物或者提供应税劳务、服务以及进口货物的单位和个人为增值税的纳税人。增值税的纳税人分为一般纳税人与小规模纳税人两种。一般纳税人应交增值税使用进项抵扣制度，而小规模纳税人由于生产经营规模较小、账证不健全，其应交增值税采用简化的核算方法。

（二）会计核算方法

1. 会计科目设置。对一般纳税人而言，增值税实行价外核算，在"应交税费"下应设置应交增值税、未交增值税、预交增值税、待抵扣进项税额、待认证进项税额、待转销项税额、增值税留抵税额、简易计税、转让金融商品应交增值税、代扣代交增值税等二级科目。"应交增值税"二级科目还按照应交增值税的构成内容设置专栏，进行明细核算。

（1）应交增值税。在"应交增值税"二级科目的借方一般设置进项税额、已交税金、出口抵减内销产品应纳税额和转出未交增值税四栏；贷方一般设置销项税额、进项税额转出、出口退税和转出多交增值税四栏。贷方专栏中的进项税额转出与出口退税为借方专栏中进项税额的抵减项目。小规模纳税人采用简化核算，不需在"应交增值税"明细科目中设置上述专栏。

（2）未交增值税。未交增值税核算一般纳税人月度终了从"应交增值税"或"预交增值税"明细科目转入当月应交未交、多交或预交的增值税税额，以及当月交纳以前期间未交的增值税税额。

（3）预交增值税。预交增值税核算一般纳税人转让不动产、提供不动产经营租赁服务、提供建筑服务、采用预收款方式销售自行开发的房地产项目等，以及其他按现行增值税制度规定应预交的增值税税额。

（4）待抵扣进项税额。待抵扣进项税额是核算一般纳税人已取得增值税扣税凭证并经税务机关认证，按照现行增值税制度规定准予以后期间从销项税额中抵扣的进项税。具体包括：一般纳税人自2016年5月1日后取得并按固定资产核算的不动产，或者2016年5月1日后取得的不动产在建工程，按现行增值税制度规定准予以后期间从销项税额中抵扣的进项税。

（5）待认证进项税额。待认证进项税额核算一般纳税人由于未经税务机关认证而不得从当期销项税额中抵扣的进项税。具体包括：一般纳税人已取得增值税扣税凭证、按照现行增值税制度规定准予从销项税额中抵扣但尚未经税务机关认证的进项税额；一般纳税人已申请稽核但尚未取得稽核相符结果的海关缴款书进项税额。

（6）待转销项税额。待转销项税额是核算一般纳税人销售货物、加工修理修配劳务、服务、无形资产或不动产，已确认相关收入（或利得）但尚未发生增值税纳税义务而需于以后期间确认为销项税额的增值税。

（7）增值税留抵税额。增值税留抵税额是核算兼有销售服务、无形资产或者不动产的原增值税一般纳税人，截至纳入"营改增"试点之日前的增值税期末留抵税额按照现行增值税制度规定不得从销售服务、无形资产或不动产的销项税额中抵扣的增值税留抵税额。

（8）简易计税。简易计税是核算一般纳税人采用简易计税方法发生的增值税计提、扣减。

（9）转让金融商品应交增值税。转让金融商品应交增值税是核算增值税纳税人转让金融商品发生的增值税税额。

（10）代扣代交增值税。代扣代交增值税是核算纳税人购进在境内未设经营机构的境外单位或个人在境内的应税行为代扣代缴的增值税。

小规模纳税人只需在"应交税费"科目下设置"应交增值税"二级科目，除了"转让金融商品应交增值税"、"代扣代交增值税"两个科目外，不再设其余三级明细科目。

2. 应交增值税的计算方法及其三级明细科目会计处理。一般纳税人的增值税应纳税额计算使用进项抵扣制度。一般而言，本期的销项税额减去可以抵扣的进项，差额即为本期应纳税额。可以抵扣的进项即进项税额扣除进项税额转出和出口退税两个抵减项目之后的差额。对出口环节增值税实行"免、抵、退"管理办法的企业，出口抵减内销产品应纳税额也是计算增值税应纳税额的一个抵减项。增值税应纳税额的计算公式为：

本期增值税应纳税额＝销项税额－（进项税额－进项税额转出－出口退税）
－出口抵减内销产品应纳税额

当本期增值税应纳税额大于借方专栏"已交税金"时，其差额为本期未交增值税，应从"应交增值税"二级科目借方（"转出未交增值税"专栏）转出，转入"未交增值税"二级科目贷方。

当本期增值税应纳税额小于借方专栏"已交税金"时，其差额为本期多交增值税，应从"应交增值税"二级科目贷方（"转出多交增值税"专栏）转出，转入"未交增值税"二级科目借方。

当本期增值税应纳税额小于零时，意味着销项税额小于抵减后的进项和出口抵减内销产品应纳税额之和，其差额为尚未抵扣的进项税额，可留待以后期间继续抵扣。

因此，"应交增值税"二级科目月末仅在尚存未抵扣进项税额时有借方余额，否则均应转出到"未交增值税"二级科目。

下面分别介绍"应交增值税"二级科目下的"销项税额"、"销项税额抵减"、"进项税额"、"进项税额转出"、"出口退税"、"出口抵减内销产品应纳税额"、"已交税金"、"转出未交增值税"与"转出多交增值税"等三级科目。

（1）销项税额与销项税额抵减。增值税的销项税额是指一般纳税人在销售货物或提供应税劳务收取的价款中所含的增值税税额，销项税额应根据下列公式计算：

销项税额＝销售额×增值税税率

$$=[含税销售额/(1+增值税税率)]×增值税税率$$

其中,销售额是指企业销售货物或提供应税劳务向购买方收取的不包括销项税额、代扣代缴的消费税以及代垫运杂费以外的全部价款和价外费用。价外费用主要包括手续费、包装费、违约金以及自营运杂费等。含税销售额是指:第一,价税合计金额;第二,商业企业零售价;第三,普通发票上注明的销售额;第四,价外费用均视为含税收入。

企业销售货物或提供应税劳务以后,应根据收取的全部价款和价外费用借记"银行存款"科目,根据销售额贷记"主营业务收入"或"其他业务收入"科目,根据销项税额贷记"应交税费——应交增值税(销项税额)"科目。

【例10-10】甲企业为一般纳税人,2×15年8月销售A产品100件,不含税价款为600 000元,增值税税率为17%,销项税额为102 000元,共计702 000元,款项收到存入银行。应编制如下会计分录:

借:银行存款　　　　　　　　　　　　702 000
　　贷:主营业务收入　　　　　　　　　　600 000
　　　　应交税费——应交增值税(销项税额)　102 000

我国现行的增值税相关法律制度对企业以下行为和某些特殊销售方式的销售额或销项税额的确认进行了特殊规定。

第一,视同销售。视同销售行为是指企业在会计核算中不作销售处理而在税法中要求按照销售行为缴纳增值税的行为。主要包括:①将货物交付其他单位或者个人代销;②销售代销货物;③设有两个以上机构并实行统一核算的纳税人,将货物从一个机构移送其他机构用于销售,但相关机构设在同一县(市)的除外;④将自产或者委托加工的货物用于非增值税应税项目;⑤将自产、委托加工的货物用于集体福利或者个人消费;⑥将自产、委托加工或者购进的货物作为投资,提供给其他单位或者个体工商户;⑦将自产、委托加工或者购进的货物分配给股东或者投资者;⑧将自产、委托加工或者购进的货物无偿赠送其他单位或者个人。

在视同销售行为中,代销与销售代销、货物移送以及用于非增值税应税项目的货物一般按成本加上销项税额之和借记对应科目,贷记"库存商品"、"原材料"等科目,同时贷记"应交税费——应交增值税(销项税额)"科目。将货物用于其他项目应确认收入,并结转成本。视同销售行为中销售额的确定应按下列顺序进行:①当月同类货物的平均销售价格;②最近同期同类货物的平均销售价格;③组成计税价格。

组成计税价格的计算公式为:

$$组成计税价格 = 成本 × (1+10\%)$$

若为应征消费税的货物,组成计税价格的计算公式为:

$$组成计税价格 = 成本 × (1+成本利润率) + 消费税税额$$

其中的成本,销售自产货物的为实际成本,销售外购货物的为实际采购成本。其中的成本利润率按1993年12月28日国家税务总局发布的规定确定为10%。但属于应从价定率征收消费税的货物,其组成计税价格计算公式中的利润率为《消费税若干具体问题的规定》中规定的成本利润率。

【例10-11】 甲公司2×15年8月将自产的A产品10件用于在建工程(房屋),成本共计43 000元,当月公司同类产品销售价格60 000元。将自产一批B产品作为对外投资,成本共计90 000元,双方协定的不含税价格为100 000元。甲公司应编制会计分录如下。

①将自产产品用于专项工程,应视同销售,按当月同类货物的平均销售价格60 000元计算增值税销项税额,即:60 000×17% = 10 200(元)。

  借:在建工程   53 200
    贷:库存商品——A产品   43 000
      应交税费——应交增值税(销项税额) 10 200

②将自产产品用于对外投资,应视同销售,按双方协定的价格作为销售额计算增值税销项税额,即:100 000×17% = 17 000(元)。

  借:长期股权投资   117 000
    贷:主营业务收入   100 000
      应交税费——应交增值税(销项税额) 17 000

结转成本:

  借:主营业务成本   90 000
    贷:库存商品   90 000

第二,特殊销售行为。以折扣方式销售货物、以旧换新销售货物、还本销售、以物易物销售和收取包装物押金等行为依据我国现行增值税相关法律制度对销售额的确认有特殊的处理办法:①折扣销售。折扣销售包括商业折扣和现金折扣。其中,商业折扣销售额与折扣额在同一张发票上分别注明的,可按折扣后的销售额征收增值税,否则不得扣减销售额。现金折扣则不允许从销售额中扣除。②以旧换新销售。以旧换新销售按新货物的销售价格作为销售额,不得减除旧货物的金额(除金银首饰以外)。③还本销售。还本销售以物的销售价格作为销售额,不得扣减还本支出。④以物易物销售。以物易物应作销售处理,以发出货物核算单位销售额计算销项税额,若收到货物不能取得相应的增值税专用发票或其他合法票据,不得抵扣进项税额。⑤包装物押金。销售货物收取的包装物押金,如果单独记账核算,时间在1年以内又未逾期的,不并入销售额,但对逾期未收回不再退还的包装物押金,应换算为不含税收入并入销售额征税。

企业发生相关成本费用允许扣减销售额如何进行账务处理?按现行增值税制度的规定,企业发生相关成本费用允许扣减销售额的,发生成本费用时,按应付或实际支付的金额,借记"主营业务成本"、"存货"、"工程施工"等科目,贷记"应付账款"、"应付票据"、"银行存款"等科目。待取得合规增值税扣税凭证且纳税人义务发生时,按照允许抵扣的税额,借记"应交税费——应交增值税(销项税额抵减)"或"简易计税"(小规模纳税人应借记"应交税费——应交增值税"科目），贷记"主营业务成本"、"存货"、"工程施工"等科目。

（2）进项税额。一般纳税人购进货物或者接受应税劳务所支付或者负担的增值税税额为进项税额。它与销售方收取的销项税额相对应。企业支付的增值税进项税额是否可以抵扣应视具体情况而定。

第一，可以抵扣的进项税额。企业可以抵扣的进项税额分为两大类：一类是可凭合法凭证抵扣的进项税额；另一类是可计算扣除的进项税额。

凭合法凭证抵扣的进项税额是指从销售方取得的增值税专用发票上注明的增值税税额或从海关取得的海关进口增值税专用缴款书上注明的增值税税额。可计算扣除的进项税额包括：①一般纳税人从运输单位因外购货物和销售货物支付运输费用而获得的运费发票，按发票所列运费金额11%计算进项税额抵扣；②一般纳税人购入农产品，原适用11%扣除率的，扣除率调整为10%。购入用于生产销售或委托加工16%税率货物的农产品，按照12%扣除率计算进项税额。

一般纳税人在购进货物及接受应税劳务取得相应的合法抵扣凭证时，应根据该合法凭证中货物或应税劳务的价款借记"原材料"、"库存商品"、"固定资产"等科目，根据其中列明的税额借记"应交税费——应交增值税（进项税额）"科目，根据结算金额贷记"银行存款"、"应付账款"等科目。

一般纳税人购进免税农产品时，由于买价的13%可以作为进项抵扣，应按买价的87%借记"原材料"或"库存商品"科目，按买价的13%借记"应交税费——应交增值税（进项税额）"科目，按买价贷记"银行存款"等科目。

一般纳税人购进或销售货物时取得运输部门开具的增值税发票，按11%计算进项税，运费的93%应当并入货物的入账价值。

【例10-12】甲公司2×15年8月发生下列经济业务：①购入原材料一批，买价200 000元，增值税税额34 000元，运费1 000元，增值税110元，共计235 110元，结算凭证已到，原材料入库；②购入免税农产品一批，作为原材料入库，收购价100 000元；③购入不需安装的机器设备一台，买价50 000元，增值税税额8 500元，运输费500元，增值税55元，共计59 055元。以上款项均已通过银行存款付清。

甲公司应编制如下会计分录。

①原材料成本 = 200 000 + 1 000 = 201 000（元）

进项税额 = 34 000 + 1 000 = 35 000（元）

借：原材料　　　　　　　　　　　　　　　　　　　200 890
　　应交税费——应交增值税（进项税额）　　　　　34 110
　　贷：银行存款　　　　　　　　　　　　　　　　　　235 000

②免税农产品入账成本 = 100 000 × (1 - 13%) = 87 000（元）

进项税额 = 100 000 × 13% = 13 000（元）

借：原材料　　　　　　　　　　　　　　　　　　　87 000

　　　　应交税费——应交增值税（进项税额）　　　　　13 000
　　　　　贷：银行存款　　　　　　　　　　　　　　　　　100 000
③固定资产原值 = 50 000 + 500 = 50 500（元）
进项税额 = 8 500 + 55 = 8 555（元）
　　借：固定资产　　　　　　　　　　　　　　　　　　50 500
　　　　应交税费——应交增值税（进项税额）　　　　　8 555
　　　　　贷：银行存款　　　　　　　　　　　　　　　　　59 055

第二，不得抵扣的进项税额。按照我国税法的规定，下列项目的进项税额不得从销项税额中抵扣：①用于非增值税应税项目、免征增值税项目、集体福利或者个人消费的购进货物或者应税劳务；②非正常损失的购进货物及相关的应税劳务；③非正常损失的在产品、产成品所耗用的购进货物或应税劳务；④国务院财政、税务主管部门规定的纳税人自用消费品；⑤上述购进货物的运输费用。不得抵扣进项税额的会计处理详见后面内容。

【例 10 - 13】承〖例 10 - 12〗，8 月甲公司购入应征消费税的小汽车一辆，购买价 100 000 元，增值税税额 17 000 元，运杂费 800 元，增值税 88 元，用银行存款支付。甲公司应编制如下会计分录：
　　借：固定资产　　　　　　　　　　　　　　　　　　100 800
　　　　应交税费——应交增值税（进项税额）　　　　　17 088
　　　　　贷：银行存款　　　　　　　　　　　　　　　　　117 888

第三，进项税额转出。当企业发生满足不得抵扣进项税额事由时，应将相关进项税额从当月进项税额中转出，借记有关科目，贷记"应交税费——应交增值税（进项税额转出）"科目。

【例 10 - 14】承〖例 10 - 12〗，2×15 年 9 月，甲公司 8 月购进的免税农产品因仓库火灾，全部毁损，账面价值为 87 000 元。甲公司应编制如下会计分录：
　　借：待处理财产损溢　　　　　　　　　　　　　　　100 000
　　　　　贷：原材料　　　　　　　　　　　　　　　　　　87 000
　　　　　　　应交税费——应交增值税（进项税额转出）　　13 000

（3）出口退税与出口抵减内销产品应纳税额。依照我国税法的规定，对外贸企业出口货物实行出口环节免税，依据购进货物的增值税专用发票注明的进项税额和出口货物对应的退税率计算出口货物应退还的增值税。对生产企业出口货物，采用"免、抵、退"的方式计算应退增值税。其中，"免"是指对生产企业出口的自产货物免征本企业生产销售环节增值税；"抵"是指生产企业出口自产货物所耗用的原材料、零部件、燃料、动力等所含应予退还的进项税额，抵顶内销货物应纳税额；"退"是指生产企业出口的自产货物在当月内应抵的进项税额大于应纳税额时，对未抵顶完的部分予以退税。

　　由于退税率一般低于增值税税率，外贸企业出口货物取得的退税额往往小于其购买货物时所支付的进项税额。企业收到退税时，应根据实际收到的退税款,借记"银行存款"科目,贷记"应交税费——应交增值税(出口退税)"科目;实际收到退税款与购买货物时支付的进项税额之间的差额必须转出,计入销售成本,借记"主营业务成本"科目,贷记"应交税费——应交增值税(进项税额转出)"科目。对于实行"免、抵、退"政策的企业,按照税法规定当期应予抵扣的增值税税额,借记"应交税费——应交增值税(出口抵减内销产品应纳税额)"科目,贷记"应交税费——应交增值税(出口退税)"科目。

【例10-15】甲公司2×15年8月根据发生的有关出口退税业务,编制如下会计分录。

①出口C产品2件,价款折合人民币20 000元,尚未收到货款。

借:应收账款　　　　　　　　　　　　　　　　　20 000
　　贷:主营业务收入　　　　　　　　　　　　　　　20 000

②出口C产品2件所耗原材料为10 000元,进项税额1 700元,申报退税后,应退回税款900元,允许公司抵减内销产品销项税额。

借:应交税费——应交增值税(出口抵减内销产品应纳税额)　900
　　贷:应交税费——应交增值税(出口退税)　　　　　　900

③出口C产品所耗原材料未退回的进项税额800元(1 700 - 900)计入销售成本。

借:主营业务成本　　　　　　　　　　　　　　　　800
　　贷:应交税费——应交增值税(进项税额转出)　　　800

(4)已交税金。企业应交增值税税额,应根据具体情况按日缴纳或按月预缴。预缴当月增值税时,借记"应交税费——应交增值税(已交税金)"科目,贷记"银行存款"等科目。

【例10-16】甲公司按照规定应预交2×15年8月的增值税。根据〖例10-10〗至〖例10-15〗中的有关资料,编制如下会计分录。

①进项税额 = 34 070 + 13 000 + 8 535 = 55 605(元)

进项税额转出 = 800(元)

销项税额 = 102 000 + 10 200 + 117 000 + 1 734 = 230 934(元)

出口退税 = 900(元)

出口抵减内销产品应纳税额 = 900(元)

应交增值税 = 230 934 - (55 605 - 800 - 900) - 900 = 176 129(元)

②8月补缴7月未交增值税2 000元,并预缴8月增值税175 000元,合计177 000元。

借:应交税费——未交增值税　　　　　　　　　　　2 000
　　　　　　——应交增值税(已交税金)　　　　　175 000
　　贷:银行存款　　　　　　　　　　　　　　　　177 000

(5)转出未交增值税与多交增值税。月末,当月应纳税额大于已交税金时,属于企业多交增值税,应就其差额,借记"应交税费——未交增值税"科目,贷记"应交税费——应交增值税（转出多交增值税）"；反之，应就其差额，借记"应交税费——应交增值税（转出未交增值税）"科目，贷记"应交税费——未交增值税"科目。

【例10-17】根据〖例10-16〗中的计算结果，转出未交增值税。

转出未交增值税 = 176 129 - 175 000 = 1 129（元）

借：应交税费——应交增值税（转出未交增值税）　　　　1 129
　　贷：应交税费——未交增值税　　　　　　　　　　　　　　1 129

3. 采购等业务进项税允许抵扣和不得抵扣的账务处理。一般纳税人购进货物、加工修理修配劳务、服务、无形资产或不动产，按应计入相关成本费用或资产的金额，借记"在途物资"、"原材料"、"库存商品"、"生产成本"、"无形资产"、"固定资产"、"管理费用"等科目，按当月已认证的可抵扣增值税，借记"应交税费——应交增值税（进项税）"科目。具体案例见前面内容。按当月未认证的可抵扣增值税，借记"应交税费——待认证进项税额"科目，按应付或实际支付的金额，贷记"应付账款"、"应付票据"、"银行存款"等科目。发生退货的，如原增值税专用发票已做认证，应根据税务机关开具的红字增值税专用发票做相反的会计分录；如原增值税专用发票未做认证，应将发票退回并做相反的会计分录。

4. 购进不动产或不动产在建工程的进项税会计处理。一般纳税人自2016年5月1日后取得并按固定资产核算的不动产或者2016年5月1日后取得的不动产在建工程，其进项税额按现行增值税制度规定自取得之日起分2年从销项税额中抵扣的，应当按取得成本，借记"固定资产"、"在建工程"等科目，按以当期可抵扣的增值税税额，借记"应交税费——应交增值税（进项税额）"科目，按以后期间可抵扣的增值税税额，借记"应交税费——待抵扣进项税额"科目，按应付或实际支付的金额，贷记"应付账款"、"应付票据"、"银行存款"等科目。尚未抵扣的进项税额待以后期间允许抵扣时，按允许抵扣的金额，借记"应交税费——应交增值税（进项税额）"科目，贷记"应交税费——待抵扣进项税额"科目。

5. 小规模纳税人。小规模纳税人是指年销售额在规定标准以下，并且会计核算不健全、不能按规定报送有关税务资料的增值税纳税人。所称会计核算不健全，是指不能正确核算增值税的销项税额、进项税额和应纳税额。

小规模纳税人的具体认定标准包括：（1）对于从事货物生产或者提供应税劳务的纳税人，以及从事货物生产或者提供应税劳务为主并兼营货物批发或零售的纳税人，年应税销售额在50万元（含）以下的；（2）从事货物批发或零售的纳税人，年应税销售额在80万元（含）以下的；（3）年应税销售额超过小规模纳税人标准的其他个人；（4）非企业性单位、不经常发生应税行为的企业如选择按小规模纳税人纳税的。

小规模纳税人购进货物或接受应税劳务支付的增值税进项税额一律不予抵扣，均计入购货和接受应税劳务的成本；销售或提供应税劳务时，按应征增值税的不含税销售额的3%计算缴纳增值税,但不得开具增值税专用发票。

应征税额=不含税销售额×征收率=[含税销售额/(1+征收率)]×征收率

小规模纳税人的应征税额也不计入销售收入,在销售货物或提供劳务时,按应收取的全部价款借记"银行存款"、"应收账款"等科目,按不含税销售额贷记"主营业务收入"等科目,按应征税额贷记"应交税费——应交增值税"科目。

【例10-18】乙企业为小规模纳税人,2×15年8月根据发生的购销业务编制会计分录如下。

①购进原材料一批,价款2 000元,增值税税额340元,共计2 340元,款项用银行存款支付。

借:原材料　　　　　　　　　　　　　　　　　　　　2 340
　　贷:银行存款　　　　　　　　　　　　　　　　　　2 340

②销售产品一批,全部价款为2 060元,款项收到存入银行。

借:银行存款　　　　　　　　　　　　　　　　　　　2 060
　　贷:主营业务收入　　　　　　　　　　　　　　　　2 000
　　　　应交税费——应交增值税　　　　　　　　　　　　60

6. 会计制度确认收入时点和增值税制度在确认增值税纳税义务发生时点差异下的会计处理。按照国家统一的会计制度确认收入或利得的时点早于按照增值税制度确认增值税纳税义务发生时点,按照相关销项税额,借记"应收账款"、"应收票据"、"银行存款"等科目,贷记"应交税费——待转销项税额"科目。待实际发生纳税义务时,借记"应交税费——待转销项税额"科目,贷记"应交税费——应交增值税(销项税额)"或"应交税费——简易计税"科目。

按照增值税制度确认增值税纳税义务发生时点早于按照国家统一的会计制度确认收入或利得的时点,应将应纳增值税税额,借记"应收账款"等科目,贷记"应交税费——应交增值税(销项税额)"或"应交税费——简易计税"科目,按照国家统一的会计制度确认收入或利得时,按不含增值税的收入金额,借记"应收账款"等科目,贷记"主营业务收入"、"其他业务收入"等科目。

7. 金融商品转让增值税的会计处理。金融商品实际转让月末,如产生转让收益,则按应纳税额,借记"投资收益"等科目,贷记"应交税费——转让金融商品应交增值税"科目;如果产生损失,则可按结转下月抵扣税额,借记"应交税费——转让金融商品应交增值税"科目,贷记"投资收益"等科目。交纳增值税时,应借记"应交税费——转让金融商品应交增值税"科目,贷记"银行存款"科目。年末,本科目如有借方余额,则借记"投资收益"等科目,贷记"应交税费——转让金融商品应交增值税"科目。

二、消费税

我国消费税是针对部分消费品的流转额课征的一种调节性税收,共设包括烟、酒、成品油等十四个税目，在流转中的生产环节（卷烟和金银饰品除外）一次性课征。与增值税不同，消费税是价内税，计税依据包含消费税本身。

1. 纳税人。在中华人民共和国境内生产、委托加工和进口应税消费品的单位和个人，以及国务院确定的其他单位和个人为消费税的纳税人。

消费税的纳税人可以分为五类。

（1）自产应税消费品的单位和个人。自产应税消费品自己销售的，在生产环节缴纳消费税。自产应税消费品自用的，如用于连续生产应税消费品的不纳税；如用于生产非应税消费品和在建工程、管理部门、非生产机构、提供劳务以及用于赠送、投资、广告、样品、职工福利、奖励等方面的，在移送使用环节视同销售缴纳消费税。

（2）委托加工应税消费品的单位和个人。委托加工应税消费品由受托方于委托方提货时代收代缴，受托方为个体经营者的除外。

（3）进口应税消费品的单位和个人。凡从境外进口应税消费品的，进口报关单位或个人为消费税的纳税人。

（4）零售特殊应税消费品的单位和个人。凡从事金银首饰、钻石及其饰品生产经营业务的，以零售单位或个人为纳税人，对生产、进口和批发环节不征收消费税。

（5）批发特殊应税消费品的单位和个人。卷烟除在厂制环节课征消费税外，在批发环节加征一道消费税。

2. 会计核算方法。

（1）会计科目设置。消费税属于价内税，企业在销售应税消费品的销售收入中含有应交消费税，在核算消费税时，应设置"税金及附加"科目。该科目属费用类科目，企业结转应交消费税时，应根据应纳税额，借记"税金及附加"科目，贷记"应交税费——应交消费税"科目。在实际缴纳消费税时，借记"应交税费——应交消费税"科目，贷记"银行存款"科目。

（2）应交消费税的计算方法。消费税各税目、子目依据税法分别实行从价定率、从量定额和复合计税三种方式计算应纳税额。

第一，对卷烟、粮食白酒和薯类白酒两个子目实行从价定率与从量定额复合计税。应纳税额的计算公式为：

$$应纳税额 = 销售额 \times 税率 + 销售数量 \times 单位税额$$

第二，对成品油税目和啤酒、黄酒两个子目实行从量定额计税，应纳税额计算公式为：

$$应纳税额 = 销售数量 \times 单位税额$$

第三，对除上述两项中所列税目、子目之外的应税消费品均使用从价定率计税，应纳税额计算公式为：

$$应纳税额 = 销售额 \times 税率$$

其中，销售额作为消费税的计税依据与增值税的销售额口径相同，是指销售应税消费品向购买方收取的全部价款和价外费用。

【例 10-19】 甲企业销售应税消费品一批，适用消费税税率为 10%，不含增值税的价款为 50 000 元，增值税销项税额为 8 500 元，共计 58 500 元，款项收到并存入银行。编制如下会计分录：

借：银行存款　　　　　　　　　　　　　　　　　　　58 500
　　贷：主营业务收入　　　　　　　　　　　　　　　　50 000
　　　　应交税费——应交增值税（销项税额）　　　　　 8 500
借：税金及附加　　　　　　　　　　　　　　　　　　　5 000
　　贷：应交税费——应交消费税　　　　　　　　　　　 5 000

（3）视同销售应交消费税。企业将自产应税消费品用于本企业连续生产非应税消费品、在建工程、管理部门、非生产机构、集体福利、个人消费或用于对外投资、分配给股东或投资者或无偿捐赠给他人，均应视同销售，计算缴纳消费税，其销售额应按企业销售同类消费品的销售价格计算；没有同类消费品销售价格的，应按组成计税价格计算。

实行从价定率办法计算消费税的，组成计税价格计算公式为：

$$组成计税价格 = (成本 + 利润) / (1 - 消费税税率)$$

实行复合计税的，组成计税价格计算公式为：

$$组成计税价格 = (成本 + 利润 + 自产自用数量 \times 定额税率) / (1 - 消费税税率)$$

【例 10-20】 甲企业根据 2×15 年 8 月发生的有关视同销售业务编制如下会计分录。

① 管理部门领用自产的应税消费品 E 两件，实际成本为 1 000 元，同类产品的销售价格为 1 800 元，消费税税率为 20%。

借：管理费用　　　　　　　　　　　　　　　　　　　1 360
　　贷：库存商品　　　　　　　　　　　　　　　　　　1 000
　　　　应交税费——应交消费税　　　　　　　　　　　　360

② 将自产粮食白酒 2 吨对外捐赠，实际成本为 80 000 元，没有同类产品的销售价格，正常的成本利润率为 10%，增值税税率为 17%，粮食白酒消费税实行定额税率每斤 0.5 元、比例税率为 20% 的复合计征。

组成计税价格 = 80 000 × (1 + 10%) / (1 - 20%) = 110 000（元）
增值税销项税额 = 110 000 × 17% = 18 700（元）
消费税税额 = 80 000 × (1 + 10%) / (1 - 20%) × 20% + 2 000 × 2 × 0.5
　　　　　　= 24 000（元）

借：营业外支出　　　　　　　　　　　　　　　　　　128 700
　　贷：主营业务收入　　　　　　　　　　　　　　　 110 000
　　　　应交税费——应交增值税（销项税额）　　　　　18 700
借：税金及附加　　　　　　　　　　　　　　　　　　 24 000
　　贷：应交税费——应交消费税　　　　　　　　　　　24 000
借：主营业务成本　　　　　　　　　　　　　　　　　 80 000
　　贷：库存商品　　　　　　　　　　　　　　　　　　80 000

(4) 委托加工应交消费税。委托加工应税消费品，受托加工方需在向委托方交货时代收代缴消费税，其销售额应按受托方销售同类消费品的销售价格计算；没有同类消费品销售价格的，应按组成计税价格计算。

实行从价定率办法计算消费税的，组成计税价格计算公式为：

$$组成计税价格 = (材料成本 + 加工费)/(1 - 消费税税率)$$

实行复合计税的，组成计税价格计算公式为：

$$组成计税价格 = \left(材料成本 + 加工费 + 自产自用数量 \times 定额税率\right) \bigg/ \left(1 - 消费税税率\right)$$

(5) 消费税的抵扣。企业使用如下已税消费品连续生产应税消费品，税法规定已缴纳的消费税可以抵扣：

第一，企业收回委托加工的应税消费品用于连续生产应税消费品；

第二，外购的已税烟丝、已税酒及酒精、已税化妆品、已税护肤护发品、已税珠宝玉石、已税鞭炮焰火、已税汽车轮胎、已税摩托车等。

企业应借记"应交税费——应交消费税"科目，贷记"银行存款"等科目；企业在最终销售应税消费品时，再根据其销售额计算应缴纳的全部消费税，借记"税金及附加"科目，贷记"应交税费——应交消费税"科目；应交的全部消费税扣除收回委托加工或外购应税消费品时缴纳的消费税，为应补交的消费税，缴纳消费税时，借记"应交税费——应交消费税"科目，贷记"银行存款"科目。

3. 缴纳消费税。企业实际缴纳消费税时，借记"应交税费——应交消费税"科目，贷记"银行存款"科目。

三、应交城市维护建设税和教育费附加

1. 城市维护建设税。城市维护建设税是一种以应交增值税与消费税之和的一定比例计算缴纳的附加税。城市维护建设税也是一种价内税，应由形成应交税费的各种收入来补偿。结转应交城市维护建设税时，借记"税金及附加"、"固定资产清理"等科目，贷记"应交税费——应交城市维护建设税"科目；实际缴纳时，借记"应交税费——应交城市维护建设税"科目，贷记"银行存款"科目。

2. 应交教育费附加。教育费附加与城市维护建设税一样，是以应交增值税与消费税之和的一定比例计算缴纳的附加费用，也应由形成应交税费的各种收入来补偿。结转应交教育费附加时，借记"税金及附加"、"固定资产清理"等科目，贷记"应交税费——应交教育费附加"科目；实际缴纳时，借记"应交税费——应交教育费附加"科目，贷记"银行存款"科目。

【例10-21】某企业适用7%的城市维护建设税、3%的教育费附加，2×15年8月，根据取得的各项收入形成的应交增值税、应交消费税计算并结转应交城市维护建设税与教育费附加如表10-1所示。

表 10-1　　　　　应交城市维护建设税与教育费附加计算表　　　　　单位：元

项目	税基	应交城市维护建设税	应交教育费附加	合计
应交增值税	100 000	7 000	3 000	10 000
应交消费税	50 000	3 500	1 500	5 000
合计	150 000	10 500	4 500	15 000

编制会计分录如下：

借：税金及附加　　　　　　　　　　　　　　　　15 000
　　贷：应交税费——应交城市维护建设税　　　　　　　10 500
　　　　　　——应交教育费附加　　　　　　　　　　　　4 500

第六节　应付职工薪酬

一、应付职工薪酬的性质与内容

应付职工薪酬是企业为了获取职工提供的服务而支付的各种形式的对价。职工薪酬作为一种耗费构成人工成本，与职工提供服务产生的经济利益相匹配。企业与职工之间因为职工提供服务形成的关系，大多构成了企业的现时支付义务，将导致企业未来经济利益的流出，从而形成企业的一项负债。

职工薪酬是指企业为获得职工提供的服务或解除劳动关系而给予的各种形式的报酬或补偿。职工薪酬包括短期薪酬、离职后福利、辞退福利和其他长期职工福利。企业提供给职工配偶、子女、受赡养人、已故员工遗属及其他受益人等的福利，也属于职工薪酬。

短期薪酬是指企业在职工提供相关服务的年度报告期间结束后 12 个月内需要全部予以支付的职工薪酬，因解除与职工的劳动关系给予的补偿除外。短期薪酬具体包括：职工工资、奖金、津贴和补贴，职工福利费，医疗保险费、工伤保险费和生育保险费等社会保险费，住房公积金，工会经费和职工教育经费，短期带薪缺勤，短期利润分享计划，非货币性福利以及其他短期薪酬。

带薪缺勤是指企业支付工资或提供补偿的职工缺勤，包括年休假、病假、短期伤残、婚假、产假、丧假、探亲假等。

利润分享计划是指因职工提供服务而与职工达成的基于利润或其他经营成果提供薪酬的协议。

离职后福利是指企业为获得职工提供的服务而在职工退休或与企业解除劳动关系后提供的各种形式的报酬和福利，短期薪酬和辞退福利除外。

辞退福利是指企业在职工劳动合同到期之前解除与职工的劳动关系或者为鼓

励职工自愿接受裁减而给予职工的补偿。

其他长期职工福利是指除短期薪酬、离职后福利、辞退福利之外所有的职工薪酬,包括长期带薪缺勤、长期残疾福利、长期利润分享计划等。

对职工薪酬的提取和发放进行会计核算,需要设置"应付职工薪酬"科目,并按照职工薪酬的类别进行明细核算。

二、短期薪酬的确认和计量

企业应当在职工为其提供服务的会计期间,将实际发生的短期薪酬确认为负债,并计入当期损益,《企业会计准则第9号——职工薪酬》以外的其他会计准则要求或允许计入资产成本的除外。

1. 货币性短期薪酬。职工的工资、奖金、津贴和补贴,大部分的职工福利费、医疗保险费、工伤保险费和生育保险费等社会保险费,住房公积金,工会经费和职工教育经费,一般属于货币性短期薪酬。

企业应当根据职工提供服务情况和工资标准计算应计入职工薪酬的工资总额,按照实际受益对象计入当期损益或相关资产成本,借记"生产成本"、"制造费用"、"管理费用"等科目,贷记"应付职工薪酬"科目。发放时,借记"应付职工薪酬"科目,贷记"银行存款"等科目。企业发生的职工福利费,应当在实际发生时根据实际发生额计入当期损益或相关资产成本。

企业为职工缴纳的医疗保险费、工伤保险费、生育保险费等社会保险费和住房公积金,以及按规定提取的工会经费和职工教育经费,应当在职工为其提供服务的会计期间,根据规定的计提基础和计提比例计算确定相应的职工薪酬金额,并确认相应负债,计入当期损益或相关资产成本。其中:(1) 医疗保险费、工伤保险费、生育保险费和住房公积金。企业应当按照国务院、所在地政府或企业年金计划规定的标准计量应付职工薪酬义务和应相应计入成本费用的薪酬金额。(2) 工会经费和职工教育经费。企业应当按照国家相关规定,分别按照职工工资总额的2%和1.5%计量应付职工薪酬(工会经费、职工教育经费)义务金额和应相应计入成本费用的薪酬金额;从业人员技术要求高、培训任务重、经济效益好的企业,可根据国家相关规定,按照职工工资总额的2.5%计量应计入成本费用的职工教育经费。按照明确标准计算确定应承担的职工薪酬义务后,再根据受益对象计入当期损益或相关资产成本。

【例10-22】2×15年8月,甲公司当月应发工资2 560万元,其中:生产部门直接生产人员工资1 500万元;生产部门管理人员工资400万元;公司管理人员工资660万元。

根据所在地政府规定,公司分别按照职工工资总额的10%和8%计提医疗保险费和住房公积金,缴纳给当地社会保险经办机构和住房公积金管理机构。公司分别按照职工工资总额的2%和1.5%计提工会经费和职工教育经费。

假定不考虑所得税影响,则有:

应计入生产成本的职工薪酬金额 = 1 500 + 1 500 × (10% + 8% + 2% + 1.5%)
= 1 822.5（万元）

应计入制造费用的职工薪酬金额 = 400 + 400 × (10% + 8% + 2% + 1.5%)
= 486（万元）

应计入管理费用的职工薪酬金额 = 660 + 660 × (10% + 8% + 2% + 1.5%)
= 801.9（万元）

公司应根据上述业务，作如下账务处理：

借：生产成本　　　　　　　　　　　　　　　　18 225 000
　　制造费用　　　　　　　　　　　　　　　　 4 860 000
　　管理费用　　　　　　　　　　　　　　　　 8 019 000
　　　贷：应付职工薪酬——工资　　　　　　　25 600 000
　　　　　　　　　　　——医疗保险费　　　　 2 560 000
　　　　　　　　　　　——住房公积金　　　　 2 048 000
　　　　　　　　　　　——工会经费　　　　　 512 000
　　　　　　　　　　　——职工教育经费　　　 384 000

2. 带薪缺勤。企业对各种原因产生的缺勤进行补偿，比如年休假、病假、产假、丧假、探亲假等。带薪缺勤应当分为累积带薪缺勤和非累积带薪缺勤。

（1）累积带薪缺勤。累积带薪缺勤，是指带薪缺勤权利可以结转下期的带薪缺勤，本期尚未用完的带薪缺勤权利可以在未来期间使用。企业应当在职工提供服务从而增加了其未来享有的带薪缺勤权利时，确认与累积带薪缺勤相关的职工薪酬，并以累积未行使权利而增加的预期支付金额计量。企业应当在职工提供了服务从而增加了其未来享有的带薪缺勤权利时，确认与累积带薪缺勤相关的职工薪酬，并以累积未行使权利而增加的预期支付金额计量。

有些累积带薪缺勤在职工离开企业时，对于未行使的权利，职工有权获得现金支付。职工在离开企业时能够获得现金支付的，企业应当确认其必须支付的、职工全部累积未使用权利的金额。如果职工在离开企业时不能获得现金支付，则企业应当根据资产负债表日因累积未使用权利而导致的预期支付的追加金额，作为累积带薪缺勤费用进行预计。

【例10－23】乙公司共有2 000名职工，自2×15年1月1日起，该公司实行累积带薪缺勤制度。该制度规定，每个职工每年可享受5个工作日带薪年休假，未使用的年休假只能向后结转一个日历年度，超过1年未使用的权利作废，不能在职工离开公司时获得现金支付；职工休年休假是以后进先出为基础，即首先从当年可享受的权利中扣除，再从上年结转的带薪年假余额中扣除；职工离开公司时，公司对职工未使用的累积带薪年休假不支付现金。

2×15年12月31日，每个职工当年平均未使用带薪年休假为2天。根据过去的经验并预期该经验将继续适用，乙公司预计2×16年有1 900名职工将享受不超过5天的带薪年休假，剩余100名职工每人将平均享受6天半年休假，假定这100名职工全部为总部各部门经理，该公司平均每名职工每个工作日工资为

300元。根据经验,这100名职工很有可能在2×15年实际只享受5天的年休假,而将剩余的1.5天(6.5-5)打算留在2×16年使用。

分析:乙公司在2×15年12月31日应当预计因这100名职工累计未使用的带薪年休假权利而导致预期将支付的工资负债,即相当于150天(100×1.5天)的年休假工资45 000元(150×300),并作如下账务处理:

借:管理费用　　　　　　　　　　　　　　　　　　　45 000
　　贷:应付职工薪酬——累积带薪缺勤　　　　　　　　　45 000

假定到2×16年12月31日上述100名经理有80名享受了6天半的病假,并随工资以银行存款支付,另有20名只享受了5天病假,其上年结转的1.5天带薪年休假的权利由于超过1年未使用而作废。则2×16年账务处理如下:

借:应付职工薪酬——累积带薪缺勤(80×1.5×300)　　36 000
　　贷:银行存款　　　　　　　　　　　　　　　　　　　36 000
借:应付职工薪酬——累积带薪缺勤(20×1.5×300)　　 9 000
　　贷:管理费用　　　　　　　　　　　　　　　　　　　 9 000

(2) 非累积带薪缺勤。非累积带薪缺勤,是指带薪缺勤权利不能结转下期的带薪缺勤,本期尚未用完的带薪缺勤权利将予以取消,并且职工离开企业时也无权获得现金支付。我国企业职工休婚假、产假、丧假、探亲假、病假期间的工资通常属于非累积带薪缺勤。由于职工提供服务本身不能增加其能够享受的福利金额,企业在职工未缺勤时不应当计提相关费用和负债;企业应当在职工缺勤时确认职工享有的带薪权利,即视同职工出勤确认的相关资产成本或当期费用。企业应当在缺勤期间计提应付工资时一并处理,即应当在职工实际发生缺勤的会计期间确认与非累积带薪缺勤相关的职工报酬。

【例10-24】丙公司2×15年10月有2名销售人员放弃15天的婚假,假设平均每名职工每个工作日工资为200元,月工资为6 000元。

①假设该公司未实行非累积带薪缺勤货币补偿制度,会计处理为:

借:销售费用　　　　　　　　　　　　　　　　　　　12 000
　　贷:应付职工薪酬——工资　　　　　　　　　　　　 12 000

②假设该公司实行非累积带薪缺勤货币补偿制度,补偿金额为放弃带薪休假期间平均日工资的2倍,会计处理为:

借:销售费用　　　　　　　　　　　　　　　　　　　24 000
　　贷:应付职工薪酬——工资　　　　　　　　　　　　 12 000
　　　　　　　　　　——非累积带薪休假(2×15×200×2) 12 000

实际补偿时一般随工资同时支付:

借:应付职工薪酬——工资　　　　　　　　　　　　　12 000
　　　　　　　　——非累积带薪休假　　　　　　　　12 000
　　贷:库存现金　　　　　　　　　　　　　　　　　　 24 000

3. 短期利润分享计划。利润分享计划,指因职工提供服务而与职工达成的基于利润或其他经营成果提供薪酬的协议。企业制定有利润分享计划的,如规定职工在企业工作了特定期限后,能够享有按照企业净利润的一定比例计算的薪酬,如果职工在企业工作到特定期末,其提供的服务就会增加企业应付职工薪酬金额,或者尽管企业没有支付这类薪酬的法定义务,但有支付此类薪酬的惯例,或者说企业除了支付此类薪酬外没有其他现实的选择,企业应当及时按照《企业会计准则第 9 号——职工薪酬》的规定进行有关会计处理。

利润分享计划同时满足下列条件的,企业应当确认相关的应付职工薪酬,并计入当期损益或者相关资产成本:企业因过去事项导致现在具有支付职工薪酬的法定义务或推定义务;因利润分享计划所产生的应付职工薪酬义务金额能够可靠估计。

属于下列三种情形之一的,视为义务金额能够可靠估计:
(1) 在财务报告批准报出之前企业已确定应支付的薪酬金额;
(2) 该短期利润分享计划的正式条款中包括确定薪酬金额的方式;
(3) 过去的惯例为企业确定推定义务金额提供了明显证据。

企业根据过去其经济效益增长的实际情况提取的奖金,属于奖金计划,应当比照利润分享计划进行处理。

职工只有在企业工作一段特定期间才能分享利润的,企业在计量利润分享计划产生的应付职工薪酬时,应当反映职工因离职而无法享受利润分享计划福利的可能性。

如果企业在职工为其提供相关服务的年度报告期间结束后 12 个月内,不需要全部支付利润分享计划产生的应付职工薪酬,该利润分享计划应当适用《企业会计准则第 9 号——职工薪酬》其他长期职工福利的有关规定。

【例 10 – 25】丁公司有一项利润分享计划,要求丁公司将其至 2×15 年 12 月 31 日止会计年度的税前利润的指定比例支付给在 2×15 年 7 月 1 日至 2×16 年 6 月 30 日为丁公司提供服务的职工。该奖金于 2×16 年 6 月 30 日支付。2×15 年 12 月 31 日止财务年度的税前利润为 1 000 万元人民币。如果丁公司在 2×15 年 7 月 1 日至 2×16 年 6 月 30 日期间没有职工离职,则当年的利润分享支付总额为税前利润的 3%。丁公司估计职工离职将使支付额降低至税前利润的 2.5%(其中,直接参加生产的职工享有 1%,总部管理人员享有 1.5%),不考虑个人所得税影响。

分析:尽管支付额是按照截至 2×15 年 12 月 31 日止财务年度的税前利润的 3% 计量,但业绩却是基于职工在 2×15 年 7 月 1 日至 2×16 年 6 月 30 日期间提供的服务。因此,丁公司在 2×15 年 12 月 31 日应按照税前利润的 50% 的 2.5% 确认负债和成本及费用,金额为 125 000 元(10 000 000 × 50% × 2.5%)。余下的利润分享金额,连同针对估计金额与实际支付金额之间的差额作出的调整额,在 2×16 年予以确认。

2×15 年 12 月 31 日的账务处理如下:
借:生产成本　　　　　　　　　　　　　　　　　　50 000
　　管理费用　　　　　　　　　　　　　　　　　　75 000

　　　　贷：应付职工薪酬——利润分享计划　　　　　　　　　　　125 000

　　2×16年6月30日，丁公司的职工离职使其支付的利润分享金额为2×15年度税前利润的2.8%（直接参加生产的职工享有1.1%，总部管理人员享有1.7%），在2×16年确认余下的利润分享金额，连同针对估计金额与实际支付金额之间的差额作出的调整额合计为155 000元（10 000 000×2.8% − 125 000）。其中，计入生产成本的利润分享计划金额60 000元（10 000 000×1.1% − 50 000）；计入管理费用的利润分享计划金额95 000元（10 000 000×1.7% − 75 000）。

　　2×16年6月30日的账务处理如下：
　　借：生产成本　　　　　　　　　　　　　　　　　　　　　60 000
　　　　管理费用　　　　　　　　　　　　　　　　　　　　　95 000
　　　　贷：应付职工薪酬——利润分享计划　　　　　　　　　155 000

　　4. 非货币性福利。企业向职工提供非货币性福利的，应当按照公允价值计量。公允价值不能可靠取得的，可以采用成本计量。

　　企业向职工提供的非货币性福利，应当分别情况处理。

　　（1）以自产产品或外购商品发放给职工作为福利。企业以其生产的产品作为非货币性福利提供给职工的，应当按照该产品的公允价值和相关税费，计量应计入成本费用的职工薪酬金额。相关收入的确认、销售成本的结转和相关税费的处理，与正常商品销售相同。以外购商品作为非货币性福利提供给职工的，应当按照该商品的公允价值和相关税费，计量应计入成本费用的职工薪酬金额。

　　需要注意的是，在以自产产品或外购商品发放给职工作为福利的情况下，企业在进行账务处理时，应当先通过"应付职工薪酬"科目归集当期应计入成本费用的非货币性薪酬金额，以确定完整准确的企业人工成本金额。

　　【例10−26】戊公司为一家生产彩电的企业，共有职工100名，2×15年2月，公司以其生产的成本为5 000元的液晶彩电和外购的每台不含税价格为500元的电暖气作为春节福利发放给公司每名职工。该型号液晶彩电的售价为每台7 000元，戊公司适用的增值税税率为17%，已开具了增值税专用发票；戊公司以银行存款支付购买的电暖气取得了增值税专用发票，增值税税率为17%。假定100名职工中85名为直接参加生产的职工，15名为总部管理人员。

　　分析：企业以自己生产的产品作为福利发放给职工，应计入成本费用的职工薪酬金额以公允价值计量，计入主营业务收入，产品按照成本结转，但要根据相关税收规定，视同销售计算增值税销项税额。外购商品发放给职工作为福利，应当将缴纳的增值税进项税额计入成本费用。

　　彩电的售价总额 = 7 000×85 + 7 000×15 = 595 000 + 105 000 = 700 000（元）
　　彩电的增值税销项税额 = 7 000×85×17% + 7 000×15×17%
　　　　　　　　　　　　= 101 150 + 17 850 = 119 000（元）

戊公司决定发放非货币性福利时，应作如下账务处理：
借：生产成本   696 150
　　管理费用   122 850
　　　贷：应付职工薪酬——非货币性福利   819 000
实际发放非货币性福利时，应作如下账务处理：
借：应付职工薪酬——非货币性福利   819 000
　　　贷：主营业务收入   700 000
　　　　　应交税费——应交增值税（销项税额）   119 000
借：主营业务成本   500 000
　　　贷：库存商品   500 000
电暖气的售价金额 = 500 × 85 + 500 × 15 = 42 500 + 7 500 = 50 000（元）
电暖气的进项税额 = 500 × 85 × 17% + 500 × 15 × 17%
　　　　　　　　 = 7 225 + 1 275 = 8 500（元）
戊公司决定发放非货币性福利时，应作如下账务处理：
借：生产成本   49 725
　　管理费用   8 775
　　　贷：应付职工薪酬——非货币性福利   58 500
购买电暖气时，戊公司应作如下账务处理：
借：库存商品   50 000
　　应交税费——应交增值税（进项税额）   8 500
　　　贷：银行存款   58 500
借：应付职工薪酬——非货币性福利   58 500
　　　贷：库存商品   50 000
　　　　　应交税费——应交增值税（进项税额转出）   8 500

（2）将拥有的房屋等资产无偿提供给职工使用或租赁住房等资产供职工无偿使用。企业将拥有的房屋等资产无偿提供给职工使用的，应当根据受益对象，将住房每期的公允价值计入当期损益或相关资产成本，同时确认应付职工薪酬。公允价值无法可靠取得的，可以按照成本计量。租赁住房等资产供职工无偿使用的，应当根据受益对象，将每期应付的租金计入相关资产成本或当期损益，并确认应付职工薪酬。难以认定受益对象的，直接计入当期损益，并确认应付职工薪酬。

【例10-27】2×15年己公司为总部各部门经理级别以上职工提供自建单位宿舍免费使用，同时为副总裁以上高级管理人员每人租赁一套住房。该公司总部共有部门经理以上职工60名，每人提供一间单位宿舍免费使用，假定每间单位宿舍每月计提折旧1 000元；该公司共有副总裁以上高级管理人员10名，公司为其每人租赁一套月租金为10 000元的公寓。

该公司每月应作如下账务处理：
借：管理费用   60 000

贷：应付职工薪酬——非货币性福利		60 000
借：应付职工薪酬——非货币性福利	60 000	
贷：累计折旧		60 000
借：管理费用	100 000	
贷：应付职工薪酬——非货币性福利		100 000
借：应付职工薪酬——非货币性福利	100 000	
贷：其他应付款		100 000

5. 向职工提供企业支付了补贴的商品或服务。企业有时以低于其取得资产或服务的成本的价格向职工提供商品或服务，如以低于成本的价格向职工出售住房或以低于企业支付的价格向职工提供医疗保健服务，其实质是企业向职工提供补贴。以提供包含补贴的住房为例，企业在出售住房等资产时，应当将此类资产的公允价值与其内部售价之间的差额（即相当于企业补贴的金额）分别情况处理。

（1）如果出售住房的合同或协议中规定了职工在购得住房后至少应当提供服务的年限，且如果职工提前离开则应退回部分差价，企业应当将该项差额作为长期待摊费用处理，并在合同或协议规定的服务年限内平均摊销，根据受益对象分别计入相关资产成本或当期损益。

（2）如果出售住房的合同或协议中未规定职工在购得住房后必须服务的年限，企业应当将该项差额直接计入出售住房当期相关资产成本或当期损益。

【例10-28】2×15年10月，庚公司购买了100套全新的公寓拟以优惠价格向职工出售，该公司共有100名职工，其中，80名为直接生产人员，20名为公司总部管理人员。庚公司拟向直接生产人员出售的住房平均每套购买价为100万元，向职工出售的价格为每套80万元；拟向管理人员出售的住房平均每套购买价为180万元，向职工出售的价格为每套150万元。假定该100名职工均在2×15年度中陆续购买了公司出售的住房，售房协议规定，职工在取得住房后必须在公司服务15年。不考虑相关税费。

庚公司出售住房时应作如下账务处理：

借：银行存款	94 000 000	
长期待摊费用	22 000 000	
贷：固定资产		116 000 000

出售住房后的每年，庚公司应当按照直线法在15年内摊销长期待摊费用，并作如下账务处理：

借：生产成本	1 066 667	
管理费用	400 000	
贷：应付职工薪酬——非货币性福利		1 466 667
借：应付职工薪酬——非货币性福利	1 466 667	
贷：长期待摊费用		1 466 667

三、离职后福利的确认和计量

离职后福利，是指企业为获得职工提供的服务而在职工退休或与企业解除劳动关系后提供的各种形式的报酬和福利，属于短期薪酬和辞退福利的除外。离职后福利包括退休福利（如养老金和一次性的退休支付）及其他离职后福利（如离职后人寿保险和离职后医疗保障）。企业向职工提供了离职后福利的，无论是否设立了单独主体接受提存金并支付福利，均应当适用《企业会计准则第9号——职工薪酬》的相关要求对离职后福利进行会计处理。

职工正常退休时获得的养老金等离职后福利，是职工与企业签订的劳动合同到期或者职工达到了国家规定的退休年龄时获得的离职后生活补偿金额。企业给予补偿的事项是职工在职时提供的服务而不是退休本身，因此，企业应当在职工提供服务的会计期间对离职后福利进行确认和计量。

离职后福利计划，是指企业与职工就离职后福利达成的协议，或者企业为向职工提供离职后福利制定的规章或办法等。企业应当按照企业承担的风险和义务情况，将离职后福利计划分类为设定提存计划和设定受益计划两种类型。

1. 设定提存计划的确认和计量。设定提存计划，是指企业向单独主体（如基金等）缴存固定费用后，不再承担进一步支付义务的离职后福利计划。

设定提存计划的会计处理比较简单，因为企业在每一期间的义务取决于该期间将要提存的金额。因此，在计量义务或费用时不需要精算假设，也没有产生精算利得或损失的可能性。

对于设定提存计划，企业应当根据在资产负债表日为换取职工在会计期间内为企业提供的服务而应向单独主体缴存的提存金，确认为职工薪酬负债，并计入当期损益或相关资产成本。

【例10-29】甲公司根据所在地政府规定，按照职工工资总额的12%计提基本养老保险费，缴存当地社会保险经办机构。2×14年7月，甲公司缴存的基本养老保险费，应计入生产成本的金额为120万元，应计入制造费用的金额为24万元，应计入管理费用的金额为43.2万元。甲公司2×14年7月的账务处理如下：

借：生产成本　　　　　　　　　　　　　　　1 200 000
　　制造费用　　　　　　　　　　　　　　　　 240 000
　　管理费用　　　　　　　　　　　　　　　　 432 000
　　贷：应付职工薪酬——设定提存计划　　　 1 872 000

2. 设定受益计划的确认和计量。设定受益计划，是指除设定提存计划以外的离职后福利计划。设定提存计划和设定受益计划的区分，取决于离职后福利计划的主要条款和条件所包含的经济实质。在设定提存计划下，企业的义务以企业应向独立主体缴存的提存金金额为限，职工未来所能取得的离职后福利金额取决于向独立主体支付的提存金金额，以及提存金所产生的投资回报，从而精算风险和投资风险实质上要由职工来承担。在设定受益计划下，企业的义务是为现在及以前的职工提供约定的福利，并且精算风险和投资风险实质上由企业来承担。

当企业负有下列义务时，该计划就是一项设定受益计划：

(1) 计划福利义务不仅仅与提存金金额相关，且要求企业在资产不足以满足该义务的福利时提供进一步的提存金；

(2) 通过计划间接地或直接地对提存金的特定回报做出担保。

设定受益计划可能是不注入资金的，或者可能全部或部分地由企业（有时由其职工）向独立主体以缴纳提存金形式注入资金，并由该独立主体向职工支付福利。到期时已注资福利的支付不仅取决于独立主体的财务状况和投资业绩，而且取决于企业补偿独立主体资产不足的意愿和能力。企业实质上承担着与计划相关的精算风险和投资风险。因此，设定受益计划所确认的费用并不一定是本期应付的提存金金额。企业存在一项或多项设定受益计划的，对于每一项计划应当分别进行会计处理。

设定受益计划的核算涉及四个步骤。

步骤一，确定设定受益计划义务的现值和当期服务成本。

(1) 企业应当根据预期累计福利单位法，采用无偏且相互一致的精算假设对有关人口统计变量（如职工离职率和死亡率）和财务变量（如未来薪金和医疗费用的增加）等做出估计，计量设定受益计划所产生的义务，并确定相关义务的归属期间。

(2) 企业应当根据资产负债表日与设定受益计划义务期限和币种相匹配的国债或活跃市场上的高质量公司债券的市场收益率确定折现率，将设定受益计划所产生的义务予以折现，以确定设定受益计划义务的现值和当期服务成本。

设定受益计划义务的现值，是指企业在不扣除任何计划资产的情况下，为履行获得当期和以前期间职工服务产生的最终义务，所需支付的预期未来金额的现值。设定受益计划的最终义务受到许多变量的影响，如职工离职率、死亡率、职工缴付的提存金以及医疗费用趋势等。企业在折现时，即使预期有部分义务在报告期间结束后的 12 个月内结算，企业仍应对整项义务进行折现。企业应当就至报告期末的任何重大交易及环境的其他重大变化（包括市场价格和利率的变化）进行调整，在每年年末进行复核。

企业应当通过预期累计福利单位法确定其设定受益计划义务的现值、当期服务成本和过去服务成本。根据预期累计福利单位法，职工每提供一个期间的服务，就会增加一个单位的福利权利，企业应当对每一单位的福利权利进行单独计量，并将所有单位的福利权利累计形成最终义务。企业应当将福利归属于提供设定受益计划的义务发生的期间。这一期间是指从职工提供服务以获取企业在未来报告期间预计支付的设定受益计划福利开始，至职工的继续服务不会导致这一福利金额显著增加之日为止。

企业在确定设定受益计划义务的现值、当期服务成本以及过去服务成本时，应当根据计划的福利义务将设定受益计划产生的福利义务归属于职工提供服务的期间,并计入当期损益或相关资产成本。

当职工后续年度的服务将导致其享有的设定受益计划福利水平显著高于以前年度时,企业应当按照直线法将累计设定受益计划义务分摊确认于职工提供服务而导致企业第一次产生设定受益计划福利义务至职工提供服务不再导致该福利义务显著增加的期间。在确定后续年度服务是否将导致职工享有的设定受益福利水平显著高于以前年度时,不应考虑仅因未来工资水平提高而导致设定受益计划义务显著增加的情况。

精算假设,是指企业对影响离职后福利最终义务的各种变量的最佳估计。精算假设应当是客观公正和相互可比的,无偏且相互一致。精算假设包括人口统计假设和财务假设。人口统计假设包括死亡率、职工的离职率、伤残率、提前退休率等。财务假设包括折现率、福利水平和未来薪酬等。其中,折现率应当根据资产负债表日与设定受益计划义务期限和币种相匹配的国债或活跃市场上的高质量公司债券的市场收益率确定。

经验调整是设定受益计划义务的实际数与估计数之间的差异。在某些情况下,设定受益计划对于未来福利水平调整未做出明确规定的,企业将有关福利水平的增加确认为精算假设与实际经验的差异(产生精算利得或损失),还是计划的修改(产生过去服务成本),需要运用职业判断。通常情况下,如果设定受益计划未明确规定未来福利水平的调整,过去的调整也并不频繁,同时,如果精算假设中并无福利水平增长的假设,企业应将福利水平变化的影响归属于过去服务成本。

【例10-30】乙企业在2×14年1月1日建立一项福利计划向其未来退休的管理员工提供退休补贴,退休补贴根据工龄有不同的层次,该计划于当日开始实施。该福利计划为一项设定受益计划。假设管理人员退休时企业将每年向其支付退休补贴直至其去世,通常企业应当根据生命周期表对死亡率进行精算(为阐述方便,本例中测算表格中的演算忽略死亡率),并考虑退休补贴的增长率等因素,将退休后补贴折现到退休时点,然后按照预期累计福利单位法在职工的服务期间进行分配。

假设一位55岁管理人员于2×14年年初入职,年折现率为10%,预计该职工将在服务5年后即2×19年年初退休。表10-2列示了企业如何按照预期累计福利单位法确定其设定受益义务现值和当期服务成本,假定精算假设不变。

表10-2 单位:元

年度	2×14	2×15	2×16	2×17	2×18
福利归属于以前年度	0	1 310	2 620	3 930	5 240
福利归属于当年	1 310	1 310	1 310	1 310	1 310

续表

年度	2×14	2×15	2×16	2×17	2×18
当前和以前年度	1 310	2 620	3 930	5 240	6 550
期初义务	0	890	1 960	3 240	4 760
利率为10%的利息	0	89 = 890×10%	196 = 1 960×10%	324 = 3 240×10%	476 = 4 760×10%
当期服务成本	890 = 1 310/(1+10%)⁴	980 = 1 310/(1+10%)³	1 080 = 1 310/(1+10%)²	1 190 = 1 310/(1+10%)	1 310
期末义务	890	1 959 = 890+89+980	3 236 = 1 960+196+1 080	4 754 = 3 240+324+1 190	6 546 = 4 760+476+1 310

注：(1) 期初义务是归属于以前年度的设定受益义务的现值。(2) 当期服务成本是归属于当年的设定受益义务的现值。(3) 期末义务是归属于当年和以前年度的设定受益义务的现值。

本例中，假设该职工退休后直至去世前企业将为其支付的累计退休福利在其退休时点的折现额约为6 550元，则该管理人员为企业服务的5年中每年所赚取的当期福利为这一金额的1/5即1 310元。当期服务成本即为归属于当年福利的现值。因此，2×14年，当期服务成本为1 310/1.14。其他各年以此类推。

2×14年年末，企业对该管理人员的会计处理如下：

借：管理费用（当期服务成本） 890
　　贷：应付职工薪酬 890

同理，2×15年年末，企业对该管理人员的会计处理如下：

借：管理费用（当期服务成本） 980
　　贷：应付职工薪酬 980
借：财务费用 89
　　贷：应付职工薪酬 89

以后各年，以此类推。

【例10-31】甲公司在2×15年1月1日设立了一项设定受益计划，并于当日开始实施。该设定受益计划规定：

①甲公司向所有在职员工提供统筹外补充退休金，这些职工在退休后每年可以额外获得12万元退休金，直至去世。

②职工获得该额外退休金基于自该计划开始日起为公司提供的服务，而且应当自该设定受益计划开始日起一直为公司服务至退休。

为简化起见，假定符合计划的职工为100人，当前平均年龄为40岁，退休年龄为60岁，还可以为公司服务20年。假定在退休前无人离职，退休后平均剩余寿命为15年。假定适用的折现率为10%。并且假定不考虑未来通货膨胀影响等其他因素。

计算设定受益计划义务及其现值如表10-3所示。计算职工服务期间每期服务成本如表10-4所示。

表10-3　　　　　　　　　　计算设定受益计划义务及其现值　　　　　　　　　　单位：万元

	退休后第1年	退休后第2年	退休后第3年	退休后第4年	……	退休后第14年	退休后第15年
(1) 当年支付	1 200	1 200	1 200	1 200	…	1 200	1 200
(2) 折现率	10%	10%	10%	10%	…	10%	10%
(3) 复利现值系数	0.9091	0.8264	0.7513	0.6830	…	0.2633	0.2394
(4) 退休时点现值 = (1)×(3)	1 091	992	902	820	…	316	287
(5) 退休时点现值合计	9 127						

表10-4　　　　　　　　　　计算职工服务期间每期服务成本　　　　　　　　　　单位：万元

服务年份	服务第1年	服务第2年	……	服务第19年	服务第20年
福利归属			…		
——以前年度	0	456.35	…	8 214.3	8 670.65
——当年	456.35	456.35	…	456.35	456.35
——以前年度+当年	456.35	912.7	…	8 670.65	9 127
期初义务	0	74.62	…	6 788.68	7 882.41
利息	0	7.46	…	678.87	788.24
当期服务成本	74.62 *	82.08 **	…	414.86 ***	456.35
期末义务	74.62	164.16	…	7 882.41	9 127 ****

注：①456.35 = 9 127 ÷ 20；
②74.62 = 456.35 ÷ $(1+10\%)^{19}$；
③82.08 = 456.35 ÷ $(1+10\%)^{18}$；
④414.86 = 456.35 ÷ $(1+10\%)^{1}$。
……含尾数调整。

服务第1年至第20年的账务处理如下。
服务第1年年末，甲公司的账务处理如下：
　　借：管理费用（或相关资产成本）　　　　　　　　　　　　　746 200
　　　　贷：应付职工薪酬——设定受益计划义务　　　　　　　　　　　746 200
服务第2年年末，甲公司的账务处理如下：
　　借：管理费用（或相关资产成本）　　　　　　　　　　　　　820 800
　　　　贷：应付职工薪酬——设定受益计划义务　　　　　　　　　　　820 800
　　借：财务费用（或相关资产成本）　　　　　　　　　　　　　74 600

　　　　贷：应付职工薪酬——设定受益计划义务　　　　　　　　　　74 600
服务第 3 年至第 20 年，以此类推处理。
　　步骤二，确定设定受益计划净负债或净资产。
　　设定受益计划存在资产的，企业应当将设定受益计划义务的现值减去设定受益计划资产公允价值所形成的赤字或盈余确认为一项设定受益计划净负债或净资产。
　　设定受益计划存在盈余的，企业应当以设定受益计划的盈余和资产上限两项的孰低者计量设定受益计划净资产。其中，资产上限是指企业可从设定受益计划退款或减少未来向独立主体缴存提存金而获得的经济利益的现值。
　　计划资产包括长期职工福利基金持有的资产、符合条件的保险单等，不包括企业应付但未付给独立主体的提存金、由企业发行并由独立主体持有的任何不可转换的金融工具。
　　步骤三，确定应当计入当期损益的金额。
　　报告期末，企业应当在损益中确认的设定受益计划产生的职工薪酬成本包括服务成本、设定受益净负债或净资产的利息净额。其中，服务成本包括当期服务成本、过去服务成本和结算利得或损失。
　　(1) 当期服务成本，是指因职工当期提供服务所导致的设定受益计划义务现值的增加额。在〖例 10 - 30〗的表 10 - 2 中，2×15 年乙企业对该管理人员的当期服务成本为 980 元，2×16 年当期服务成本为 1 080 元，以后各年以此类推。
　　(2) 过去服务成本，是指设定受益计划修改所导致的与以前期间职工服务相关的设定受益计划义务现值的增加或减少。当企业设立或取消一项设定受益计划或是改变现有设定受益计划下的应付福利时，设定受益计划就发生了修改。
　　过去服务成本可以是正的，如设立或改变设定受益计划从而导致设定受益计划义务的现值增加；也可以是负的，如取消或改变设定受益计划从而导致设定受益计划义务的现值减少。
　　如果企业减少了设定受益计划的应付福利，但同时增加了在该计划下针对相同职工其他应付福利，企业应当将变动的净额作为单项变动处理。
　　过去服务成本不包括下列各项：
　　第一，以前假定的薪酬增长金额与实际发生金额之间的差额，对支付以前年度服务产生的福利义务的影响；
　　第二，企业对支付养老金增长金额具有推定义务的，对于可自行决定养老金增加金额的高估和低估；
　　第三，财务报表中已确认的精算利得或计划资产回报导致的福利变化的估计；
　　第四，在没有新的福利或福利未发生变化的情况下，职工达到既定要求之后导致既定福利（即并不取决于未来雇佣的福利）的增加。
　　(3) 结算利得和损失。企业应当在设定受益计划结算时确认一项结算利得或损失。设定受益计划结算，是指企业为了消除设定受益计划所产生的部分或所有未来义务进行的交易，而不是根据计划条款和所包含的精算假设向职工支付福利。设定受益计划结算利得或损失是下列两项的差额：

第一，在结算日确定的设定受益计划义务的现值。

第二，结算价格，包括转移的计划资产的公允价值和企业直接发生的与结算相关的支付。

(4) 设定受益计划净负债或净资产的利息净额。设定受益计划净负债或净资产的利息净额，是指设定受益净负债或净资产在职工提供服务期间由于时间变化而产生的变动，包括计划资产的利息收益、设定受益计划义务的利息费用以及资产上限影响的利息。除非其他相关会计准则要求或允许职工福利成本计入资产成本，企业应当将服务成本和设定受益净负债或净资产的利息净额计入当期损益。

企业应当通过将设定受益计划净负债或净资产乘以适当的折现率来确定设定受益计划净负债或净资产的利息净额。企业应当在会计期间开始时确定设定受益计划净负债或净资产和折现率，并考虑该期间由于福利提存和福利支付所导致的设定受益计划净负债或净资产的变动，但不应当考虑设定受益计划净负债或净资产在本会计期间的任何其他变动（例如精算利得和损失）。

企业应当通过将计划资产公允价值乘以折现率来确定计划资产的利息收益，作为计划资产回报的组成部分。企业应当将计划资产的利息收益和计划资产回报之间的差额包括在设定受益计划净负债或净资产的重新计量中。

企业计算设定受益计划净负债或净资产的利息净额时，应当考虑资产上限的影响。企业应当通过将资产上限的影响乘以折现率来确定资产上限影响的利息，作为资产上限影响总变动的一部分。企业应当在会计期间开始时确定资产上限的影响和折现率。企业应当将资产上限影响的利息金额与资产上限影响总变动之间的差额包括在设定受益计划净负债或净资产的重新计量中。

步骤四，确定应当计入其他综合收益的金额。

企业应当将重新计量设定受益计划净负债或净资产所产生的变动计入其他综合收益，并且在后续会计期间不允许转回至损益，但企业可以在权益范围内转移这些在其他综合收益中确认的金额。

重新计量设定受益计划净负债或净资产所产生的变动包括下列部分：

(1) 精算利得或损失，即由于精算假设和经验调整导致之前所计量的设定受益计划义务现值的增加或减少。企业未能预计的过高或过低的职工离职率、提前退休率、死亡率、过高或过低的薪酬、福利的增长以及折现率变化等因素，将导致设定受益计划产生精算利得和损失。精算利得或损失不包括因设立、修改或结算设定受益计划所导致的设定受益计划义务的现值变动，或者设定受益计划下应付福利的变动。这些变动产生了过去服务成本或结算利得或损失。

【例10-32】承〖例10-31〗，假定甲公司在该计划开始后职工提供服务的第3年年末重新计量该设定受益计划的净负债。甲公司发现，由于预期寿命等精算假设和经验调整导致该设定受益计划义务的现值增加，形成精算损失15万元。

借：其他综合收益——设定受益计划净负债或净资产重新计量——精算损失
                                                                   150 000
　　贷：应付职工薪酬——设定受益计划义务   150 000

（2）计划资产回报，扣除包括在设定受益净负债或净资产的利息净额中的金额。计划资产的回报，指计划资产产生的利息、股利和其他收入，以及计划资产已实现和未实现的利得或损失。企业在确定计划资产回报时，应当扣除管理该计划资产的成本以及计划本身的应付税款，但计量设定受益义务时所采用的精算假设所包括的税款除外。管理该计划资产以外的其他管理费用不需从计划资产回报中扣减。

（3）资产上限影响的变动，扣除包括在设定受益计划净负债或净资产的利息净额中的金额。

四、辞退福利的确认和计量

辞退福利，是指企业在职工劳动合同到期之前解除与职工的劳动关系或者为鼓励职工自愿接受裁减而给予职工的补偿。由于导致义务产生的事项是终止雇用而不是为获得职工的服务，企业应当将辞退福利作为单独一类职工薪酬进行会计处理。

企业在确定提供的经济补偿是否为辞退福利时，应当区分辞退福利和正常退休养老金。

辞退福利是在职工与企业签订的劳动合同到期前，企业根据法律与职工本人或职工代表（如工会）签订的协议，或者基于商业惯例，承诺当其提前终止对职工的雇用关系时支付的补偿，引发补偿的事项是辞退。

对于职工虽然没有与企业解除劳动合同，但未来不再为企业提供服务，不能为企业带来经济利益，企业承诺提供实质上具有辞退福利性质的经济补偿的，如发生"内退"的情况，在其正式退休日期之前应当比照辞退福利处理，在其正式退休日期之后，应当按照离职后福利处理。

企业向职工提供辞退福利的，应当在企业不能单方面撤回因解除劳动关系计划或裁减建议所提供的辞退福利时、企业确认涉及支付辞退福利的重组相关的成本或费用时两者孰早日，确认辞退福利产生的职工薪酬负债，并计入当期损益。

企业有详细、正式的重组计划并且该重组计划已对外公告时，表明已经承担了重组义务。重组计划包括重组涉及的业务、主要地点、需要补偿的职工人数及其岗位性质、预计重组支出、计划实施时间等。

实施职工内部退休计划的，企业应当比照辞退福利处理。在内退计划符合《企业会计准则第9号——职工薪酬》规定的确认条件时，企业应当按照内退计划规定，将自职工停止提供服务日至正常退休日期间、企业拟支付的内退职工工资和缴纳的社会保险费等，确认为应付职工薪酬，一次性计入当期损益，不能在职工内退后各期分期确认因支付内退职工工资和为其缴纳社会保险费等产生的义务。

企业应当按照辞退计划条款的规定，合理预计并确认辞退福利产生的职工薪酬负债，并具体考虑下列情况：

（1）对于职工没有选择权的辞退计划，企业应当根据计划条款规定拟解除劳动关系的职工数量、每一职位的辞退补偿等确认职工薪酬负债。

（2）对于自愿接受裁减建议的辞退计划，由于接受裁减的职工数量不确定，企业应当根据《企业会计准则第13号——或有事项》的规定，预计将会接受裁减建议的职工数量，根据预计的职工数量和每一职位的辞退补偿等确认职工薪酬负债。

（3）对于辞退福利预期在其确认的年度报告期间期末后12个月内完全支付的辞退福利，企业应当适用短期薪酬的相关规定。

（4）对于辞退福利预期在年度报告期间期末后12个月内不能完全支付的辞退福利，企业应当适用《企业会计准则第9号——职工薪酬》关于其他长期职工福利的相关规定，即实质性辞退工作在1年内实施完毕但补偿款项超过1年支付的辞退计划，企业应当选择恰当的折现率，以折现后的金额计量应计入当期损益的辞退福利金额。

【例10-33】甲公司是一家空调制造企业。2×14年9月，为了能够在下一年度顺利实施转产，甲公司管理层制定了一项辞退计划，计划规定，自2×15年1月1日起，企业将以职工自愿方式，辞退其柜式空调生产车间的职工。辞退计划的详细内容，包括拟辞退的职工所在部门、数量、各级别职工能够获得的补偿以及计划大体实施的时间等，均已与职工沟通，并达成一致意见，辞退计划已于2×14年12月10日经董事会正式批准，辞退计划将于下一个年度内实施完毕。该项辞退计划的详细内容如表10-5所示。

表10-5

所属部门	职位	辞退数量（人）	工龄（年）	每人补偿（万元）
空调车间	车间主任、副主任	10	1~10	10
			10~20	20
			20~30	30
	高级技工	50	1~10	8
			10~20	18
			20~30	28
	一般技工	100	1~10	5
			10~20	15
			20~30	25
合计		160		

2×14年12月31日，公司预计各级别职工拟接受辞退职工数量的最佳估计数（最可能发生数）及其应支付的补偿如表10-6所示。

表10-6　　　　　　　　　　　　　　　　　　　　　　　　　　　　　　　　　　单位：万元

所属部门	职位	辞退数量（人）	工龄（年）	接受数量（人）	每人补偿额	补偿金额
空调车间	车间主任、副主任	10	1~10	5	10	50
			10~20	2	20	40
			20~30	1	30	30
	高级技工	50	1~10	20	8	160
			10~20	10	18	180
			20~30	5	28	140
	一般技工	100	1~10	50	5	250
			10~20	20	15	300
			20~30	10	25	250
合计		160		123		1 400

按照《企业会计准则第13号——或有事项》有关计算最佳估计数的方法，预计接受辞退的职工数量可以根据最可能发生的数量确定。根据表10-8，愿意接受辞退职工的最可能数量为123名，预计补偿总额为1 400万元，则公司在2×14年（辞退计划是2×14年12月10日由董事会批准）应作如下账务处理：

借：管理费用　　　　　　　　　　　　　　　　　　　14 000 000
　　贷：应付职工薪酬——辞退福利　　　　　　　　　　14 000 000

五、其他长期职工福利的确认和计量

其他长期职工福利，是指除短期薪酬、离职后福利和辞退福利以外的其他所有职工福利。其他长期职工福利包括长期带薪缺勤、其他长期服务福利、长期残疾福利、长期利润分享计划和长期奖金计划以及递延酬劳等。

企业向职工提供的其他长期职工福利，符合设定提存计划条件的，应当按照设定提存计划的有关规定进行会计处理。企业向职工提供的其他长期职工福利，符合设定受益计划条件的，企业应当按照设定受益计划的有关规定，确认和计量其他长期职工福利净负债或净资产。

在报告期末，企业应当将其他长期职工福利产生的职工薪酬成本确认为下列组成部分：

（1）服务成本；
（2）其他长期职工福利净负债或净资产的利息净额；

(3) 重新计量其他长期职工福利净负债或净资产所产生的变动。

为了简化相关会计处理，上述项目的总净额应计入当期损益或相关资产成本。

长期残疾福利水平取决于职工提供服务期间长短的，企业应在职工提供服务的期间确认应付长期残疾福利义务，计量时应当考虑长期残疾福利支付的可能性和预期支付的期限；与职工提供服务期间长短无关的，企业应当在导致职工长期残疾的事件发生的当期确认应付长期残疾福利义务。

递延酬劳包括按比例分期支付或者经常性定额支付的递延奖金等。这类福利应当按照奖金计划的福利公式来对费用进行确认，或者按照直线法在相应的服务期间分摊确认。如果一家企业内部为其长期奖金计划或者递延酬劳设立一个账户，则这样的其他长期职工福利不符合设定提存计划的条件。

【例10-34】2×14年年初乙企业为其管理人员设立了一项递延奖金计划：将当年利润的5%提成作为奖金，但要两年后即2×15年年末才向仍然在职的员工分发。假设2×14年当年利润为1亿元，且该计划条款中明确规定：员工必须在这两年内持续为公司服务，如果提前离开将拿不到奖金。具体会计处理如下：

步骤一，根据预期累计福利单位法，采用无偏且相互一致的精算假设对有关人口统计变量和财务变量等做出估计，计量设定受益计划所产生的义务，并按照同久期同币种的国债收益率将设定受益计划所产生的义务予以折现，以确定设定受益计划义务的现值和当期服务成本。

假设不考虑死亡率和离职率等因素，2×14年年初预计两年后乙企业为此计划的现金流支出为500万元，按照预期累计福利单位法归属于2×14年的福利 = 500/2 = 250（万元），选取同久期同币种的国债收益率作为折现率（5%）进行折现，则2×14年的当期服务成本 = 250/(1+5%) = 2 380 952（元）。假定2×14年年末折现率变为3%，则2×14年年末的设定受益义务现值即设定受益计划负债 = 250/(1+3%) = 2 427 184（元）。

步骤二，核实设定受益计划有无计划资产，假设在本例中该项设定受益计划没有计划资产，2×14年年末的设定受益计划净负债即设定受益计划负债为2 427 184元。

步骤三，确定应当计入当期损益的金额，如步骤一所示，本例中发生利润从而导致负债的当年，即2×14年的当期服务成本为2 380 952元。由于期初负债为0，2×14年年末，设定受益计划净负债的利息费用为0。

步骤四，确定重新计量设定受益计划净负债或净资产所产生的变动，包括精算利得或损失、计划资产回报和资产上限影响的变动三个部分，计入当期损益。由于假设本例中没有计划资产，因此，重新计量设定受益计划净负债或净资产所产生的变动仅包括精算利得或损失。

由步骤一可知，2×14年年末的精算损失为46 232元。

2×14年年末，上述递延奖金计划的会计处理为：

借：管理费用——当期服务成本　　　　　　　　　　　2 380 952

——精算损失	46 232
贷：应付职工薪酬——递延奖金计划	2 427 184

同理，2×15年年末，假设折现率仍为3%，乙企业当期服务成本为250万元，设定受益计划净负债的利息费用 = 2 427 184 × 3% = 72 816（元）。则乙企业2×15年年末的会计处理为：

借：管理费用	2 500 000
财务费用	72 816
贷：应付职工薪酬——递延奖金计划	2 572 816

实际支付该项递延奖金时会计处理为：

借：应付职工薪酬——递延奖金计划	5 000 000
贷：银行存款	5 000 000

第七节　其他应付款

其他应付款是企业除应付账款、预收账款、应付职工薪酬、应交税费、应付利息、应付利润以外的其他各项应付、暂收款项，如应付租入固定资产和包装物的租金、存入保证金等。也就是说，其他应付款实质上是企业流动负债中一个兜底的会计科目和报表项目，只要归不到上述八项负债的其他流动负债，全部作为其他应付款进行核算和管理。从经济意义上看，其他应付款这项负债实质上反映了企业与除资金提供者、往来单位、国家、投资者以外的其他方之间发生的结算关系。

其他应付款发生时，借记有关科目，贷记"其他应付款"科目，一般需根据对方单位进行明细核算；偿付其他应付款时，借记"其他应付款"科目，贷记"银行存款"等科目。

思　考　题

1. 社会保险费与住房公积金的计提中，个人负担部分与企业负担部分的会计处理有何不同？
2. 一般纳税人哪些业务应视同销售？哪些进项税额不得抵扣？
3. 累积带薪缺勤和非累积带薪缺勤在会计处理上有何不同？

习　题

1. 四通公司2×15年1月1日向银行借入180 000元、期限9个月、年利率6%的借款，该借款到期后按期如数归还，利息分月预提，按季支付。

要求：编制借入款项、按月预提利息、按季支付利息和到期时归还本金的会计分录。

2. 四通公司2×15年9月发生有关应付票据的业务如下：

（1）9月1日，购入B公司材料一批，价款200 000元，增值税税额34 000元，材料验收入库（材料按实际成本计价核算），企业开出一张3个月期限的不带息银行承兑汇票，并向银行支付1%的手续费。

（2）9月5日，购入C公司材料一批，价款600 000元，增值税税额102 000元，材料验收入库（材料按实际成本计价核算），公司开出一张6个月期限、票面年利率为6%的带息银行承兑汇票，并以银行存款支付承兑手续费6 000元。

（3）9月10日，公司6个月前签发给D公司的商业承兑汇票到期，以银行存款支付票据款88 500元。

（4）9月20日，公司3个月前签发并承兑的不带息票据到期，公司无力付款，予以结转，票面价款800 000元。

要求：根据上述资料编制有关会计分录。

3. 长城企业为一般纳税人，本月发生下列有关经济业务：

（1）从B公司购入原材料一批，价款80 000元，增值税专用发票上注明的增值税13 600元，材料已验收入库，价款及税款尚未支付。双方商定若在20天内付款可享受2%的现金折扣，企业原材料按实际成本核算。

（2）企业按合同向佳佳公司预收货款60 000元，款项收存银行。

（3）以银行存款支付上月欠B公司的货款58 000元。

（4）企业向佳佳公司发出产品，价款60 000元，增值税税额为10 200元。

（5）收到佳佳公司补付货款10 200元，款已收存银行。

（6）企业在20天内向B公司支付应付购货款93 600元，享受现金折扣。

要求：根据上述资料编制有关会计分录。

第十一章 非流动负债

学习目标
1. 了解非流动负债的性质与分类。
2. 掌握长期借款、应付债券、长期应付款的会计核算。
3. 理解借款费用资本化的判定与金额的确定及其会计核算。

第一节 非流动负债概述

非流动负债是相对于流动负债而言的,是指偿还期在 1 年或者超过 1 年的一个营业周期以上的负债。与流动负债相比,非流动负债具有偿还期限长、债务金额大、可以分期偿还等特点。

企业为了扩大生产经营规模、开拓新的市场、对外进行长期投资等,往往需要取得大量长期资金。这些资金仅依靠企业拥有的经营资金通常是无法满足需要的,若等待企业积累的留存收益则有可能丧失良机,所以企业需要向外界筹集长期资金。企业筹措长期资金主要有两种方式:一是通过投资者投入新的资本;二是通过各种形式举借非流动负债。

举借非流动负债与增加投资者投入资本相比,其意义在于:

第一,举借非流动负债可以保持企业投资者原有的投资比例,股权结构不变,有利于保持原有股东对企业的控制权;

第二,举借非流动负债可以利用借入资金获取杠杆收益,增加股东的收益;

第三,举借非流动负债的利息费用,一般可以直接计入当期损益,成为所得税前的一个扣减项目,具有抵税功能。

举借非流动负债会给企业带来较大的财务风险,非流动负债一般都有明确的到期日,须按协议的约定到期偿还,如果企业无力及时支付利息或按期偿还本金,债权人的要求权可能会迫使企业进行破产清算。因此,企业举借非流动负债必须合理谨慎,规模适度,举借程度应与企业的资本结构和偿债能力相适应。

非流动负债由于偿还期限长,到期还本付息的金额与其现值比较差距较大,从理论上说,不宜按未来偿付金额入账,而应按现值入账(关于现值的确认将在本节后继部分详细介绍)。非流动负债的利息往往数额较大,利息的确认和计量对如实反映企业的财务状况和经营成果而言十分重要。非流动负债的利息可能是分期支付也可能是到期一次性还本付息,因此,非流动负债的利息在分期支付时确认为流动负债,在一次还本付息时应确认为非流动负债。

根据我国目前实际情况,非流动负债的形式分别归纳为五个方面进行会计核算:长期借款、应付债券、长期应付款、专项应付款、预计负债。

第二节 长期借款

一、长期借款的性质与会计科目设置

长期借款是企业向银行等金融机构借入的偿还期限超过1年的各种借款。

在借款的使用期间,应按期支付利息,到期偿还本金。为了核算长期借款的取得、计息和归还情况,企业应设置"长期借款"科目,该科目的贷方登记取得的长期借款本金和定期计提的长期借款利息,借方登记归还的本金和利息,期末余额在贷方,反映尚未归还的本金和利息,该科目应按借款的种类或用途设置明细科目。确认利息费用应根据借款用途等情况,确定应予资本化还是费用化,分别借记"财务费用"或"在建工程"等相关科目。

二、长期借款的账务处理

企业从银行借入长期借款,应与银行签订借款合同,约定借款本金和利息的偿还方式,并在使用过程中正确核算借款的取得、使用和归还情况。由于还本付息方式的不同,在账务处理上也有所区别。

长期借款的还本付息方式有:到期一次还本付息;分期付息、到期还本。

1. 到期一次还本付息方式的账务处理。企业应当设置"长期借款"科目来核算长期借款的取得、归还以及利息的确认等业务。

【例11-1】甲公司于2×13年1月1日从中国工商银行借入人民币200万元,期限3年,用于固定资产建造。年利率8%,每年按复利计息一次,到期本息一次支付。固定资产建造工程在第二年年末完成并投入使用,并办理了工程决算(假定工程建设过程中该借款的利息均允许资本化)。

根据上述资料,甲公司应进行如下账务处理。

①取得借款,存入银行时:

借:银行存款 2 000 000
　　贷:长期借款——本金 2 000 000

②第一年年末计提利息时:

应计利息 = 200 × 8% × 1 = 16(万元)

借：在建工程 160 000
　　贷：长期借款——应计利息 160 000

③第二年年末计提利息时：

应计利息 =（200 + 16）×8% ×1 = 17.28（万元）

借：在建工程 172 800
　　贷：长期借款——应计利息 172 800

④第三年年末计提利息时：

应计利息 =（200 + 16 + 17.28）×8% ×1 = 18.66（万元）

借：财务费用 186 600
　　贷：长期借款——应计利息 186 600

注：第三年计提利息应每月预提一次，这里加以简化。

⑤第三年年末偿还本息时：

应偿还本息合计 = 200 + 16 + 17.28 + 18.66 = 251.94（万元）

借：长期借款——本金 2 000 000
　　　　　　——应计利息 519 400
　　贷：银行存款 2 519 400

2. 分期付息、到期还本方式的账务处理。

【例11-2】承〖例11-1〗，假定甲公司与银行约定本息的偿还方式为分期付息、到期还本，即每年年末归还借款利息，3 年后一次还清本金。计息按单利计算。

甲公司应进行如下账务处理。

①借款时，与〖例11-1〗相同。

②第一年计算年利息并偿还时：

应计利息 = 200 ×8% ×1 = 16（万元）

借：在建工程 160 000
　　贷：应付利息 160 000

借：应付利息 160 000
　　贷：银行存款 160 000

③第二年计算利息并偿还的账务处理与第一年相同。

④第三年1~12月每月计提利息时：

应计利息 = 200 ×8% ×1/12 = 1.3333（万元）

借：财务费用 13 333
　　贷：应付利息 13 333

第三年年末偿还利息时：

借：应付利息 160 000
　　贷：银行存款 160 000

注：每个月计提13 333元利息，12个月合计为159 996元，计算尾数差4元。

⑤第三年年末偿还本金时：

借：长期借款——本金　　　　　　　　　　　　　2 000 000
　　贷：银行存款　　　　　　　　　　　　　　　　　　2 000 000

第三节　应 付 债 券

一、应付债券概述

企业发行的期限在1年以上的债券（包括企业发行的归类为金融负债的优先股、永续债等），构成了企业的长期负债。

债券发行方式有三种：面值发行、溢价发行、折价发行。

面值发行：票面利率＝市场利率

折价发行：票面利率＜市场利率

溢价发行：票面利率＞市场利率

1. 债券的性质。债券是企业为筹集长期资金而发行的约定于一定日期支付一定的本金以及定期支付一定的利息给持有者的一种书面凭证。

发行债券是企业筹集长期资金的重要方式之一，通过发行债券，企业将巨额借款分为若干等份，以公开募集的方式向社会举债，能吸收大量长期资金。

企业发行的超过1年的债券，属于企业的一项非流动负债，应作为"应付债券"核算。企业发行的1年期或1年期以下的债券，则作为流动负债，通过交易性金融负债"应付短期债券"核算。

2. 债券的基本要素。债券的发行有严格的规定，包括债券票面上应载明的内容，称为债券要素。例如企业名称、票面金额、票面利率、偿还期限、利息支付的方式等。其中，下列内容是基本的，也是会计处理中必须运用的内容，因此，称为基本要素。

（1）债券面值。债券面值也称债券的到期值，即债券到期应偿还的本金。面值大小不等，企业可以根据需要设定。它包括票面的币种和票面金额两个方面。

票面的币种是指以何种货币作为债券价值的计量标准，取决于发行对象和需要。

票面金额是指票面所标明的金额。

（2）债券利率。债券利率也称名义利率或票面利率，是相对于债券发行时的市场利率而言的。债券利率一般用年利率表示，它可以高于、等于或低于市场利率。其高低主要受银行利率、发行者的资信、偿还期限、利息计算方式以及资本市场上资金供求关系的影响。

（3）利息支付方式。债券利息通常每半年或每年支付一次，支付的利息额等于债券面值乘以票面利率。债券的发行者应在票面上注明债券的付息日期。若在两个付息日之间编制财务报表时，应计提上一付息日至编表日的利息费用和相应的应计利息。

（4）到期日。到期日也就是偿还债券本金的日期，取决于债券的偿还期限。

发行人在确定债券的偿还期限时，要考虑债券筹集资金的周转期、未来市场利率的发展趋势以及投资者的投资意向等。

3. 债券的种类。

（1）按债券发行有无担保分类。

①担保债券，又称抵押债券，是指以特定的财产作为担保品，以保证其还本付息的债券。作为担保品的财产，可以是企业拥有的不动产，如土地、房屋等，也可以是企业的动产，如设备等。一旦债券发行人违约，债券持有人有权将担保品变卖以补偿损失。

②信用债券，又称无担保债券，是指没有任何特定的财产作为担保品的债券。这种债券全凭发行企业的信用，一旦企业破产清算，债券持有人便成为企业的一般债权人。因此，投资者的投资风险较高，要求的报酬率也高。

（2）按是否记名分类。

①记名债券，指企业在发行债券时，债券票面上记有债券持有人的姓名，并在每次发放利息时由发行企业支付给债券持有人。

②无记名债券，指债券票面上不记载持有人的姓名。但这种债券通常附有息票，在债券的存续期限内，持有人可以凭息票领取到期债券的利息和取回到期债券的本金。

（3）按还本方式分类。

①定期还本债券，是指规定在未来某一时日到期一次全部偿还本金的债券。

②分期还本债券，是指在未来日期内分期偿还本金的债券。

（4）按特殊偿还方式分类。

①可赎回债券，是指债券发行企业有权在债券到期日以前按预先特定的价格提前赎回的债券。

②可转换债券，是指债券发行一定期限后，持有人可以按一定价格转换成企业其他证券（例如普通股）的债券。

二、债券的发行

1. 债券发行价格的确定。从理论上讲，债券的发行价格应等于债券的票面价值，但实际上债券的发行价格与其票面价值并不总是相同。这是因为：

（1）资金时间价值的存在。债券是在若干年后按照债券面值偿还本金，由于资金具有不同的时间价值，同样数量的资金在不同时间具有不同的价值。

（2）债券的票面利率和发行债券时的市场利率不一致。由于债券的发行需要经过很长一段时间的准备过程，即使预先确定的发行利率与市场利率相同，但随着时间的推移，市场利率随时发生着变化，因此，就会出现两者不一致的情况。

2. 应付债券发行时的会计核算。主要包括面值发行债券的会计核算和溢价发行债券的会计核算。

3. 利息的支付方式。主要有：分期支付——"应付利息"；到期一次还本付息——"应付债券——应计利息"。

4. 主要账务处理。

（1）企业发行债券：

借：银行存款
　　贷：应付债券——面值

存在差额的，还应借记或贷记"应付债券（利息调整）"。

发行的可转换公司债券：

借：银行存款
　　贷：应付债券——可转换公司债券（面值）
　　　　其他权益工具

存在差额的，借记或贷记"应付债券（利息调整）"。

（2）摊销方法有实际利率法。

（3）会计分录：

借：制造费用（资本化）
　　研发支出（资本化）
　　在建工程（资本化）
　　财务费用
　　贷：应付债券——应计利息（应付利息名义利息）

借贷之差 = 应付债券 – 利息调整

利息总额（实际利息）– 资本化金额 = 费用化金额

（4）债券偿还。

①债券到期，支付债券本息：

借：应付债券——面值
　　　　　　——应计利息
　　应付利息
　　贷：银行存款

②可转换公司债券持有人行使转换权利，将其持有的债券转换为股票：

借：应付债券——可转换公司债券（面值——利息调整）
　　其他权益工具
　　贷：股本
　　　　资本公积——股本溢价

（5）发行债券的企业，在债券的有效持续期内需要付出的代价包括：债券到期时按面值支付给投资者的本金；在有效期内按票面利率计算支付的利息。

债券的发行价格是由债券发行企业未来应偿还的面值和支付的利息两大部分按发行债券时通用的市场利率折算成现值来决定的，也就是考虑了资金的时间价值。

债券发行价格的计算公式是：

债券发行价格＝债券面值的现值＋应计利息的现值

$$= \frac{票面价值}{(1+市场利率)^n} + \sum_{t=1}^{n} \frac{票面价值 \times 票面利率}{(1+市场利率)^t}$$

其中，n 表示债券期限；t 表示付息期数。

【例 11-3】甲股份有限公司 2×13 年 1 月 1 日发行面值为 100 元的债券 1 000 份，金额 100 000 元。票面利率 8%，5 年期。利息每半年支付一次，债券发行时的市场利率为 6%。

要求：计算单份债券的发行价格。

分两个部分计算，计算时需注意，该债券是每半年支付一次利息，因此，不论票面利率、市场利率，均需按一半计算。

到期应偿还的债券面值按市场利率折现的现值 = 100×0.7440 = 74.40（元）

按债券票面利率支付各期利息按市场利率折现的现值 = 4×8.5302

＝34.12（元）

两者相加，债券的发行价格为 108.52 元。

5. 债券发行的价格形式。从上面计算债券发行价格的例子中可以看出：

债券在按低于债券票面利率的市场利率发行时，发行价格高于债券的面值，称为溢价发行。

若按高于债券票面利率的市场利率发行时，发行价格就会低于债券面值，称为折价发行。

若两个利率相等，则债券的发行价格就会等于债券面值，称为平价发行。

显而易见，债券的发行价格随市场利率的变动而呈反方向变动，当市场利率上升时，债券的价格下跌；当市场利率下降时，债券的价格则上升。

6. 债券发行的账务处理。

(1) 应设置的科目。发行债券的企业，应设置"应付债券"科目，用来核算债券的发行、计息、偿还等情况。该科目下设三个明细科目：

① "应付债券——面值"明细科目。该科目专门核算债券票面价值的增减变动情况。

② "应付债券——利息调整"明细科目。该科目专门核算债券溢价或折价的形成和摊销情况。

③ "应付债券——应计利息"明细科目。该科目专门核算债券利息的计提和支付情况。

在三个科目中，债券的发行价格以及持续期间的实际价值或账面价值是通过"应付债券——债券面值"和"应付债券——利息调整"两个科目来体现的。

一般来说，"应付债券——债券面值"科目的余额加上"应付债券——利息调整"科目的余额即为债券的实际价值或账面价值。

(2) 按面值发行债券的核算。如果票面利率与市场利率一致，则按面值发行债券。这时得到一笔与面值相等的现金，同时按面值确认应付债券的增加，账务处理比较简单。

【例11-4】甲公司2×13年1月1日发行3年期债券1 000份,每份面值1 000元,票面利率8%,每年6月30日和12月31日各付息一次。发行时的市场利率为8%,发行收入已存入银行。

根据上述资料,甲公司按面值发行该批债券,售出债券时账务处理如下:

借:银行存款　　　　　　　　　　　　　　1 000 000
　　贷:应付债券——债券面值　　　　　　　　　　　　1 000 000

(3) 溢价发行债券的核算。若债券的票面利率高于市场利率,则债券可以溢价发行。溢价发行的收入大于债券的面值,超出部分记入债券溢价中。

【例11-5】承〔例11-4〕,假定甲公司发行债券的票面利率为10%,其他条件不变。则:

债券的发行价格 = 1 000 × 0.7903(通过查年金现值系数表得出,下同) + 1 000 × 10% × 1/2 × 5.2421 = 1 052.405(元)

取得的总收入 = 1 052.405 × 1 000 = 1 052 405(元)

溢价收入 = 1 052 405 - 1 000 000 = 52 405(元)

账务处理如下:

借:银行存款　　　　　　　　　　　　　　1 052 405
　　贷:应付债券——债券面值　　　　　　　　　　　　1 000 000
　　　　　　　——利息调整　　　　　　　　　　　　　　52 405

(4) 折价发行债券的核算。若债券的票面利率低于市场利率,债券发行企业每期支付债权人的利息均低于按市场利率计算的利息,这时,债券只能折价发行。折价发行取得的收入小于面值,这部分计入债券折价。

【例11-6】承〔例11-4〕,假定甲公司发行债券的票面利率为6%,其他条件不变。则:

债券的发行价格 = 1 000 × 0.7903 + 1 000 × 6% × 1/2 × 5.2421
　　　　　　　= 947.563(元)

取得的总收入 = 947.563 × 1 000 = 947 563(元)

债券折价 = 1 000 000 - 947 563 = 52 437(元)

账务处理为:

借:银行存款　　　　　　　　　　　　　　947 563
　　应付债券——利息调整　　　　　　　　　52 437
　　贷:应付债券——债券面值　　　　　　　　　　　　1 000 000

需要说明的是,无论是应付债券的溢价还是折价,在资产负债表中均应列为应付债券的增项或减项。

(5) 债券发行费用的核算。债券的发行,通常会发生一些相关的费用,如印刷费、律师费、手续费、广告费以及经纪人承销佣金等。这些费用可以称为债券的发行费用,应按照借款费用的原则处理。

如果企业发行债券筹集资金专项用于购建固定资产,在所购建的固定资产达到预定可使用状态前,将发生金额较大的发行费用(减去发行期间冻结资金产生的利息收入),计入所购建固定资产的成本;将发生金额较小的发行费用(减去发行期间冻结资金产生的利息收入),直接计入当期财务费用。企业发行债券,如果发行费用小于发行期间冻结资金所产生的利息收入,按发行期间冻结资金所产生的利息收入减去发行费用后的差额,视同发行债券的溢价收入,在债券存续期间于计提利息时摊销,并按借款费用的处理原则予以资本化或费用化。

三、债券存续期间的核算

应付债券存续期间的核算内容包括债券利息的计提、利息调整的摊销和债券利息支付等。

具体可以分以下四种情况分别处理。

1. 按面值发行的债券存续期间的核算。企业以面值发行债券时,应在债券存续期内按期计提利息,一般每半年或一年计提一次。每期计提利息时,按照应计利息,借记"财务费用"科目或"在建工程"科目,贷记"应付债券——应计利息"科目。如果是分期付息债券,通过"应付利息"科目核算。

【例11-7】承〖例11-4〗,甲公司以面值发行债券,假定按每半年计提并支付利息。已知该批债券筹措的资金用于购建固定资产。

根据上述资料,甲公司每半年应计提并支付的利息金额为40 000元(1 000 000×8%×1/2),账务处理如下:

借:在建工程　　　　　　　　　　　　　　　　　40 000
　　贷:应付利息　　　　　　　　　　　　　　　　40 000
借:应付利息　　　　　　　　　　　　　　　　　40 000
　　贷:银行存款　　　　　　　　　　　　　　　　40 000

2. 溢价发行债券存续期间的核算。企业溢价发行债券时,应在债券存续期内按期计提利息并摊销溢价金额。每期计提利息并摊销溢价金额时,应按实际利息借记"财务费用"或"在建工程"科目,按溢价金额的摊销额借记"应付债券——利息调整"科目,按应计利息贷记"应付债券——应计利息"科目。若为分期付息债券,通过"应付利息"科目核算。

在举债期间,企业实际负担的各期利息费用,除每期支付的利息外,还应包括债券溢价或折价的摊销,即将债券溢价逐期在利息费用中扣除,将债券折价逐期转为利息费用。

发行债券企业每期的利息费用,可用公式表示如下:

利息费用 = 支付的利息 – 溢价的摊销

或

= 支付的利息 + 折价摊销

债券溢价、折价的摊销方法,有直线法和实际利率法两种。债券发行后,应编制"债券溢价(或折价)摊销表",据以进行每期的摊销。我国会计准则规定，应当采用实际利率法摊销债券的溢价、折价。

实际利率法以债券发行时的市场利率，乘以每期期初债券的账面价值，求得该期的财务费用，财务费用与实际支付利息的差额，即为该期溢价、折价摊销额。

有关数据的计算公式为：

$$溢价摊销额 = 应支付的利息 - 当期财务费用$$
$$折价摊销额 = 当期财务费用 - 应支付的利息$$

其中：　　　当期财务费用 = 债券该期期初账面价值 × 市场利率

在债券溢价发行时，由于每期的应付债券账面价值不相等，计算确定的每期实际利息也不相等，每期的溢价摊销额也不相等。债券的账面价值逐期递减，则每期的财务费用逐期递减，而每期应计利息相等，所以每期摊销的溢价是递增的。

在债券折价发行时，债券的账面价值逐期递增，则每期的财务费用也逐期递增，而每期应计利息相等，所以每期摊销的折价也是递增的。

【例 11 – 8】承〖例 11 – 7〗，假定该批债券筹集的资金用于日常经营活动，该债券到期还本付息。

按实际利率法摊销债券溢价，债券发行后即应编制"债券溢价摊销表"。

根据债券溢价摊销表（实际利率法），在每一计息日都按应计利息、溢价摊销额编制相关的会计分录。

例如，2×13 年 6 月 30 日：

借：财务费用　　　　　　　　　　　　　　　　42 096.20
　　应付债券——利息调整　　　　　　　　　　 7 903.80
　　贷：应付债券——应计利息　　　　　　　　　　　50 000

再如，2×13 年 12 月 31 日：

借：财务费用　　　　　　　　　　　　　　　　41 109.30
　　应付债券——利息调整　　　　　　　　　　 8 890.70
　　贷：应付债券——应计利息　　　　　　　　　　　50 000

3. 折价发行的债券存续期间的核算。企业折价发行债券时，应在债券的存续期内按期计提利息并摊销折价金额。每期计提利息并摊销折价金额时，按实际利息借记"财务费用"科目或"在建工程"科目，按应计利息贷记"应付债券——应计利息"科目，按折价金额的摊销额贷记"应付债券——利息调整"科目。若为分期付息债券，通过"应付利息"科目核算。

根据债券折价摊销表（实际利率法），在每一计息日都应按应计利息、折价摊销额编制相关的会计分录。

例如，2×13 年 6 月 30 日：

借：财务费用　　　　　　　　　　　　　　　　37 902.52
　　贷：应付债券——应计利息　　　　　　　　　30 000.00
　　　　　　　　——利息调整　　　　　　　　　 7 902.52

再如，2×13年12月31日：
借：财务费用　　　　　　　　　　　　　　　38 889.26
　　贷：应付债券——应计利息　　　　　　　　　　30 000.00
　　　　　　　——利息调整　　　　　　　　　　　　8 889.26

4. 在两个付息日之间发行债券的核算。上述内容所讲的债券发行，都是假定债券的发行日和起息日是一致的，但在实际工作中，债券有时是在两个付息日之间发行的。

从理论上来说可以按照债券发行日至债券到期日之间的票面利率和市场利率的差别计算债券的现值。

但这样做将需要为不同购买日期的债权人分别计算并支付不同的债券利息，为了简化核算，将上一付息日到发行日之间的应计利息包括在债券的售价中，也就是说，债券购买者除了要付债券的买价外，还要加付从原发行日至债券实际发行日之间的应计利息。

当然，债券发行企业在下一付息日仍须按原来规定付足每期利息。这一部分预先收取的利息形成企业的一项负债，记入"应付债券——应计利息"科目的贷方，在下一付息日予以冲转。至于发行债券时的溢价或折价，则应在实际发行日期与债券到期日期之间的所有期间内摊销。

【例11-9】假定甲公司原定于2×13年3月1日发行票面价值1 000元、每年3月1日和9月1日付息两次的3年期、年利率6%（市场利率也为6%）的债券1 000份，因故推迟至7月1日发行。

则甲公司在发行时应编制如下会计分录：
借：银行存款　　　　　　　　　　　　　　　1 020 000
　　贷：应付债券——债券面值　　　　　　　　　1 000 000
　　　　　　　——应计利息　　　　　　　　　　　　20 000

到9月1日支付半年利息时：
借：应付债券——应计利息　　　　　　　　　　　20 000
　　财务费用　　　　　　　　　　　　　　　　　　10 000
　　贷：银行存款　　　　　　　　　　　　　　　　30 000

四、债券的到期偿还

应付债券到期偿还时，无论债券发行价是按面值、折价或溢价，到期偿还的都是面值。因为此时债券的溢价或折价均已摊销完毕，债券的账面价值应等于其面值。若债券为到期一次支付利息，应支付全部利息。

企业应按债券面值借记"应付债券——债券面值"科目，按支付的利息借记"应付债券——应计利息"科目，按实际支付的款项贷记"银行存款"科目。

依上述所举例子，假定甲公司发行的债券为分期付息、到期还本债券。则到期应编制如下会计分录：

借：应付债券——债券面值　　　　　　　　　1 000 000
　　贷：银行存款　　　　　　　　　　　　　　　　　1 000 000

第四节　长期应付款

一、长期应付款的内容

企业除了通过银行借款和发行债券取得长期资金购建长期资产外，还可以采用补偿贸易方式引进国外设备和融资租入固定资产两种方式。

补偿贸易是指企业从国外引进设备，再用该设备生产的产品归还设备价款。其特点是免收流通税。

融资租赁是指在实质上转移与一项资产所有权有关的全部风险和报酬的一种租赁，在租赁时，出租单位与承租单位约定，租赁的固定资产所有权，在承租单位付清最后一笔租金后，就可以转移给承租单位。

一般情况下，补偿贸易方式引进国外设备和融资租入固定资产有共同点，即固定资产使用在先、款项偿还在后。因此，补偿贸易引进设备和融资租入固定资产，在尚未偿还设备价款或尚未支付租赁费之前，形成了企业的一项非流动负债，分别称为补偿贸易引进设备应付款和融资租入固定资产应付款，统称为长期应付款。

长期应付款作为非流动负债的一部分，除具有非流动负债数额大、偿还期限长的特点外，还有两个特点：

一是具有分期付款的性质。如补偿贸易引进设备应付款是在合同期内逐期偿还的，融资租入固定资产的租赁费是在整个租赁期内逐期偿还的。

二是长期应付款涉及的外币债务较多，其计价经常会和外币与人民币之间的汇率有关。如引进国外设备的价款是通过汇率将外币折算为人民币计算的，还款时汇率变动，会影响人民币的数额。

为了核算补偿贸易引进设备应付款和融资租入固定资产应付款，企业应设"长期应付款"科目，该科目下设"长期应付款——应付补偿贸易引进设备款"和"长期应付款——应付融资租赁款"两个明细科目，分别核算两种不同的长期应付款。

二、补偿贸易引进设备应付款的核算

企业按补偿贸易方式引进设备时，应该按照引进设备、工具、零配件等的价款加上国外运杂费折合为人民币入账，需要安装的设备应先记入"在建工程"科目。设备引进时支付的进口关税、国内运杂费及安装费，借记"在建工程"科

目,贷记"银行存款"或"长期借款"科目。

设备安装完毕交付使用时,应将"在建工程"科目借方发生额转入"固定资产"科目。

会计处理如下。

(1) 企业以补偿贸易引进国外设备时具有融资性质的:

借:固定资产/在建工程/无形资产/研发支出
　　贷:长期应付款——应付引进国外设备款

(2) 用其生产的产品分期抵付价款及利息时:

借:应收账款
　　贷:主营业务收入

同时:

借:主营业务成本
　　贷:库存商品

借:长期应付款——应付引进国外设备款
　　贷:应收账款

国家为了鼓励企业开展补偿贸易,规定开展补偿贸易的企业,补偿期内免交设备所生产产品的流转税,因此,核算时不涉及税金。

补偿贸易是以生产的产品归还设备价款,一般情况下,设备的引进与偿还设备价款是没有现金流入和流出的。

同时,用产品归还设备价款时,视同产品销售进行处理,借记"应收账款"科目,贷记"主营业务收入"科目,并借记"长期应付款——应付补偿贸易引进设备款"科目,贷记"应收账款"科目。

【例 11-10】甲公司开展补偿贸易业务,2×15 年 3 月 10 日从国外引进一套设备价值人民币 300 万元,用银行存款支付进口关税 20 万元和安装费 5 万元。安装完毕后,投入使用,第一批生产甲产品 500 件,每件销售价格 1 200 元,销售成本 900 元,这一批产品全部用于还款。

根据上述资料,甲公司应进行如下账务处理。

①引进设备时:

借:在建工程　　　　　　　　　　　　　　　　　3 200 000
　　贷:长期应付款——应付补偿贸易引进设备款　　　3 000 000
　　　　银行存款　　　　　　　　　　　　　　　　　200 000

②安装过程中:

借:在建工程　　　　　　　　　　　　　　　　　　50 000
　　贷:银行存款　　　　　　　　　　　　　　　　　50 000

③安装完毕,交付使用时:

借:固定资产　　　　　　　　　　　　　　　　　3 250 000
　　贷:在建工程　　　　　　　　　　　　　　　　3 250 000

④第一批产品销售时:

借：应收账款   600 000
  贷：主营业务收入   600 000
⑤结转发出产品的成本时：
借：主营业务成本   450 000
  贷：库存商品   450 000
⑥用产品价款偿还引进设备款时：
借：长期应付款——应付补偿贸易引进设备款 600 000
  贷：应收账款   600 000

三、融资租入固定资产应付款的核算

1. 租赁的定义与分类。根据我国《企业会计准则第 21 号——租赁》的规定，租赁是指在约定的期间内出租人将资产使用权让与承租人以获取租金的协议。

租赁至少涉及的当事人包括承租人和出租人。

双方应当在租赁开始日将租赁分为融资租赁和经营租赁。将租赁分为融资租赁和经营租赁是根据租赁的目的，以与租赁资产所有权相关的风险和报酬归属于出租人或承租人的程度为依据。

如果实质上转移了与租赁资产所有权相关的全部风险和报酬，则该项租赁为融资租赁；反之，则为经营租赁。

所谓与资产所有权相关的风险，是指由于经营情况变化造成相关收益的变动，以及由于资产闲置或技术陈旧而发生的损失等。

所谓与资产所有权相关的报酬，是指在资产可使用年限内直接使用资产而获得的经济利益、资产增值，以及处置资产所实现的收益等。

2. 融资租赁的判断标准。企业应视租赁的经济实质而不是其法律形式对租赁进行分类。

一项租赁应否认定为融资租赁，不在于租赁合同的形式，而应视出租人是否将租赁资产的风险和报酬转移给了承租人。

如果实质上转移了与资产所有权相关的全部风险和报酬，那么，无论租赁合同采用什么形式，都应将该项租赁认定为融资租赁。如果实质上并没有转移与资产所有权相关的全部风险和报酬，那么，应将该项租赁认定为经营租赁。

由于承租人和出租人的权利与义务是以双方签订的租赁合同为基础确定的，因此，通常情况下承租人和出租人对同一项租赁所认定的类型应当一致。即如果承租人将其认定为融资租赁，原则上出租人一般也应将其认定为融资租赁，而不应认定为经营租赁，从而避免同一项资产在承租人和出租人之间作不同的认定。

企业对租赁进行分类时，应当全面考虑租赁期届满时租赁资产所有权是否转移给承租人、承租人是否有购买租赁资产的选择权、租赁期占租赁资产尚可使用年限的比例等各种因素。

《企业会计准则第21号——租赁》第七条详细规定了判定为融资租赁的五条具体标准，只要符合五条标准中的一条，即应当认定为融资租赁。

这是从承租人角度规定的一个概念，其中"最低"一词是相对于或有租金、履约成本等而言的。最低租赁付款额是在租赁开始日就可确定的、承租人将必须向出租人支付的最小金额，或者说是承租人在租赁开始日对出租人的最小负债。租赁合同规定的内容不同，最低租赁付款额的构成内容也不相同。

如果租赁合同没有规定优惠购买选择权，则承租人在租赁期内应支付或可能被要求支付的各种款项包括：

（1）租赁期内承租人每期支付的租金；

（2）租赁期届满时，由承租人或与其有关的第三方担保的资产余值；

（3）租赁期届满时，承租人未能续租或展期而造成的任何应由承租人支付的款项。

如果租赁合同规定了优惠购买选择权，则承租人在租赁期内应支付或可能被要求支付的各种款项包括：

（1）自租赁开始日起至优惠购买选择权行使之日止即整个租赁期内每期的租金；

（2）行使优惠购买选择权而支付的任何款项。

与承租人的最低租赁付款额相对应，这里所指最低租赁收款额是从出租人角度规定的一个概念，是指最低租赁付款额加上与承租人和出租人均无关但在财务上有能力担保的第三方对出租人担保的资产余值。

其中"最低"一词也是相对于或有租金、履约成本等而言的。

最低租赁收款额是在租赁开始日就可确定的、出租人将能够向承租人等收取的最小金额，或者说是出租人在租赁开始日对承租人等的最小债权。出租人除了根据租赁合同的规定要求承租人支付最低租赁付款额外，如果还存在与承租人和出租人均无关但在财务上有能力担保的第三方对出租人的资产余值提供担保，则表明租赁期届满时能够保证出租人实现这一确定的金额，这一担保的资产余值也应包括在出租人的最低租赁收款额之中。租赁资产性质特殊，如不作重新改制，只有承租人才能使用。

3. 承租人对融资租赁的会计处理。承租人在采用融资租赁方式租入固定资产时会涉及"长期应付款"。

（1）租赁开始日的会计处理。在租赁开始日，承租人通常应当将租赁开始日租赁资产公允价值与最低租赁付款额的现值两者中较低者作为租入资产的入账价值，将最低租赁付款额作为长期应付款的入账价值，并将两者的差额记录为未确认融资费用。

承租人在计算最低租赁付款额的现值时，如果知悉出租人的租赁内含利率，应当采用出租人的租赁内含利率作为折现率；否则，应当采用租赁合同规定的利率作为折现率。

如果出租人的租赁内含利率和租赁合同规定的利率均无法知悉，应当采用同期银行贷款利率作为折现率。其中,租赁内含利率是指,在租赁开始日,使最低租赁收款额的现值与未担保余值的现值之和等于租赁资产公允价值与出租人的初始直接费用之和的折现率。

【例11-11】假设2×13年12月31日甲公司与乙公司签订了一份租赁合同。合同主要条款如下。

①租赁标的物:起重机。
②起租日:2×14年1月1日。
③租赁期:2×14年1月1日~2×16年12月31日,共36个月。
④租金支付:自租赁开始每隔6个月于月末支付租金300 000元。
⑤该机器的保险、维护等费用均由甲公司负担,估计每年约20 000元。
⑥该机器在2×14年1月1日的原账面价值为1 400 000元,公允价值为1 500 000元。

第一步,计算租赁开始日最低租赁付款额的现值,确定租赁资产入账价值。

最低租赁付款额 = 各期租金之和 + 行使优惠购买选择权支付的金额
$$= 300\ 000 \times 6 + 1\ 600$$
$$= 1\ 800\ 000 + 1\ 600$$
$$= 1\ 801\ 600\ (元)$$

计算现值的过程如下:

每期租金300 000元的年金现值 = 300 000 × PA(6期,7%)
优惠购买选择权行使价1 600元的复利现值 = 1 600 × PV(6期,7%)
查表得知:
$$PA(6期,7\%) = 4.767$$
$$PV(6期,7\%) = 0.666$$

现值合计 = 300 000 × 4.767 + 1 600 × 0.666
$$= 1\ 430\ 100 + 1\ 065.6$$
$$= 1\ 431\ 165.60\ (元) < 1\ 500\ 000\ (元)$$

根据会计准则规定的孰低原则,租赁资产的入账价值应为最低租赁付款额现值1 431 165.60元。

第二步,计算未确认融资费用。

未确认融资费用 = 最低租赁付款额 - 租赁开始日租赁资产的入账价值
$$= 1\ 801\ 600 - 1\ 431\ 165.60$$
$$= 370\ 434.40\ (元)$$

第三步,会计分录。

2×14年1月1日:

借:固定资产——融资租入固定资产　　　　　　　1 431 165.60
　　未确认融资费用　　　　　　　　　　　　　　370 434.40
　　贷:长期应付款——应付融资租赁款　　　　　　　　1 801 600

(2)初始直接费用的会计处理。初始直接费用是指在租赁谈判和签订租赁合同的过程中发生的可直接归属于租赁项目的费用。

承租人发生的初始直接费用,通常有印花税、佣金、律师费、差旅费、谈判费等。根据会计准则的规定,承租人发生的初始直接费用应当计入租入资产价值。

其账务处理为:借记"固定资产"等科目,贷记"银行存款"等科目。

(3) 未确认融资费用的分摊。在融资租赁下,承租人向出租人支付的租金中包含了本金和利息两部分。

承租人支付租金时,一方面应减少长期应付款;另一方面应同时将未确认融资费用按一定的方法确认为当期融资费用。

在分摊未确认融资费用时,承租人应采用实际利率法。

承租人对每期支付的租金,应按支付的租金金额,借记"长期应付款——应付融资租赁款"科目,贷记"银行存款"科目。同时,根据当期应确认的融资费用金额,借记"财务费用"科目(如果符合资本化条件,允许计入固定资产价值),贷记"未确认融资费用"科目。

【例 11 - 12】承〖例 11 - 11〗,未确认融资费用假定按照合同规定的利率分摊。

首先,编制未确认融资费用分摊表。

其次,编制会计分录。

2×14 年 6 月 30 日,支付第一期租金:

借:长期应付款——应付融资租赁款　　　　　　　300 000
　　贷:银行存款　　　　　　　　　　　　　　　　　300 000

同时:

借:财务费用　　　　　　　　　　　　　　　　　100 181.59
　　贷:未确认融资费用　　　　　　　　　　　　　　100 181.59

以后每期支付租金和分摊融资费用时均编制类似的会计分录。

(4) 租赁资产折旧的计提。承租人应对融资租入的固定资产计提折旧,主要应解决两个问题。

①折旧政策。计提租赁资产折旧时,承租人应采用与自有应折旧资产相一致的折旧政策。同自有应折旧资产一样,租赁资产的折旧方法一般有直线法(即年限平均法)、工作量法、年数总和法、双倍余额递减法等。

根据会计准则规定的标准,在租赁开始日可以合理地确定租赁期届满后承租人能够取得该项资产的所有权,因此,在采用平均年限法计提折旧时,应按租赁开始日租赁资产使用寿命计提折旧。上例中租赁资产不存在担保余值,应全额计提折旧。

②折旧期间。确定租赁资产的折旧期间时,应视租赁合同的规定而论。如果能够合理确定租赁期届满时承租人将会取得租赁资产所有权,即可认为承租人拥有该项资产的全部尚可使用年限,因此,应以租赁开始日租赁资产使用寿命作为折旧期间。

如果无法合理确定租赁期届满后承租人是否能够取得租赁资产的所有权,则应以租赁期与租赁资产使用寿命两者中较短者作为折旧期间。

【例 11-13】承〖例 11-11〗,假设采用平均年限法计提融资租入固定资产折旧。

2×14 年 12 月 31 日,计提折旧的会计分录为:

借:制造费用——折旧费　　　　　　　　　286 233.12
　　贷:累计折旧　　　　　　　　　　　　　　　　286 233.12

2×15 年~2×18 年各年会计分录同上。

(5) 履约成本的会计处理。履约成本名目较多,承租人在实际中可根据其内容进行处理。例如,对于融资租入固定资产的改良支出、技术咨询和服务费、人员培训费等应予递延分摊计入各期费用或直接计入当期费用,借记"长期待摊费用"、"制造费用"、"管理费用"等科目,贷记"银行存款"等科目。对于固定资产的经常性修理费、保险费等可直接计入当期费用,借记"制造费用"、"管理费用"等科目,贷记"银行存款"等科目。

【例 11-14】承〖例 11-11〗,假设 2×14 年 12 月 31 日,甲公司支付该机器发生的保险费、维护费 20 000 元,会计分录为:

借:制造费用　　　　　　　　　　　　　　　　20 000
　　贷:银行存款　　　　　　　　　　　　　　　　20 000

(6) 或有租金的会计处理。由于或有租金的金额不固定,无法采用系统合理的方法对其进行分摊,因此,或有租金在实际发生时,根据权责发生制原则的要求,确认为当期费用。其账务处理为:借记"财务费用"、"销售费用"等科目,贷记"银行存款"等科目。

如果承租人或与其有关的第三方对租赁资产余值提供了担保,则应计提折旧总额为租赁开始日固定资产的入账价值扣除担保余值后的余额;如果承租人或与其有关的第三方未对租赁资产余值提供担保,则应计提折旧总额为租赁开始日固定资产的入账价值。

(7) 租赁期届满时的会计处理。租赁期届满时,承租人通常对租赁资产的处理有三种情况。

①返还租赁资产。租赁期届满,承租人向出租人返还租赁资产时,通常借记"长期应付款——应付融资租赁款"、"累计折旧"科目,贷记"固定资产——融资租入固定资产"科目。

②优惠续租租赁资产。如果承租人行使优惠续租选择权,则应视同该项租赁一直存在而做出相应的账务处理。如果租赁期届满时没有续租,根据租赁合同的规定须向出租人支付违约金时,借记"营业外支出"科目,贷记"银行存款"等科目。

③留购租赁资产。在承租人享有优惠购买选择权的情况下,支付购买价款时,借记"长期应付款——应付融资租赁款"科目,贷记"银行存款"等科目;同时,将固定资产从"融资租入固定资产"明细科目转入有关明细科目。

【例11-15】承〖例11-11〗，假设2×16年12月31日，甲公司向乙公司支付购买价款1 600元。

会计分录为：

借：长期应付款——应付融资租赁款　　　　　　　　1 600
　　贷：银行存款　　　　　　　　　　　　　　　　　　1 600

同时：

借：固定资产——起重机　　　　　　　　　　　　1 431 165.60
　　贷：固定资产——融资租入固定资产　　　　　　1 431 165.60

第五节　借款费用及其资本化

一、借款费用的定义与内容

借款费用是企业因借入资金所付出的代价，它包括按照《企业会计准则第22号——金融工具确认和计量》规定的实际利率法计算确定的利息费用（包括折价或者溢价的摊销和相关辅助费用）和因外币借款所发生的汇兑差额等。

按照《企业会计准则第17号——借款费用》的规定，借款包括专门借款和一般借款。专门借款是指为购建或者生产符合资本化条件的资产而专门借入的款项。专门借款通常应当有明确的用途，即为购建或者生产某项符合资本化条件的资产而专门借入的，并通常应当具有标明该用途的借款合同。例如，某制造企业为了建造厂房向某银行专门贷款1亿元、某房地产开发企业为了开发某住宅小区向某银行专门贷款2亿元等，均属于专门借款，其使用目的明确，而且其使用受与银行签订的相关合同限制。一般借款是指除专门借款之外的借款，相对于专门借款而言，一般借款在借入时，其用途通常没有特指用于符合资本化条件的资产的购建或者生产。

符合资本化条件的资产是指需要经过相当长时间的购建或者生产活动才能达到预定可使用或者可销售状态的固定资产、投资性房地产和存货等资产。建造合同成本、确认为无形资产的开发支出等，在符合条件的情况下也可以认定为符合资本化条件的资产。符合资本化条件的存货主要包括房地产开发企业开发的用于对外出售的房地产开发产品、企业制造的用于对外出售的大型机器设备等。这类存货通常需要经过相当长时间的建造或者生产过程，才能达到预定可销售状态。其中，"相当长时间"应当是指为资产的购建或者生产所必需的时间，通常为1年以上（含1年）。

在实务中，如果由于人为或者故意等非正常因素导致资产的购建或者生产时间相当长，该资产不属于符合资本化条件的资产。购入即可使用的资产，或者购入后需要安装但所需安装时间较短的资产，或者需要建造或者生产但所需建造或者生产时间较短的资产,均不属于符合资本化条件的资产。

二、借款费用的确认

1. 借款费用的确认原则。借款费用的确认主要解决的是将每期发生的借款费用资本化、计入相关资产的成本,还是将有关借款费用费用化、计入当期损益的问题。根据《企业会计准则第 17 号——借款费用》的规定,借款费用确认的基本原则是:企业发生的借款费用,可直接归属于符合资本化条件的资产购建或者生产的,应当予以资本化,计入相关资产成本;其他借款费用,应当在发生时根据其发生额确认为费用,计入当期损益。

2. 借款费用资本化期间的确定。企业只有对发生在资本化期间内的有关借款费用,才允许资本化,资本化期间的确定是借款费用确认和计量的重要前提。根据《企业会计准则第 17 号——借款费用》的规定,借款费用资本化期间,是指从借款费用开始资本化时点到停止资本化时点的期间,但不包括借款费用暂停资本化的期间。

(1) 借款费用开始资本化的时点。我国的会计准则规定,以下三个条件同时具备时,借款费用应当开始资本化:第一,资产支出已经发生;第二,借款费用已经发生;第三,为使资产达到预定可使用或者可销售状态所必要的购建或者生产活动已经开始。

企业的借款费用已经发生,购建或者生产工作也已经开始,但由于购建或者生产所需物资等都是赊购或者客户垫付的,在这种情况下,购建或者生产活动就没有占用借款资金,没有导致资源流出,所发生的借款费用就不应资本化。

例如,企业已经使用银行存款购置了工程物资,购建或者生产活动也已开始,但借款资金尚未到位,说明占用了自有资金,所以尽管符合了借款费用开始资本化的第一、第三个条件,但不符合借款费用资本化的第二个条件。

再如,企业为了购建或者生产活动,已经使用银行存款购置了土地或物资,发生了资产支出,有关借款也已开始计息,即符合了借款费用开始资本化的第一、第二个条件,但购建或者生产尚未开始,即不符合借款费用开始资本化的第三个条件,在这种情况下,所发生的借款费用也不允许资本化。所以说,三个条件缺一不可,只有三个条件同时具备时,借款费用才允许开始资本化。

资产支出,包括为购建或者生产符合资本化条件的资产而以支付现金、转移非现金资产或者承担带息债务形式发生的支出。具体而言:

第一,对于购建或者生产过程中所支付的现金(这里的现金是指广义的现金,它包括库存现金、银行存款和其他货币资金),显然直接占用了相关资金,应该将其包括在支出中。

第二,对于购建或者生产过程中所转移的非现金资产,尽管从表面上看,没有直接占用现金,但是,这些非现金资产的转移实质上导致了资源的流出,占用了相应的资金,只不过是以实物的形式表现出来而已。

第三，对于购建或者生产过程中承担的带息债务，它相当于企业借入资金支付购建或者生产符合资本化条件的相关款项，需要承担利息，导致资源流出，因此，带息负债应包括在购建或者生产的支出中。

需要注意的是，企业在购建或者生产符合资本化条件的资产时向供应商赊货、为购建或者生产符合资本化条件的资产所形成的应付职工薪酬等情况，尽管它们都构成在建工程或者产品成本，但并不包括在这里所指的"资产支出"范围之内，原因是它们并没有占用借款资金，当然也不必承担利息费用，否则会使利息费用的资本化金额高估。

（2）借款费用暂停资本化的时间。符合资本化条件的资产在购建或者生产过程中发生非正常中断且中断时间连续超过3个月的，应当暂停借款费用的资本化。中断的原因必须是非正常中断，属于正常中断的，相关借款费用仍可资本化。在实务中，企业应当遵循"实质重于形式"等原则来判断借款费用暂停资本化的时间，如果相关资产购建或者生产的中断时间较长而且满足其他规定条件的，相关借款费用应当暂停资本化。

例如，某企业于2×15年1月1日利用专门借款开工兴建一幢办公楼，支出已经发生，因此，借款费用从当日起开始资本化。工程预计于2×16年3月完工。

2×15年5月15日，由于工程施工发生了安全事故，导致工程中断，直到9月10日才复工。

该中断就属于非正常中断，因此，上述专门借款在5月15日至9月10日间所发生的借款费用不应资本化，而应作为财务费用计入当期损益。

非正常中断，通常是由于企业管理决策上的原因或者其他不可预见的原因等所导致的中断。比如，企业因与施工方发生了质量纠纷，或者工程、生产用料没有及时供应，或者资金周转发生了困难，或者施工、生产发生了安全事故，或者发生了与资产购建、生产有关的劳动纠纷等原因，导致资产购建或者生产活动发生中断，均属于非正常中断。

非正常中断与正常中断显著不同。正常中断通常仅限于因购建或者生产符合资本化条件的资产达到预定可使用或者可销售状态所必要的程序，或者事先可预见的不可抗力因素导致的中断。比如，某些工程建造到一定阶段必须暂停下来进行质量或者安全检查，检查通过后才可继续下一阶段的建造工作，这类中断是在施工前可以预见的，而且是工程建造必须经过的程序，属于正常中断。某些地区的工程在建造过程中由于可预见的不可抗力因素（如雨季或冰冻季节等原因）导致施工出现停顿，也属于正常中断。

例如，某企业在北方某地建造某工程期间，遇上冰冻季节（通常为6个月），工程施工因此中断，待冰冻季节过后方能继续施工。

由于该地区在施工期间出现较长时间的冰冻为正常情况，由此导致的施工中断是可预见的不可抗力因素导致的中断，属于正常中断。在正常中断期间所发生的借款费用可以继续资本化，计入相关资产的成本。

（3）借款费用停止资本化的时点。借款费用停止资本化，意味着所发生的借款费用不允许再计入在建工程或者产品成本，而应计入当期损益，因此，在借款费用金额较大的情况下，合理确定停止资本化的时点，对于借款费用资本化金额的确定、资产价值的高低、当期财务费用和利润的大小均会产生较大的影响，故停止资本化时点的确定显得十分重要。

我国会计准则规定，当所购建或者生产符合资本化条件的资产达到预定可使用或者可销售状态，应当停止其借款费用的资本化，以后发生的借款费用计入当期损益。

所谓"达到预定可使用或者可销售状态"是指资产已经达到购买方、建造方或者生产方预先设想的可以使用或者可以销售的状态。

这可从以下三个方面来加以判断：

第一，符合资本化条件的资产的实体建造（包括安装）工作已经全部完成或者实质上已经完成；

第二，所购建或者生产的符合资本化条件的资产与设计要求、合同规定或者生产要求相符或基本相符，即使有极个别与设计、合同或者生产要求不相符的地方，也不会影响其正常使用或者销售；

第三，继续发生在所购建或者生产的符合资本化条件的资产上的支出金额很少或几乎不再发生。

如果所购建或者生产符合资本化条件的资产需要试生产或试运行，则在试生产结果表明资产能够正常运行或能够生产出合格产品时，或试运行结果表明能够正常运转或营业时，就应当认为资产已经达到预定可使用或者可销售状态，并应停止借款费用的资本化。

对于分别完工的资产，企业应区别以下不同情况来界定借款费用停止资本化的时点。

第一，在资产分别完工的情况下，其任何一部分在其他部分继续建造期间可供使用或者可对外销售，且为使该部分资产达到预定可使用或者可销售状态所必要的购建或者生产活动实质上已经完成的，应当停止与该部分资产相关的借款费用的资本化。

例如，由若干幢建筑物构成的工厂厂房，每幢厂房在其他厂房继续建造期间均可单独使用，那么，当其中的一幢厂房完工并达到预定可使用状态时，应停止该幢厂房借款费用的资本化。

第二，在资产分别完工的情况下，其任何一个部分都必须在符合资本化条件的资产总体完成后才能投入使用或者可销售。对于这种情况，即使资产的各部分分别完工，也应在该资产整体完工时才停止借款费用的资本化。已经完工部分的借款费用仍应继续资本化。

例如，涉及几项工程的钢铁厂，只有每项工程都建造完成后整个钢铁厂才能正常运转，因而每一个单项工程完工后不停止资本化，必须等到整个钢铁厂完工，达到预定可使用状态时才停止资本化。

三、借款费用的计量

借款费用的计量涉及每期借款费用发生总额的计量、应予资本化的借款费用金额的计量和应当计入当期损益的借款费用的计量。三者之间存在这样一个数量关系:

借款费用总额 - 资本化的借款费用 = 计入当期损益的借款费用

借款费用总额只需要根据当期实际发生的借款利息、折价或溢价的摊销、辅助费用和汇兑差额计算确定即可。计入当期损益的借款费用可以根据上述等式来确定。因此,借款费用计量的关键在于如何计算确定每期应予以资本化的借款费用金额。

借款利息、折价或溢价的摊销、辅助费用和汇兑差额在资本化确认的条件方面有所不同,下面根据我国会计准则的规定分别加以说明。

1. 专门借款的利息(包括折价或溢价的摊销)资本化金额的确定。我国会计准则规定,在资本化期间内,每一会计期间的为购建或者生产符合资本化条件的资产而借入的专门借款,应当以专门借款当期实际发生的利息费用,减去将尚未动用的借款资金存入银行取得的利息收入或进行暂时性投资取得的投资收益后的金额确定资本化金额。

根据上述规定,专门借款利息资本化金额的确定非常容易。

2. 一般借款的利息(包括折价或溢价的摊销)资本化金额的确定。我国会计准则规定,为购建或者生产符合资本化条件的资产而占用了一般借款的,企业应当根据累计资产支出超过专门借款部分的资产支出加权平均数乘以所占用一般借款的资本化率,计算确定一般借款应予资本化的利息金额。

由此可见,专门借款发生的所有利息只要在资本化期间内可以全部资本化。如果所使用的资金超过了专门借款金额,企业只应将真正用于购建或者生产的借款产生的利息资本化,因此,在确定每期一般借款利息资本化金额时,资本化的利息费用应该与资产支出相挂钩。

根据上述原则,在应予资本化的每一会计期间,所购建或者生产符合资本化条件的资产应予资本化的利息金额为至当期末止购建或者生产符合资本化条件的资产累计资产支出加权平均数乘以资本化率之积,其计算公式为:

$$\text{每一会计期间一般借款利息的资本化金额} = \text{至当期末止购建或者生产符合资本化条件的资产累计资产支出权平均数} \times \text{资本化率}$$

(1) 累计资产支出加权平均数的计算。累计资产支出加权平均数应按照每笔资产支出金额乘以资产支出占用的天数与会计期间所涵盖的天数之比计算确定。累计资产支出加权平均数具体的计算公式为:

$$\text{累计支出加权平均数} = \sum \left[\text{每笔资产支出金额} \times \left(\text{每笔资产支出实际占用的天数} \Big/ \text{会计期间涵盖的天数} \right) \right]$$

其中,资产支出实际占用的天数是指发生在固定资产上的支出所应承担借款费用的时间长度；会计期间涵盖的天数是指计算应予资本化的借款费用金额的会计期间的长度。这两个时间长度按天数计算最为精确，但考虑到有时在资产支出笔数较多、支出发生比较均衡、会计报告期较长的情况下，计算工作量较大，因此，从遵循成本—效益原则来讲，也可以在这种情况下按照月份数来计算累计资产支出加权平均数。

如果企业按月计算应予资本化的借款费用，则应当以该月中每笔资产支出金额乘以每笔支出所需要承担借款费用的天数与当月天数之比，计算确定该月累计资产支出加权平均数。

如果企业按季、半年或年计算应予资本化的借款费用，应当以每笔资产支出金额乘以每笔支出所需要承担借款费用的天数与该季（半年或年）天数之比，计算确定该季（半年或年）累计支出加权平均数。

需要注意的是，在确定利息资本化金额时，也要用到"资产支出"这个概念，企业应该根据前面所述的"资产支出"的含义界定每期资产支出数。

(2) 资本化率的计算。我国会计准则规定，资本化率应当根据一般借款加权平均利率计算确定。

第一，为购建或者生产符合资本化条件的资产只使用了一笔一般借款，资本化率即为该项借款的利率。

一般来说，在为购建或者生产符合资本化条件的资产只使用了一笔一般借款的情况下，该项借款的利率即为资本化率，如果这项一般借款为采用面值发行的债券，则债券的票面利率即为资本化率。

当为购建或者生产符合资本化条件的资产折价或溢价发行了一笔债券时，此时，即使只存在这一笔借款，也不能直接将债券的票面利率作为资本化率，而应重新计算债券的实际利率作为资本化率。

资本化率即实际利率的计算公式为：

$$资本化率 = \left(\begin{array}{c}债券当期实际\\发生的利息\end{array} \pm \begin{array}{c}当期应摊销的\\折价或溢价\end{array}\right) \Big/ 债券期初账面价值 \times 100\%$$

其中，债券当期实际发生的利息是指当期按债券的票面价值乘以票面利率计算得出的利息金额；当期应摊销的折价或溢价是指按实际利率法计算的折价或溢价的每期摊销金额；债券期初账面价值是指每期期初债券的账面价值，包括上期应计的利息和上期应摊销的折价或溢价金额，如果债券是分期付息的，还应扣除分期付息情况下每期已经支付的利息金额。

第二，为购建或者生产符合资本化条件的资产使用了一笔以上的一般借款，则资本化率应为这些一般借款的加权平均利率。

如为购建或者生产符合资本化条件的资产使用了一笔以上的一般借款，在这些借款都没有折价或溢价的情况下，加权平均利率的计算公式为：

$$加权平均利率 = \frac{一般借款当期实际发生的利息之和}{一般借款本金加权平均数} \times 100\%$$

其中，一般借款当期实际发生的利息之和是指企业因借入款项在当期实际发生的利息金额。一般借款本金加权平均数是指各一般借款的本金余额在会计期间内的加权平均数，其计算应根据每笔一般借款的本金乘以该借款在当期实际占用的天数与会计期间涵盖的天数之比确定。其计算公式为：

$$\text{一般借款本金加权平均数} = \sum\left[\left(\text{每笔一般借款本金} \times \text{每笔一般借款实际占用的天数} \Big/ \text{会计期间涵盖的天数}\right)\right]$$

如果这些一般借款存在折价或溢价的情况，还应当将每期应摊销折价或溢价的金额作为利息的调整额，对加权平均利率即资本化率作相应的调整。折价或溢价的摊销采用实际利率法。

此时，加权平均利率的计算公式为：

$$\text{加权平均利率} = \frac{\text{一般借款当期实际发生的利息之和} \pm \text{当期应摊销的折价或溢价}}{\text{一般借款本金加权平均数}} \times 100\%$$

【例 11–16】甲公司为建造一幢厂房于 2×13 年 1 月 1 日按面值发行了 1 000 万元的 5 年期债券，年利率为 6%。厂房的建造工作从 2×13 年 1 月 1 日开始，建造期为 3 年。2×13 年资产支出情况如下：

1 月 1 日，支付购买工程用物资款项 234 万元，其中增值税进项税额为 34 万元；

2 月 1 日，支付项目设计方案费 50 万元；

3 月 1 日，支付工程用物资款 351 万元，其中增值税进项税额 51 万元；

7 月 1 日，支付建造该项资产的职工工资 60 万元；

8 月 1 日，支付工程用料款 117 万元，其中增值税进项税额 17 万元；

10 月 1 日，将本公司生产的原材料用于工程建设，原材料成本为 100 万元，增值税进项税额为 17 万元，为生产这些产品所耗用的材料价款及增值税进项税额已支付。

假定该款项未产生利息收入。

根据上述资料，甲公司应作如下会计处理：

① 2×13 年实际发生的利息支出 = 1 000 × 6% = 60（万元）。

由于 2×13 年的支出没有超过专门借款总额，所以发生的利息支出全部予以资本化。

② 编制会计分录：

借：在建工程——借款费用　　　　　　　　　　600 000
　　贷：应付债券——应计利息　　　　　　　　　　600 000

【例 11–17】甲公司于 2×13 年 1 月 1 日开始建造一项固定资产，由于专门借款总额受限，于是使用了一般借款，假定在 2×13 年使用的一般借款有两项：

① 2×13 年 1 月 1 日借入的 3 年期借款 400 万元，年利率为 6%；

② 2×13 年 4 月 1 日发行的 3 年期债券 600 万元，票面年利率为 5%，债券发行价格为 570 万元，折价 30 万元。

假定资产建造从 1 月 1 日开始，该公司按季度计算资本化利息。截至 3 月 31 日，计算得出的累计支出加权平均数为 300 万元，截至 6 月 30 日，计算得出的第二季度累计支出加权平均数为860万元,债券折价采用直线法摊销(为简化处理,此处以直线法举例)。

根据上述资料,甲公司应作如下会计处理:

①由于有两笔借款,因此,必须分别计算2×13年第一季度和第二季度适用的资本化率。

第一季度资本化率:

由于第一季度只有一笔一般借款,资本化率即为该借款的利率,即1.5%(6%×3/12)。

第二季度资本化率:

由于第二季度有两笔一般借款,适用的资本化率为两项专门借款的加权平均利率。加权平均利率计算如下:

加权平均利率 = (400×6%×3/12 + 600×5%×3/12 + 30÷3×3/12)
　　　　　　　÷(400 + 570)
　　　　　　 = 1.65%

②2×13年第一季度和第二季度应予资本化的利息金额。

第一季度:

累计支出加权平均数为300万元,则:

第一季度应予资本化的利息金额 = 300×1.5% = 4.5(万元)

第一季度专门借款实际发生的利息金额 = 400×6%×3/12 = 6(万元)

第二季度:

累计支出加权平均数为860万元,则:

第二季度应予资本化的利息金额 = 860×1.65% = 14.19(万元)

第二季度专门借款实际发生的利息和折价摊销金额 = 400×6%×3/12 + 600×5%×3/12 + 30/3×3/12 = 16(万元)

③会计处理。

第一季度:

借:在建工程——借款费用	45 000
财务费用	15 000
贷:长期借款	60 000

第二季度:

借:在建工程——借款费用	141 900
财务费用	18 100
贷:长期借款	60 000
应付债券——应计利息	75 000
——债券折价	25 000

当企业为购建或者生产符合资本化条件的资产所借入的专门借款是外币借款时,由于在一般情况下企业取得外币借款、使用外币借款与会计结算日往往并不一致,而外汇汇率又在随时发生变化,因此,外币借款会产生汇兑差额。

汇兑差额资本化金额的确定有两种方法可以选择：

第一，将每期所有外币专门借款的汇兑差额全部资本化，计入所购建或者生产符合资本化条件的资产的成本，而不论这些外币借款是否已被使用。在这种方法下，每期资本化的汇兑差额与资产支出不挂钩。

第二，将每期所有外币专门借款的汇兑差额中应由所支出的外币借款部分承担的汇兑差额予以资本化，计入所购建或者生产符合资本化条件的资产的成本，其他汇兑差额则作为财务费用，计入当期损益，因此，在这种方法下，每期资本化的汇兑差额与资产支出相挂钩。

第一种方法相对比较简单，第二种方法复杂一些，但比较合理。

由于考虑到外币专门借款汇兑差额一般金额不大，在计算其资本化金额时，是否将其与资产支出挂钩，对企业财务状况和经营业绩不会产生较大影响。同时，从成本—效益原则考虑，如果将外币专门借款汇兑差额与资产支出相挂钩，计算的工作量会增加许多，在操作上有一定难度，因此，出于简化计算、减轻核算工作量的考虑，我国会计准则采纳了第一种方法。即：如果专门借款为外币借款，则在应予资本化的每一会计期间，汇兑差额的资本化金额为当期外币专门借款本金及利息所发生的汇兑差额。

【例11-18】甲公司以人民币为记账本位币，2×13年1月1日为安装一条生产线，向银行借入3年期美元借款180万美元，年利率为8%。

假定甲公司采用业务发生日汇率折算外币业务，借款当日的汇率为 $1 = ￥8.20，企业按月计算应予资本化的借款费用金额，当期无其他外币借款。该生产线于当年1月1日开始安装，2月28日安装完毕，投入使用。安装期间，发生的支出情况如下：

1月1日，发生支出90万美元，当日汇率为 $1 = ￥8.20；

2月1日，发生支出60万美元，当日汇率为 $1 = ￥8.25；

1月和2月各月月末汇率分别为：1月31日，$1 = ￥8.22；2月28日，$1 = ￥8.27。甲公司按月计算借款费用资本化金额。

根据上述资料，甲公司应作如下会计处理。

①1月的会计处理。

1月1日借入美元借款时，甲公司应作如下会计分录：

借：银行存款——美元户　　　　　　　　　　　14 760 000
　　贷：长期借款——美元户　　　　　　　　　　　　14 760 000

当日发生美元支出时，企业应作如下账务处理：

借：在建工程　　　　　　　　　　　　　　　　7 380 000
　　贷：银行存款——美元户（$900 000×8.20）　　　7 380 000

1月31日计算该月外币借款利息和外币借款本金及利息汇兑差额：

A. 利息资本化金额。

外币借款利息 = 1 800 000 × 8% × 1/12 = 12 000（美元）

折合为人民币的借款利息 = 12 000 × 8.22 = 98 640（元）

外币累计支出加权平均数 = 900 000 × 30/30 = 900 000（美元）
外币借款利息资本化金额 = 900 000 × 8% × 1/12 = 6 000（美元）
折合为人民币的利息资本化金额 = 6 000 × 8.22 = 49 320（元）

1 月应予资本化的利息金额小于实际发生的利息金额，因此，本月应予资本化的利息金额为 49 320 元。

B. 汇兑差额资本化金额。

外币借款本金及利息的汇兑差额 = 1 800 000 ×（8.22 − 8.20）
　　　　　　　　　　　　　　　 = 36 000（元）

应予资本化的汇兑差额等于当月该外币借款本金及利息实际发生的汇兑差额即 36 000 元。

1 月应予资本化的借款费用金额 = 49 320 + 36 000 = 85 320（元）

1 月 31 日，甲公司应作如下会计分录：

借：在建工程——借款费用　　　　　　　　　　　　85 320
　　财务费用　　　　　　　　　　　　　　　　　　49 320
　　贷：长期借款——美元户（12 000 美元）　　　　　　　　134 640

② 2 月的会计处理。

2 月 1 日发生美元支出时，甲公司应作如下账务处理：

借：在建工程　　　　　　　　　　　　　　　　　4 950 000
　　贷：银行存款——美元户（$600 000 × 8.25）　　　　　　4 950 000

2 月 28 日，该月外币借款利息和外币借款本金及利息的汇兑差额：

A. 利息资本化金额。

外币借款利息 = 1 800 000 × 8% × 1/12 = 12 000（美元）
折合为人民币的借款利息 = 12 000 × 8.27 = 99 240（元）
外币累计支出加权平均数 = 1 500 000 × 28/28 = 1 500 000（美元）
外币借款利息资本化金额 = 1 500 000 × 8% × 1/12 = 10 000（美元）
折合为人民币的利息资本化金额 = 10 000 × 8.27 = 82 700（元）

2 月应予资本化的利息金额小于实际发生的利息金额，因此，本月应予资本化的利息金额为 82 700 元。

B. 汇兑差额资本化金额。

外币借款本金及利息的汇兑差额 = 1 800 000 ×（8.27 − 8.22）+ 12 000
　　　　　　　　　　　　　　　×（8.27 − 8.22）
　　　　　　　　　　　　　　 = 90 600（元）

应予资本化的汇兑差额等于当月该外币借款本金及利息实际发生的汇兑差额即 90 600 元。

2 月应予资本化的借款费用金额 = 82 700 + 90 600 = 173 300（元）

2 月 28 日，甲公司应作如下账务处理：

借：在建工程——借款费用　　　　　　　　　　　　173 300
　　财务费用　　　　　　　　　　　　　　　　　　16 540

贷：长期借款——美元户（12 000美元）　　　　　　　　189 840

3. 辅助费用资本化金额的确定。辅助费用是企业为了安排借款而发生的必要费用，包括借款手续费、承诺费、佣金等。如果企业不发生这些费用，就无法取得这些借款，因此，辅助费用是企业借入款项所付出的一种代价，是借款费用的有机组成部分。与利息费用一样，为安排专门借款所发生的辅助费用也应资本化，计入资产成本。

但是，由于辅助费用往往是在借款时一次发生的，因此，它与利息费用在特征上是有所差别的，即使其中的承诺费是陆续发生的。由于承诺费会随着划入的借款金额的增加而逐步减少，与利息费用通常随着借款金额的增加而增加的特点还是不同。

我国会计准则对辅助费用资本化金额的规定是：专门借款发生的辅助费用，在所购建或者生产的符合资本化条件的资产达到预定可使用或者可销售状态之前发生的，应当在发生时根据其发生额予以资本化，计入符合资本化条件的资产的成本；在所购建或者生产的符合资本化条件的资产达到预定可使用或者可销售状态之后发生的，应当在发生时根据其发生额确认为费用，计入当期损益。一般借款发生的辅助费用，应当在发生时根据其发生额确认为费用，计入当期损益。

四、借款费用的披露

企业应当在财务报告中披露下列与借款费用有关的信息。

1. 当期资本化的借款费用金额。当期资本化的借款费用金额是指按规定计算的当期已计入资产成本中的各项借款费用之和，包括当期资本化的利息、折价或溢价的摊销、汇兑差额和辅助费用之和。如果企业当期有两项或两项以上处于购建或者生产的资产，应当披露这些资产当期资本化的借款费用总额。

2. 当期用于计算确定借款费用资本化金额的资本化率。由于企业在某一期间内有新借入的款项，也有偿还的款项，而且当期可能存在一项以上处于购建或者生产中的资产，因此，为便于各期比较，企业应在财务报告中披露当期用于确定资本化金额的资本化率。

企业在披露资本化率时应注意以下问题：

（1）如果当期有两项或两项以上的资产，且各项资产适用的资本化率不同，应按资产项目分别披露，如果各项资产在确定资本化金额时适用的资本化率相同，则可以合并披露。

（2）如果对外提供财务报告的期间长于计算借款费用资本化金额的期间，且在计算借款费用资本化金额的各期用于确定资本化金额的资本化率均不相同，应分别各期披露；如果各期计算资本化金额所使用的资本化率相同，则可以合并披露。

例如，企业按季计算应予资本化的借款费用金额，对外提供的是年度财务报告，对于某项资产而言，如果在各季确定借款费用资本化金额时所使用的资本化率不同，则在年度财务报告中应分别各季披露资本化率；如果各季所使用的资本化率相同，则可以合并披露。

第六节 债务重组

一、债务重组的定义

债务重组，是指在债务人发生财务困难的情况下债权人按照其与债务人达成的协议或法院的裁定做出让步的事项。

随着我国市场经济的发展以及企业之间竞争的加剧，一些企业可能由于内部经营管理不善或受外部客观因素的影响，导致盈利能力下降或发生亏损，出现暂时的资金短缺，难以按期偿还债务，债务纠纷屡见不鲜。此时，债务人与债权人之间有两种解决债务纠纷的方法。

一是按照我国法律的规定，债权人有权在债务人不能偿还到期债务时向法院申请债务人破产，以其破产财产进行清偿。这种解决方法虽然能够保证债权人收回一部分债权，但相关的过程费时费力，很难保证债权人全部收回债权。

二是进行债务重组，即由债权人按照其与债务人达成的协议或法院的裁决，同意债务人修改债务条件。债权人之所以愿意与债务人进行债务重组，主要是为了最大限度地回收债权，避免更大的损失。

二、债务重组的方式

1. 以资产清偿债务，是指债务人以现金或非现金资产清偿债务。例如，债务人用银行存款、存货、交易性金融资产、长期股权投资、持有至到期投资、固定资产、无形资产等非现金资产清偿债务。

2. 将债务转为资本，是指债务人将其债务转为债权人的股权，用于清偿债务。需要注意的是，对于公司而言，债务人以债务转为资本方式清偿债务，可能受到法律的限制。例如，按照我国《证券法》的规定，公司发行新股应当符合《公司法》有关发行新股的条件。

按照《公司法》的规定，公司发行新股，必须具备以下四个条件：
（1）前一次发行的股份已募足，并间隔 1 年以上；
（2）公司在最近 3 年内连续盈利，并可以向股东支付股利（公司以当年利润分派新股，不受此限）；
（3）公司在最近 3 年内财务会计文件无虚假记载；
（4）公司预期利润可达到同期银行存款利率。

3. 修改其他债务条件,是指债务人除以上债务重组方式外,以修改其他债务条件的方式进行债务重组,如延长债务偿还期限并加收利息、延长债务偿还期限并减少债务本金或债务利息等。

例如,2×15年5月7日,甲公司从乙公司购买一批商品,收到的增值税专用发票上注明的商品价款为300 000元,增值税进项税额为51 000元,款项尚未支付。2×15年8月7日,甲公司与乙公司协商进行债务重组。重组协议内容如下:

乙公司同意豁免甲公司债务160 000元;债务延长期间,每月加收余款2%的利息,利息和本金于2×15年12月31日一并偿付。

这就属于修改其他债务条件进行债务重组。

4. 以上三种方式的组合,简称混合重组方式,是指债务人以上述方式的组合清偿债务。

例如,债务人以一部分现金清偿某项债务的一部分,以非现金资产、债务转为资本方式的组合清偿某项债务的另一部分。

三、债务重组核算过程中应明确的问题

1. 债务重组日的确定。债务重组可能发生在债务到期前、到期日或到期后。债务重组日的确定,其主要目的是确定债务重组核算的时间。

债务重组日即为债务重组完成日,即债务人履行协议或法院裁定将相关资产转让给债权人、将债务转为资本或修改后的偿债条件开始执行的日期。

例如,在上例中,假如乙公司同意甲公司将所欠债务转为资本,甲公司于2×15年10月10日办妥增资批准手续并向乙公司出具出资证明,则2×15年10月10日即为债务重组日。

又如,甲公司应付乙公司货款200万元,到期日是2×15年7月31日。结果甲公司发生财务困难,经协商,乙公司同意甲公司以价值180万元的商品抵偿债务。

甲公司于8月20日将商品运抵乙公司并办理有关债务解除手续。在此项债务重组交易中,2×15年8月20日即为债务重组日。

2. 债务重组中公允价值的确定。公允价值,是指在公平交易中,熟悉情况的交易双方自愿进行资产交换或债务清偿的金额。

公允价值的确定原则如下:

(1) 对于非现金资产,其公允价值的确定原则是:

如果该资产存在活跃市场,该资产的市价即为其公允价值;

如果该资产不存在活跃市场但与该资产类似的资产存在活跃市场,该资产的公允价值应比照相关类似资产的市价确定;

如果该资产和与该资产类似的资产均不存在活跃市场,该资产的公允价值按其所能产生的未来现金流量以适当的折现率贴现计算的现值确定。

(2) 对于债权人因放弃债权而享有股权，其公允价值的确定原则是：

如果债务人为股票公开上市公司，该股权的公允价值即为对应的股份的市价总额；

如果债务人为其他企业，该股权的公允价值按评估确认价或双方协议价确定。

3. 债务重组结果的核算原则。为了规范企业债务重组的会计核算和相关信息的披露，《企业会计准则第12号——债务重组》根据不同的债务重组方式分别对债务人和债权人的会计处理做出明确规定。

(1) 如果债务人以现金清偿债务，债务人应将重组债务的账面价值与实际支付的现金之间的差额，计入当期损益；债权人应将重组债权的账面余额与收到的现金之间的差额也确认为当期损益。

(2) 如果债务人以非现金资产清偿某项债务，债务人应将重组债务的账面价值与转让的非现金资产公允价值之间的差额，计入当期损益；转让非现金资产公允价值与其账面价值之间的差额，计入当期损益。

债权人应对受让的非现金资产按其公允价值入账，重组债权的账面价值与受让的非现金资产的公允价值之间的差额，计入当期损益。

(3) 如果债务人以债务转为资本清偿某项债务，债务人应将债权人放弃债权而享有股份的面值总额确认为股本（或者实收资本），股份的公允价值总额与股本（或者实收资本）之间的差额确认为资本公积。

重组债务的账面价值与股份的公允价值总额之间的差额，计入当期损益。债权人应将享有股份的公允价值确认为对债务人的投资，重组债权的账面价值与股份的公允价值之间的差额，计入当期损益。

(4) 如果债务人以修改其他债务条件进行债务重组，债务人应当将修改其他债务条件后债务的公允价值作为重组后债务的入账价值。重组债务的账面价值与重组后债务的入账价值之间的差额，计入当期损益。

债权人应当将修改其他债务条件后的债权的公允价值作为重组后债权的账面价值，重组债权的账面余额与重组后债权的账面价值之间的差额，计入当期损益。

修改后的债务条款如涉及或有事项，对于债务人来说，如果或有应付金额符合《企业会计准则第13号——或有事项》中有关预计负债确认条件，债务人应当将该或有应付金额确认为预计负债。

重组债务的账面价值，与重组后债务的入账价值和预计负债金额之和的差额，计入当期损益。对于债权人来说，债权人不应当确认或有应收金额，不得将其计入重组后债权的账面价值。

4. 债权人已计提准备的处理。债权人若在重组前已经对债权按照有关规定计提了减值准备，则重组时应计算重组债权的账面价值，已对债权计提减值准备的，将该差额先冲减减值准备，准备不足以冲减的部分，计入当期损益。

四、债务重组的会计处理

债务人进行债务重组可以采用不同的方式,例如,以现金清偿债务、以非现金资产清偿债务、债务转为资本等。

在不同的债务重组方式下,债务人的会计处理原则基本相同,即:以重组债务的账面价值转销债务,以转让资产的账面价值转销债务,重组债务的账面价值与转让资产的公允价值以及转让资产的公允价值与其账面价值之间的差额确认为当期损益。

需要注意的是,债务的"账面价值"一般为债务的面值,如应付账款;如有利息的,还应加上应计未付利息,如长期借款;有溢(折)价的,还应加上尚未摊销的溢价或减去尚未摊销的折价,如应付债券。资产的"账面价值"一般为资产的账面余额扣除相关资产减值准备后的余额。

资产的"账面余额"是指账户在期末的实际余额,即账户未扣除相关资产减值准备之前的余额。例如,存货的账面价值是存货的账面余额扣除有关存货跌价准备后的金额;固定资产的账面价值是固定资产的账面余额扣除累计折旧后,再扣除有关固定资产减值准备后的金额;持有至到期的债券投资的账面价值是债券投资的面值,加应收利息,再加(或减)未摊销溢价(折价)后,扣除有关投资减值准备后的金额。

1. 以现金清偿某项债务。如果债务人以现金清偿某项债务,债务人应按重组债务的账面价值借记"应付账款"、"应付票据"等科目,按支付的现金贷记"银行存款"科目,按两者之间的差额贷记"营业外收入——债务重组收益"科目。

债权人应按实际收到的款项借记"库存现金"、"银行存款"等科目,按已计提的重组债权减值准备借记"坏账准备"科目;按重组债权的账面余额贷记"应收账款"、"应收票据"等科目,按重组债权的账面价值与收到的现金之间的差额借记"营业外支出——债务重组损失"科目。

【例11-19】2×15年8月10日,甲公司从乙公司购买一批商品,收到的增值税专用发票上注明的商品价款为200 000元,增值税进项税额为34 000元,商品已验收入库,款项尚未支付。

2×15年12月31日,甲公司资金周转发生困难,无法按合同规定偿还债务,经双方协议,乙公司同意减免甲公司18 000元债务,余额用现金立即偿还。

假设债务重组交易过程中没有发生其他任何相关税费。

①甲公司在债务重组交易完成时的账务处理为:

借:应付账款　　　　　　　　　　　　　　　　　　234 000
　　贷:银行存款　　　　　　　　　　　　　　　　　216 000
　　　　营业外收入——债务重组收益　　　　　　　　 18 000

②乙公司在债务重组交易完成时的账务处理为:

借：银行存款	216 000
营业外支出——债务重组损失	18 000
贷：应收账款	234 000

如果乙公司为应收账款计提坏账准备2 400元，则债务重组完成时的账务处理为：

借：银行存款	216 000
坏账准备	2 400
营业外支出——债务重组损失	15 600
贷：应收账款	234 000

2. 以非现金资产清偿某项债务。以非现金资产清偿某项债务，具体又分为以交易性金融资产、存货、长期投资、固定资产、无形资产等清偿某项债务。

就其会计处理而言，债务人应按重组债务的账面价值与转让的非现金资产公允价值和应支付的相关税费之和的差额，确认为当期损益。同时，转让的非现金资产公允价值与其账面价值之间的差额也确认为当期损益。

债权人应按受让的非现金资产的公允价值作为其入账价值。受让的非现金资产入账价值与重组债权账面价值之间的差额确认为当期损益。

【例11–20】2×15年10月31日，甲公司从乙公司购买一批材料，收到的增值税专用发票上注明的材料价款为300 000元，增值税进项税额为51 000元；材料已验收入库，甲公司开出一张期限为2个月、不带息商业汇票用于偿还款项。2×15年12月31日，商业汇票到期，甲公司因资金周转困难，无法支付票据款项，经双方协商后，乙公司同意甲公司以其拥有的一项交易性金融资产抵偿债务。假设该项交易性金融资产的账面余额为405 000元，公允价值为405 000元；甲公司没有为该项投资计提减值准备；债务重组交易过程中没有发生任何相关税费。

①甲公司债务重组时的账务处理为：

借：应付票据	351 000
营业外支出——债务重组损失	54 000
贷：交易性金融资产	405 000

②乙公司债务重组时的账务处理为：

借：交易性金融资产	405 000
贷：应收票据	351 000
营业外收入——债务重组收益	54 000

【例11–21】2×15年4月5日甲公司从乙公司购买一批材料，收到的增值税专用发票上注明材料价款为200 600元，增值税进项税额为34 102元；材料已验收入库，款项尚未支付。2×15年6月10日，甲公司由于遭受火灾，资金周转困难，无法按合同规定偿还债务，经双方协商，乙公司同意甲公司用一辆运输机械偿还债务。运输机械的账面原价为670 000元，已计提折旧350 000元，已计提减值准备34 000元。

假设甲公司该运输机械的公允价值为 310 000 元,在清理过程中发生相关杂费 5 000 元,以银行存款支付;债务重组交易过程中没有发生除运杂费以外的其他相关税费。

①甲公司债务重组时的账务处理如下。

固定资产转入清理:

借:固定资产清理　　　　　　　　　　　　　　320 000
　　累计折旧　　　　　　　　　　　　　　　　350 000
　　贷:固定资产　　　　　　　　　　　　　　　　　670 000

结转已计提的固定资产减值准备:

借:固定资产减值准备　　　　　　　　　　　　34 000
　　贷:固定资产清理　　　　　　　　　　　　　　　34 000

支付相关清理费用:

借:固定资产清理　　　　　　　　　　　　　　5 000
　　贷:银行存款　　　　　　　　　　　　　　　　　5 000

债务重组交易完成:

借:应付账款　　　　　　　　　　　　　　　　234 702
　　营业外支出——债务重组损失　　　　　　　75 298
　　贷:固定资产清理　　　　　　　　　　　　　　　291 000
　　　　营业外收入——处置固定资产净收益　　　　　19 000

②乙公司的账务处理如下。

债务重组交易完成时:

借:固定资产　　　　　　　　　　　　　　　　310 000
　　贷:应收账款　　　　　　　　　　　　　　　　　234 702
　　　　营业外收入——债务重组收益　　　　　　　　75 298

3. 以债务转为资本清偿某项债务。如果债务人以债务转为资本清偿某项债务,债务人应按重组债务的账面价值借记"应付账款"、"应付票据"等科目,按债权人享有股份的面值总额贷记"实收资本"、"股本"等科目,按应支付的相关税费贷记"银行存款"、"应交税费"等科目,股份的公允价值总额与股本或实收资本之间的差额贷记"资本公积"科目。重组债务的账面价值与股份的公允价值总额之间的差额,计入当期损益。

如果债务人以债务转为资本清偿某项债务,债权人应按享有股份的公允价值借记"长期股权投资"科目,按已计提减值准备借记"坏账准备"科目,按重组债权的账面余额贷记"应收账款"、"应收票据"等科目;按应支付的相关税费贷记"库存现金"、"银行存款"、"应交税费"等科目,差额计入当期损益。

【例 11-22】2×15 年 5 月 12 日,甲公司从乙公司购买一批库存商品,收到的增值税专用发票上注明的商品价款为 700 800 元,增值税进项税额为 119 136 元;商品已验收入库,款项尚未支付。2×15 年 10 月 25 日,甲公司因遭受洪水灾害,短时间内无法按时偿还债务。

经与乙公司协商,以债务转为资本进行债务重组,乙公司因此获得甲公司20%的股权,股份面值为300 000元;债务重组交易过程中发生印花税1 560元,以银行存款支付;假定该项股权公允价值为500 000元。

除此之外,债务重组交易过程中没有发生任何其他相关税费。假定乙公司取得的长期股权投资采用成本法核算。

①甲公司的账务处理为:

借:应付账款　　　　　　　　　　　　　　　819 936
　　贷:股本　　　　　　　　　　　　　　　　300 000
　　　　资本公积——股本溢价　　　　　　　　200 000
　　　　银行存款　　　　　　　　　　　　　　1 560
　　　　营业外收入——债务重组收益　　　　　318 376

②乙公司的账务处理为:

借:长期股权投资　　　　　　　　　　　　　500 000
　　营业外支出——债务重组损失　　　　　　321 496
　　贷:应收账款　　　　　　　　　　　　　　819 936
　　　　银行存款　　　　　　　　　　　　　　1 560

4. 以修改其他债务条件清偿某项债务。如果债务人以修改其他债务条件进行债务重组,债务人应当将修改其他债务条件后债务的公允价值作为重组后债务的入账价值。重组债务的账面价值与重组后债务的入账价值之间的差额,计入当期损益。

债权人应当将修改其他债务条件后的债权的公允价值作为重组后债权的账面价值,重组债权的账面余额与重组后债权的账面价值之间的差额,计入当期损益。

修改后的债务条款如涉及或有事项的,对于债务人来说,如果或有应付金额符合《企业会计准则第13号——或有事项》中有关预计负债确认条件,债务人应当将该或有应付金额确认为预计负债。

重组债务的账面价值,与重组后债务的入账价值和预计负债金额之和的差额,计入当期损益。对于债权人来说,债权人不应当确认或有应收金额,不得将其计入重组后债权的账面价值。

【例11-23】2×15年5月1日,甲公司从乙公司购买一批材料,收到的增值税专用发票上注明的商品价款为650 000元,增值税进项税额为110 500元;材料已验收入库,款项尚未支付。2×15年7月1日,甲公司因为资金周转困难,不能按时偿还债务,与乙公司协商进行债务重组。

双方达成重组协议内容:乙公司同意豁免甲公司债务240 000元;债务延长期间,每月加收余款3%的利息,利息和本金于2×15年12月1日一并偿付。假定整个债务重组交易过程中没有发生任何相关税费。

①甲公司的账务处理。

借:应付账款　　　　　　　　　　　　　　　760 500

贷：应付账款——债务重组　　　　　　　　　　　　　　598 575
　　　营业外收入——债务重组收益　　　　　　　　　　161 925

重组后应付账款的入账价值 = (760 500 - 240 000) × (1 + 3% × 5)
　　　　　　　　　　　　 = 598 575（元）

如果债务重组协议增加一条内容：甲公司若从第三个月开始出现盈利，则从第三个月起，利率提高至5%；如未出现盈利，则利率仍维持3%。其他条件不变。假定该或有支出符合确认条件。则甲公司的账务处理如下。

债务重组发生日：

借：应付账款　　　　　　　　　　　　　　　　　　　　760 500
　　贷：应付账款——债务重组　　　　　　　　　　　　　598 575
　　　　预计负债——债务重组　　　　　　　　　　　　　 31 230
　　　　营业外收入——债务重组收益　　　　　　　　　　130 695

重组后应付账款的入账价值 = (760 500 - 240 000) × (1 + 3% × 5)
　　　　　　　　　　　　 = 598 575（元）

预计负债的入账价值 = (760 500 - 240 000) × 2% × 3 = 31 230（元）

如果2×15年9月1日及以后，甲公司未出现盈利，则2×15年12月1日甲公司的账务处理为：

借：应付账款——债务重组　　　　　　　　　　　　　　598 575
　　预计负债——债务重组　　　　　　　　　　　　　　 31 230
　　贷：银行存款　　　　　　　　　　　　　　　　　　　598 575
　　　　营业外收入——债务重组收益　　　　　　　　　　 31 230

②乙公司债务重组交易完成时的账务处理为：

借：应收账款——债务重组　　　　　　　　　　　　　　598 575
　　营业外支出——债务重组损失　　　　　　　　　　　161 925
　　贷：应收账款　　　　　　　　　　　　　　　　　　　760 500

重组后应收账款的入账价值 = (760 500 - 240 000) × (1 + 3% × 5)
　　　　　　　　　　　　 = 598 575（元）

如果债务重组协议增加一条内容：如果甲公司从第三个月开始出现盈利，则从第三个月起，利率提高至5%；如未出现盈利，则利率仍维持3%。其他条件不变。则对于债务重组交易，乙公司的账务处理如下。

债务重组交易完成：

借：应收账款——债务重组　　　　　　　　　　　　　　598 575
　　营业外支出——债务重组损失　　　　　　　　　　　161 925
　　贷：应收账款　　　　　　　　　　　　　　　　　　　760 500

重组后应收账款的入账价值 = (760 500 - 240 000) × (1 + 3% × 5)
　　　　　　　　　　　　 = 598 575（元）

如果2×15年9月1日及以后，甲公司未出现盈利，则2×15年12月1日乙公司的账务处理为：

借：银行存款　　　　　　　　　　　　　　　　598 575
　　贷：应收账款——债务重组　　　　　　　　　　　598 575

如果2×15年9月1日及以后，甲公司出现盈利，则2×15年12月1日乙公司的账务处理为：

借：银行存款　　　　　　　　　　　　　　　　629 805
　　贷：应收账款——债务重组　　　　　　　　　　　598 575
　　　　营业外收入——债务重组收益　　　　　　　　31 230

实际收回的银行存款＝（760 500－240 000）×（1＋3%×2）＋（760 500－240 000）×5%×3＝629 805（元）

5. 以混合重组方式清偿某项债务。

（1）以现金、非现金资产两种方式的组合清偿某项债务；

（2）以现金、债务转为资本两种方式的组合清偿某项债务；

（3）以非现金资产、债务转为资本两种方式的组合清偿债务；

（4）以现金、非现金资产、债务转为资本三种方式的组合清偿某项债务；

（5）以资产、债务转为资本等方式清偿某项债务的一部分，并对该项债务的另一部分以修改其他债务条件进行债务重组。

以混合方式清偿债务，实际上是将前述各种方式的账务处理结合在一起。在计算债务重组损益的时候需要考虑各个方面的因素。但要注意的是，以混合方式进行债务重组时，应当考虑相关的偿债顺序。

一般来说，应当先以资产清偿债务，最后考虑修改其他债务条件。

如果重组协议本身已经明确规定了非现金资产或股权的清偿债务金额或比例，则按协议规定进行会计处理。

五、债务重组的披露内容

1. 债务人的披露内容。

（1）债务重组方式，即债务人是以现金清偿债务，还是以非现金资产清偿债务、债务转为资本、修改其他债务条件以及混合重组方式等债务重组方式进行债务重组。

（2）因债务重组而确认的收益总额，不要求分别披露每项债务重组确认的收益额。

（3）将债务转为资本所导致的股本（实收资本）增加额，不要求分别披露每项债务重组所导致的股本（实收资本）增加额。

（4）或有应付金额，即债务人因债务重组而产生的或有应付金额总额，不要求分别披露每项或有支出金额。

（5）债务重组中转让的非现金资产的公允价值、由债务转成的股份的公允价值和修改其他债务条件后债务的公允价值的确定方法及依据。

2. 债权人的披露内容。

(1) 债务重组方式。
(2) 确认的债务重组损失总额，不要求分别披露每项债务重组的损失金额。
(3) 债权转为股份所导致的长期投资增加额及其长期投资占债务人股权的比例。
(4) 或有应收金额。
(5) 债务重组中受让的非现金资产的公允价值、由债权转成股份的公允价值和修改其他债务条件后债权的公允价值的确定方法及依据。

第七节 预计负债

企业在会计核算中经常面临某些不确定情形，需要会计人员做出分析和判断。其中，有些情形其最终结果须以未来事件的发生或不发生来加以证实。这种不确定情形即为或有事项。如果对或有事项进行确认和计量，就会形成预计负债。

一、或有事项的概念与特征

或有事项是指过去的交易或事项形成的一种状况，其结果须通过未来不确定事项的发生或不发生予以证实。

常见的或有事项有商业票据背书转让或贴现、未决诉讼、未决仲裁、债务担保、产品质量保证（含产品安全保证）等。

根据定义，或有事项具有以下基本特征：

1. 或有事项是过去的交易或事项形成的一种状况。或有事项作为一种状况，是企业过去的交易或事项引起的。

比如，产品质量保证是企业对已售出商品或已提供劳务的质量提供的保证，不是为尚未出售商品或尚未提供劳务的质量提供的保证。

未决诉讼虽是正在进行中的诉讼，但它是企业因过去的经济行为起诉其他单位或被其他单位起诉引起的，是现存的一种状况，不是将要存在的某种状况。或有事项是现存的状况，说明或有事项是资产负债表日的一种客观存在。它的结果对企业是产生有利影响还是不利影响，或虽已知是有利影响或不利影响，但影响有多大，只能由未来发生的交易或事项来确定，现在尚不能完全肯定。

由于或有事项是由过去的交易或事项形成的状况，因此，未来可能发生的自然灾害、未来可能发生的交通事故、未来可能发生的经营亏损等事项不构成或有事项。

2. 或有事项具有不确定性。或有事项内含不确定性，指的是或有事项的结果具有不确定性。

首先，或有事项的结果是否发生具有不确定性。例如，为单位提供债务担保,如果被担保方到期无力还款,那么担保方将负连带责任。对于担保方而言,担保事项构成其或有事项,但最后是否应履行连带责任,在担保协议达成时是不能确定的。再比如有些未决诉讼,被起诉一方是否会败诉,有时是难以确定的。

其次,或有事项的结果即使预料会发生,但具体发生的时间或发生的金额具有不确定性。例如,某企业因生产排污治理不力并对周围环境造成污染而被起诉,如无特殊情况,该企业很可能败诉。但是,在诉讼成立时,该企业因败诉将支出多少金额,或支出发生在何时,是难以确知的。

或有事项的这种不确定性,是区别其他不确定性会计事项的重要特征。

3. 或有事项的结果只能由未来发生的事项确定。或有事项的结果,在或有事项发生时是难以证实的。这种不确定性的消失,需要由未来不确定事项的发生或不发生来证实。

比如未决诉讼,其最终结果只能随案件的发展由判决结果来确定。又比如企业为其他单位提供债务担保,如果被担保单位不能在债务到期时偿还债务,则企业需要履行偿还债务的连带责任。但该担保事项是否真地会要求企业履行偿还债务连带责任,一般只能看被担保单位的未来经营情况和偿债能力。如果被担保单位经营情况和财务状况良好,且有较好的信用,那么企业将不需要履行该连带责任。

或有事项的结果只能由未来发生的事项证实的特征,说明或有事项具有时效性。也就是说,随着影响或有事项结果的因素发生变化,或有事项最终会转化为确定事项。

4. 影响或有事项结果的不确定因素不能由企业控制。或有事项本身具有不确定性,从一个侧面说明了影响或有事项结果的不确定因素不能由企业控制。仍以债务担保为例。担保企业将来是否会因提供担保而履行连带责任,不是企业能控制得了的。未决诉讼的最终结果如何,也不是企业能控制的。如果企业能够加以控制,那么它就不属于或有事项。

二、或有事项的会计处理

1. 或有事项的确认。或有事项对企业来说,可能是有利影响,也可能是不利影响。

也就是说,或有事项既可能给企业带来经济利益也可能会导致经济利益流出企业。但需要注意的是,无论或有事项有多大把握给企业带来经济利益,均无须确认,因此,将其称为或有资产。

或有事项的确认所涉及的问题是,与或有事项相关的义务应在符合什么条件时确认为负债。如果与或有事项相关的义务同时符合以下条件,企业应将其确认为负债。

(1)该义务是企业承担的现时义务。这一条件是指,与或有事项有关的义务是企业承担的现时义务而非潜在义务。

比如，A公司的一名司机因违犯交通规则造成严重交通事故，为此，A公司将要承担赔偿义务。这个例子中，违规事项发生后，A公司随即承担的是一项现时义务。

又如，甲公司与乙公司发生经济纠纷，调解无效。甲公司遂于2×15年12月18日向法院提起诉讼。至2×15年12月31日，法院尚未判决，但法庭调查表明，乙公司的行为违反了国家的有关经济法规。这种情况表明，对乙公司而言，一项现时义务已经产生。

(2) 该义务的履行很可能导致经济利益流出企业。这一条件是指，企业履行因或有事项而承担的现时义务导致经济利益流出企业的可能性超过50%。

关于或有事项发生概率的区间可以分为以下层次：

结果的可能性	对应的概率区间
基本确定	大于95%但小于100%
很可能	大于50%但小于或等于95%
可能	大于5%但小于或等于50%
极小可能	大于0但小于或等于5%

企业因或有事项承担了现时义务，并不说明该现时义务很可能导致经济利益流出企业。

比如，2×15年8月1日，丙企业与丁企业签订协议，承诺为丁企业的2年期银行借款提供全额担保。对于丙企业而言，由于担保事项而承担了一项现时义务。这项义务的履行是否很可能导致经济利益流出企业，需依据丁企业的经营情况和财务状况等因素来定。

假定2×15年年末丁企业财务状况良好。此时，如果没有其他特殊情况，一般可以认定丁企业不会违约，从而丙企业履行承担的现时义务不是很可能导致经济利益流出。

假定2×15年年末丁企业的财务状况恶化，且没有迹象表明可能发生好转。这种情况出现，表明丁企业很可能违约，从而丙企业履行承担的现时义务将很可能导致经济利益流出企业。

(3) 该义务的金额能够可靠地计量。这一条件是指，因或有事项产生的现时义务的金额能够合理地估计。

由于或有事项具有不确定性，因此，因或有事项产生的现时义务的金额也具有不确定性，需要估计。要对或有事项确认一项负债，相关现时义务的金额应能够可靠估计。

比如，甲企业涉及一桩诉讼案。根据以往的审判案例推断，甲企业很可能要败诉，相关的赔偿金额也可以估算出一个范围。这种情况下，可以认为甲企业因未决诉讼承担的现时义务的金额能够可靠地估计，从而应对未决诉讼确认一项负债。

如果一项或有事项给企业带来的义务同时满足上述三个条件，那么就可以称为或有负债。

或有负债是指过去的交易或事项形成的潜在义务，其存在须通过未来不确定事项的发生或不发生予以证实；或过去的交易或事项形成的现时义务，履行该义务不是很可能导致经济利益流出企业或该义务的金额不能可靠地计量。

在或有事项中，包括三方面的内容：一是或有资产；二是或有负债；三是预计负债。

只有或有事项存在确认与计量问题，即在同时满足三个条件的情况下，确认为预计负债，而或有资产和或有负债均不存在确认问题。

2. 或有事项的计量。或有事项的计量所涉及的问题是，当与或有事项有关的义务符合确认为负债的条件时，应以什么金额入账。因或有事项而确认的负债的金额，应是清偿该负债所需支出的最佳估计数。

（1）所需支出存在一个连续范围，且该范围内各种结果发生的可能性相同。如果所需支出存在一个连续范围，且该范围内各种结果发生的可能性相同，则最佳估计数应按该范围的中间值确定。

比如，2×15年11月25日，甲企业因合同违约而涉及一桩诉讼案。根据企业法律顾问的判断，最终的判决很可能对甲企业不利。2×15年12月31日，甲企业尚未接到法院的判决，因诉讼须承担的赔偿金额也无法准确地确定。不过，据专业人士估计，赔偿金额可能是100万~120万元的某一金额。因此，甲企业应在2×15年12月31日的资产负债表中确认一项金额为110万元〔(100+120)÷2=110（万元）〕的负债。

（2）所需支出不存在一个金额范围。如果所需支出不存在一个金额范围，最佳估计数应按如下方法确定。

①或有事项涉及单个项目时，最佳估计数按最可能发生金额确定。涉及单个项目是指或有事项涉及的项目只有一个，比如一项未决诉讼、一项未决仲裁或一项债务担保等。

比如，甲公司涉及一起诉讼。根据类似案件的经验以及公司所聘律师的意见判断，甲公司在该起诉讼中胜诉的可能性有40%，败诉的可能性有60%。如果败诉，将要赔偿100万元。在这种情况下，甲公司应确认的负债金额（最佳估计数）应为最可能发生金额100万元。

②或有事项涉及多个项目时，最佳估计数按各种可能发生额及其发生概率计算确定。

涉及多个项目是指或有事项涉及的项目不止一个，比如产品质量保证。在产品质量保证中，提出产品保修要求的可能有许多客户，相应地，企业对这些客户负有保修义务。

比如，2×15年，乙企业销售产品3万件，销售额为1.2亿元。乙企业的产品质量保证条款规定，产品售出后1年内，如发生正常质量问题，乙企业将免费负责修理。根据以往的经验，如果出现较小的质量问题，则须发生的修理费为销售额的1%；而如果出现较大的质量问题，则须发生的修理费为销售额的2%。

据预测，2×15年度已售产品中，有80%不会发生质量问题，有15%将发生

较小质量问题,有5%将发生较大质量问题。据此,2×15年年末乙企业应确认的负债金额(最佳估计数)为:

$$(1.2\times1\%)\times15\% + (1.2\times2\%)\times5\% = 0.003（亿元）$$

在某些索赔诉讼中,企业可以通过反诉的方式对索赔人或第三方另行提出赔偿要求。

在债务担保业务中,企业在履行担保义务的同时,通常可以向被担保企业提出额外追偿要求。

补偿金额"基本确定"能收到,是指预期从保险公司、索赔人、被担保企业等获得补偿的可能性大于95%但小于100%的情形。

比如,甲企业因或有事项确认了一项负债100万元;同时,因该或有事项,甲企业还可从乙企业获得60万元的赔偿,且这项金额基本确定能收到。

在这种情况下,甲企业应分别确认一项负债100万元和一项资产60万元,而不能只确认一项金额为40万元的负债。

如果甲企业可以获得补偿金额超过100万元,也最多只能确认100万元,即所确认的补偿不能超过所确认负债的账面价值100万元。

(3) 预期可获得的补偿。企业因或有事项确认了一项负债,但同时可能会从第三方或其他方获得补偿。如果清偿因或有事项而确认的负债所需支出全部或部分预期由第三方或其他方补偿,则补偿金额可以确认。

当补偿金额在基本确定能收到时,将其作为资产单独确认,同时确认的补偿金额不应超过所确认负债的账面价值。

预期可能获得补偿的情况如发生交通事故等情况时,企业通常可从保险公司获得合理的赔偿。

三、或有事项的账务处理

为了反映因或有事项确认的预计负债,企业会计准则中规定单独设置"预计负债"科目进行核算。

企业按规定的预计项目和预计金额确认的预计负债,借记"管理费用"、"销售费用"等科目,贷记"预计负债"科目。

如果能从第三方或其他方获得补偿,则借记"其他应收款"科目,贷记有关科目。即:

借:管理费用(因未决诉讼等可能会承担的诉讼费用)
　　销售费用(因产品质量担保等可能承担的质保金)
　　营业外支出(企业可能承担的罚款、罚息、赔偿支出)
　贷:预计负债(各种或有事项确认的预计负债)

【例11-24】2×14年11月20日,A银行批准B公司的信用贷款申请,同意向其贷款2 000万元,期限1年,年利率7.2%。

2×15年11月20日,B公司的借款(本金和利息)到期。B公司具有还款能力,但未按时归还 A 银行的贷款。A 银行遂与 B 公司协商,但没有达成协议。2×15 年 12 月 25 日,A 银行向法院提起诉讼。截至 2×15 年 12 月 31 日,法院尚未对 A 银行提起的诉讼进行审理。

对于 B 公司来说,如无特殊情况,B 公司很可能败诉。为此,B 公司不仅须偿还贷款本金和利息,还需要支付罚息、诉讼费等费用。

假定 B 公司预计将要支付的罚息、诉讼费等费用估计为 20 万~24 万元。则 B 公司应在 2×15 年 12 月 31 日确认一项负债 22 万元 [(20+24)÷2=22,其中支付的诉讼费为 3 万元]。有关会计分录如下:

借:管理费用——诉讼费　　　　　　　　　　　　　30 000
　　营业外损益——罚息支出　　　　　　　　　　　190 000
　　贷:预计负债——未决诉讼　　　　　　　　　　　　　220 000

对于 A 银行来说,如无特殊情况,A 银行很可能在诉讼中获胜。因此,2×15 年 12 月 31 日,A 银行可以作"很可能胜诉"的判断,并预计除可以收回本金和利息外,还可能获得罚息等。

假定 A 银行根据规定的标准估计,将来最可能获得包括罚息在内的收入为 24 万元(这项金额在提起诉讼时已估计)。但这项经济利益无论多大可能会流入企业,都不允许确认和计量。

习　题

1. A 企业 2×15 年 1 月 1 日开始建造一项固定资产,所占用的一般借款有两项(假定这里的支出均为超过专门借款的支出,不再单独考虑专门借款的情况):

(1) 2×15 年 1 月 1 日借入的 3 年期借款 200 万元,年利率为 6%;

(2) 2×15 年 4 月 1 日发行的 3 年期债券 300 万元,票面年利率为 5%,实际利率为 6%,债券发行价格为 285 万元,折价 15 万元(不考虑发行债券时发生的辅助费用)。

有关资产支出如下:1 月 1 日支出 100 万元;2 月 1 日支出 50 万元;3 月 1 日支出 50 万元;4 月 1 日支出 200 万元;5 月 1 日支出 60 万元。

假定资产建造从 1 月 1 日开始,工程项目于 2×15 年 6 月 30 日达到预定可使用状态。债券溢折价采用实际利率法摊销。

要求:

(1) 分别计算 2×15 年第一季度和第二季度适用的资本化率;

(2) 分别计算 2×15 年第一季度和第二季度应予资本化的利息金额并进行相应的账务处理。

2. 大华公司于 2×14 年 1 月 1 日动工兴建一办公楼,工程采用出包方式,每半年支付一次工程进度款。工程于 2×15 年 6 月 30 日完工,达到预定可使用状态。

大华公司建造工程资产支出如下:

(1) 2×14 年 1 月 1 日,支出 3 000 万元;

(2) 2×14 年 7 月 1 日,支出 5 000 万元,累计支出 8 000 万元;

(3) 2×15 年 1 月 1 日,支出 3 000 万元,累计支出 11 000 万元;

大华公司为建造办公楼于 2×14 年 1 月 1 日专门借款 4 000 万元,借款期限为 3 年,年利率为8%，按年支付利息。除此之外，无其他专门借款。

办公楼的建造还占用两笔一般借款：

（1）从甲银行取得长期借款4 000万元，期限为2×13年12月1日至2×16年12月1日，年利率为6%，按年支付利息。

（2）发行公司债券2亿元，发行日为2×13年1月1日，期限为5年，年利率为8%，按年支付利息。

闲置专门借款资金用于固定收益债券临时性投资，假定暂时性投资月收益率为0.5%。假定全年按360天计。

要求：

（1）计算2×14年和2×15年专门借款利息资本化金额。

（2）计算2×14年和2×15年一般借款利息资本化金额。

（3）计算2×14年和2×15年利息资本化金额。

（4）编制2×14年和2×15年与利息资本化金额有关的会计分录。

3. 中原股份有限公司为一般纳税企业，适用的增值税税率为17%。该企业发行债券及购建设备的有关资料如下：

（1）2×14年1月1日，经批准发行3年期面值为5 000 000元的公司债券。该债券每年年末计提利息后予以支付、到期一次还本，票面年利率为3%，发行价格为4 861 265元，发行债券筹集的资金已收到。利息调整采用实际利率法摊销，经计算的实际利率为4%。假定该债券于每年年末计提利息。

（2）2×14年1月10日，利用发行上述公司债券筹集的资金购置一台需要安装的设备，增值税专用发票上注明的设备价款为3 500 000元，增值税税额为595 000元，价款及增值税已由银行存款支付。购买该设备支付的运杂费为105 000元。

（3）该设备安装期间领用生产用材料一批，成本为300 000元，该原材料的增值税税额为51 000元；应付安装人员工资150 000元；用银行存款支付其他直接费用201 774.7元。2×14年6月30日，该设备安装完成并交付使用。该设备预计使用寿命为5年，预计净残值为50 000元，采用双倍余额递减法计提折旧。

（4）2×16年4月30日，因调整经营方向，将该设备出售，收到价款2 200 000元，并存入银行。另外，用银行存款支付清理费用40 000元。假定不考虑与该设备出售有关的税费。

（5）假定设备安装完成并交付使用前的债券利息符合资本化条件全额资本化且不考虑发行债券筹集资金存入银行产生的利息收入。

要求：

（1）编制发行债券时的会计分录；

（2）编制2×14年12月31日、2×15年12月31日有关应付债券的会计分录；

（3）编制该固定资产安装以及交付使用的有关会计分录；

（4）计算该固定资产计提折旧的总额；

（5）编制处置该固定资产的有关会计分录；

（6）编制债券到期的有关会计分录。

第十二章　所有者权益

学习目标
1. 掌握所有者权益的内容。
2. 掌握实收资本和资本公积的会计规定及账务处理。
3. 掌握留存收益的内容及其账务处理。
4. 掌握股份支付的核算。
5. 熟悉《企业会计准则》和《小企业会计准则》对所有者权益会计核算的区别。

第一节　所有者权益概述

一、所有者权益的定义

所有者权益是反映企业财务状况的会计要素之一，对所有者权益的定义可以从定量和定性两方面展开。在世界范围内较为广泛采用的是从定量的角度来诠释所有者权益，如国际会计准则委员会在其《编报财务报表的框架》中将所有者权益（equity）定义为："所有者权益是指企业的资产扣除企业全部负债后的余额。"而美国财务会计准则委员会在其发布的《财务报表要素》中将所有者权益定义为："所有者权益是某个主体的资产减去负债后的剩余权益。"我国《企业会计准则——基本准则》定义所有者权益为："所有者权益是指企业资产扣除负债后由所有者享有的剩余权益。公司的所有者权益又称为股东权益。"这些定义明确揭示了所有者权益的量化方法，在数量上等于企业全部资产减去企业全部负债的余额。

二、所有者权益与负债的关系

企业资金的来源由企业所有者（业主）和债权人提供，相应地，所有者权益和负债（债主权益）分别体现了所有者和债权人对企业资产的要求权，但这两种权利存在着显著的差异性，表现在以下五个方面。

1. 权利的内涵不同。负债是企业在经营或其他活动中所发生的债务,是债权人要求企业清偿的权利;而所有者权益是投资者对投入资本及其运用产生盈余(或亏损)的权利,是对企业资产的剩余索取权,由此,所有者对企业资产的要求权在顺序上次于债权人。从法律的角度来界定,当企业因破产或其他原因进入清算程序时,变现后的资产应先偿还企业负债,剩余的资产再按照股权比例在所有者之间进行分配。

2. 权利的外延不同。债权人对企业资产的要求权局限于债务本金及约定利息的偿还索取权,而所有者的权益除了对所投入资产的要求权外,还享有对企业资产的使用权、处置权和收益分配权,是企业的实际控制者。

3. 权利的时效不同。债权人的求偿权是预先设定的,在约定的到期日偿还债务本息后,债权依法被解除;而在企业持续经营的情况下,投入性资本一般不能抽回,即不存在约定的偿还期限,因而是企业一项可以长期使用的资金,相应地,所有者的财产要求权与企业存续期共存,直至企业清算解散,在获取了剩余资产的分配后才告终结。

4. 权利的风险收益不同。债权人收获的利息一般是按照约定的一定利率计算的可以确定的固定金额,即收益确定,而企业不论盈亏均应按期支付,风险较小;而所有者可以收获的股利收益,不但受到企业当期盈利状况、留存收益和可供分配现金数额的影响,还受到企业利润分配政策、经营管理层决策的左右,即收益非常不确定,风险较大。如果企业盈利,所有者权益将随之增长,反之则缩减,因此,所有者承担着企业经营活动的最终风险,自然享有企业资产的增值和最终的权益。

5. 计量特性不同。负债通常在发生时按照规则单独直接计量,而所有者权益除了对所有者出资行为给予直接计量以外,其他要素的确认和量化则是通过资产和负债的计量而形成。

三、所有者权益的构成

我国《企业会计准则——基本准则》中规定:"所有者权益的来源包括所有者投入的资本、直接计入所有者权益的利得和损失、留存收益等。直接计入所有者权益的利得和损失,是指不应计入当期损益、会导致所有者权益发生增减变动的、与所有者投入资本或者向所有者分配利润无关的利得或者损失。利得是指由企业非日常活动所形成的、会导致所有者权益增加的、与所有者投入资本无关的经济利益的流入。损失是指由企业非日常活动所发生的、会导致所有者权益减少的、与向所有者分配利润无关的经济利益的流出。"

所有者权益的会计核算内容主要有实收资本(股本)、其他权益工具、资本公积、其他综合收益和留存收益(盈余公积和未分配利润)五类。

1. 实收资本(股本)。实收资本(paid-in capital)是指投资者按照企业章程或合同、协议的约定投入企业的形成法定资本的价值。股份有限公司称为股本。

实收资本（股本）一般情况下无须返还给投资者，它是企业持续经营最稳定的物质基础。从性质上看，实收资本（股本）是投资者创建企业所投入的资本，是原始启动资金；从功能上看，实收资本（股本）是投资者用于享有权益和承担责任的资金。

实收资本的构成比例，就是投资者的出资比例，通常是确定投资在企业所有者权益中所占的份额和参与企业财务经营决策的基础，也是企业进行利润分配的依据和清算时对净资产要求权确定的依据。在股份有限公司，全部资本由等额股份构成，股东以其认购的股份为限对公司承担责任。

注册资本是企业在工商行政管理部门登记的注册资金，是投资者用于进行企业生产经营、承担民事责任而投入的资金。在我国，法律规定采用法定资本制的模式，也就是说，法律规定企业的实收资本必须等于注册资本。投资者应按投入资本在注册资本中的份额享有相应的权益和承担责任，已注册的资本金如果追加或减少，必须办理变更登记。除了企业清算、减资、转让回购股份等特殊情形外，投资者不得随意从企业收回注册资本。

所有者在企业注册资本范围内实际投入的资本金，在不同类型的企业中，其表现形式有所差别。股份有限公司的投入资本被称为股本，是企业所发行股票的面值总额；除股份有限公司之外的一般企业的实收资本就被称为实收资本。

实收资本（股本）按照投资主体不同，可以分为国家投入资本（股本）、法人投入资本（股本）、个人投入资本（股本）和外商投入资本（股本）。国家投入资本（股本）是指有权代表国家投资的政府部门或者机构以国有资产投入企业所形成的资本（股本）。法人投入资本（股本）是指我国具有法人资格的单位以其依法可以支配的资产投入企业所形成的资本（股本）。个人投入资本（股本）是指我国公民以其合法财产投入企业所形成的资本（股本）。外商投入资本（股本）是指中国境外的法人和个人以其外币、设备、无形资产或其他资产投入企业所形成的资本（股本）。

投资者对企业的投资方式主要有货币资金投资、实物投资和无形资产投资。货币资金投资是投资者以货币资金出资，可以是人民币投资，也可以是外币投资。国内投资者一般用人民币投资，外国投资者则必须以外汇投资。如果属于外商投资性公司的投资则可以用人民币。实物投资是投资者以实物作价出资。用于出资的实物可以是厂房、建筑物、机器设备、材料物资等各种固定资产或存货。无形资产投资是投资者以无形资产作价出资。用于投资的无形资产主要包括专利权、专有技术、商标权、土地使用权等。投资者以无形资产出资，必须经过评估作价。

2. 其他权益工具。其他权益工具，是指企业发行的除普通股以外的归类为权益工具的各种金融工具。

3. 资本公积。资本公积（capital surplus）是指属于全体所有者共有的、由非经营收益转化而形成的资本，主要是指所有者投入的超出企业注册资本所占份额的投资以及直接计入所有者权益的利得和损失。资本公积包括资本溢价（或股本溢价）和其他资本公积等。

4. 其他综合收益。其他综合收益，是指企业根据会计准则的规定，未在当期损益中确认的各项利得和损失。包括以后会计期间不能重分类进损益的其他综合收益和以后会计期间满足规定条件时将重分类进损益的其他综合收益两类。

5. 留存收益。留存收益是指属于所有者共有的由企业历年实现的留存于企业的净利润所形成的所有者权益，主要内容包括盈余公积和未分配利润。

第二节 实收资本和其他权益工具

一、有关实收资本的规定

（一）独资企业

独资企业是个人独立出资创办、完全由个人经营的企业，在我国，独资企业的实体主要是各类个体工商户。独资企业具有以下特点：

1. 独资企业不是独立的法律主体。依照法律规定，独资企业不具有独立的法人资格，因而没有独立的行为能力。也就是说，独资企业的资产和债务，在法律上都被认定为业主个人的财产和债务，业主的个人行为代表着企业行为，独资企业和业主个体实质就是一个整体。

2. 业主对企业的债务负有无限清偿责任。当债务到期或独资企业清算时，如果企业的全部资产不足以清偿债务，还可以追讨业主除企业资产以外的其他个人资产。

3. 业主对企业资产的经营管理和盈利分配等具有完全的支配权。由于独资企业并非独立的法律主体，企业行为即业主个人行为，且业主对企业行为负有无限责任，因而不管业主是否直接经营并管理企业，其对企业的财产和赚取的利润都可以任意处置，没有法律上的条件限制。

4. 独资企业不是纳税主体。独立的纳税主体要求是完全的法律实施主体，既然独资企业并非独立的法律主体，也就不能成为纳税主体。业主个体不具备独立法律主体的资格，且独资企业行为被视为业主个人行为，因此，企业收益即业主个人的收益，应依照个人所得税法缴纳个人所得税，而不是依照企业所得税法缴纳企业所得税。

基于独资企业与业主个人在法律上被认定为一个实质整体，独资企业的所有者权益就是业主个体的直接权益，独资企业的业主在开办伊始向企业投入资本或在经营过程中追加投入，全额直接计入实收资本，无须再单独核算资本公积；独资企业的经营利润，在业主缴纳个人所得税后，剩余的就是企业的未分配利润。因此，在独资企业的会计报表中，所有者权益只有实收资本和未分配利润两个项目。

(二) 合伙企业

合伙企业是指由两个或两个以上的个人通过签订合伙协议出资、联合经营、共担盈亏的企业。合伙企业与独资企业相同,不是法律主体,合伙人对企业的债务承担无限责任,取得的收益由合伙人按个人所得缴纳个人所得税。但与独资企业不同的是,合伙企业应签订书面形式的合伙契约,明确合伙人之间的责、权、利关系以及企业收益分配方式等相关的企业组织行为。除此之外,合伙制企业还具有以下特征:

1. 合伙人的行为代表企业行为。一般来说,在合伙企业确定的业务范围内,任何一个合伙人的业务行为,均被法律视为所有合伙人共同执行的业务,也就是合伙人互为代理。

2. 合伙人对企业债务负有无限连带清偿责任。首先,不论合伙人出资额是多少,均需对企业债务承担无限责任,当企业资产不足以清偿债务时,须追讨其个人资产;其次,在某个合伙人的个人资产不足以清偿其应承担的相应份额的债务时,其他合伙人应负连带责任,以个人资产代为偿还。

3. 企业财产共有。合伙人按照约定的方式向合伙企业出资后,其投入的财产即为企业财产,而非个人财产,该投入的财产归属所有合伙人共有,该项资产运用或变卖产生的损益,属于合伙人共有的损益。

4. 契约的约束力。各合伙人的出资方式、从企业提取款项、转让出资份额等行为,都应征得其他合伙人的同意,并受到合伙契约相应条款的约束,与独资企业业主的完全个人自主行为相比,合伙企业中某个合伙人的行为被其他合伙人的意图所制约。

基于合伙企业非法律主体的特性,合伙企业的所有者权益被视为合伙人的直接权益,也就是自然人的个体权益,法律未对合伙企业盈利分配做出限制,在向合伙人支付合伙利润前无须提取盈余公积,因此,各合伙人对企业的出资,分别计入实收资本,实现的利润在支付了各合伙人应缴纳的个人所得税之后,剩余的就是企业的未分配利润。因此,在合伙企业的会计报表中,所有者权益只有实收资本和未分配利润两个项目。

(三) 有限责任公司

公司制企业必须依照一定的条件和法律程序申请登记设立,《中华人民共和国公司法》(以下简称《公司法》)对公司的性质有明确的说明:"公司是企业法人,有独立的法人财产,享有法人财产权。公司以其全部财产对公司的债务承担责任。"公司具有法人资格,这是其与独资企业和合伙企业(非法人企业)的重要区别;公司的法人财产与其所有者、经营管理者的个人财产相互独立,公司法人必须自主经营、自负盈亏;公司法人对所负债务承担有限责任,公司仅以其法人资产为限负有清偿债务的责任。《公司法》对公司类型的定义是:"本法所称公司是指依照本法在中国境内设立的有限责任公司和股份有限公司。"

有限责任公司是指由50个以下股东出资设立，股东以其认缴的出资额为限对公司债务承担有限责任，公司以其全部资产对其债务承担责任的企业法人。有限责任公司的全部资本并不划分为等额股份，公司向股东签发出资证明而不发行股票。有限责任公司的注册资本为在公司登记机关登记的全体股东认缴的出资额。法律、行政法规以及国务院决定对有限责任公司注册资本实缴、注册资本最低限额另有规定的，从其规定。

有限责任公司的股东可以是自然人、公司法人和政府，有限责任公司的股东可以用货币资金也可以用实物、知识产权、土地使用权等能够用货币估价并可以依法转让的非货币性财产作价出资，但是，法律、行政法规规定不得作为出资的财产除外。对非货币性财产应合理评估作价，不得高估或低估。法律、行政法规对评估作价有规定的，从其规定。

有限责任公司有两种特殊形式需要关注。

1. 一人有限责任公司。一人有限责任公司，是指只有一个自然人股东或一个法人股东的有限责任公司。一个自然人只能投资设立一个一人有限责任公司。该一人有限责任公司不能投资设立新的一人有限责任公司。一人有限责任公司应当在公司登记中注明自然人独资或者法人独资，并在公司营业执照中载明。一人有限责任公司应当在公司登记中注明自然人独资或者法人独资，并在公司营业执照中载明。

2. 国有独资公司。国有独资公司，是指国家单独出资、由国务院或者地方人民政府授权本级人民政府国有资产监督管理机构履行出资人职责的有限责任公司。国有独资公司章程由国有资产监督管理机构制定，或者由董事会制定报国有资产监督管理机构批准。

国有独资公司不设立股东会，由国有资产监督管理机构行使股东会职权。国有资产监督管理机构可以授权公司董事会行使股东会的部分职权，决定公司的重大事项，但是，公司的合并、分立、解散、增加或减少注册资本和发行债券，必须由国有资产监督管理机构决定。其中，重要的国有独资公司合并、分立、解散、申请破产的，应当由国有资产监督管理机构审核后，报本级人民政府批准。

（四）股份有限公司

股份有限公司是指按照《公司法》的规定注册设立，将全部注册资本划分为等额股份，并通过发行股票的方式筹措资本，股东以其所持股份对公司承担有限责任，公司以其全部资产对公司的债务承担责任的企业组织形式。

股份有限公司的设立可以采取发起设立或募集设立。发起设立是指发起人认购公司应发行的全部股份而设立公司。募集设立是指由发起人认购公司应发行股份的一部分，其余股份向社会公开募集或者向特定对象募集而设立公司。设立股份有限公司，应当有2人以上200人以下为发起人，其中须有半数以上的发起人在中国境内有住所。股份有限公司发起人承担公司筹办事务。

股份有限公司采取发起设立方式设立的,注册资本为在公司登记机关登记的全体发起人认购的股本总额。在发起人认购的股份缴足前,不得向他人募集股份。股份有限公司采取募集方式设立的,注册资本为在公司登记机关登记的实收股本总额。法律、行政法规以及国务院决定对股份有限公司注册资本实缴、注册资本最低限额另有规定的,从其规定。以募集设立方式设立股份有限公司的,发起人认购的股份不得少于公司股份总数的35%;但是,法律、行政法规另有规定的,从其规定。

全体股东组成的股东大会是企业的权力机构,每一股份代表一个表决权;股东持有的股份可以依法转让,而不受其他股东制约。发起人持有的股份,自公司成立之日起1年内不得转让。

股份有限公司发行的股票,按照分配利润和分配企业清算财产的顺序,分为普通股和优先股。

1. 普通股。普通股(common stock)是股份公司最基本的股票类型,大多数的股东在公司所持有的股份都为普通股股份。普通股股东的权利主要有以下四方面。

(1) 表决权。我国《公司法》规定:"股份有限公司股东大会由全体股东组成,股东大会是公司的权力机构。股东出席股东大会会议,所持每一股份有一表决权。公司股东依法享有资产收益、参与重大决策和选择管理者等权利。"这就说明,普通股股东享有投票表决权及被选举权,同股同权,通过选举产生董事会来直接或间接管理和控制企业的经营。

(2) 利润分配权。我国《公司法》规定:"股份有限公司按照股东持有的股份比例,分配公司弥补亏损和提取公积金后所余税后利润。"但公司的利润分配方案和弥补亏损方案归属董事会的职权范围,在董事会做出决议并公告之前,股东对企业的净利润没有要求权。

(3) 剩余资产要求权。在企业进行清算时,所有财产的分配顺序是:清算费用、职工工资保险等相关费用、企业欠缴税款、债务、优先股股东的投资,支付以上费用后,由普通股股东按照股份比例分配剩余财产。

(4) 优先认股权。我国《公司法》规定:"公司新增资本时,股东有权优先按照实缴的出资比例认缴出资。"当企业增发普通股时,为了避免原普通股股东的股份比例被稀释,允许其按持股比例优先认购新股,这是对原股东权益的一种保障。

2. 优先股。优先股(preferred stock)也是股份有限公司股东权益的部分。较普通股的优先权主要表现在:优先股股东先于普通股股东获得企业的分配利润,但其股利率是预先约定、固定的,普通股须在拟分配利润中扣除优先股股利后按照股数平均分配;在公司进入破产清算程序时,优先股股东具有先于普通股股东获得企业净资产的股本回收权。但是,优先股股东没有表决投票权,也就是说,普通股股东拥有企业的经营控制权。根据优先股享有的不同权利,可进行细分，具体如下。

（1）累积和非累积的优先股。优先股的股利按照确定股利率发放，企业当年度未分派或分配不足的优先股股利，将累积到以后年度予以补足，这是累积的优先股；若企业当年度未分派或分配不足的优先股股利，以后年度不予补足，则为非累积的优先股。企业分配股利的顺序是：首先，付清积欠的累积优先股股利；其次，支付当年度优先股股利；最后，发放普通股股利。

（2）参与和非参与优先股。参与优先股在获得定额定率的当期优先股股利后，还有权与普通股共同享有剩余利润的分配，其分配方式与比例按照预先规定的条件执行；而非参与优先股则不能参与剩余利润的分配。

（3）可转换的优先股和可赎回的优先股。可转换的优先股指可以按照一定的条件转换为普通股的优先股。可赎回的优先股指企业在满足所要求的时间和条件下，可以赎回所发行的优先股，归还优先股股东的投资，具有了债券和股票的双重特性。

二、实收资本增加的规定

会计上通过设置"实收资本"科目对企业的实收资本进行会计核算，并按股东设置明细科目，进行明细核算，反映各股东在实缴资本中的出资额及相应的股权比例。股份有限公司应将该科目改为"股本"。

（一）实收资本增加的一般途径

企业增加资本的途径一般有三个：一是投资者投入；二是资本公积转为实收资本或股本；三是将盈余公积转为实收资本或股本。

1. 投资者投入资本的核算。投资者可以用现金投资，也可以用现金以外的其他有形资产投资，符合国家规定比例的，还可以用无形资产投资。

股东以现金投入的资本，应当以企业实际收到的金额借记"银行存款"等科目，按照投入资本在注册资本或股本中所占份额贷记"实收资本（或股本）"科目，两者之间的差额贷记"资本公积——资本溢价（或股本溢价）"科目。

股东以实物资产出资的，企业应对接受的实物资产进行评估并办理实物产权转移，以资产的评估值确认投资额，借记"原材料"、"固定资产"等有关资产科目，同时按投入资本在注册资本或股本中所占份额贷记"实收资本（或股本）"科目，差额部分贷记"资本公积——资本溢价（或股本溢价）"科目。实物资产在转移过程中发生的费用，无论由出资企业或受资企业负担，均不计入投资额（实收资本）。

股东以无形资产出资，其投资额为无形资产的评估价值，而非其账面值，当无形资产所有权按法律程序转移至设立企业时，视为企业接受无形资产投资，应借记"无形资产"科目，同时按其在注册资本中所占份额贷记"实收资本（或股本）"科目，差额部分贷记"资本公积——资本溢价（或股本溢价）"科目。

【例12-1】长江公司由4位股东投资设立，注册资本1 000万元（人民币，以下均同），股东协议各占25%的股权比例，投资资产在转移过程中发生的费用由受资企业负担。股东的出资方式不同，其中，股东A以货币投入，并于2×13年3月1日转入长江公司250万元；股东B以技术入股，技术评估价值为200万元，资本差额部分以货币资金补齐（50万元），所有手续于3月3日完成，技术评估费5 000元已由长江公司于2月28日以银行存款支付；股东C以设备入股，设备评估价值220万元，资本差额30万元于3月2日转入长江公司，同日收到设备并支付运杂费3 000元，设备于3月9日安装完毕并发生安装费5 000元（未支付）；股东D以评估值为250万元（含税）的原材料出资，材料于3月4日办理完入库。根据以上资料，长江公司编制相关的会计分录如下。

①3月1日收到股东A的货币投资：

借：银行存款　　　　　　　　　　　　　　　　　2 500 000
　　贷：实收资本——股东A　　　　　　　　　　　2 500 000

②2月28日支付技术评估费：

借：无形资产　　　　　　　　　　　　　　　　　　5 000
　　贷：银行存款　　　　　　　　　　　　　　　　　5 000

③3月3日收到股东B的投资：

借：无形资产　　　　　　　　　　　　　　　　2 000 000
　　银行存款　　　　　　　　　　　　　　　　　500 000
　　贷：实收资本——股东B　　　　　　　　　　　2 500 000

④3月2日收到股东C的投资并支付运杂费：

借：在建工程　　　　　　　　　　　　　　　　2 203 000
　　银行存款　　　　　　　　　　　　　　　　　300 000
　　贷：实收资本——股东C　　　　　　　　　　　2 500 000
　　　　银行存款　　　　　　　　　　　　　　　　3 000

⑤3月9日确认设备安装费并结转在建工程：

借：在建工程　　　　　　　　　　　　　　　　　　5 000
　　贷：应付账款　　　　　　　　　　　　　　　　　5 000
借：固定资产　　　　　　　　　　　　　　　　2 208 000
　　贷：在建工程　　　　　　　　　　　　　　　2 208 000

⑥3月4日收到股东D的投资：

借：原材料　　　　　　　　　　　　　　　　　2 136 752
　　应交税费——应交增值税（进项税额）　　　　363 248
　　贷：实收资本——股东D　　　　　　　　　　　2 500 000

2. 企业用资本公积、盈余公积转增资本。企业用资本公积转增资本，应借记"资本公积——资本溢价"科目，按各投资者应享有的份额贷记"实收资本"科目；用盈余公积转增资本，则借记"盈余公积"科目，按各投资者应享有的份额贷记"实收资本"科目。

【例12-2】长江科技公司原有注册资本1 000 000元,是由甲、乙两个投资者共同投资成立,甲投资者的投资比例为60%,乙投资者的投资比例为40%,为了扩大经营范围,现将400 000元的盈余公积转增资本。其账务处理如下:

借:盈余公积 400 000
  贷:实收资本——甲 240 000
    ——乙 160 000

(二) 发行股票

股份有限公司以发行股票方式筹集资本。我国《公司法》规定:"股票发行价格可以按票面金额,也可以超过票面金额,但不得低于票面金额。"也就是说,股票可以按面值或溢价发行,但不得折价发行。

由于企业发行的股票有优先股和普通股两种,应在"股本"总账科目下按不同类型的股票分设"优先股"和"普通股"明细科目,同时,再按不同投资者进行明细核算。

公司发行股票时,按实际收到的金额借记"银行存款"等科目,按照股票面值和发行的股票份数的乘积计算的面值总额贷记"股本"科目,超过面值的部分贷记"资本公积"科目。

【例12-3】长江股份公司溢价公开发行普通股6 000万股,委托某证券公司代销。股票面值1元,发行价为每股1.8元,所有股款于3月31日收讫并支付代销手续费180万元。

根据以上筹资业务,编制如下会计分录。

①3月31日收到股款:

借:银行存款 108 000 000
  贷:股本——普通股 60 000 000
    资本公积——股本溢价 48 000 000

②3月31日支付手续费:

借:资本公积——股本溢价 1 800 000
  贷:银行存款 1 800 000

(三) 发放股票股利

股份有限公司采用发放股票股利实现增资的,在发放股票股利时,按照股东原持有的股数分配,如股东所持股份按比例分配的股票股利不足一股的,应采用恰当的方法处理。此时可以有两种处理方法:一是将不足一股的股票股利改为现金股利,用现金支付;二是由股东相互转让,凑为整股。我国现行会计准则规定,股票股利按股票面值结转,从留存收益项拨往股本项。对于股东大会批准的利润分配方案中分配的股票股利,应在办理增资手续后,借记"利润分配——未分配利润"科目,贷记"股本"科目。

【例12-4】B股份有限公司经股东大会审议批准,决定按照股票面值的

10%发放股票股利,该公司全部发行在外的普通股为1 000万股,每股面值1元,按每10股配送1股,共计配送100万股。编制如下会计分录:

借:利润分配——未分配利润　　　　　　　　1 000 000
　　贷:股本　　　　　　　　　　　　　　　　　　　　1 000 000

(四)可转换公司债券

公司还可发行可转换公司债券,可转换公司债券赋予债券持有人两项权利:一是债券持有人具有定期取得利息和到期收回本金的权利;二是债券持有人享有按约定将债券转换为股票的权利。

公司发行的可转换公司债券按规定转为股本时,应按"应付债券——可转换公司债券"科目余额借记"应付债券——可转换公司债券(面值、利息调整)"科目,按可转换公司债券的权益成分的金额借记"其他权益工具"科目,按股票面值和转换的股数计算股票面值总额贷记"股本"科目,按实际用现金支付的不可转换为股票的部分贷记"库存现金"或"银行存款"等科目,按其差额贷记"资本公积——股本溢价"科目。

【例12-5】甲公司2×13年1月1日按面值发行5年期一次还本、按年付息的可转换公司债券200 000 000元,款项已收存银行,票面年利率为6%。债券发行一年后可转换为普通股股票,初始转股价为每股10元,股票面值为每股1元。债券持有人若在当期付息前转换股票,应按债券面值和应付利息之和除以转股价,计算转换的股份数。假定2×14年1月1日债券持有人将持有的可转换公司债券全部转换为普通股股票,甲公司发行可转换公司债券时二级市场上与之类似的没有附带转换权的债券市场利率为9%。甲公司的账务处理如下。

①2×13年1月1日发行可转换公司债券时:

借:银行存款　　　　　　　　　　　　　　　200 000 000
　　应付债券——可转换公司债券(利息调整)　　23 343 600
　　贷:应付债券——可转换公司债券(面值)　　　　200 000 000
　　　　其他权益工具　　　　　　　　　　　　　　23 343 600

可转换公司债券负债成分的公允价值为:
200 000 000×0.6499+200 000 000×6%×3.8897=176 656 400(元)
可转换公司债券权益成分的公允价值为:
200 000 000-176 656 400=23 343 600(元)

②2×13年12月31日确认利息费用时:

借:财务费用等　　　　　　　　　　　　　　15 899 076
　　贷:应付利息——可转换公司债券利息　　　　　12 000 000
　　　　应付债券——可转换公司债券(利息调整)　　3 899 076

③2×14年1月1日债券持有人行使转换权时(假定利息尚未支付):
转换的股份数=(200 000 000+12 000 000)/10=21 200 000(股)

借:应付债券——可转换公司债券(面值)	200 000 000
应付利息——可转换公司债券利息	12 000 000
其他权益工具	23 343 600
贷:股本	21 200 000
应付债券——可转换公司债券(利息调整)	19 444 524
资本公积——股本溢价	194 699 076

除此之外,企业将重组债务转为资本以及对以权益结算的股份支付的行权也可以使实收资本或股本增加。

(五) 股票分割

股票分割又称股票拆细,即将一张较大面值的股票拆成若干张较小面值的股票,如将一张市值80元的股票拆成4张面值20元的股票。相关研究表明,高市值的股票不利于吸引中小投资者的参与,影响企业股票的市场流通性,而拆分股票可以增强股票的投资活跃度。

股票分割不会影响公司的股东权益结构,一般只会使发行在外的股票总数增加,资产负债表中股东权益各账户(股本、资本公积、留存收益)的余额都保持不变,股东权益的总额也保持不变,也就是说股东的持股比例、股票总额不变,但持股数量相应增加、股票面值相应下调。

股份公司在分割股票以后,只需要在备查账上登记,不必作会计分录。

(六) 实收资本减少的规定

企业会由于资本过剩或者发生重大的经营亏损难以维持现有的经营规模等原因而减少实收资本。

1. 资本过剩而减资。企业因资本过剩而减资,一般要发还股款。一般企业和有限责任公司发还投资款的核算比较简单,按实际发还的投资款数额,借记"实收资本"科目,贷记"银行存款"科目。

【例12-6】M企业因生产经营规模缩小,经批准减少注册资本500 000元,已办妥相关手续。M企业原有甲、乙两个投资者,甲投资比例60%,乙投资比例40%,以银行存款按投资者的投资比例发还投资款500 000元。M公司应编制如下会计分录:

借:实收资本——甲	300 000
——乙	200 000
贷:银行存款	500 000

股份有限公司是采用发行股票的方式筹集资本的,因资本过剩减资发还股款时,需采取回购股票的方式。股份有限公司因减资回购股票时,应按实际支付的金额,借记"库存股"科目,贷记"银行存款"等科目。

《公司法》规定,公司因减资收回的股票必须在10天内注销。注销库存股时,应按面值注销股本,借记"股本"科目,按注销库存股的账面余额,贷记"库存股"科目，差额部分冲减股票发行时原计入资本公积的溢价部分，借记"资本公积——股本溢价"科目，不足部分再依次借记"盈余公积"、"利润分配——未分配利润"科目。若回购的价格低于股票面值，则按注销库存股的账面余额和被冲减股本的差额，作为股本溢价来处理，贷记"资本公积——股本溢价"科目。

【例12-7】承〖例12-3〗，长江股份公司2×15年因投资项目搁浅，公司资本过剩，经批准回购10 000 000股普通股用于减资。分别于2×15年4月30日以每股1.3元价格回购6 000 000股和2×15年5月12日以每股0.95元回购4 000 000股，2×15年5月20日减资注销回购股票。编制如下会计分录。

①4月30日回购股票时：
借：库存股——减资股　　　　　　　　　　　　　7 800 000
　　贷：银行存款　　　　　　　　　　　　　　　　7 800 000

②5月12日回购股票：
借：库存股——减资股　　　　　　　　　　　　　3 800 000
　　贷：银行存款　　　　　　　　　　　　　　　　3 800 000

③5月20日减资注销回购股票：
借：股本——普通股　　　　　　　　　　　　　　6 000 000
　　资本公积——股本溢价　　　　　　　　　　　1 800 000
　　贷：库存股——减资股　　　　　　　　　　　　7 800 000
借：股本——普通股　　　　　　　　　　　　　　4 000 000
　　贷：库存股——减资股　　　　　　　　　　　　3 800 000
　　　　资本公积——股本溢价　　　　　　　　　　　200 000

2. 因严重亏损而减资。企业因发生严重亏损而需要减少实收资本（股本），仍应遵守公司减少后的注册资本不得低于法定资本的最低限额的规定。在企业到工商登记管理部门办理减资手续后，按减少的注册资本，借记"实收资本（或股本）"科目，贷记"利润分配——未分配利润"科目。

三、其他权益工具

（一）其他权益工具会计处理的基本原则

其他权益工具是指企业发行的除普通股（实收资本或股本）以外，按照金融负债和权益工具区分原则分类为权益工具的各种金融工具。企业设置了"其他权益工具"科目，用于核算企业发行的除普通股以外的归类为权益工具的各种金融工具，该科目属于所有者权益类科目，按照发行金融工具的种类进行明细核算。

企业发行的金融工具应当按照《企业会计准则第22号——金融工具确认和计量》进行初始确认和计量；其后，于每个资产负债表日计提利息或分派股利，按照相关具体企业会计准则进行处理。

对于归类为权益工具的金融工具，无论其名称中是否包含"债"，其利息支出或股利分配都应当作为发行企业的利润分配，其回购、注销等作为权益的变动处理；对于归类为金融负债的金融工具，无论其名称中是否包含"股"，其利息支出或股利分配原则上按照借款费用进行处理，其回购或赎回产生的利得或损失等计入当期损益。

企业（发行方）发行金融工具，其发生的手续费、佣金等交易费用，如分类为债务工具且以摊余成本计量，应当计入所发行工具的初始计量金额；如分类为权益工具，应当从权益（其他权益工具）中扣除。

（二）其他权益工具主要账务处理

1. 发行方的账务处理

（1）发行方发行的金融工具归类为债务工具并以摊余成本计量的，应按实际收到的金额借记"银行存款"等科目，按债务工具的面值贷记"应付债券——面值"科目，按其差额贷记或借记"应付债券——利息调整"科目。

在该工具存续期间，计提利息并对账面的利息调整进行调整等的会计处理，按照《企业会计准则第22号——金融工具确认和计量》中有关金融负债按摊余成本后续计量的规定进行会计处理。发行方发行的金融工具归类为债务工具并以摊余成本计量的账务处理与应付债券的账务处理相同。

（2）发行方发行的金融工具归类为权益工具的，应按实际收到的金额，借记"银行存款"等科目，贷记"其他权益工具"科目。

分类为权益工具的金融工具，在存续期间分派股利（含分类为权益工具的工具所产生的利息）的，作为利润分配处理。发行方应根据经批准的股利分配方案，按应分配给金融工具持有者的股利金融，借记"利润分配"科目，贷记"应付股利"科目。

（3）发行方发行的金融工具为复合金融工具的，应按实际收到的金额借记"银行存款"等科目，按金融工具的面值贷记"应付债券"科目，按负债成分的公允价值与金融工具面值之间的差额借记或贷记"应付债券"科目，按实际收到的金额扣除负债成分的公允价值后的金额贷记"其他权益工具"科目。

发行复合金融工具发生的交易费用，应当在负债成分和权益成分之间按照各自占总发行价款的比例进行分摊。与多项交易相关的共同交易费用，应当在合理的基础上，采用与其他类似交易一致的方法，在各项交易之间进行分摊。发行方发行的金融工具为复合金融工具的账务处理，类似可转换债券的账务处理。

（4）发行的金融工具本身是衍生金融负债或衍生金融资产或者内嵌了衍生金融负债或衍生金融资产的，按照《企业会计准则第22号——金融工具确认和计量》中有关衍生工具的规定进行处理。

（5）由于发行的金融工具原合同条款约定的条件或事项随着时间的推移或经

济环境的改变而发生变化,导致原归类为权益工具的金融工具重分类为金融负债的,应当于重分类日,按该工具的账面价值借记"其他权益工具"科目,按该工具的面值贷记"应付债券(面值)"科目,按该工具的公允价值与面值之间的差额贷记或借记"应付债券(利息调整)"科目,按该工具的公允价值与账面价值之间的差额贷记或借记"资本公积——资本溢价(或股本溢价)"科目,如果资本公积不够冲减,依次冲减盈余公积和未分配利润。发行方以重分类日计算的实际利率作为应付债券后续计量利息调整的基础。

因发行的金融工具原合同条款约定的条件或事项随着时间的推移或经济环境的改变而发生变化,导致原分类为金融负债的金融工具重分类为权益工具的,应于重分类日,按金融负债的面值借记"应付债券——面值"科目,按利息调整的余额借记或贷记"应付债券——利息调整"科目,按金融负债的账面价值贷记"其他权益工具"科目。

(6)发行方按合同条款约定赎回所发行的除普通股以外的分类为权益工具的金融工具,按赎回价格,借记"库存股——其他权益工具"科目,贷记"银行存款"等科目;注销所购回的金融工具,按该工具对应的其他权益工具的账面价值借记"其他权益工具"科目,按该工具的赎回价格贷记"库存股——其他权益工具"科目,按其差额借记或贷记"资本公积——资本溢价(或股本溢价)"科目,如果资本公积不够冲减,依次冲减盈余公积和未分配利润。

发行方按合同条款约定赎回所发行的分类为金融负债的金融工具,按该工具赎回日的账面价值借记"应付债券"等科目,按赎回价格贷记"银行存款"等科目,按其差额借记或贷记"财务费用"科目。

(7)发行方按合同条款约定将发行的除普通股以外的金融工具转换为普通股的,按该工具对应的金融负债或其他权益工具的账面价值借记"应付债券"、"其他权益工具"等科目,按普通股的面值贷记"实收资本(或股本)"科目,按其差额贷记"资本公积——资本溢价(或股本溢价)"科目,如果转股时,金融工具的账面价值不足转换为1股普通股而以现金或其他金融资产支付的,还需按支付的现金或其他金融资产的金额贷记"银行存款"等科目。

2. 投资方的账务处理。金融工具投资方(持有人)考虑持有的金融工具或其组成部分是权益工具还是债务工具投资时,应当遵循《企业会计准则第22号——金融工具确认和计量》的相关规定,通常应当与发行方对金融工具的权益和负债属性的分类保持一致。一般而言,对于发行方归类为权益工具的非衍生金融工具,投资方通常应将其归类为权益工具投资。

如果投资方因持有发行方发行的金融工具而对发行方拥有控制、共同控制或重大影响的,按照《企业会计准则第2号——长期股权投资》和《企业会计准则第20号——企业合并》进行确认和计量;投资方需编制合并财务报表的,按照《企业会计准则第33号——合并财务报表》的规定编制合并财务报表。

第三节 资本公积和其他综合收益

一、资本公积

资本公积（capital surplus or capitail reserve）是企业收到投资者的出资额超出其在企业注册资本（或股本）中所占份额的投资，以及直接计入所有者权益的利得和损失等。资本公积包括资本溢价（或股本溢价）及直接计入所有者权益的利得和损失等。

（一）资本溢价（或股本溢价）的账务处理

资本溢价指投资者的出资额超出其在注册资本中所占份额的部分。在有限责任公司设立时，股东的出资一般按照注册资本要求的份额进行，不会出现资本溢价。但在企业经营过程中有新的投资者加入，其出资额往往被要求超过其在注册资本中所占的份额，理由有：

1. 企业在初创期的风险较正常经营期高，因此，在按股权比例享受同样利益的前提下，后来的出资者应该投入更多，也就是说，初始投资者的风险回报率较后期投资者高，这是符合风险收益相匹配的投资原则的。

2. 企业在经营期已经产生一定数额的留存收益（未分配利润），而后期投资者成为股东后也将合法拥有相应份额的分配权，因此，被要求高于注册资本份额的投入，使其出资额与实际占有的资产相符合，这也是合理的。

3. 资本利润率随着企业的成长发展而演变，一般而言，企业初创期的实际资本收益率较经营期低，说明企业的资本已经增值，因此，新股东应以高于原股东的出资额占有与原股东等量的股份。

综上所述，企业在接受新的投资者投入的资本时产生资本溢价是正常的，资本溢价在"资本公积——资本溢价"科目中核算。

【例12-8】A公司原有甲、乙两位股东，注册资本900 000元。5年之后，丁投资者有意加入，经协商，甲、乙两位股东同意丁投资者投入250 000元，持有10%的投资份额。这样原甲、乙两股东出资900 000元就持有90%的投资份额，丁投资者加入之后，该公司的注册资本达到了1 000 000元。丁投资者实际出资额中100 000元是实收资本，另外150 000元属于资本溢价。相关会计分录为：

借：银行存款　　　　　　　　　　　　　　　　　250 000
　　贷：实收资本——丁　　　　　　　　　　　　　100 000
　　　　资本公积——资本溢价　　　　　　　　　　150 000

对于股份有限公司而言，在股票溢价发行的情况下，股东所缴股款超过股票面值总额的部分就是股本溢价。我国《公司法》规定:"股票发行价格可以按票面金额,也可以超过票面金额,但不得低于票面金额。"因此,我国不存在股票折价发行的情况。股份有限公司发行股票产生的股本溢价在"资本公积——股本溢价"科目中核算。

股份有限公司在股票融资中会产生诸如手续费、佣金等发行费用,在股票溢价发行的情况下,一般用于抵销溢价收入。如果在股票按面值发行或溢价收入不足以抵扣相关发行费用时,应当冲减盈余公积和未分配利润。

资本公积中的资本溢价主要用途是转增资本。企业按照法定程序将资本公积中的资本溢价转增资本,只会导致所有者权益内部结构的变化,不改变所有者权益总额,也不改变各投资者原有的投资份额。要注意的是,按照《公司法》的规定,转增之后所留的资本公积中的资本溢价余额不得低于转增资本前公司注册资本的25%。

资本公积转增资本的账务处理是,借记"资本公积——资本溢价(或股本溢价)"科目,同时按照转增前的实收资本(或股本)的结构或比例,将转增的金额,贷记"实收资本(或股本)"科目下各所有者的明细分类科目。

(二) 其他资本公积的处理

其他资本公积,是指除资本溢价(或股本溢价)项目以外所形成的资本公积,主要包括直接计入所有者权益的利得和损失。直接计入所有者权益的利得和损失主要由以下交易事项产生。

1. 采用权益法核算的长期股权投资。企业长期股权投资采用权益法核算的,被投资单位除净损益、其他综合收益和利润分配以外的所有者的其他变动,投资企业按持股比例计算应享有的份额,应当借记或贷记"长期股权投资"科目,同时贷记或借记"资本公积(其他资本公积)"科目。当处置采用权益法核算的长期股权投资时,应当将原计入资本公积(其他资本公积)的相关金额转入投资收益(除不能转入损益的项目外)。

2. 以权益结算的股份支付。股份支付是指企业为获取职工和其他方提供服务而授予权益工具或者承担以权益工具为基础确定的负债的交易。

股份支付具有以下特征:一是股份支付是企业与职工或其他方之间发生的交易。企业与股东之间、合并交易中的合并方与被合并方之间以股份为基础的支付,不符合股份支付的定义。二是股份支付是以获取职工或其他方服务为目的的交易。企业获取这些服务的目的是用于其正常生产经营,不是转手获利等。三是股份支付交易的对价或其定价与企业自身权益工具未来的价值密切相关。

股份支付按照股份支付的方式和工具类型主要有两大类、四小类。第一大类是以权益结算的股份支付,是指企业为获取服务而以股份或其他权益工具作为对价进行结算的交易。以权益结算的股份支付最为常用的工具有限制性股票和股票期权。限制性股票是指职工或其他方按照股份支付协议规定的条款和条件,从企业获得一定数量的本企业股票。企业授予职工一定数量的股票,在一个确定的等待期内或在满足特定业绩指标之前,职工出售股票要受到持续服务期限条款或业绩条件的限制。股票期权是指企业授予职工或其他方在未来一定期限内以预先确定的价格和条件购买本企业一定数量股票的权利。第二大类是以现金结算的股份支付,是指企业为获取服务而承担的以股份或其他权益工具为基础计算的交付现金或其他资产的义务的交易。以现金结算的股份支付最为常用的工具有模拟股票和现金股票增值权。模拟股票和股票增值权是用现金支付模拟的股权激励机制,即与股票挂钩,但用现金支付。除了不需要实际行权和持有股票之外,现金股票增值权的运作原理与股票期权是一样的,都是一种增值权形式的与股票价值挂钩的薪酬工具。除了不需要实际授予股票和持有股票,模拟股票的运作原理与限制性股票是一样的。

我国《企业会计准则第11号——股份支付》规定,股份支付的权益工具应按照公允价值计量。股份支付的确认和计量,应当以真实、完整、有效的股份支付协议为基础,在其支付环节有以下主要时点:第一,授予日,企业应与职工或其他方就股份支付的协议条款和条件达成一致,并获得股东大会或类似机构的批准。授予日是指股份支付协议获得批准的日期。第二,可行权日,是指可行权条件得到满足、职工或其他方具有从企业取得权益工具或现金权利的日期。有的股份支付协议是一次性可行权,有的则是分批可行权,只有已经可行权的股票期权才是职工真正拥有的"财产",才能去择机行权。从授予日到可行权日的时段,是可行权条件[①]得到满足的期间,因而称为"等待期",又称"行权限制期"。第三,行权日,是指职工或其他方实际行使权利,获取现金或权益工具的日期。行权是按期权的约定价格实际购买股票,一般是在可行权日到期权到期日这段时期之内择机行权。第四,出售日,是指股票的持有人将行使期权所取得的期权股票出售的日期。

(1) 以权益结算的股份支付。对于换取职工服务的股份支付,企业应当以股份支付所授予的权益工具的公允价值计量。在授予日,授予后立即可行权的换取职工服务的权益结算的股份支付,应当在授予日按照权益工具的公允价值计入相关成本或当期费用,同时计入资本公积中的股本溢价,即:借记"管理费用"等科目,贷记"资本公积——股本溢价"科目。授予日不能立即行权的以权益结算的股份支付,则不进行账务处理。

在等待期内的每个资产负债表日,应当以对可行权权益工具数量的最佳估计为基础,按照权益工具授予日的公允价值,将当期取得的服务计入相关成本或当期费用,同时计入资本公积中的其他资本公积,借记"管理费用"等科目,贷记

---

① 可行权条件是指能够确定企业是否得到职工或其他方提供的服务,且该服务使职工或其他方具有获取股份支付协议规定的权益工具或现金等权利的条件。反之,为非可行权条件。可行权条件包括服务期限条件和业绩条件。业绩条件是指职工或其他方完成规定服务期限且企业已达到特定业绩目标才可行权的条件,具体包括市场条件和非市场条件。市场条件是指行权价格、可行权条件以及行权可能性与权益工具的市场价格相关的业绩条件,如股份支付协议中关于股价至少上升至何种水平才可行权的规定。非市场条件是指除市场条件之外的其他业绩条件,如股份支付协议中关于企业达到最低盈利目标或销售目标才可行权的规定。

"资本公积——其他资本公积"科目。在等待期内,业绩条件为非市场条件的,如果后续信息表明需要调整对可行权情况的估计,应对前期估计进行修改。在等待期每个资产负债表日,企业应当根据最新取得的可行权职工人数变动等后续信息做出最佳估计,修正预计可行权的权益工具数量。在可行权日,最终预计可行权权益工具的数量应当与实际可行权工具的数量一致。

对于权益结算的股份支付,企业在可行权日之后不再对已确认的相关成本费用和所有者权益总额进行调整。

在行权日,企业根据实际行权的权益工具数量计算确定应转入股本的金额,按实际收取的款项借记"银行存款"科目,按已行权的权益工具账面余额借记"资本公积——其他资本公积"科目,按已行权的股本金额贷记"股本"科目,差额部分贷记"资本公积——股本溢价"科目。

对于换取其他方服务的股份支付,企业应当以股份支付所换取服务的公允价值计量。企业应当按照其他方服务在取得日的公允价值,将取得的服务计入相关资产成本或费用。如果其他方服务的公允价值不能可靠计量,但权益工具的公允价值能够可靠计量时,企业应当按照权益工具在服务取得日的公允价值,将取得的服务计入相关资产成本或费用。

在极少数情况下,授予权益工具的公允价值无法可靠计量,企业应在获取服务的时点后续的每个资产负债表日和结算日,以内在价值计量该权益工具,内在价值的变动应计入当期损益。同时,企业应以最终可行权或实际可行权的权益工具数量为基础,确认取得服务的金额。内在价值是指交易对方有权认购或取得的股份的公允价值与其按照股份支付协议应当支付的价格间的差额。

【例12-9】海堤股份公司2×13年度高层管理人员的业绩奖励计划是:拟于2×14年1月1日向50名高层管理人员授予3 000股/人的股票期权。股份支付计划中要求这50名高层管理人员必须自2×13年1月1日起在公司连续服务满三年后才能行权,行权价为2.6元/股。公司估计该期权在授予日的公允价值为2.3元/股。第一年这50名高层管理人员中有5人离职,公司估计三年离职比例为30%;第二年又有2人离职,公司将三年离职比例估计调整为20%;第三年没有人员离职,剩余人员都于2×16年1月末行权,每股面值1元。

根据以上经济业务,企业的账务处理如下。

①2×13年1月1日为股份授予日,因不能立即行权,故不作账务处理。

②2×13年12月31日:

预计股份支付总额=2.3×3 000×50×(1-30%)=241 500(元)

2×13年应负担费用=241 500×1/3=80 500(元)

借:管理费用   80 500

    贷:资本公积——其他资本公积   80 500

③2×14年12月31日:

预计股份支付总额=2.3×3 000×50×(1-20%)=276 000(元)

2×14年年末累计应负担费用=276 000×2/3=184 000(元)

2×14年应负担费用=184 000-80 500=103 500（元）
借：管理费用　　　　　　　　　　　　　　　103 500
　　贷：资本公积——其他资本公积　　　　　　　　　　103 500
④2×15年12月31日：
预计股份支付总额=2.3×3 000×(50-5-2)=296 700（元）
2×15年应负担费用=296 700-80 500-103 500=112 700（元）
借：管理费用　　　　　　　　　　　　　　　112 700
　　贷：资本公积——其他资本公积　　　　　　　　　　112 700
⑤2×16年1月31日行权：
2×16年1月行权的普通股股数=3 000×43=129 000（股）
公司收取的股款=129 000×2.6=335 400（元）
借：银行存款　　　　　　　　　　　　　　　335 400
　　资本公积——其他资本公积　　　　　　　　296 700
　　贷：股本——普通股　　　　　　　　　　　　　　129 000
　　　　资本公积——股本溢价　　　　　　　　　　　503 100

（2）以现金结算的股份支付。以现金结算的股份支付，应当按照企业承担的以股份或其他权益工具为基础计算确定的负债的公允价值计量。

授予后立即可行权的以现金结算的股份支付，应当在授予日以企业承担负债的公允价值计入相关成本或费用，借记"管理费用"等科目，同时增加相应的负债，贷记"应付职工薪酬——股份支付"科目。

完成等待期内的服务或达到规定业绩条件以后才可行权的以现金结算的股份支付，在等待期内的每个资产负债表日，应当以对可行权情况的最佳估计为基础，按照企业承担负债的公允价值金额，将当期取得的服务计入成本或费用和相应的负债，借记"管理费用"等科目，贷记"应付职工薪酬——股份支付"科目。

在资产负债表日，后续信息表明企业当期承担债务的公允价值与以前估计不同的，应当进行调整，并在可行权日调整至实际可行权水平。在可行权日之后不再确认成本费用，企业应当在相关负债结算前的每个资产负债表日以及结算日，对负债的公允价值重新计量，其变动计入当期损益，借记或贷记"公允价值变动损益"科目，贷记或借记"应付职工薪酬——股份支付"科目。

在行权日，企业根据实际行权的金额，借记"应付职工薪酬——股份支付"科目，贷记"银行存款"等科目。

【例12-10】海堤股份公司2×12年度高管的业绩奖励计划是：拟于2×12年1月1日向50名高层管理人员授予每人10 000股的现金股票增值权。股份支付计划要求这50名高层管理人员必须服务满三年后才能行权，就可以按照当时股价的增长幅度获得现金。该增值权应在2×15年12月31日之前行使。该股票增值权在每个资产负债表日及结算日的公允价值和可行权后的每份增值权现金支出额如表12-1所示。

表 12-1　　股票增值权在资产负债表日的公允价值及支付的现金　　　　　　　　单位：元

年份	公允价值	支付现金
2×12	2.5	
2×13	3.2	
2×14	3.6	4.2
2×15		5.8

第一年这 50 名高层管理人员中有 5 人离职，公司估计三年离职比例为 30%；第二年又有 2 人离职，公司将三年离职比例估计调整为 25%；第三年没有人员离职。预计 2×14 年年末有 12 人行使股份增值权取得了现金。剩余的高层管理人员均在 2×15 年年末行权。

①2×12 年 1 月 1 日为授予日，因不能立即行权，故不作账务处理。

②2×12 年 12 月 31 日：

2×12 年年末应确认的负债 = 50 × (1 - 30%) × 2.5 × 10 000 × 1/3
　　　　　　　　　　　= 291 667（元）

借：管理费用　　　　　　　　　　　　　　　　291 667
　　贷：应付职工薪酬——股份支付　　　　　　　　　　291 667

③2×13 年 12 月 31 日：

2×13 年年末累计应确认的负债 = 50 × (1 - 25%) × 3.2 × 10 000 × 2/3
　　　　　　　　　　　　　= 800 000（元）

2×13 年应确认的负债 = 800 000 - 291 667 = 508 333（元）

借：管理费用　　　　　　　　　　　　　　　　508 333
　　贷：应付职工薪酬——股份支付　　　　　　　　　　508 333

④2×14 年 12 月 31 日：

2×14 年年末行权支付的现金 = 12 × 4.2 × 10 000 = 504 000（元）

2×14 年应确认的负债 = (50 - 5 - 2 - 12) × 3.6 × 10 000 - 800 000 + 504 000
　　　　　　　　　= 820 000（元）

借：管理费用　　　　　　　　　　　　　　　　820 000
　　贷：应付职工薪酬——股份支付　　　　　　　　　　820 000

2×14 年年末 12 人行权时，支付行权款的账务处理为：

借：应付职工薪酬——股份支付　　　　　　　　504 000
　　贷：银行存款　　　　　　　　　　　　　　　　　504 000

⑤2×15 年 12 月 31 日：

2×15 年年末确认的公允价值变动 = 31 × 5.8 × 10 000 - 31 × 3.6 × 10 000
　　　　　　　　　　　　　　= 682 000（元）

2×15 年剩余高管人员行权所支付的现金 = 31 × 5.8 × 10 000
　　　　　　　　　　　　　　　　　= 1 798 000（元）

借：公允价值变动损益　　　　　　　　　　　　　682 000
　　　贷：应付职工薪酬——股份支付　　　　　　　　682 000
支付行权款时：
借：应付职工薪酬——股份支付　　　　　　　　1 798 000
　　　贷：银行存款　　　　　　　　　　　　　　　1 798 000

二、其他综合收益

其他综合收益，是指企业根据会计准则的规定未在当期损益中确认的各项利得和损失。包括以后会计期间不能重分类进损益的其他综合收益和以后会计期间满足规定条件时将重分类进损益的其他综合收益两类。

1. 以后会计期间不能重分类进损益的其他综合收益项目，主要包括重新计算设定收益计划净负债或净资产导致的变动，以及按照权益法核算因被投资单位重新计算设定收益计划净负债或净资产变动导致的权益变动，投资企业按持股比例计算确认的该部分其他综合收益项目，以及在初始确认时，企业可以将非交易性权益工具指定为以公允价值计量且其变动计入其他综合收益的金融资产，指定后不得撤销，即当该类非交易性权益工具终止确认时原计入其他综合收益的公允价值变动损益不得重分类进损益。

2. 以后会计期间有满足规定条件时，将重分类进损益的其他综合收益项目主要包括：

（1）符合金融工具准则的规定，同时符合两个条件的金融资产应当分类为以公允价值计量且其变动计入其他综合收益：①企业管理该金融资产的业务模式既以收取合同现金流量为目标又以出售该金融资产为目标；②该金融资产的合同条款规定，在特定日期产生的现金流量，仅为对本金和以未偿付本金金额为基础的利息的支付。当该类金融资产终止确认时，之前计入其他综合收益的累计利得或损失应当从其他综合收益中转出，计入当期损益。

（2）按照金融工具准则的规定，对金融资产重分类按规定可以将原计入其他综合收益的利得或损失转入当期损益的部分。

（3）采用权益法核算的长期股权投资。企业长期股权投资采用权益法核算的，按照被投资单位实现其他综合收益以及持股比例计算应享有或分担的金额，调整长期股权投资的账面价值，同时增加或减少其他综合收益。其会计处理为，借记或贷记"长期股权投资（其他综合收益）"科目，贷记或借记"其他综合收益"科目。待该项股权投资处置时，将原计入其他综合收益的金额转入当期损益。

（4）自用房地产或存货转换为投资性房地产的转换差额。企业将存货转换为采用公允价值模式计量的投资性房地产时，应按该项房地产在转换日的公允价值，借记"投资性房地产（成本）"科目，按已计提减值准备的金额，借记"存货跌价准备"科目，按其账面余额，贷记"开发产品"等资产科目。同时，在转换日,按该项房地产公允价值大于其账面价值的差额,贷记"其他综合收益"科目;转换日的公允价值小于原账面价值的差额,借记"公允价值变动损益"科目;处置该项投资性房地产时,因转换计入其他综合收益的部分应转入当期损益。

企业将自用房地产转换为采用公允价值模式计量的投资性房地产时,应按该项房地产在转换日的公允价值,借记"投资性房地产(成本)"科目,按已计提的累计折旧,借记"累计折旧"科目,已计提减值准备的金额,借记"固定资产减值准备"科目,按其账面余额,贷记"固定资产"等资产科目。同时,在转换日,按该项房地产公允价值大于其账面价值的差额,贷记"其他综合收益"科目;转换日的公允价值小于原账面值的差额,借记"公允价值变动损益"科目;处置该项投资性房地产时,因转换计入其他综合收益的部分应转入当期损益。

除此之外,可供出售外币非货币性项目的汇兑差额也应计入其他综合收益。现金流量套期工具利得或损失中属于有效套期部分,也应直接确认为其他综合收益。外币财务报表的折算产生的差额,在编制合并财务报表时,应在合并资产负债表中"其他综合收益"项目列示。当企业在处置境外经营的当期,应将已列入合并财务报表所有者权益中的外币报表折算差额中与该境外经营相关部分,按处置境外经营的比例计算,将其自其他综合收益项目转入当期损益。

(5)现金流量套期工具产生的利得或损失中属于有效套期的部分。

(6)外币财务报表折算差额。按照外币折算的要求,企业在处置境外经营的当期,将已列入合并财务报表所有者权益的外币报表折算差额中与该境外经营相关部分,自其他综合收益项目转入处置当期损益。如果是部分处置境外经营,应当按处置的比例计算处置部分的外币报表折算差额,转入处置当期损益。

第四节 留存收益

留存收益是企业历年留存的净收益累积而成的资本,是企业经营所得的盈利累积形成的。按照《公司法》及公司章程的相关规定,企业既可将留存收益进行分配,作为股东的投资所得,也可不予分配,作为企业的发展资金,因此,除了企业经营活动外,对留存收益影响较大的是股利分配行为,股利分配意味着留存收益的减少。另外,相关法规对留存收益的分配作了一些限制条款,规定企业必须保有一定的积累,以利于企业持续发展、维护债权人利益。根据以上原则,留存收益包括盈余公积和未分配利润。

一、盈余公积

盈余公积(revenue surplus or revenue reserve)是指企业按照有关法规从当年

实现的税后利润中提取的留存利润。

盈余公积包括法定盈余公积和任意盈余公积。法定盈余公积是指企业按照净利润和法定比例计提的盈余公积。我国《公司法》规定，公司制企业按照税后利润的10%计提法定盈余公积（非公司制企业也可按照超过10%的比例提取），在计算提取法定盈余公积的基数时，不应包括企业年初未分配利润。当法定盈余公积累计额达到企业注册资本的50%时，可以不再提取。任意盈余公积是指企业提取法定盈余公积后，经股东大会或类似机构决议，从税后利润中提取的一部分留存收益，计提比例由企业自行确定。

为了反映盈余公积的形成和使用情况，企业应设置"盈余公积"科目，下设"法定盈余公积"、"任意盈余公积"等明细科目进行明细核算。外商投资企业还应分别设置"储备基金"、"企业发展基金"等明细项目进行明细核算。

1. 盈余公积形成的会计处理。企业按规定提取的盈余公积，应通过"盈余公积"科目及其相关的明细科目进行会计处理。同时，企业提取盈余公积的过程又属于净收益分配的过程，所以还应通过"利润分配"科目及其相关的明细科目进行核算。企业在提取盈余公积时，借记"利润分配——提取法定盈余公积"、"利润分配——提取任意盈余公积"等科目，贷记"盈余公积——法定盈余公积"、"盈余公积——任意盈余公积"等科目。

外商投资企业按规定提取的储备基金、企业发展基金、职工奖励及福利基金，借记"利润分配——提取储备基金"、"利润分配——提取企业发展基金"、"利润分配——提取职工奖励及福利基金"科目，贷记"盈余公积——储备基金"、"盈余公积——企业发展基金"、"应付职工薪酬"科目。

【例12-11】科睿公司在2×15年度实现的税后净利润为2 350 000元，公司分别按10%和6%的比例提取法定盈余公积和任意盈余公积。

2×15年年末科睿公司计提盈余公积的账务处理为：

计提法定盈余公积金额 = 2 350 000 × 10% = 235 000（元）
计提任意盈余公积金额 = 2 350 000 × 6% = 141 000（元）

借：利润分配——提取法定盈余公积　　　　　　　　　235 000
　　　　　　——提取任意盈余公积　　　　　　　　　141 000
　　贷：盈余公积——法定盈余公积　　　　　　　　　235 000
　　　　　　　——任意盈余公积　　　　　　　　　141 000

2. 盈余公积使用的会计处理。企业盈余公积的主要用途是弥补亏损和转增资本（或股本），符合规定条件的企业也可以用盈余公积分派现金股利。转增资本时应注意要办理增资手续，法定盈余公积转增资本（或股本）时，在转增后留存的此项公积应不少于注册资本的25%，同时还应注意，在转增资本（或股本）时，应按股东原有股份比例结转。

（1）盈余公积弥补亏损。企业用盈余公积弥补亏损，借记"盈余公积——法定盈余公积"、"盈余公积——任意盈余公积"等科目，贷记"利润分配——盈余公积补亏"科目。

【例12-12】海辰公司在2×15年度用800 000元任意盈余公积弥补亏损，2×14年年末该公司"利润分配——未分配利润"账面余额为借方1 000 000元。海辰公司在用盈余公积弥补亏损时的账务处理为：

借：盈余公积——任意盈余公积　　　　　　　　800 000
　　贷：利润分配——盈余公积补亏　　　　　　　　　　800 000

（2）盈余公积转增资本。企业用盈余公积转增资本，借记"盈余公积——法定盈余公积"、"盈余公积——任意盈余公积"等科目，贷记"实收资本"或"股本"等科目。

股份有限公司经股东大会决议，用盈余公积派送新股时，应按派送新股的价格和派送股数计算应减少的盈余公积，按股票面值和派送的股数计算应增加的股本，两者的差额计入资本公积。

【例12-13】ABC公司经股东大会决议，决定按10送1的方案用盈余公积派送新股，派送价格为每股12元，股票面值每股1元。派送之前ABC公司普通股总股数为100 000 000股。派送新股的资金，有一半是来源于法定盈余公积，而另一半资金来源于任意盈余公积。

本次ABC公司应派送的新股股数 = 100 000 000÷10 = 10 000 000（股）
派送新股所需资金 = 10 000 000×12 = 120 000 000（元）

借：盈余公积——法定盈余公积　　　　　　　　60 000 000
　　　　　　——任意盈余公积　　　　　　　　60 000 000
　　贷：股本　　　　　　　　　　　　　　　　　　　10 000 000
　　　　资本公积——股本溢价　　　　　　　　　　　110 000 000

（3）盈余公积分派股利。企业的盈余公积除了用于弥补亏损和转增资本（或股本），符合规定条件的也可以用盈余公积分派现金股利。分派现金股利时，借记"盈余公积——任意盈余公积"、"盈余公积——法定盈余公积"科目，贷记"应付股利"科目。

【例12-14】海西公司经股东大会决议，决定用任意盈余公积分派现金股利400 000元。海西公司的账务处理为：

借：盈余公积——任意盈余公积　　　　　　　　400 000
　　贷：应付股利　　　　　　　　　　　　　　　　　400 000

二、未分配利润

未分配利润是企业留待以后年度进行分配的未指定特别用途的结存利润。相对于所有者权益的其他内容，企业对未分配利润的使用分配有较大的自主权。从数量上来讲，未分配利润是期初未分配利润，加上本期实现的净利润，减去提取的各种盈余公积和分配的利润后的余额。

1. 分配股利或利润的会计处理。经股东大会或类似机构决议，分配给股东或投资者的现金股利或利润，借记"利润分配——应付现金股利或利润"科目，贷记"应付股利"科目。若经股东大会或类似机构决议，分配给股东的是股票股利，则应在办理增资手续后，借记"利润分配——转作股本的股利"科目，贷记"股本"科目。

2. 期末结转的会计处理。年度终了，企业应将全年实现的净损益自"本年利润"科目转入"利润分配——未分配利润"科目，借记或贷记"本年利润"科目，贷记或借记"未分配利润"科目；同时，应将"利润分配"科目所属除了未分配利润外的其他明细科目的余额转入"未分配利润"明细科目。"利润分配"科目年末余额，反映企业历年积存的未分配利润（或未弥补亏损）。

3. 弥补亏损的会计处理。企业在生产经营过程中，既有可能发生盈利，也有可能出现亏损。企业在当年发生亏损的情况下，应当将本年发生的亏损自"本年利润"科目的贷方转入"利润分配——未分配利润"科目的借方。结转后，"利润分配"科目的借方余额即为未弥补亏损的数额。

由于未弥补亏损形成的时间长短不同，以前年度未弥补亏损有的可以用当年实现的税前利润弥补，有的则须用税后利润弥补。以当年实现的利润弥补以前年度结转的未弥补亏损，不需要进行专门的账务处理。无论是以税前利润还是以税后利润弥补亏损，会计处理方法一样。但是，两者在计算应纳所得税的处理时是不同的，在以税前利润弥补亏损时，其弥补的数额可以抵减当期企业应纳税所得额，而以税后利润弥补的数额，则不能作为纳税所得扣除处理。

【例12-15】长江股份有限公司的股本为100 000 000元，每股面值1元。2×15年年初未分配利润为贷方80 000 000元，2×15年实现净利润2 350 000元，公司通过的利润分配方案为：提取10%的法定盈余公积，提取15%的任意盈余公积，向股东发放每10股0.2元的现金股利，同时按每10股送2股的比例派发股票股利。公司于2×16年3月15日发放了全部的现金股利，新增的股本也已经办理完股权登记和相关增资手续。

长江股份有限公司对于2×15年度利润分配的相关账务处理如下。

①2×15年度终了，企业结转本年实现的净利润：

借：本年利润 2 350 000
　　贷：利润分配——未分配利润 2 350 000

②计提法定盈余公积和任意盈余公积及现金股利：

借：利润分配——计提法定盈余公积 235 000
　　　　　　——计提任意盈余公积 352 500
　　　　　　——应付现金股利 2 000 000
　　贷：盈余公积——法定盈余公积 235 000
　　　　　　　　——任意盈余公积 352 500
　　　　应付股利 2 000 000

③结转利润分配的明细科目：

借：利润分配——未分配利润 2 587 500
　　贷：利润分配——计提法定盈余公积 235 000

——计提任意盈余公积 352 500
——应付现金股利 2 000 000

④2×16年3月15日，实际发放现金股利：
借：应付股利 2 000 000
　　贷：银行存款 2 000 000

⑤2×16年3月15日，发放股票股利：
发放的股数＝100 000 000÷10×2＝20 000 000（股）
借：利润分配——转作股本的股利 20 000 000
　　贷：股本 20 000 000

第五节　与《小企业会计准则》的差异

《小企业会计准则》的实收资本、盈余公积和未分配利润等相关规定与《企业会计准则》的规定基本一致，主要是资本公积的有关规定存在差异。

1. 定义不同。《小企业会计准则》的定义：资本公积是指小企业收到的投资者出资额超过其在注册资本或股本中所占份额的部分。《企业会计准则》的定义：资本公积是企业收到投资者的出资额超出其在企业注册资本（或股本）中所占份额的投资，以及直接计入所有者权益的利得和损失等。

2. 来源不同。按照《小企业会计准则》的规定，资本公积来源于投资者投入。按照《企业会计准则》的规定，资本公积不仅来源于投资者投入，还来源于直接计入所有者权益的利得和损失。

3. 内容不同。按照《小企业会计准则》的规定，资本公积仅包括资本溢价（或股本溢价）。按照《企业会计准则》的规定，资本公积包括资本溢价（或股本溢价）和其他资本公积。

4. 账户余额的规定不同。按照《小企业会计准则》的规定，资本公积不得出现借方余额的情况，也就是资本公积的结转至零为止。

《企业会计准则》没有对资本公积的余额做出硬性规定。

除此之外，在《企业会计准则》中，所有者权益的内容要比《小企业会计准则》详细，除了实收资本、资本公积、盈余公积和未分配利润外，《企业会计准则》还增加了其他权益工具和其他综合收益的内容。

思　考　题

1. 我国所有者权益的基本构成有哪几项？
2. 所有者权益与负债的主要区别是什么？
3. 不同组织形式的所有者权益有哪些特点？
4. 什么是实收资本？什么是注册资本？两者的关系是什么？

5. 投资者有哪些投资方式？这些投资方式是如何计价的？

6. 什么是资本公积？资本公积的来源有哪些渠道？

7. 资本公积的用途是什么？相关会计规定有哪些？

8. 什么是股份支付？股份支付包括哪些内容？

9. 什么是盈余公积？盈余公积有哪些用途？

10. 什么是未分配利润？未分配利润是如何形成的？

11. 《企业会计准则》与《小企业会计准则》有关资本公积的规定存在哪些差异？

习　题

1. 华光公司的注册资本为 400 万元，由甲、乙、丙三位股东共同出资设立。按照出资协议，甲股东以现金出资 100 万元，占公司注册资本的 25%。乙股东以一批机器设备出资，占公司注册资本的 30%。该批机器设备的买价为 130 万元，投资协议价为 120 万元。丙股东以一项专利权出资，占公司注册资本的 45%，该项专利权的买价为 200 万元，投资协议价为 190 万元。

要求：

(1) 对上述出资业务进行会计处理。

(2) 说明企业吸收投资的方式。

(3) 如果若干年之后该公司预增资，能否用资本公积转增资本？

2. 侨兴股份公司于 2×15 年发生以下经济业务：

(1) 3 月 1 日，委托证券公司代理发行普通股 1 000 万股，面值 10 元，发行价 13.6 元。证券公司按发行额的 3% 收取发行手续费。

(2) 6 月 30 日，公司将原作为持有至到期投资管理的天宝公司债券重分类为可供出售金融资产来管理。该债券当时按面值发行，期限 5 年，年利率 8%，到期一次还本付息。重分类日，该债券账面价值成本为 1 200 000 元，应计利息 240 000 元，当日的公允价值为 1 560 000 元。

(3) 12 月 31 日，公司持有的 20 万股的海信公司股票，当天的公允价值每股 4.6 元。公司将该股票作为可供出售金融资产管理。当日该可供出售金融资产账面价值中，成本为 873 000 元，公允价值变动为借方余额 33 850 元。

(4) 12 月 31 日，长龙公司除了净损益外导致的所有者权益增加了 200 000 元，侨兴股份持有长龙公司 30% 的股份，采用权益法核算。

要求：为以上经济业务编制会计分录。

3. 乔龙公司批准了一份股份支付协议。拟于 2×13 年 1 月 2 日向 100 名高管授予 1 000 股/人的股票期权，行权条件是必须从此时起连续服务满三年。估计期权授予日的股价为 15.5 元/股，期权行权价为 10 元/股，第一年有 9 人离职，公司估计三年离职比例为 10%；第二年有 4 人离职，公司重估三年离职比例为 16%；第三年有 1 人离职，2×16 年 1 月 2 日剩余管理人员全部行权获得股票。股票面值为 1 元/股。

要求：请根据以上资料编制有关的会计分录。

4. 江通公司 2×15 年年末所有者权益的内容为：普通股股本 10 000 万股，面值每股 1 元/股；资本公积 5 200 万元，盈余公积 4 500 万元，未分配利润 25 000 万元。2×15 年度实现净利润 6 000 万元。2×15 年年末董事会提出的利润分配方案为：按净利润的 10% 提取法定盈余公积金，按净利润的 8% 提取任意盈余公积。每 10 股派发现金股利 2 元，按每 10 股送 3 股派发股票股利。

2×16 年 3 月 15 日该议案获得股东大会通过，并于 3 月 31 日实施。

要求：请根据以上资料，编制江通公司利润分配的相关会计分录。

第十三章 收入、费用及利润

学习目标

1. 理解并掌握收入、费用、利润的定义；掌握各种收入、费用的确认和计量及会计处理；掌握利润的计算。

2. 了解收入、费用及利润《企业会计准则》与《小企业会计准则》会计处理的差异。

第一节 收 入

一、收入的定义、分类及确认原则

收入是指企业在日常活动中形成的、会导致所有者权益增加的、与所有者投入资本无关的经济利益的总流入。

按照收入的定义分类，收入包括销售商品收入、提供劳务收入、让渡资产使用权收入、建造合同收入、长期股权投资收益、租赁收入、原保险合同收入、再保险合同收入等。其中销售商品收入、提供劳务收入、让渡资产使用权收入和建造合同收入是由2006年财政部发布的《企业会计准则第14号——收入》和《企业会计准则第15号——建造合同》准则进行规范。2017年修订发布的《企业会计准则第14号——收入》将2006年的《企业会计准则第14号——收入》和《企业会计准则第15号——建造合同》合二为一，改原来分业务类别核算收入的模式为统一的收入确认模式，但为了保证会计信息可比性，仍然就"在某一时点"还是"在某一段时间内"确认收入提供具体指引。保险合同适用保险合同相关会计准则；租赁合同适用《企业会计准则第21号——租赁》；金融工具及其他合同的权利和义务分别适用《企业会计准则第2号——长期股权投资》《企业会计准则第22号——金融工具确认和计量》《企业会计准则第23号——金融资产转移》《企业会计准则第24号——套期会计》《企业会计准则第33号——合并金融报表》《企业会计准则第40号——合营安排》。

2017年修订发布的《企业会计准则第14号——收入》规定，企业应当在履行了合同中的履约义务即客户取得相关商品控制权时确认收入。取得相关商品控制权是指能够主导该商品的使用并从中获得几乎全部的经济利益。

2017年修订发布的《企业会计准则第14号——收入》规定，收入核算分为"五个步骤"：识别与客户之间的合同；识别合同中的单项履行义务；确定交易价格；将交易价格分配至合同中各单独的履行义务；履行某项履约义务时确认收入。

二、合同收入确认与计量

（一）识别与客户之间的合同

合同收入核算的第一步"识别与客户之间的合同"主要解决三个问题：一是基本概念和合同收入确认条件；二是合同变更的处理；三是合同的合并。

1. 基本概念和合同收入确认条件。所谓"客户"，是指与企业订立合同以向该企业购买其日常活动产出的商品或服务（下面简称商品）并支付对价的一方。"合同"是指双方或者多方之间订立有法律约束力的权利义务的协议。合同形式包括书面、口头和其他形式。

合同收入确认的时间点是在企业履行了合同的履约义务，即客户取得相关商品控制权时确定收入。取得相关商品的控制权是指能够主导该商品的使用并从中获得几乎全部的经济利益。当然，企业与客户之间的合同还必须同时满足下列条件，企业在客户取得相关商品控制权时确认收入。这些条件是：

（1）合同各方已经批准合同并承诺将履行各自义务；
（2）该合同明确了各方与转让商品的相关权利与义务；
（3）该合同有明确的与转让商品有关的支付条款；
（4）该合同具有商业实质，即履行该合同将改变企业未来现金流量的风险、时间分布或金额；
（5）企业因向客户转让商品而有权取得的对价很可能收回。

在合同开始日（即合同生效日）即满足上述条件的，企业在后续期间无须对合同进行重新评估，除非有迹象表明相关事实和情况发生重大变化。在合同开始日不满足上述条件的，企业应对其进行持续评估，并在满足上述条件时进行收入确认的会计处理。

对于不符合上述规定条件的合同，企业只有在不再负有向客户转让商品的剩余义务，且已向客户收取的对价无须退回时，才将已经收取的对价作为收入确认；否则应将收取的对价作为负债处理。没有商业实质的非货币性交换，企业不确认收入。

【例13-1】A公司于6月21日向B公司销售一批商品，商品发出后才得知B公司在最近经营中出现重大亏损，B公司资金周转极为困难，A公司该笔货款很可能收不回来。根据合同收入确认条件，A公司此时不能确认该笔交易的合同收入，要持续进行评估，待到符合合同收入确认条件，也就是B公司有可能支付货款的情况下才能确认收入。

2. 合同变更的处理。合同变更是指经合同各方批准对合同的范围或价格作出变更。企业应区分以下三种情形分别对合同变更进行会计处理。

(1) 将合同变更部分作为一份单独合同进行会计处理。该种处理是基于下列情况：合同变更增加了可明确区分的商品及合同价款，且新增合同价款反映了新增商品的单独售价。

(2) 终止原合同，将原合同未履约部分和合同变更部分合并为新合同进行会计处理。该种处理基于下列情况：合同变更不属于第一种情形，且在合同变更日已转让商品与未转让商品之间可明确区分。

(3) 合同变更作为原合同组成部分来处理，由此产生的对已确认收入的影响，在合同变更日调整当期收入。该种处理基于下列情况：合同变更不属于第一种情形，且在合同变更日已转让商品与未转让商品之间不可明确区分。

【例13-2】2×17年5月乙公司向甲公司定制一批设备，设备总价款是10 000 000元，设备分两批交货，第一批交货日期是6月30日，第二批交货日期是12月31日。收到第一批设备后，乙公司提出要变更协议，希望甲公司对另一批设备的外观作一些调整，并同意就此多支付200 000元。这属于第二种情形，即终止原合同，将原合同未履约部分和合同变更部分合并为新合同进行会计处理。

3. 合同合并。企业与同一客户（或该客户的关联方）同时订立或在相近的时间内先后订立两份或多份合同，在满足下列条件之一时，应当合并为一份合同进行会计处理：

(1) 该两份或多份合同是为同一商业目的订立的并构成一揽子交易；

(2) 该两份或多份合同中一份合同的对价金额取决于其他合同的定价或履行情况；

(3) 该两份或多份合同中所承诺的商品（或每份合同所承诺的商品）构成单项履约义务。

【例13-3】乙装修公司和甲企业签订两份合同，一是对甲企业行政办公场所进行装修设计的合同；二是对甲企业行政办公场所进行装修。两份合同的总金额是200万元。对乙公司而言，两份合同是为同一商业目的而订立的一揽子交易，装修设计合同的对价金额取决于装修合同定价，所以两份合同应合并进行会计处理。

(二) 识别合同中的单项履约义务

识别合同中的单独履约义务主要是解决两个问题：如何识别合同中的单项履约义务；如何辨别履约义务是在"某一时点"履行还是在"一段时间内"履行。

合同开始日，企业应当对合同进行评估，识别该合同所包含的各项单项履约义务，并确定各单项履约义务是在某一时点还是某一时段内履行。然后，在各单项履约义务履行时分别确认收入。

1. 如何识别合同中单项履约义务。所谓"履约义务"是指合同中企业向客户转让可明确区分商品或劳务（下面简称商品）的承诺。履约义务既包括合同中明确的承诺，也包括企业已经公开宣布的政策、特定声明或以往的习惯做法导致合同订立时客户合理预期企业将履行的承诺。企业为履行合同而应开展的初始活动通常不构成履约义务，除非活动向客户转让了承诺的商品。

企业向客户转让一系列实质相同且转让模式相同、可明确区分商品的承诺，也应当做单项履约义务。所谓"转让模式相同"是指每一项可明确区分商品满足"在某一时段履行履约义务"条件，且采用相同方法确定其履约进度。

企业向客户承诺的商品同时满足下列条件的，应当作为可明确区分商品：

（1）客户能够从该商品本身或从该商品与其他易于获得资源一起使用中受益；

（2）企业向客户转让该商品的承诺与合同中其他承诺可单独区分。

下列情况属于"企业向客户转让该商品的承诺与合同中其他承诺不可单独区分"：

（1）企业需要提供重大的服务以将该商品与合同中承诺的其他商品整合成合同约定的组合产出转让客户；

（2）该商品对合同中承诺的其他商品予以重大修改或定制；

（3）该商品与合同中承诺的其他商品具有高度关联性。

【例13-4】 甲公司和乙公司签订建筑合同，合同内容包括了为乙公司修建四栋厂房和一栋行政办公楼，四栋厂房的造价为800万元，行政办公楼造价为2 000万元。合同提供的劳务不具高度关联性，乙公司能够从该商品本身或从该商品与其他易于获得资源一起使用中收益，厂房与行政楼可单独区分。

2. 如何辨别履约义务是在"某一时点"履行还是"某一段时间内"履行。履约义务是在"某一时点"和"某一时段"履行的辨别是关涉收入确定时点和金额的问题，比如商品（不含劳务）销售属于"某一时点"履约义务，企业在客户取得商品控制权时点确认收入；提供跨年度劳务或建造服务属于"某一时段"履约义务，企业应按照履约进度确认收入。

满足下列条件之一的，属于某一时段内履行履约义务，否则属于某一时点履行履约义务：

（1）客户在企业履约的同时即取得并消耗企业履约带来的经济利益；

（2）客户能够控制企业在建的商品；

（3）企业履约过程中所产出的商品具有不可替代用途，且该企业在整个合同期间内有权就累计至今已完成的履约部分收取款项。

所谓"不可替代用途"是指因合同限制或实际可行性限制，企业不能轻易将商品用于其他用途。

有权就累计至今已完成的履约部分收取款项，是指由于客户或者其他原因终止合同的情况下，企业有权就累计至今已完成的履约部分收取能够补偿其已发生成本和合理利润的款项，并且该权利具有法律约束力。比如企业提供跨年度劳务服务，在提供一半服务时客户发生毁约而终止提供合同，企业有权就累计至今已完成的履约部分收取款项。

(三) 确定交易价格

确定交易价格，首先要明确什么是交易价格；其次是如何确定交易价格。所谓"交易价格"是指企业因向客户转让商品而预期有权收取的对价金额。企业代第三方收取的款项以及企业预期将退还给客户的款项，应当作为负债进行会计处理，不计入交易价格。

企业应当根据合同条款并结合以往的习惯做法确定交易价格。在确定交易价格时，企业应当考虑可变对价、合同中存在重大融资成分、非现金对价、应付客户对价等因素的影响。

1. 合同中存在可变对价的，企业应当按照期望值或最可能发生金额确定可变对价的最佳估计数。但包含可变对价的交易价格应当不超过"在相关不确定性消除时累计已经确认收入极可能（概率在95%以上）不会发生重大转回的金额"。企业在评估累计已经确认收入是否极可能不会发生重大转回时，应当同时考虑收入转回的可能性及其比重。每一资产负债表日，企业应当重新估计应计入交易价格的可变对价金额。

2. 合同中存在重大融资成分的（比如分期收款销售），企业应当按照假定客户在取得商品控制权时即以现金支付应付金额确定交易价格。该交易价格与合同对价之间的差额（作为未确认的融资费用处理），应当在合同期间采用实际利率法摊销。合同开始日，企业预计客户取得商品控制权与客户支付价款间隔不超过一年的，可以不考虑合同中存在重大融资成分。

3. 客户支付非现金对价的，企业应当按照非现金对价的公允价值确定交易价格。非现金对价的公允价值不能合理估计的，企业应当参照其承诺向客户转让商品的单独售价（即企业向客户单独销售商品的价格）确定交易价格。如果非现金对价的公允价值因对价形式以外的原因而发生变化，应作为可变对价处理，具体处理如上所述。

4. 企业应付客户对价的，应当将支付对价冲减交易价格，并在确认收入与支付对价孰晚的时点冲减当期收入。但支付客户对价是为了向客户取得其他可明确区分商品的除外。

企业应付客户对价是为了向客户取得其他可明确区分商品的，应当采用与本企业其他采购相一致的方式确认所购买的商品。企业应付客户对价超过向客户取得可明确区分商品公允价值的，超过金额应当冲减交易价格。向客户取得可明确区分商品公允价值不能合理估计的，企业应当将应付客户对价全额冲减交易价格。

【例13-5】2×18年5月丁建筑公司与丙公司签订一份建筑合同，合同金额50 000 000元。合同规定2×19年5月必须实现50%的工程进度，否则将扣除合同价款10%作为处罚；2×19年6月还不能实现50%的工程进度，将扣除合同价款 15% 作为处罚。合同开始日，丁公司估计工程会如期完成，交易价格为合同金额。2×18 年 12 月，丁公司估计 2×19 年 5 月不能实现进度的可能性为 80%，6 月不能实现进度的可能性为 30%。丁公司按照最可能发生情况，即 2×19 年 5 月不能实现工程进度，确认可变对价最佳估计数为 45 000 000 元，即包含可变对价的交易价格为 45 000 000 元。

【例 13-6】甲企业向乙企业转让一批商品，商品的市场售价金额为 50 000 元，乙企业向甲企业提供一项固定资产以抵偿商品价款，假设固定资产的公允价值是 55 000 元。那么，甲企业应确定该交易价格为 55 000 元。

（四）将交易价格分配至合同中各单独的履行义务

企业应当按照分摊至各单项履约义务的交易价格计量收入。合同中包含两项或多项履约义务的，企业应当在合同开始日，按照各单项履约义务所承诺商品单独售价的相对比例，将交易价格分摊至各单项履约义务。企业不得因合同开始日之后单独售价的变动而重新分摊交易价格。

【例 13-7】甲企业和丁企业签订一揽子商品销售合同，合同包括 A、B、C 三种商品，合同只规定了总价格 18 万元，并未规定三种商品各自交易价格。根据甲企业销售给类似客户的单独售价确定：A 商品的单独售价为 6 万元，B 商品的单独售价为 10 万元，C 商品的单独售价为 4 万元。根据企业会计准则的规定判断，这属于三项单独履约义务，A 履约义务的收入确认为 5.4 万元 [18×6/(6+10+4)]，B 履约义务的收入确认为 9 万元 [18×10/(6+10+4)]，C 履约义务的收入确认为 3.6 万元 [18×4/(6+10+4)]。

1. 单独售价的确定。企业在类似环境下向类似客户单独销售商品的价格，应作为确定该商品单独售价的最佳证据。单独售价无法直接观察的，企业应当综合考虑其能够合理取得的全部相关信息，采用市场调整法、成本加成法、余值法等方法合理估计单独售价。在估计单独售价时，企业应最大限度采用可观察的输入值，并对类似情况采用一致的估计方法。

（1）市场调整法，是指企业根据某商品或类似商品的市场售价考虑本企业成本和毛利等进行适当调整后，确定其单独售价的方法。

（2）成本加成法，是指企业根据某商品的预计成本加上其合理毛利后的价格，确定其单独售价的方法。

（3）余值法，是指企业根据合同交易价格减去合同中其他商品可观察的单独售价后的余值，确定某商品单独售价的方法。企业在近期售价波动幅度巨大的，或者因未定价且未曾单独销售而使售价无法可靠确定时，可采用余值法确定其单独售价。

2. 合同折扣。合同折扣是指合同中各单项履约义务所承诺的商品单独售价之和高于合同交易价格的金额。对于合同折扣，企业应当在各单项履约义务之间按比例分摊。

有确凿证据表明合同折扣仅与合同中一项或多项（而非全部）履约义务相关

的,企业应当将合同折扣分摊至相关一项或多项履约义务。

合同折扣仅与合同中一项或多项(而非全部)履约义务相关的,且企业采用余值法估计单独售价的,应当先按照前述规定在该一项或多项履约义务之间分摊合同折扣,然后采用余值法估计单独售价。

3. 可变对价。对于可变对价及可变对价的后续变动额,企业应将其分摊至与之相关的一项或多项履约义务,或者分摊至单项履约义务的一系列可明确区分商品的一项或多项商品。对于已履行的履约义务,其分摊的可变对价后续变动额应当调整当期的收入。

合同变更之后发生可变对价后续变动的,企业应当区分下列三种情形分别进行会计处理:

(1)合同变更属于"作为一份单独合同进行会计处理情形"的,企业应当判断可变对价后续变动与哪项合同相关,并按照上述处理规定进行处理。

(2)合同变更属于"原合同终止,同时将原合同未履约部分与合同变更合并为新合同进行会计处理情形"的,且可变对价后续变动与合同变更前已承诺可变对价相关的,企业应当先将该可变对价后续变动额以原合同开始日确定的基础进行分摊,然后再将分摊至合同变更日尚未履行履约义务的该可变对价后续变动额以新合同变更开始日确定的基础进行二次分摊。

(3)合同变更之后发生的除了上述两种情形以外的可变对价后续变动的,企业应当将该可变对价后续变动额分摊至合同变更日尚未履行的履约义务。

(五)履行某项履约义务时确认收入

企业在识别与客户之间的合同、识别合同中的单项履约义务、确定交易价格、将交易价格分配至合同中各单独的履约义务之后,于履行某项履约义务时确认收入。企业确认收入要先区分是在"某一时点"还是"某一时段"履约。

1. 在"某一时点"履约的收入确定。对于"某一时点"履行履约义务的,企业应当在客户取得相关商品控制权时点确认收入。这类主要是商品销售合同履约的收入确定。如何判断客户是否取得相关商品的控制权?企业主要依据以下迹象:

(1)企业就该商品具有现时收款的权利,即客户就该商品具有现时付款义务;

(2)企业已将该商品的法定所有权转移给客户,即客户已经拥有该商品的法定所有权;

(3)企业已将该商品转移给客户,即客户已经实际占有该商品;

(4)企业已将该商品所有权上的主要风险和报酬转移给客户,即客户已取得该商品的主要风险和报酬;

(5)客户已经接受该商品;

(6)其他表明客户已经取得该商品控制权的迹象。此规定属于法律的兜底条款。

【例13-8】乙公司销售一批商品,商品已经发出。买方已经预付部分货款,余款由乙公司开出商业承兑汇票，已随发票账单一并交付买方。买方隔天收到商品后发现商品质量没有达到合同规定的要求，立即与乙公司交涉，要求乙公司在价格上给予一定的减让，否则就退货。双方尚未达成一致意见。此时买方还未接受该商品，乙公司还未将该商品所有权上的主要风险和报酬转移给客户，因此，乙公司尚不能确认收入。

2. 在"某一时段"履约的收入确定。对于"某一时段"履行履约义务的，企业应当在该时段内按照履约进度确认收入，但是，履约进度不能合理确定的除外。企业应当考虑商品的性质，采用产出法或者投入法确定恰当的履约进度。所谓的"产出法"是根据已经转移给客户的商品对于客户的价值确定履约进度；所谓的"投入法"是根据企业为履行履约义务的投入确定履约进度。

当履约进度不能合理确定时，企业已经发生的成本预计能够得到补偿时，应当按照已经发生的成本金额确认收入，直到履约进度可以确定为止。

三、合同成本

企业为履行合同发生的成本不是资本化处理就是费用化处理。

1. 不属于其他企业会计准则规范范围且满足下列条件的，企业应当将履约成本确认为一项资产：

（1）该成本与一份当前或预期取得的合同直接相关，包括直接人工、直接材料、制造费用（或类似费用）、明确由客户承担的成本以及仅因该合同而发生的其他成本；

（2）该成本增加了企业未来用于履行履约义务的资源；

（3）该成本预期能够收回。

2. 企业应当在发生下列支出时，将其计入当期损益：

（1）管理费用；

（2）非正常消耗的直接材料、直接人工、制造费用（或类似费用），这些支出为履行合同发生，但未反映在合同价格中；

（3）与履约义务中已履行部分相关的支出；

（4）无法在尚未履行的与已履行履约义务之间区分的相关支出。

3. 增量成本的会计处理。增量成本，是指企业不取得合同就不会发生的成本，比如销售佣金等。增量成本不是资本化处理就是费用化处理。企业为取得合同发生的增量成本预期能够收回的，应当作为合同取得成本确认为一项资产。但是，资产摊销期限不超过一年的，可以在发生时计入当期损益。

企业为了取得合同发生的，除了预期能够收回的增量成本之外的其他支出，比如，无论是否取得合同都会发生的差旅费，应当在发生当时计入当期损益，但是，明确由客户承担的除外。

4. 与合同成本有关的资产的摊销。所谓"与合同成本有关的资产"是指合同成本被确认为资产的部分（包括增量成本确认为资产）。与合同成本有关的资产应当采用与该资产相关的商品收入确认相同的基础进行摊销，计入当期损益。商品收入确认基础有三种：客户取得商品控制权时一次性确认收入；根据履约进度确认收入；履约进度不能合理确定的按照已发生的并且预计能够得到补偿的成本金额确认收入。

5. 与合同成本有关的资产的减值。"与合同成本有关的资产"账面价值高于下列"两项金额"的差额时，企业应就超出部分计提减值准备。两项金额是指：

（1）企业因转让与该资产相关的商品预期能够取得的剩余对价；

（2）为转让该商品估计将要发生的成本。

以前期间减值的因素之后发生变化，使得"两项金额"的差额高于"与合同成本有关的资产"账面价值，企业应当转回原已计提的减值准备，并计入当期损益。但转回后资产账面价值不应超过"假定不计提减值准备情况下"该资产在转回日的账面价值。

在确认与合同成本有关的资产的减值损失时，企业应当先对按照其他相关企业会计准则确认的、与合同有关的其他资产确定减值损失，然后按照上述规定确定与合同有关的资产的减值损失。

四、合同收入的会计处理

（一）在某一时点履行的履约义务的会计处理

2017年修订发布的《企业会计准则第14号——收入》将企业履行履约义务分为"在某一时点"和"在某一时间段"两类。"在某一时点"履行履约义务主要是指原《企业会计准则第14号——收入》中的销售商品和让渡资产使用权。换言之，当企业销售商品、客户取得商品的控制权时，企业按照商品销售预期有权能从客户收取的对价金额（交易价格）确认与计量收入。企业向第三方收取款项以及企业预期将退还给客户的款项，应当作为负债处理，不计入交易价格。在确定交易价格时，企业应当考虑可变对价、合同中重大融资成分、非现金对价、应付客户对价等因素的影响。

1. 通常情况下的销售商品收入会计处理。企业按照已收或者应收合同或协议价款加上应收增值税，借记"银行存款"、"应收账款"、"应收票据"等科目，按确定的收入贷记"主营业务收入"、"其他业务收入"等科目，按照应收的增值税贷记"应交税费——应交增值税（销项税额）"科目。在资产负债表日，企业按照应交的消费税、资源税、城市维护建设税、教育费附加等税费金额，借记"税金及附加"科目，贷记"应交税费——应交消费税（应交资源税、应交城市维护建设税等）"科目。如果合同开始日不符合收入确认条件，企业不能确认收入，对已经发出的商品，借记"发出商品"科目，贷记"库存商品"科目。

【例13-9】甲公司销售一批商品20件，每件成本100元，每件单价200元

（不含增值税），增值税 680 元。商品已经发出，款项尚未收取。城市维护建设税按照 7% 征收，教育费附加按照 3% 计算。

甲公司确认收入：

借：应收账款 4 680
　　贷：主营业务收入 4 000
　　　　应交税费——应交增值税（销项税） 680

结转成本和税金：

借：主营业务成本 2 000
　　贷：库存商品 2 000
借：税金及附加 68
　　贷：应交税费——应交城市维护建设税 47.60
　　　　　　　　——教育费附加 20.40

【例 13－10】2×18 年 5 月 23 日，乙公司销售一批商品，合同总价 40 000 元，成本 30 000 元。商品当天送达客户，但客户随即反映商品存在瑕疵，要求乙公司给予一定折扣处理，随后几天乙公司与客户一直进行协商，月末双方尚未达成一致意见。此时，乙公司不能确认收入，应作如下会计处理：

借：发出商品 30 000
　　贷：库存商品 30 000

2. 合同涉及商业折扣、现金折扣、销售折让的会计处理。

（1）商业折扣是企业为了促进商品销售在商品价格给予客户一定优惠。2017 年修订发布的《企业会计准则第 14 号——收入》规定，"对于合同折扣，企业应当在各单项履约义务之间按比例分摊。有确凿证据表明合同折扣仅与合同中一项或多项（而非全部）履约义务相关的，企业应当将合同折扣分摊至相关一项或多项履约义务。"

【例 13－11】丙企业销售一批商品给丁企业，不含税市场价格为 50 000 元，丁企业要求给 8% 的商业折扣，丙企业同意，销售实现时（款项未收）丙企业会计处理如下：

借：应收账款 53 820
　　贷：主营业务收入 46 000
　　　　应交税费——应交增值税（销项税） 7 820

（2）现金折扣是债权人为了鼓励债务人在规定期限内偿还债务而给予折扣。企业销售商品涉及现金折扣时，应当按照扣除现金折扣前交易价格确认收入（即总价法），现金折扣在实际发生时计入财务费用。

【例 13－12】2×18 年 5 月 10 日，乙公司销售一批商品给丙公司，商品不含税价格 40 000 元，增值税 6 800 元，为了让丙公司尽早还款，乙公司给丙公司的现金折扣条件为 "2/10、1/20、n/30"。乙公司的账务处理如下：

销售实现，确认收入：

借：应收账款 46 800

  贷：主营业务收入　　　　　　　　　　　　　　　　　40 000
    应交税费——应交增值税（销项税）　　　　　　 6 800
如果丙公司在5月16日付清货款，乙公司账务处理如下：
  借：银行存款　　　　　　　　　　　　　　　　　　46 000
    财务费用　　　　　　　　　　　　　　　　　　　 800
    贷：应收账款　　　　　　　　　　　　　　　　　46 800
如果丙公司在5月26日付清货款，乙公司账务处理如下：
  借：银行存款　　　　　　　　　　　　　　　　　　46 400
    财务费用　　　　　　　　　　　　　　　　　　　 400
    贷：应收账款　　　　　　　　　　　　　　　　　46 800
如果丙公司在6月12日后才付清货款，乙公司账务处理如下：
  借：银行存款　　　　　　　　　　　　　　　　　　46 800
    贷：应收账款　　　　　　　　　　　　　　　　　46 800

（3）销售折让是指企业售出商品质量不合格等原因而在售价上给予折让。销售折让如果发生在企业确认收入之前，那么销售折让直接抵减交易价格；如果发生在企业确认收入之后，且在资产负债表日之前，那么销售折让发生时冲减当期商品销售收入；如果属于资产负债表日后事项，则按照资产负债表日后事项处理。

【例13-13】丙公司销售一批商品给丁公司，增值税发票上注明售价为60 000元，增值税10 200元。货到后丁公司发现商品质量不合格，丁公司要求丙公司给予5%的销售折让。丙公司同意丁公司的请求。假设丙公司已经确认销售收入，但货款尚未收到，且丙公司已经取得税务机关开具的红字增值税专用发票。丙公司的账务处理如下。

销售商品，确认收入时：
  借：应收账款　　　　　　　　　　　　　　　　　　70 200
    贷：主营业务收入　　　　　　　　　　　　　　　60 000
      应交税费——应交增值税（销项税额）　　　10 200
发生销售折让时：
  借：主营业务收入　　　　　　　　　　　　　　　　 3 000
    应交税费——应交增值税（销项税额）　　　　　 510
    贷：应收账款　　　　　　　　　　　　　　　　　 3 510
实际收到货款时：
  借：银行存款　　　　　　　　　　　　　　　　　　66 690
    贷：应收账款　　　　　　　　　　　　　　　　　66 690

3. 合同中存在重大融资成分销售的会计处理。合同中存在重大融资成分销售的，企业应当按照假定客户在取得商品控制权时即以现金支付的应付金额确定交易价格。交易价格与合同对价之间的差额，应当在合同期间内采用实际利率法摊销。企业在重大融资成分销售实现时，按照合同对价，借记"长期应收款"科目,按收到的增值税销项税额,借记"银行存款"科目,按假定客户在取得商品控制权时即以现金支付的应付金额,贷记"主营业务收入"科目,按增值税销项税额,贷记"应交税费——应交增值税(销项税)"科目,按交易价格和合同对价的差额,贷记"未实现融资收益"科目。企业每期收到款项时,借记"银行存款"科目,贷记"长期应付款"科目,同时按照实际利率法将未确认融资费用摊销,借记"未确认融资费用"科目,贷记"财务费用"科目。

(二)在某一时段履行的履约义务的会计处理

"在某一时段"履行的履约义务主要是指原《企业会计准则第 14 号——收入》中的提供劳务和建造合同。企业应当在该时段内按照履约进度(原准则是按完工百分比)确认收入,但是,履约进度不能合理确定的除外。企业应当考虑商品的性质,采用产出法或者投入法确定恰当的履约进度。所谓"产出法"是根据已经转移给客户的商品对于客户的价值确定履约进度;所谓"投入法"是根据企业为履行履约义务的投入确定履约进度。

1. 履约进度能合理确定的会计处理。在资产负债表日,企业以交易总额乘以履约进度扣除以前会计期间累计确认收入后的金额,确认当期收入;以合同成本乘以履约进度扣除以前会计期间累计确认成本后的金额,确认当期成本。其计算公式为:

本期确认收入 = 交易总额 × 本期末履约进度 - 以前会计期间累计确认的收入

本期确认成本 = 合同成本 × 本期末履约进度 - 以前会计期间累计确认的成本

【例 13 - 14】甲咨询公司在 20×7 年 4 月 1 日与客户签订一项咨询合同,合同规定咨询期为 2 年,咨询费为 600 000 元,客户分三次平均支付,第一次支付在项目开始时,第二次支付在项目中期,第三次支付在项目结束时。估计总成本为 180 000 元,假设成本估计准确,不会发生变化。成本为咨询人员工资,且 20×7 年为 70 000 元、20×8 年为 90 000 元、20×9 年为 20 000 元。此项劳务按照已经发生的成本占估计总成本的比例确定劳务的完工程度。甲咨询公司的账务处理如下:

①20×7 年实际发生成本时。

借:劳务成本 70 000
    贷:应付职工薪酬 70 000

收到客户第一次支付的款项时:

借:银行存款 200 000
    贷:预收账项 200 000

20×7 年 12 月 31 日按"投入法"确定的履约进度:

履约进度 = 70 000 ÷ 180 000 = 38.89%

本期确认的劳务收入 = 600 000 × 38.89% = 233 340(元)

本期确认的劳务成本 = 70 000(元)

借：预收账款 233 340
　　贷：主营业务收入 233 340

结转劳务成本：
借：主营业务成本 70 000
　　贷：劳务成本 70 000

②20×8年实际发生成本时：
借：劳务成本 90 000
　　贷：应付职工薪酬 90 000

收到客户第二次支付的款项时：
借：银行存款 200 000
　　贷：预收账项 200 000

20×8年12月31日按"投入法"确定履约进度：

履约进度 = (70 000 + 90 000) ÷ 180 000 = 88.89%

本期确认的劳务收入 = 600 000 × 88.89% − 233 340 = 300 000（元）

本期确认的劳务成本 = 90 000（元）

借：预收账项 300 000
　　贷：主营业务收入 300 000

结转成本：
借：主营业务成本 90 000
　　贷：劳务成本 90 000

③20×9年实际发生成本时：
借：劳务成本 20 000
　　贷：应付职工薪酬 20 000

收到客户第三次支付的款项时：
借：银行存款 200 000
　　贷：预收账款 200 000

20×9年4月1日咨询合同到期终止，确认剩余收入：
借：预收账款 66 660
　　贷：主营业务收入 66 660

结转成本：
借：主营业务成本 20 000
　　贷：劳务成本 20 000

【例13−15】戊公司在20×6年7月1日承建己公司的一栋建筑物，合同总收入为5 000 000元，预计合同总成本为4 000 000元，工期为1年半，预计在20×7年年末完工。戊公司的账务处理如下。

20×6年的账务处理：

①假设20×6年发生工程施工成本1 200 000元，其中，工资费用200 000元，其他费用1 000 000元：

借：工程施工——建筑物	1 200 000	
贷：应付职工薪酬		200 000
银行存款		1 000 000

（注：为了方便教学，这里进行了简化。实际上，应付职工薪酬在每月发生时加以确认，不是半年计提一次。其他费用在发生时企业应及时进行账务处理，不应半年一次性处理，且其他费用开支也可能是反映在"库存现金"等科目中）

②20×6年年末，按照履约进度进行结算，应收工程款1 300 000元，实际收到1 150 000元：

借：银行存款	1 150 000	
应收账款	150 000	
贷：工程结算		1 300 000

③20×6年年末，采用"投入法"确认履约进度，进行账务处理：

履约进度＝1 200 000÷4 000 000×100%＝30%
当期确认的合同收入＝5 000 000×30%＝1 500 000（元）
当期确认的合同费用＝4 000 000×30%＝1 200 000（元）
当期确认的合同毛利＝1 500 000－1 200 000＝300 000（元）

借：主营业务成本	1 200 000	
工程施工——毛利	300 000	
贷：主营业务收入		1 500 000

20×7年的账务处理：

①假设20×7年发生工程施工成本2 800 000元，其中，工资费用800 000元，其他费用2 000 000元：

借：工程施工——建筑物	2 800 000	
贷：应付职工薪酬		800 000
银行存款		2 000 000

②20×7年年末，按照履约进度进行结算，应收工程款3 700 000元，实际收到3 800 000元：

借：银行存款	3 800 000	
贷：工程结算		3 700 000
应收账款		100 000

③20×7年年末，采用"投入法"确认履约进度，进行账务处理：

履约进度＝(1 200 000＋2 800 000)÷4 000 000×100%＝100%
当期确认的合同收入＝5 000 000×100%－1 500 000＝3 500 000（元）
当期确认的合同费用＝4 000 000×100%－1 200 000＝2 800 000（元）
当期确认的合同毛利＝3 500 000－2 800 000＝700 000（元）

借：主营业务成本	2 800 000	
工程施工——毛利	700 000	
贷：主营业务收入		3 500 000

④工程完工，结转工程施工与工程结算余额：
借：工程结算　　　　　　　　　　　　　　　　　　5 000 000
　　贷：工程施工——建筑物　　　　　　　　　　　　　4 000 000
　　　　　　　　——毛利　　　　　　　　　　　　　　 1 000 000

2. 履约进度不能合理确定的会计处理。当履约进度不能合理确定时，企业已经发生的成本预计能够得到补偿时，应当按照已经发生的成本金额确认收入，直到履约进度可以确定为止。2017年修订发布的《企业会计准则第14号——收入》对此有更详细的解释，编者认为原收入准则的几条仍然适用，即：

（1）已经发生的合同成本预计能够得到补偿的，按照已经发生的合同成本确认收入并结转成本。

（2）已经发生的合同成本预计不能够得到补偿的，将已经发生的合同成本计入当期损益，不确认收入。

【例13-16】乙公司于20×7年12月25日接受丙公司委托，为丙公司培训一批业务骨干，培训期为6个月，20×8年1月1日开学。协议约定，丙公司应向乙公司支付培训费总额为90 000元，分三次等额支付，第一次在开学时支付，第二次在20×8年3月1日支付，第三次在培训结束时支付。20×8年2月28日乙公司发生培训成本8 000元（假设培训成本均为培训讲师薪酬）。20×8年3月1日，乙公司得知丙公司经营出现困难，后两次培训费能否收回难以确定。乙公司的账务处理如下。

①20×8年1月1收到丙公司预付的培训费：
借：银行存款　　　　　　　　　　　　　　　　　　　 30 000
　　贷：预收账款　　　　　　　　　　　　　　　　　　 30 000

②20×8年2月28日发生培训成本：
借：劳务成本　　　　　　　　　　　　　　　　　　　　8 000
　　贷：应付职工薪酬　　　　　　　　　　　　　　　　　8 000

③20×8年2月28日确认提供劳务收入并结转劳务成本：
借：预收账款　　　　　　　　　　　　　　　　　　　　8 000
　　贷：主营业务收入　　　　　　　　　　　　　　　　　8 000

结转成本：
借：主营业务成本　　　　　　　　　　　　　　　　　　8 000
　　贷：劳务成本　　　　　　　　　　　　　　　　　　　8 000

假设上述例子中培训费两次等额支付，一次是在20×8年3月1日支付，第二次在培训结束时支付。这种情况下，乙公司的账务处理如下。

①20×8年2月28日发生培训成本：
借：劳务成本　　　　　　　　　　　　　　　　　　　　8 000
　　贷：应付职工薪酬　　　　　　　　　　　　　　　　　8 000

②20×8年2月28日将已发生的成本计入当期损益，但不确认提供劳务收入：
借：主营业务成本　　　　　　　　　　　　　　　　　　8 000

贷：劳务成本　　　　　　　　　　　　　　　　　　　　8 000

假设培训费两次等额支付，一次是在20×8年3月1日支付，第二次在培训结束时支付。丙公司在20×8年3月1日只承诺支付5 000元。这种情况下，乙公司的账务处理如下。

①20×8年2月28日发生培训成本：

借：劳务成本　　　　　　　　　　　　　　　　　　　　8 000
　　贷：应付职工薪酬　　　　　　　　　　　　　　　　　8 000

②20×8年2月28日确认能够收到的金额为提供劳务收入，将已发生的成本计入当期损益：

借：应收账款　　　　　　　　　　　　　　　　　　　　5 000
　　贷：主营业务收入　　　　　　　　　　　　　　　　　5 000

结转成本：

借：主营业务成本　　　　　　　　　　　　　　　　　　8 000
　　贷：劳务成本　　　　　　　　　　　　　　　　　　　8 000

五、特定交易的会计处理

（一）附有销售退回条款销售的会计处理

对附有销售退回条款的销售，企业应当在客户取得相关商品控制权时，按照因向客户转让商品而预期有权收取的对价金额（即不包括因预期销售退回将退还的金额）确认收入。按照预期销售退回将退还的金额确认负债（记作"预计负债"）。同时，按照预期将退回商品时的账面价值，扣除收回该商品预计发生的成本（包括退回商品的价值减损）后的余额，确认为一项资产（记作"发出商品"），按照所转让商品转让时的账面价值，扣除上述资产的净额结转成本。在每个资产负债表日，企业应当重新估计销售退回情况，如果有变化，企业应作会计估计变更进行会计处理。

【例13-17】20×8年2月1日，甲企业向丁企业销售2 000件商品，商品价款为200 000元，增值税为34 000元，商品单位成本为40元，产品已经发出，款项已收讫。销售合同规定，丁企业在4月3日之前有权退还商品。甲企业根据以往销售经验估计商品的退货率为10%。

甲企业的账务处理如下：

①甲企业发出商品，丁企业取得商品控制权：

借：银行存款　　　　　　　　　　　　　　　　　　　234 000
　　贷：主营业务收入　　　　　　　　　　　　　　　　180 000
　　　　应交税费——应交增值税（销项税）　　　　　　 34 000
　　　　预计负债　　　　　　　　　　　　　　　　　　 20 000

②结转成本：

借：主营业务成本　　　　　　　　　　　　　　　　　72 000
　　发出商品　　　　　　　　　　　　　　　　　　　　8 000
　　　贷：库存商品　　　　　　　　　　　　　　　　　80 000

③发生销售退回，退回100件：

借：应交税费——应交增值税（销项税）　　　　　　　 1 700
　　预计负债　　　　　　　　　　　　　　　　　　　 20 000
　　　贷：银行存款　　　　　　　　　　　　　　　　 11 700
　　　　　主营业务收入　　　　　　　　　　　　　　 10 000
借：库存商品　　　　　　　　　　　　　　　　　　　　4 000
　　主营业务成本　　　　　　　　　　　　　　　　　　4 000
　　　贷：发出商品　　　　　　　　　　　　　　　　　 8 000

（二）附有质量保证条款销售的会计处理

对于附有质量保证条款的销售，企业应当评估该质量保证是否在向客户保证所销售商品符合既定标准之外提供了一项单独的服务，如果是，企业应将这项单独服务作为单项履约义务进行会计处理；如果不是，企业应将质量保证责任按照《企业会计准则第13号——或有事项》的规定进行会计处理。评估该质量保证是否在向客户保证所销售商品符合既定标准之外提供了一项单独的服务，企业应当考虑该质量保证是否为法定要求、质量保证期限以及企业承诺履行任务的性质等因素。如果客户可以选择单独购买质量保证，该质量保证构成单项履约义务。

【例13-18】20×7年2月2日，丙企业向乙企业销售20台设备，每台设备售价10 000元，每台设备成本5 000元，款项未收。销售合同规定保修期1年。根据以往经验，5%的设备可能需要返修，平均每台设备保修费500元。

设备保修期不属于客户可以单独选择购买服务，不作为单独履约义务处理，按照《企业会计准则第13号——或有事项》的规定进行会计处理。

丙企业销售设备时：

借：应收账款　　　　　　　　　　　　　　　　　　234 000
　　　贷：主营业务收入　　　　　　　　　　　　　200 000
　　　　　应交税费——应交增值税（销项税）　　　 34 000
借：主营业务成本　　　　　　　　　　　　　　　　100 000
　　　贷：库存商品　　　　　　　　　　　　　　　100 000

丙企业应于期末根据很可能发生的保修费确认负债：

借：销售费用　　　　　　　　　　　　　　　　　　　　500
　　　贷：预计负债　　　　　　　　　　　　　　　　　 500

假设除了丙企业原有保修期1年，乙企业还可以通过单独购买再延期质保1年，每台须支付100元。那么，当乙企业选择购买延期质保，丙企业应将此行为当作单独履约义务，先按"预收账款"处理，待到20×9年再确认为收入。

20×7年2月2日乙企业选择购买延期质保1年，丙企业会计处理如下：

借：银行存款　　　　　　　　　　　　　　　　　　2 000
　　贷：预收账款　　　　　　　　　　　　　　　　　　2 000

（三）主要责任人和代理人销售的会计处理

主要责任人和代理人销售的会计处理是不同的。如果是主要责任人销售，企业应将已收或应收对价总额确认收入；如果是代理人销售，企业应当按照预期有权收取的佣金或手续费（该金额按照既定的佣金金额或佣金比例确定，或者按照已收或应收对价总额扣除应支付给其他相关方价款后的净额来确定）的金额确认收入。

企业应根据其向客户转让商品前是否拥有对该商品控制权来判断其是主要责任人还是代理人。企业向客户转让商品前能够控制商品的情形包括：

（1）企业自第三方取得商品或其他资产控制权后，再转让给客户；

（2）企业能够主导第三方代表本企业向客户提供服务；

（3）企业自第三方取得商品控制权后，通过提供重大的服务将该商品与其他商品整合成某组合产出转让给客户。

在具体判断向客户转让商品前是否拥有对商品的控制权时，企业不应仅局限于合同的法律形式，而应综合考虑所有相关事实和情况，这些事实和情况包括：

（1）企业承担向客户转让商品的主要责任；

（2）企业在转让商品之前或之后承担了该商品的存货风险；

（3）企业有权自主决定所交易商品的价格；

（4）其他相关事实和情况。

【例13－19】 乙企业同丁企业签订一份代理销售协议，协议规定本批商品销售单价20元/件，共计500件。丁企业在收到商品后付清货款，且丁企业对商品销售负责，乙企业不承担任何风险。每件商品成本10元。从协议内容可以判断，在乙企业将商品发送给丁企业后，丁企业就实质控制商品，交易成立。丁企业不是代理人。因此，乙企业作为主要责任人，它的账务处理如下：

借：银行存款　　　　　　　　　　　　　　　　　　11 700
　　贷：主营业务收入　　　　　　　　　　　　　　　10 000
　　　　应交税费——应交增值税　　　　　　　　　　 1 700

结转成本：

借：主营业务成本　　　　　　　　　　　　　　　　　5 000
　　贷：库存商品　　　　　　　　　　　　　　　　　　5 000

【例13－20】 20×7年3月1日丁企业与丙企业签订一份代理销售协议，协议规定本批商品销售单价20元/件，共计5 000件，每件商品成本10元。丙企业负责销售并按商品售价（不含税）收取15%的代理费用，3个月后未售出商品退回给丁企业。5月31日，丁企业收到丙企业开出的代销清单，总共销售4 000

件，货款也于当天收到，其余商品在6月2日收到。

丙企业3月1日发出商品，账务处理如下：

借：发出商品　　　　　　　　　　　　　　　　　　50 000
　　贷：库存商品　　　　　　　　　　　　　　　　　　50 000

5月31日收到丁企业代销清单，支付手续费，账务处理如下：

借：银行存款　　　　　　　　　　　　　　　　　　81 600
　　销售费用　　　　　　　　　　　　　　　　　　12 000
　　贷：主营业务收入　　　　　　　　　　　　　　　80 000
　　　　应交税费——应交增值税（销项税）　　　　 13 600
借：主营业务成本　　　　　　　　　　　　　　　　40 000
　　贷：发出商品　　　　　　　　　　　　　　　　　40 000

6月2日收到未出售商品：

借：库存商品　　　　　　　　　　　　　　　　　　10 000
　　贷：发出商品　　　　　　　　　　　　　　　　　10 000

丁企业3月1日收到丙企业发来商品，账务处理如下：

借：受托代销商品　　　　　　　　　　　　　　　　100 000
　　贷：受托代销商品款　　　　　　　　　　　　　　100 000

对外销售，按月进行账务处理。这里为了教学方便，仅作一次处理：

借：银行存款　　　　　　　　　　　　　　　　　　93 600
　　贷：应付账款　　　　　　　　　　　　　　　　　80 000
　　　　应交税费——应交增值税（销项税）　　　　 13 600

5月31日收到丙企业增值税发票，并结清货款：

借：应交税费——应交增值税（进项税）　　　　　　13 600
　　贷：应付账款　　　　　　　　　　　　　　　　　13 600
借：受托代销商品款　　　　　　　　　　　　　　　80 000
　　贷：受托代销商品　　　　　　　　　　　　　　　80 000
借：应付账款　　　　　　　　　　　　　　　　　　93 600
　　贷：银行存款　　　　　　　　　　　　　　　　　81 600
　　　　其他业务收入　　　　　　　　　　　　　　　12 000

6月2日将未出售商品退回给丙企业：

借：受托代销商品款　　　　　　　　　　　　　　　20 000
　　贷：受托代销商品　　　　　　　　　　　　　　　20 000

（四）附有客户额外购买选择权销售的会计处理

对于附有客户额外购买选择权销售，企业应当评估该选择权是否向客户提供了一项重大权利。企业提供重大权利的，应当作为单项履约义务，将交易价格分摊至该履约义务。在客户未来行使购买选择权取得相关商品控制权时，或该选择权失效时，企业确认相应收入。客户额外购买选择权的单独售价无法直接观察的,企业应当综合考虑客户行使和不行使该选择权所能获得折扣差异、客户行使该选择权的可能性等全部相关信息后,予以合理估计。

客户虽然有额外购买商品选择权,但客户行使该选择权购买该商品时的价格反映了这些商品的单独售价的,不应视为企业为客户提供了一项重大权利。换言之,这种情况下,客户行使该选择权应与商品销售进行一样的会计处理,而非"附有客户额外购买选择权销售"的会计处理。

(五)企业向客户授予知识产权许可的会计处理

企业向客户授予知识产权许可的,应当评估该知识产权许可是否构成单项履约义务,如果构成单项履约义务,应当进一步确定其是在"某一时段"或"某一时点"履行义务。

企业向客户授予知识产权许可,同时满足下列条件时,应当作为在"某一时段"内履行的履约义务确认相关收入,否则,应当作为在"某一时点"履行的履约义务确认相关收入:

(1) 合同要求或客户能够合理预期企业将从事对该项知识产权有重大影响的活动;

(2) 该活动对客户将产生有利或不利影响;

(3) 该活动不会导致向客户转让某项商品。

企业向客户授予知识产权许可,并约定按客户实际销售或使用情况收取特许权使用费的,应当在下列两项孰晚的时点确认收入:

(1) 客户后续销售或使用行为实际发生;

(2) 企业履行相关履约义务。

【例13-21】癸公司向壬公司转让某专利的使用权,合同规定壬公司在每年年末按照年销售收入的5%向癸公司支付专利使用费,专利使用权转让合同的有效期为5年。假设第一年壬公司的年销售收入为5 000 000元,第二年的年销售收入为8 000 000元,在这两年年末壬公司都按期支付专利使用费,癸公司收到专利使用权转让费用时账务处理如下。

①第一年年末收取专利使用权费收入时:

应确认专利使用费收入 = 5 000 000 × 5% = 250 000(元)

借:银行存款   250 000
  贷:其他业务收入   250 000

②第二年年末收取专利使用权费收入时:

应确认专利使用费收入 = 8 000 000 × 5% = 400 000(元)

借:银行存款   400 000
  贷:其他业务收入   400 000

(六)售后回购交易的会计处理

售后回购是指企业销售商品的同时承诺或者有权选择日后再将该商品(包括

相同或几乎相同的商品，或以该商品作为组成部分的商品）购回的销售方式。对于售后回购交易，企业应当区分下列两种情形进行会计处理。

1. 企业因存在与客户的远期安排而负有回购义务或企业享有回购权利的，表明客户在销售时点并未取得相关产品控制权，企业应当作为租赁交易或融资交易进行相应的会计处理。其中，回购价格低于原售价的，应当视为租赁交易，按照《企业会计准则第21号——租赁》的相关规定进行会计处理；回购价格不低于原售价的，应当视为融资交易，在收到客户款项时确认金融负债，并将该款项和回购价格差额在回购期间内确认利息费用等。企业到期未行使回购权利的，应当在回购权利到期时终止金融负债，同时确认收入。

2. 企业负有应客户要求回购商品义务的，应当在合同开始日评估客户是否具有该要求权的重大经济动因。客户具有该要求权的重大经济动因的，企业应当将售后回购作为租赁交易或融资交易进行相应的会计处理。否则，企业应当将其作为附有销售退回条款的销售交易进行会计处理。

【例13-22】20×7年2月1日甲房地产企业将一套别墅销售给乙企业，销售价格（不含税）为30 000 000元，别墅成本为15 000 000元，甲企业已收到销售款项。销售合同规定，10个月后甲企业以32 000 000元价格（不含税）将别墅购回。甲房地产企业为增值税一般纳税人，税率为11%。此例回购价格不低于原售价，应当视为融资交易，在收到客户款项时确认金融负债，并将该款项和回购价格差额在回购期间内确认利息费用等。

①2月1日甲房地产企业销售别墅时，账务处理如下：

借：银行存款　　　　　　　　　　　　　　　　　33 300 000
　　贷：应交税费——应交增值税（销项税）　　　　3 300 000
　　　　其他应付款　　　　　　　　　　　　　　30 000 000
借：发出商品　　　　　　　　　　　　　　　　　15 000 000
　　贷：库存商品　　　　　　　　　　　　　　　15 000 000

②回购价与售价差额2 000 000元在10个月内采用直线平均法（如果跨期较长则采用实际利率法）确认利息费用：

借：财务费用　　　　　　　　　　　　　　　　　　　200 000
　　贷：其他应付款　　　　　　　　　　　　　　　　200 000

③11月30日将别墅回购时，账务处理如下：

借：财务费用　　　　　　　　　　　　　　　　　　　200 000
　　其他应付款　　　　　　　　　　　　　　　　31 800 000
　　应交税费——应交增值税（进项税）　　　　　3 520 000
　　贷：银行存款　　　　　　　　　　　　　　　35 520 000
借：库存商品　　　　　　　　　　　　　　　　　15 000 000
　　贷：发出商品　　　　　　　　　　　　　　　15 000 000

（七）预收商品销售款和向客户收取的无须退回初始费会计处理

1. 预收商品销售款的会计处理。企业向客户预收销售商品款项的，应当先将销售款项确认为负债，待履行了义务时再转为收入。当企业预收款项无须退回时，且客户可能会放弃其全部或部分合同权利时，企业预期将有权获得与客户所放弃的合同权利相关金额的，应当按照客户行使合同权利的模式按比例将上述金额确认为收入；否则，企业只有在客户要求其履行剩余履约义务的可能性极低时，才能将上述负债的相关余额转为收入。

【例13-23】20×7年8月1日乙企业预收甲企业一笔货款10 000元，商品在10月20日发出，商品成本6 000元，增值税税额1 700元也于当天收到。

①8月1日乙企业收到货款时：

借：银行存款　　　　　　　　　　　　　　　　10 000
　　贷：预收账款　　　　　　　　　　　　　　　　10 000

②10月20日，发出商品：

借：预收账款　　　　　　　　　　　　　　　　10 000
　　银行存款　　　　　　　　　　　　　　　　　1 700
　　贷：主营业务收入　　　　　　　　　　　　　10 000
　　　　应交税费——应交增值税（销项税）　　　1 700

③结转成本（也可在月末统一结转）：

借：主营业务成本　　　　　　　　　　　　　　 6 000
　　贷：库存商品　　　　　　　　　　　　　　　　6 000

2. 向客户收取的无须退回初始费会计处理。企业在合同开始（或者接近合同开始）日向客户收取的无须退回的初始费，应当计入交易价格。具体又分为以下四种情形：

（1）企业应当评估该初始费是否与向客户转让已承诺的商品相关。该初始费与向客户转让商品相关，并且该商品构成单项履约义务的，企业应当在转让该商品时，按照分摊至该商品的交易价格确认收入。

（2）该初始费与向客户转让已承诺的商品相关，但该商品不构成单项履约义务的，企业应当在包含该商品的单项履约义务履行时，按照分摊至该单项履约义务的交易价格确认收入。

（3）该初始费与向客户转让已承诺的商品不相关的，该初始费应当作为未来将转让商品的预收款，在未来转让该商品时确认收入。

（4）企业收取无须退回的初始费，且为履行合同应开展初始活动，但这些活动本身并没有向客户转让已承诺商品的，该初始费与未来将转让的已承诺商品相关，应当在未来转让该商品时确认收入。企业在确定履约进度时不应考虑这些初始活动，初始活动确认为一项资产或计入当期损益。

第二节 费 用

一、费用的定义、分类与确认

费用,是指企业在日常活动中发生的会导致所有者权益减少的与向所有者分配利润无关的经济利益的流出。

费用分为狭义费用和广义费用。广义费用是指企业各种日常活动发生的所有耗费,分为本年税前费用和所得税费用。本年税前费用包括了狭义费用以及公允价值变动损失、资产减值损失和营业外支出。狭义费用包括营业成本、税金及附加、销售费用、管理费用、财务费用和投资损失。投资损失,是指企业在从事各项对外投资活动中发生的净损失。

费用确认的合理性与准确性直接影响成本和利润核算的合理性与准确性。因此,确认费用首先要合理与准确划分生产性费用与非生产性费用的界限。生产性费用,是指与企业日常生产经营活动有关的费用,比如生产产品的原材料费用、人工费等。非生产性费用,是指不属于生产费用的费用,比如购建固定资产发生的费用。其次要分清生产费用和产品生产成本的界限。生产费用与一定的生产期间相关,与生产的产品无直接联系,比如制造费用。产品生产成本与一定品种和数量的产品相联系。最后要分清生产费用和期间费用的界限。生产费用要被分配进入产品成本,而期间费用直接进入当期损益。

二、主营业务成本、其他业务成本、税金及附加

1. 主营业务成本。企业销售商品或提供劳务,在符合销售商品收入或提供劳务收入的确认条件时,企业确认收入并结转相应的成本。不论是采用现销或赊销销售商品(提供劳务),企业都要结转相应的成本,借记"主营业务成本"科目,贷记"库存商品"或"劳务成本"科目。

【例13-24】月末,甲公司结转销售商品成本,销售商品600件,单位成本400元,账务处理如下:

借:主营业务成本　　　　　　　　　　　　　　　　240 000
　　贷:库存商品　　　　　　　　　　　　　　　　　　　240 000

【例13-25】20×9年,6月2日丙公司与乙公司签订合同,合同约定:丙公司接受乙公司的委托为乙公司进行产品研发业务,合同金额为200万元(不考虑税费),至12月31日止丙公司为此发生劳务成本80万元(均为职工薪酬)。由于首次接受这种委托,丙公司无法可靠确定劳务完工程度,但估计已经发生的劳务成本能够收回。丙公司的账务处理如下:

借：劳务成本 800 000
　　贷：应付职工薪酬 800 000
借：应收账款 800 000
　　贷：主营业务收 800 000
借：主营业务成本 800 000
　　贷：劳务成本 800 000

2. 其他业务成本。其他业务是指企业在生产经营过程中发生的除主营业务以外的其他非主营业务，主要包括无形资产、包装物、固定资产出租、出售材料物质等，其发生次数并不频繁，金额一般不大。其他业务的核算分为其他业务收入核算和其他业务成本核算。其他业务成本，是指企业在从事其他业务过程中为取得收入而发生的各项业务成本，比如售出原材料的成本。企业结转其他业务成本时，借记"其他业务成本"科目，贷记"包装物"、"原材料"、"银行存款"等科目。

【例 13-26】 壬公司销售一批原材料，价款 2 000 元，增值税 340 元，款项收讫。原材料的成本是 600 元。壬公司的账务处理如下：

借：银行存款 2 340
　　贷：其他业务收入 2 000
　　　　应交税费——应交增值税 340

结转该批原材料的成本：

借：其他业务成本 600
　　贷：原材料 600

3. 税金及附加。税金及附加，是指应由营业收入（包括主营业务收入和其他业务收入）补偿的各种税金及附加费，主要包括房产税、车船税、土地使用税、印花税、消费税、资源税、城市维护建设税和教育费附加等。

企业在收取应纳增值税的收入，销售应纳消费税的商品，销售应纳资源税的商品，应按规定计算结转应交的印花税、消费税、资源税，借记"税金及附加"科目，贷记"应交税费——应交消费税"、"应交税费——应交资源税"科目。

【例 13-27】 丁公司销售化妆品一批，出借包装物收取押金 2 000 元。因包装物逾期未归还，丁公司没收押金。丁公司的账务处理：

应交纳的增值税 = 2 000 ÷ (1 + 17%) × 17% = 290.6(元)
应交纳消费税税额 = 2 000 ÷ (1 + 17%) × 30% = 512.8(元)

借：其他应付款 2 000
　　贷：应交税费——应交增值税（销项税额） 290.6
　　　　　　　　——应交消费税 512.8
　　　　营业外收入 1 196.6

企业应以实际缴纳的增值税、消费税税额为依据计算缴纳城市维护建设税及教育费附加。

【例13-28】辛公司20×8年5月实际缴纳增值税310 000元、消费税200 000元，计算辛公司的应该缴纳的城市维护建设税和教育费附加，并做账务处理。

辛公司应缴纳的城市维护建设税 =（310 000 + 200 000）×7% = 35 700（元）

辛公司应缴纳的教育费附加 =（310 000 + 200 000）×3% = 15 300（元）

借：税金及附加　　　　　　　　　　　　　　　　　　51 000
　　贷：应交税费——应交城市维护建设税　　　　　　　　35 700
　　　　　　　　——应交教育费附加　　　　　　　　　　15 300

三、期间费用

期间费用，是企业当期发生的费用中的重要组成部分，是不计入产品生产成本而直接计入当期损益的费用，主要包括管理费用、销售费用和财务费用。

（一）管理费用

管理费用，是指企业为组织和管理企业生产经营所发生的各项费用，包括企业筹建期间内发生的开办费、董事会和行政管理部门在企业的经营管理中发生的或应由企业统一负担的公司经费（包括行政管理部门职工工资及福利费、物料消耗、低值易耗品摊销、办公费和差旅费等）、工会经费、董事会会费（包括董事会成员津贴、会议费和差旅费等）、聘请中介机构费、咨询费（含顾问费）、诉讼费、业务招待费、技术转让费、矿产资源补偿费、研究费用、排污费及企业生产车间（部门）和行政管理部门等发生的固定资产修理费用等。

企业发生管理费用，借记"管理费用"科目，贷记相应会计科目。期末，"管理费用"科目余额结转"本年利润"科目后无余额。

【例13-29】月末，戊公司的行政管理部门应付职工薪酬65 000元，计提行政管理部门固定资产折旧费400元。

借：管理费用　　　　　　　　　　　　　　　　　　　65 400
　　贷：应付职工薪酬　　　　　　　　　　　　　　　　　65 000
　　　　累计折旧　　　　　　　　　　　　　　　　　　　　400

（二）销售费用

销售费用，是指企业在销售商品和提供劳务过程中发生的各项费用，包括企业在销售商品过程中发生的保险费、包装费、展览费和广告费、商品维修费、预计产品质量保证损失、运输费、装卸费等以及为销售本企业商品而专设的销售机构的职工薪酬、业务费、折旧费、固定资产修理费用等。

企业发生销售费用在"销售费用"科目核算，当发生销售费用时，借记"销售费用"科目，贷记相关科目。期末，"销售费用"科目余额结转入"本年利润"科目，结转后"销售费用"科目应无余额。

【例13-30】甲公司支付广告费8 000元，账务处理如下：

借：销售费用	8 000	
贷：银行存款		8 000

(三) 财务费用

财务费用，是指企业为筹集生产经营所需资金等而发生的筹集费用，包括利息支出（减利息收入）、汇兑损失（减汇兑收益）以及相关的手续费等。但是，为购建或生产固定资产、投资性房地产和存货等资产而发生的借款费用，在该项资产达到预定可使用或者可销售状态前按规定应予资本化的部分不作为财务费用核算。

企业发生财务费用在"财务费用"科目核算，当发生财务费用，借记"财务费用"科目，贷记相关科目。期末，"财务费用"科目余额转入"本年利润"科目，结转后"财务费用"科目应无余额。

【例13-31】 乙公司用银行存款支付短期借款利息800元，收到银行存款利息600元。账务处理如下：

借：财务费用	800	
贷：银行存款		800
借：银行存款	600	
贷：财务费用		600

四、与《小企业会计准则》、企业所得税法处理的差异

《企业会计准则》与《企业所得税法》关于成本费用规定的差异可体现在以下公式：

$$税前扣除 = \begin{matrix}会计核算的成本、\\ 费用、损失和税金\end{matrix} - \begin{matrix}税法规定不允许税前扣除的成本、\\ 费用、税金、损失和其他支出\end{matrix} - \begin{matrix}税法规定有限额在税前扣除的成本、\\ 费用、税金、损失和其他支出\end{matrix}$$

关于"税法规定有限额在税前扣除的成本、费用、税金、损失和其他支出"，这里不展开介绍。根据《企业所得税法》第十条的规定，不允许税前扣除的成本、费用、税金、损失和其他支出的内容包括：(1) 向投资者支付的股息、红利等权益性投资收益款项；(2) 企业所得税税款；(3) 税收滞纳金；(4) 罚金、罚款和被没收财务的损失；(5) 公益性捐赠以外的捐赠支出；(6) 赞助支出；(7) 未经核定的准备金支出；(8) 与取得收入无关的其他支出。

《小企业会计准则》规定，小企业的费用包括营业成本、税金及附加、销售费用、管理费用、财务费用等。与《企业会计准则》的一个主要差异是，《小企业会计准则》并不要求计提各种减值准备。

《小企业会计准则》关于费用的规范，与《企业所得税法》规定的成本、费用、税金可能存在的差异主要是两个方面：一是有些费用项目在计量上存在不

同，企业所得税法规定了一些费用项目税前扣除标准，比如职工福利费、工会经费、职工教育经费、业务招待费、广告费和业务宣传费、研究开发费用等。但《小企业会计准则》要求将这些费用据实计入当期损益；二是个别费用项目在确认上存在不同，《企业所得税法》所规定的成本、费用和税金强调了与收入的相关性原则和这些支出的合理性原则。《小企业会计准则》要求符合费用定义的费用要全部计入当期。除了上述的两方面区别，两者的对应关系可以用以下几个等式表示。

（1）《小企业会计准则》规定的营业成本（销售商品的成本＋提供劳务的成本）＝《企业所得税法》所规定的成本（销售成本＋销货成本＋业务支出＋其他耗费）。其中，《小企业会计准则》所规定的销售商品成本＝《企业所得税法》所规定的销售成本＋销货成本＋其他耗费。

《小企业会计准则》所规定的提供劳务的成本＝《企业所得税法》所规定的业务支出＋其他耗费。

（2）《小企业会计准则》所规定的销售费用＝《企业所得税法》所规定的销售费用。

（3）《小企业会计准则》所规定的管理费用＝《企业所得税法》所规定的管理费用。

（4）《小企业会计准则》所规定的财务费用＝《企业所得税法》所规定的财务费用。

（5）《小企业会计准则》所规定的税金及附加＝《企业所得税法》所规定的税金。

第三节 利　　润

一、利润的定义和计算

利润，是指企业在一定会计期间的经营成果。利润包括收入减去费用后的净额、直接计入当期利润的利得和损失等。直接计入当期利润的利得和损失，是指应当计入当期损益、会导致所有者权益发生增减变动的、与所有者投入资本或者向所有者分配利润无关的利得或者损失。

利润金额的计量取决于收入和费用、直接计入当期利润的利得和损失金额的计量。利润的计算公式如下：

1. 营业利润＝营业收入－营业成本－税金及附加－销售费用－管理费用－财务费用－资产减值损失＋公允价值变动收益－公允价值变动损失＋投资收益－投资损失。其中，营业收入，是指企业经营业务所实现的收入总额，包括主营业务收入和其他业务收入；营业成本，是指企业经营业务所发生的实际成本总额，包括主营业务成本和其他业务成本。资产减值损失，是指企业计提各项资产减值准备所形成的损失；公允价值变动收益（或损失），是指企业交易性金融资产等公允价值变动形成的应计入当期损益的利得（或损失）；投资收益（或损失），是指企业以各种方式对外投资所取得的收益（或发生的损失）。

2. 利润总额 = 营业利润 + 营业外收入 − 营业外支出。其中，营业外收入（或支出），是指企业发生的与日常活动无直接关系的各项利得（或损失）。

3. 净利润 = 利润总额 − 所得税费用。其中，所得税费用，是指企业确认的应从当期利润总额中扣除的所得税费用。

二、资产减值损失

资产减值损失，是指企业应收账款、存货、长期股权投资、持有至到期投资、固定资产、在建工程、工程物资、无形资产等发生减值确认的减值损失。

企业应当在资产负债表日判断资产是否存在可能发生减值的迹象。如果资产存在减值迹象，企业应当估计资产可收回金额。资产可收回金额应当根据资产的公允价值减去处置费用后的金额与资产预计未来现金流量的现值两者之间较高者确定。处置费用包括与资产处置有关的法律费用、相关税费、搬运费以及为使资产达到可销售状态所发生的直接费用等。

资产的公允价值减去处置费用后的净额与资产预计未来现金流量的现值，只要有一项超过了资产的账面价值，就表明资产没有发生减值。资产的可收回金额低于其账面价值的，应当将资产的账面价值减记至可收回金额，减记的金额确认为资产减值损失，计入当期损益，同时计提相应的资产减值准备，即借记"资产减值损失"科目，贷记"坏账准备"、"存货跌价准备"、"长期股权投资减值准备"、"持有至到期投资减值准备"、"固定资产减值准备"、"在建工程——减值准备"、"工程物资——减值准备"、"无形资产减值准备"等科目。

《企业会计准则》规定，资产减值损失一经确认，在以后会计期间不得转回。

资产减值损失确认后，减值资产的折旧或摊销费用应在未来期间作相应调整，以使该资产在剩余使用寿命内系统地分摊调整后的资产账面价值（扣除预计净残值）。

【例13 – 32】在20×9年12月末，丙公司固定资产账面价值为300 000元，可收回金额为289 000元，以往未发生减值。丙公司在12月末计提固定资产减值准备11 000元。

借：资产减值损失　　　　　　　　　　　　　　11 000
　　贷：固定资产减值准备　　　　　　　　　　　　　11 000

三、公允价值变动损益

公允价值变动损益，是指交易性金融资产等以公允价值计量且其变动计入当期损益的资产和负债由于公允价值变动形成的损益。

企业有关资产的公允价值高于其账面价值时,企业应确认公允价值变动收益,借记有关资产科目,贷记"公允价值变动损益"科目;有关资产的公允价值低于其账面价值时,企业应确认公允价值变动损失,借记"公允价值变动损益",贷记相关资产科目。

【例13-33】在20×7年12月末,庚公司的交易性金融资产的账面价值为60 000元,公允价值为75 000元。交易性金融资产公允价值高于账面价值15 000元。庚公司的账务处理如下:

借:交易性金融资产——公允价值变动　　　　　　　　15 000
　　贷:公允价值变动损益　　　　　　　　　　　　　　　　　15 000

四、投资收益与投资损失

投资收益,是指企业从事各项对外投资活动取得的收入大于其成本的差额。投资损失,是指企业从事各项对外投资活动取得的收入小于其成本的差额。当出现投资收益时,企业借记有关科目,贷记"投资收益"科目;当出现投资损失时,企业借记"投资收益",贷记有关科目。

【例13-34】20×6年6月5日,辛公司用银行存款6 000元购入股票,初始确认为交易性金融资产。7月5日将股票全部售出,收取价款5 800元存入银行。辛公司的账务处理如下:

①购入股票时:
借:交易性金融资产　　　　　　　　　　　　　　　　　6 000
　　贷:银行存款　　　　　　　　　　　　　　　　　　　　　6 000
②售出股票时:
借:银行存款　　　　　　　　　　　　　　　　　　　　5 800
　　投资收益　　　　　　　　　　　　　　　　　　　　　200
　　贷:交易性金融资产　　　　　　　　　　　　　　　　　6 000

五、营业外收入与营业外支出

1. 营业外收入。营业外收入,是指企业发生的与日常活动无直接关系的各项利得,主要包括非流动资产处置利得、非货币性资产交换利得、债务重组利得、政府补助、盘盈利得、捐赠利得等。

取得营业外收入时,企业借记有关科目,贷记"营业外收入"科目。期末,企业应将"营业外收入"科目余额转入"本年利润"科目,结转后该科目无余额。

2. 营业外支出。营业外支出,是指企业发生的与日常活动无直接关系的各项损失,主要包括非流动资产处置损失、非货币性资产交换损失、债务重组损失、公益性捐赠支出、非常损失、盘亏损失等。

发生营业外支出时，企业借记"营业外支出"科目，贷记有关科目。期末，企业应将"营业外支出"科目余额转入"本年利润"科目，结转后该科目无余额。

【例13-35】甲公司在20×8年3月20日销售一批材料给乙公司，材料不含税价格为200 000元，增值税税率为17%。按合同规定，乙公司应在6月1日前偿付货款。由于财务发生困难，乙公司未能如期履约。双方经协商在7月1日进行债务重组。债务重组协议规定，甲公司同意减免乙公司30 000元债务，乙公司采用银行存款将余额付清。甲公司在7月15日收到乙公司的付款。假设甲公司已为该项应收债权计提20 000元的坏账准备。

甲公司的账务处理如下。

①销售材料时：

借：应收账款	234 000
贷：其他业务收入	200 000
应交税费——应交增值税（销项税额）	34 000

②债务重组，收到款项时：

借：银行存款	204 000
营业外支出——债务重组损失	10 000
坏账准备	20 000
贷：应收账款	234 000

乙公司的账务处理如下。

①购入材料时：

借：原材料	200 000
应交税费——应交增值税（进项税额）	34 000
贷：应付账款	234 000

②债务重组，付清款项时：

借：应付账款	234 000
贷：银行存款	204 000
营业外收入——债务重组利得	30 000

六、所得税费用

净利润等于利润总额扣除所得税费用。所得税费用等于当期所得税（即当期应交所得税）加上递延所得税费用。

所得税费用 = 当期所得税 + 递延所得税费用

1. 当期所得税。当期所得税，是指企业按照税法规定计算确定的针对当期发生的交易和事项，应缴纳给税务部门的所得税金额。企业会计处理出来的会计利润并不能直接等同于当期应纳税所得额，而是应按照税法规定对会计利润进行调整才能得到应纳税所得额。当期所得税等于当期应纳税所得额乘以适用的所得税率,再扣除减免税款、抵免税额。

当期所得税 = 应纳税所得额 × 适用的所得税税率 – 减免税额 – 抵免税额

应纳税所得额 = 会计利润 + 永久性差异纳税调整额 + 暂时性差异纳税调整额

永久性差异,是指在某一会计期间,由于《企业会计准则》和税法在计算收益、费用或损失时的口径差异而产生的税前会计利润与应纳税所得额之间的差异。永久性差异在本期发生,不会在以后各期转回。税前会计利润应加减永久性差异调整为应纳税所得额。永久性差异项目包括:不征税收入、免税收入、先征后返的部分税款、减免税所得、加计扣除等内容。

暂时性差异,是指资产或负债的账面价值与其计税基础之间的差额。未作为资产和负债确认的项目,按照税法规定可以确定其计税基础的,该计税基础与其账面价值之间的差额也属于暂时性差异。计税基础,是指计算应纳税所得额的基础,它是在计算应纳税所得额时按照税法规定允许扣除的资产成本金额。

按照暂时性差异对未来期间应税金额的影响,分为应纳税暂时性差异和可抵扣暂时性差异。资产的账面价值大于其计税基础或负债的账面价值小于其计税基础的,产生应纳税暂时性差异;资产的账面价值小于其计税基础或负债的账面价值大于其计税基础的,产生可抵扣暂时性差异。

通常情况下,资产在取得时其入账价值与计税基础是相同的,后续计量过程中因企业会计准则与税法规定的差异,两者可能产生差异。比如说,交易性金融资产。按照企业会计准则,交易性金融资产在期末按照公允价值计量,公允价值变动计入当期损益。按照税法规定,交易性金融资产在持有期间公允价值变动不计入应纳税所得额,即其计税基础保持不变,因此交易性金融资产的账面价值和计税基础之间产生了应纳税暂时性差异(公允价值变动部分),这部分差异应进行税前调整。

【例13-36】戊公司持有一项交易性金融资产,成本是2 000万元,期末这一交易性金融资产公允价值是1 800万元,计税基础是2 000万元。交易性金融资产的账面价值与计税基础之间存在200万元差额。戊公司的账务处理如下:

借:公允价值变动损益　　　　　　　　　　　　　　2 000 000
　　贷:交易性金融资产——公允价值变动　　　　　　　　2 000 000

由于税法规定交易性金融资产在持有期间公允价值变动不计入应纳税所得额,公司应调增应纳税所得额200万元。

短期借款、应付票据、应付账款等负债的确认和偿还,通常不会对当期损益和应纳税所得额产生影响,其计税基础与账面价值相等。但是,在某些情况下,负债的确认可能会影响损益,并影响不同期间的应纳税所得额,使其计税基础与账面价值产生差额,比如按照企业会计准则确认的预计负债。

【例13-37】20×8年11月2日丁公司因与庚公司签订了互相担保协议,成为相关诉讼的第二被告。截至20×8年12月31日,诉讼尚未判决。但由于庚公司经营困难,丁公司很可能要承担还款连带责任。据预计,丁公司承担还款金额2 000 000元责任的可能性为60%,而承担还款金额1 000 000元的可能性为40%

（假定不考虑诉讼费）。根据新会计准则的规定，丁公司应在20×8年12月31日确认一项预计负债2 000 000元（最可能发生金额），并在附注中作相关披露。财务处理如下：

借：营业外支出——赔偿支出　　　　　　　　2 000 000
　　贷：预计负债——未决诉讼　　　　　　　　　　　2 000 000

但是，根据税法规定本期计提的预计负债不得在税前扣除，公司应调增应纳税所得额200万元。

2. 递延所得税。递延所得税，是指按照《企业会计准则》规定应予确认的递延所得税资产和递延所得税负债在期末应有的金额相对于原已确认金额之间的差额。用公式表示如下：

递延所得税 = (期末递延所得税负债 − 期初递延所得税负债)
　　　　　　− (期末递延所得税资产 − 期初递延所得税资产)

递延所得税负债，是指按照应纳税暂时性差异和现行税率计算的负债，其性质属于应付的税款，在未来期间转为应纳税款。期末递延所得税负债大于期初递延所得税负债的差额，应确认递延所得税费用，借记"所得税费用"科目，贷记"递延所得税负债"科目。反之，则冲减递延所得税负债，并作为递延所得税收益处理，借记"递延所得税负债"科目，贷记"所得税费用"科目。

递延所得税资产，是指按照可抵扣暂时性差异和现行税率计算确定的资产，其性质属于预付的税款，在未来期间抵扣应纳税款。期末递延所得税资产大于期初递延所得税资产的差额，应确认为递延所得税收益，冲减所得税费用，借记"递延所得税资产"科目，贷记"所得税费用"科目；反之，则应冲减递延所得税资产，并作为递延所得税费用处理，借记"所得税费用"科目，贷记"递延所得税资产"科目。

如果企业形成的暂时性差异不涉及损益项目，则确认的递延所得税资产或递延所得税负债应直接调整资本公积，借记"递延所得税资产"科目，贷记"资本公积——其他资本公积"科目；或借记"资本公积——其他资本公积"科目，贷记"递延所得税负债"科目。

【例13-38】假设癸公司20×9年12月发生的应纳税暂时性差异、可抵扣暂时性差异、递延所得税负债、递延所得税资产、递延所得税费用和递延所得税收益的计算如下：

①应纳税暂时性差异：
交易性金融资产账面价值 = 90 000（元）
交易性金融资产计税基础 = 80 000（元）
应纳税暂时性差异 = 90 000 − 80 000 = 10 000（元）
递延所得税负债 = 10 000 × 25% = 2 500（元）
②可抵扣暂时性差异：
应收账款账面价值 = 80 000（元）
应收账款计税基础 = 82 000（元）

固定资产账面价值 = 280 000（元）

固定资产的计税基础 = 285 000（元）

可抵扣暂时性差异 = (82 000 + 285 000) - (80 000 + 280 000) = 7 000（元）

递延所得税资产 = 7 000 × 25% = 1 750（元）

③账务处理如下：

借：所得税费用——递延所得税费用　　　　　　　　　　750

　　递延所得税资产　　　　　　　　　　　　　　　　1 750

　　贷：递延所得税负债　　　　　　　　　　　　　　　　　2 500

【例13-39】壬公司持有某项可供出售金融资产，成本为500万元。期末，这项可供售出金融资产的公允价值为560万元，壬公司适用的企业所得税税率为25%。假设除此项外，壬公司不存在其他会计与税收之间的差异，且递延所得税资产和递延所得税负债不存在期初余额。壬公司相应的账务处理如下：

①会计确认60万元的公允价值变动：

借：可供出售金融资产——公允价值变动　　　　　　600 000

　　贷：资本公积——其他资本公积　　　　　　　　　　　600 000

②确认应纳税暂时性差异的所得税影响：

借：资本公积——其他资本公积　　　　　　　　　　150 000

　　贷：递延所得税负债　　　　　　　　　　　　　　　　　150 000

【例13-40】甲公司2008年利润表中利润总额为2 400万元，公司适用的企业所得税税率为25%。递延所得税资产及递延所得税负债不存在期初余额。与企业所得税有关的情况如下：

2008年甲公司发生的有关交易和事项中，会计处理与税收处理的差异有：

①2008年1月开始计提折旧的一项固定资产，其成本为1 200万元，使用年限为10年，净残值为0。会计处理按双倍余额递减法计提折旧，税收处理按照直线法计提折旧。因此，会计计提年折旧 = 1 200(2/10) = 240（万元），而税收处理计提的年折旧 = 1 200/10 = 120（万元）。简言之，甲公司应就固定资产折旧调增应纳税所得额 = (240 - 120) = 120（万元）。

②甲公司向关联企业捐赠400万元。根据税法规定，企业向关联方捐赠是不允许在税前进行扣除。甲公司必须就此项捐赠调增应纳税所得额400万元。

③甲公司违反环保规定应支付罚款200万元。根据税法规定，罚款不允许在税前进行扣除。甲公司应就此调增应纳税所得额200万元。

④期末。甲公司对存货计提存货跌价准备60万元。根据税法规定，准备金一般不允许税前扣除。甲公司应就存货跌价准备调增应纳税所得额60万元。

2008年应纳税所得额、应交所得税：

应纳税所得额 = 24 000 000 + 1 200 000 + 4 000 000 + 2 000 000 + 600 000
　　　　　　 = 31 800 000（元）

应交所得税 = 31 800 000 × 33% = 10 494 000（元）

2008年递延所得税资产：

递延所得税资产 = (1 200 000 + 600 000) × 25% = 450 000（元）

利润表中应确认的所得税费用：

所得税费用 = 10 494 000 - 450 000 = 10 044 000（元）

借：所得税费用　　　　　　　　　　　　　　10 044 000
　　递延所得税资产　　　　　　　　　　　　　　450 000
　　贷：应交税费——应交所得税　　　　　　　10 494 000

七、本年利润的会计处理

企业应设置"本年利润"科目核算企业本年度实现的净利润。净利润的核算方式一般有账结法和表结法。

1. 账结法，是指企业每月月末将所有损益类科目的余额转入"本年利润"科目，即，借记所有收入类科目，贷记"本年利润"科目；借记"本年利润"科目，贷记所有费用类科目。结转后，企业损益类科目月末均无余额，"本年利润"科目的贷方出现余额，表示年度内累计实现的净利润。"本年利润"科目的借方出现余额，表示年度内累计实现的净亏损。账结法的优点是企业的账面直接反映各月月末累计实现的净利润和累计发生的净亏损，其缺点是每月结转本年利润的工作量较大。

2. 表结法，是指企业只在年末才将所有损益类科目的余额结转入"本年利润"科目。采用表结法，企业各损益类科目的月末余额表示累计的收入或费用。"本年利润"科目在1~11月月末不作记录，12月月末结转本年利润，即：借记所有收入类科目，贷记"本年利润"科目；借记"本年利润"科目，贷记所有费用类科目。结转后，企业损益类科目月末均无余额，"本年利润"科目的贷方出现余额，表示年度内累计实现的净利润。"本年利润"科目的借方出现余额，表示年度内累计实现的净亏损。表结法的优点是平时不必结转，简化了会计核算工作；缺点是账面无法直接反映各月月末的累计净利润或净亏损。

企业本年利润结转的账务处理如下：

（1）结转本年收入：

借：主营业务收入
　　其他业务收入
　　投资收益
　　营业外收入
　　贷：本年利润

（2）结转本年费用：

借：本年利润
　　贷：主营业务成本
　　　　其他业务成本
　　　　税金及附加

　　　　销售费用
　　　　管理费用
　　　　财务费用
　　　　营业外支出
　　　　所得税费用
　　企业净利润分配的内容主要包括弥补以前年度亏损、提取盈余公积和向投资者分配利润等。
　　（1）弥补以前年度亏损。税法规定，企业某年度发生纳税亏损，在其后5年内可以用应税所得弥补，从第6年开始只能用净利润弥补。如果净利润还不够弥补亏损，则可以用发生亏损以前提取的盈余公积来弥补。用盈余公积弥补亏损时：
　　借：盈余公积
　　　　贷：利润分配——盈余公积补亏
　　（2）提取盈余公积金时：
　　借：利润分配——提取盈余公积
　　　　贷：盈余公积
　　（3）向投资者分配利润时：
　　借：利润分配——应付利润
　　　　贷：应付利润
　　（4）向股东分派股利时：
　　借：利润分配——应付股利
　　　　贷：应付股利
　　年度终了，企业还应将"本年利润"科目的本年累计余额转入"利润分配——未分配利润"科目。还要将"利润分配"科目的其他二级科目的余额转入"未分配利润"二级科目。
　　（1）结算本年利润：
　　如果本年利润出现贷方余额：
　　借：本年利润
　　　　贷：利润分配——未分配利润
　　如果本年利润出现借方余额：
　　借：利润分配——未分配利润
　　　　贷：本年利润
　　（2）结算本年利润分配：
　　借：利润分配——未分配利润
　　　　贷：利润分配——提取盈余公积
　　　　　　　　　——应付利润
　　　　　　　　　——应付股利

八、与《小企业会计准则》的差异

由于《企业会计准则》与《小企业会计准则》在收入与费用的确认规定上存在一些差异,因此,《小企业会计准则》与《企业会计准则》关于利润总额的计算也存在差异。

1. 营业利润计算的差异。按照《企业会计准则》的规定,企业营业利润的计算如下:

营业利润 = 营业收入 − 营业成本 − 税金及附加 − 销售费用 − 管理费用
− 财务费用 − 资产减值损失 + 公允价值变动收益
− 公允价值变动损失 + 投资收益 − 投资损失

而按照《小企业会计准则》的规定,企业营业利润的计算如下:

营业利润 = 营业收入 − 营业成本 − 税金及附加 − 销售费用 − 管理费用
− 财务费用 + 投资收益(− 投资损失)

其中:

营业收入 = 主营业务收入 + 其他业务收入 = 销售商品收入 + 提供劳务收入
营业成本 = 主营业务成本 + 其他业务成本 = 销售商品成本 + 提供劳务成本

2. 利润总额计算的差异。《企业会计准则》与《小企业会计准则》有关利润总额计算公式虽然都是一样的,但由于营业利润计算存在差异,两者计算也因此存在差异。

利润总额 = 营业利润 + 营业外收入 − 营业外支出

3. 净利润计算差异。《企业会计准则》与《小企业会计准则》有关净利润的计算公式虽然都是一样的,但是,两者关于所得税费用规定的差异导致计算也存在差异。

净利润 = 利润总额 − 所得税费用

《小企业会计准则》规定,小企业采用应付税款法计算所得税费用;而《企业会计准则》规定,企业采用资产负债表债务法计算所得税费用。因此,小企业的当期所得税费用 = 当期应交所得税;而《企业会计准则》规定,所得税费用 = 当期所得税 + 递延所得税费用。

思 考 题

1. 简述收入的定义、销售商品收入的确认条件、提供劳务交易的结果能够可靠估计的条件、让渡资产使用权收入的定义。
2. 简述费用以及期间费用、管理费用、销售费用、财务费用的定义。
3. 简述利润、资产减值损失、营业外收入和营业外支出以及净利润的定义?
4. 简述递延所得税负债和递延所得税资产的定义。

习 题

1. 甲公司销售一批产品，销售总价是 6 万元（含增值税），增值税税率为 17%。甲公司采用现金折扣条件是 "3/10，2/20，n/30"。已经办妥托收手续，请做出甲公司在销售和不同现金折扣条件下的账务处理。

2. 乙公司在 20×7 年 10 月 1 日与丁公司签订安装劳务合同，安装工期 5 个月，合同总收入 900 000 元。至 20×7 年 12 月 31 日，乙公司发生成本 500 000 元（假定都为开发人员薪酬），预收账款 600 000 元。乙公司预计安装成本还将发生 100 000 元。经专业测量该工程已经完成 55%，假定乙公司按季度编制财务报表，请做出乙公司的账务处理。

第十四章 财务报告

学习目标
1. 了解财务报表的种类、目标和编制要求。
2. 理解资产负债表的内容、结构及编制要求。
3. 理解利润表的内容、结构及编制要求。
4. 理解现金流量表的内容、结构及编制要求。
5. 理解所有者权益变动表的内容和结构。
6. 理解报表附注的作用及主要内容。
7. 掌握资产负债表、利润表、现金流量表和所有者权益变动表的编制方法。

第一节 财务报告概述

财务报告,是指企业对外提供的反映企业某一特定日期的财务状况和某一会计期间的经营成果、现金流量等会计信息的文件。

一、财务报表的目标、组成和分类

1. 财务报表的目标:向财务报表使用者提供与企业财务状况、经营成果和现金流量等有关的会计信息,反映企业管理层受托责任的履行情况,有助于财务报表使用者做出经济决策。

2. 财务报表至少应当包括下列组成部分:(1)资产负债表;(2)利润表;(3)现金流量表;(4)所有者权益变动表;(5)附注。

3. 财务报表的分类。按财务报表编报期间的不同,可以分为中期财务报表和年度财务报表。中期报表是以短于一个完整会计年度的报告期为基础编制的财务报表,包括月报、季报和半年报等。

按财务报表编报主体的不同,可以分为个别财务报表和合并财务报表。个别财务报表是由企业在自身会计核算基础上对账簿记录进行加工而编制的财务报表,它主要用于反映企业自身的财务状况、经营成果和现金流量情况。合并财务报表是以母公司和子公司组成的企业集团为会计主体,根据母公司和所属子公司的财务报表,由母公司编制的综合反映企业集团财务状况、经营成果及现金流量的财务报表。

二、财务报表列报的基本要求

1. 企业应当根据实际发生的交易和事项，按照《企业会计准则——基本准则》、各项具体会计准则的规定进行确认和计量，并在此基础上编制财务报表。企业应当在附注中对这一情况做出说明，只有遵循了企业会计准则的所有规定时，财务报表才应当被称为"遵循了企业会计准则"。同时，企业不应以在附注中披露代替对交易或事项的确认和计量，不恰当的确认和计量也不能通过充分披露相关会计政策而纠正。

2. 企业应当以持续经营假设为基础编制财务报表，企业处于非持续经营状态时，应当采用其他基础编制财务报表，并应当在附注中声明财务报表未以持续经营为基础列报，披露未以持续经营为基础的原因以及财务报表的编制基础。企业存在以下情况之一的，通常表明企业处于非持续经营状态：(1) 企业已在当期进行清算或停止营业；(2) 企业已正式决定在下一个会计期间进行清算或停止营业；(3) 企业已确定在当期或下一个会计期间没有其他可供选择的方案而将被迫进行清算或停止营业。在编制财务报表的过程中，企业管理层应当利用其所有可获得的信息来评价企业自报告期末起至少 12 个月的持续经营能力。评价时需要考虑的因素包括宏观政策风险、市场经营风险和企业目前或长期的盈利能力、偿债能力、财务弹性以及企业管理层改变经营政策的意向等。评价结果表明对持续经营产生重大怀疑的，企业应当在附注中披露导致对持续经营能力产生重大怀疑的因素以及企业拟采取的改善措施。

3. 企业应当按照权责发生制编制除现金流量表以外的财务报表，现金流量表要按照收付实现制编制。

4. 企业应当依据重要性原则判断项目在财务报表中是单独列报还是合并列报。

(1) 性质或功能不同的项目，一般应当在财务报表中单独列报，比如存货和固定资产在性质、功能上都有本质差别，必须分别在资产负债表中单独列报。但是，不具有重要性的项目可以合并列报。

(2) 性质或功能类似的项目，一般可以合并列报，但是，对其具有重要性的类别应该单独列报。比如原材料、在产品等项目在性质上类似，均通过生产过程形成企业的产品存货，因此，可以合并列报，合并之后的类别统称为"存货"在资产负债表中列报。

(3) 项目单独列报的原则不仅适用于报表，还适用于附注。某些项目的重要性程度不足以在资产负债表、利润表、现金流量表或所有者权益变动表中单独列报，但是，可能对附注而言却具有重要性，这种情况下应当在附注中单独披露。

(4) 重要性是判断项目是否单独列报的重要标准。企业在进行重要性判断时，应当根据所处环境，从项目的性质和金额大小两方面予以判断：一方面，应当考虑该项目的性质是否属于企业日常活动、是否对企业的财务状况和经营成果具有显著影响等因素；另一方面，判断项目金额大小的重要性，应当通过单项金额占资产总额、负债总额、所有者权益总额、营业收入总额、营业成本总额、净利润、其他综合收益总额等直接相关项目金额的比重或所属报表单列项目金额的比重加以确定。同时，企业对于各个项目重要性的判断标准一经确定，不得随意变更。

（5）无论是财务报表列报准则规定的单独列报项目，还是其他具体会计准则规定单独列报的项目，企业都应当予以单独列报。

5. 财务报表的可比性要求列报的一致性。这一要求不仅只针对财务报表中的项目名称，还包括财务报表项目的分类、排列顺序等方面。财务报表项目的列报应当在各个会计期间保持一致，不得随意变更。

在以下规定的特殊情况下，财务报表项目的列报是可以改变的：（1）会计准则要求改变；（2）企业经营业务的性质发生重大变化或对企业经营影响较大的交易或事项发生后，变更财务报表项目的列报能够提供更可靠、更相关的会计信息。

6. 除非有规定，财务报表项目间的金额不能相互抵销，即不得以净额列报。下列三种情况不属于抵销，可以以净额列示：（1）资产或负债项目按扣除备抵项目后的净额列示，不属于抵销。例如，对资产计提减值准备，表明资产的价值确实已经发生减损，按扣除减值准备后的净额列示，反映了资产当时的真实价值。（2）非日常活动的发生具有偶然性，并非企业主要的业务，从重要性来讲，非日常活动产生的利得和损失，以同一交易形成的收益扣减相关费用后的净额列示，更有利于报表使用者的理解。例如，非流动资产处置形成的利得和损失，应当按处置收入扣除该资产的账面金额和相关销售费用后的净额列报。（3）一组类似交易形成的利得和损失以净额列示的，不属于抵销。例如，汇兑损益应当以净额列报。但是，如果相关利得和损失具有重要性，则应当单独列报。

7. 企业在列报当期财务报表时，至少应当提供所有列报项目上一个可比会计期间的比较数据，以及与理解当期财务报表相关的说明。列报比较信息的目的是向报表使用者提供对比数据，提高信息在会计期间的可比性，以反映企业财务状况、经营成果和现金流量表的发展趋势，提高报表使用者的判断与决策能力。列报比较信息的这一要求适用于财务报表的所有组成部分，即既适用于四张报表也适用于附注。

在财务报表项目的列报确需发生变更的情况下，企业应当至少对可比期间的数据按照当期的列报要求进行调整，并在附注中披露调整的原因和性质，以及调整的各项目金额。但是，在某些情况下，对可比期间比较数据进行调整是不切实可行的，则应当在附注中披露不能调整的原因以及假设金额重新分类可能进行调整的性质。

8. 财务报表的表首部分，企业应当概括地说明下列基本信息：（1）编报企业的名称，如企业名称在所属当期发生了变更，还应明确标明；（2）对资产负债表而言,须披露资产负债表日,而对利润表、现金流量表、所有者权益变动表而言,须披露报表涵盖的会计期间;(3)货币名称和单位,按照我国《企业会计准则》的规定,企业应当以人民币作为记账本位币列报,并标明金额单位,如人民币元、人民币万元等;(4)财务报表是合并财务报表的,应当予以标明。

9. 报告期间。企业至少应当编制年度财务报表。根据《中华人民共和国会计法》的规定,会计年度自公历1月1日起至12月31日止。因此,在编制年度财务报表时,可能存在年度财务报表涵盖的期间短于一年的情况,比如企业在年度中间(如3月1日)开始设立等,在这种情况下,企业应当披露年度财务报表的实际涵盖期间及其短于一年的原因,并说明由此引起财务报表项目与比较数据不具有可比性这一事实。

第二节 资产负债表

一、资产负债表概述

资产负债表是反映企业在某一特定日期的财务状况的报表。资产负债表主要反映资产、负债和所有者权益三方面的内容,并满足"资产=负债+所有者权益"平衡式。

1. 资产应当按照流动资产和非流动资产两大类别在资产负债表中列示,在流动资产和非流动资产类别下进一步按性质分项列示。

资产负债表中列示的流动资产项目通常包括:货币资金、以公允价值计量且变动计入当期损益的金融资产、应收票据、应收账款、预付款项、应收利息、应收股利、其他应收款、存货和一年内到期的非流动资产等。

资产负债表中列示的非流动资产项目通常包括:长期股权投资、固定资产、在建工程、工程物资、固定资产清理、无形资产、开发支出、长期待摊费用、递延所得税资产以及其他非流动资产等。

2. 负债应当按照流动负债和非流动负债在资产负债表中进行列示,在流动负债和非流动负债类别下再进一步按性质分项列示。

资产负债表中列示的流动负债项目通常包括:短期借款、应付票据、应付账款、预收款项、应付职工薪酬、应交税费、应付利息、应付股利、其他应付款、一年内到期的流动负债等。

资产负债表中列示的非流动负债项目通常包括:长期借款、应付债券、长期应付款、预计负债、递延所得税负债和其他非流动负债等。

3. 所有者权益一般按照实收资本、资本公积、其他综合收益、盈余公积和未分配利润分项列示。

二、资产负债表的结构

在我国,资产负债表采用账户式结构,报表分为左、右两方。左方列示资产各项目,反映全部资产的分布及存在形态。大体按资产的流动性大小排列,流动性强的资产排在前面,流动性弱的资产排在后面。右方列示负债和所有者权益各项目,反映全部负债和所有者权益的内容及构成情况。负债一般按要求清偿时间的先后顺序排列,需要在一年以内或者长于一年的一个正常营业周期内偿还的流动负债排在前面,在一年以上才需偿还的非流动负债排在中间,而所有者权益则按其永久性递减的顺序排列,先实收资本(股本),后资本公积、其他综合收益、盈余公积,最后是未分配利润。

资产负债表左、右双方平衡,资产总计等于负债和所有者权益总计,即"资产 = 负债 + 所有者权益"。此外,企业需要提供比较资产负债表,资产负债表还就各项目再分为"年初余额"和"期末余额"两栏分别填列。资产负债表的具体格式如表 14-5 所示。

三、金融资产和金融负债允许抵销与不得相互抵销的要求

1. 除非同时满足下列条件的,应当以相互抵销后的净额在资产负债表内列示外,金融资产和金融负债应当在资产负债表内分别列示,不得相互抵销。

(1)企业具有抵销已确认金额的法定权利,且该种法定权利现在是可执行的;

(2)企业计划以净额结算,或同时变现该金融资产和清偿该金融负债。

不满足终止确认条件的金融资产转移,转出方不得将已转移的金融资产和相关负债进行抵销。

例如,甲、乙公司为简化结算,合同明确约定,双方往来款项定期以净额结算。这种情况满足金融资产和金融负债相互抵销的条件,应当在资产负债表中以净额列示相关的应收款项或应付款项。

金融资产的变现和金融负债的结算只有发生在同一时刻,才被认为是同时进行的,才被认为没有信用风险或流动性风险敞口。只有这种情况下满足金融资产和金融负债相互抵销的条件,才能在资产负债表中以净额列示相关项目。因为这种风险敞口尽管相对短暂,但影响可能重大。比如,两项金融工具的同时结算可能通过有组织的金融市场中清算机构的结算或面对面交换等来实现。在这些情况下,现金流量实际上等于单一的净额。

在理解抵销条件时,还应注意以下两点:

(1)抵销权是债务人根据合同或其他协议,以应收债权人的金额全部或部分抵销应付债权人的金额的法定权利。在少数情况下,债务人可能拥有以应收第三方的金额抵销应付债权人的金额的法定权利,前提是三者之间签有明确赋予债务

人抵销权的协议。

（2）抵销金融资产和金融负债的执行权的存在，本身并不足以构成互相抵销的基础。在企业确实打算行使这项权利或同时结算时，以净额为基础列报资产和负债能更恰当地反映预期未来现金流量的金额和时间以及这些现金流量承受的风险。

企业拥有相互抵销权但并不打算以净额结算或同时变现资产和清偿负债的，该项权利对企业信用风险的影响应按有关规定予以披露。

2. 金融资产和金融负债不能相互抵销的主要情形。

（1）将几项金融工具组合在一起模仿成某项金融资产或金融负债，这种组合内的各单项金融工具形成的金融资产或金融负债不能相互抵销。

（2）作为某无追索权金融负债担保物的金融资产或其他资产，不能与被担保的金融负债抵销。

（3）企业与外部交易对手进行多项金融工具交易，同时签订"总抵销协议"。根据该协议，一旦某单项金融工具交易发生违约或解约，企业可以将所有金融工具交易以单一净额进行结算，以减少交易对手可能无法履约造成损失的风险。如果只是存在这种总抵销协议，而交易对手尚没有违约或解约，则不能说明企业已满足金融资产和金融负债相互抵销的条件。

（4）金融工具所形成的金融资产和金融负债具有同样的基础风险，但涉及不同的交易对手，不能相互抵销。

（5）债务人为解除某项负债将一定的金融资产进行托管，但债权人尚未接受以这些资产清偿负债，不能将相关金融资产和金融负债相互抵销。

（6）导致企业发生损失的事项而承担的义务，预期可根据保险合同向第三方索赔而得以补偿，不能相互抵销。

四、资产负债表的编制[①]

资产负债表各项目均需填列"年初余额"和"期末余额"两栏。其中，"年初余额"栏内各项数字，应根据上年年末资产负债表的"期末余额"栏内所列数字填列，且与上年年末资产负债表"期末余额"栏相一致。企业在首次执行新准则时，应当按照《企业会计准则第38号——首次执行企业会计准则》对首次执行新准则当年的"年初余额"栏及相关项目进行调整；以后期间，如果企业发生了会计政策变更、前期差错更正，应当对"年初余额"栏中的有关项目进行相应调整。此外，如果企业上年度资产负债表规定的项目名称和内容与本年度不一致，应当对上年年末资产负债表相关项目的名称和数字按照本年度的规定进行调整，填入"年初余额"栏。

资产负债表"期末余额"栏的填列方法主要有以下几种。

---

① 本章以已执行新金融工具准则或新收入准则的非金融企业的报表编制为例，下同。

"期末余额"栏一般应根据资产、负债和所有者权益类科目的期末余额填列。

1. 根据总账科目余额填列。"交易性金融资产"、"其他债权投资"、"其他权益工具投资"、"工程物资"、"固定资产清理"、"递延所得税资产"、"长期待摊费用"、"短期借款"、"以公允价值计量且变动计入当期损益的金融负债"、"应付票据"、"应付职工薪酬"、"应交税费"、"应付利息"、"应付股利"、"持有待售负债"、"其他应付款"、"专项应付款"、"预计负债"、"递延收益"、"递延所得税负债"、"实收资本（或股本）"、"其他权益工具"、"资本公积"、"库存股"、"其他综合收益"、"专项储备"、"盈余公积"等项目，应根据有关总账科目的余额填列。其中，长期待摊费用摊销年限只剩一年或不足一年的，或者预计在一年内（含一年）进行摊销的部分，仍在"长期待摊费用"项目中列示，不转入"一年内到期的非流动资产"项目。

有些项目则应根据几个总账科目的期末余额计算填列："货币资金"项目，应根据"库存现金"、"银行存款"、"其他货币资金"三个总账科目期末余额的合计数填列；"其他非流动资产"、"其他流动负债"项目，应根据有关科目的期末余额分析填列。

【例14-1】某企业2×15年12月31日结账后，"库存现金"科目余额为1 000元，"银行存款"科目余额为5 000 000元，"其他货币资金"科目余额为100 000元。

该企业2×15年12月31日资产负债表中的"货币资金"项目金额为：

1 000 + 5 000 000 + 100 000 = 5 101 000（元）

2. 根据明细账科目余额计算填列。"开发支出"项目，应根据"研发支出"科目中所属的"资本化支出"明细科目期末余额填列；"应付账款"项目，应根据"应付账款"和"预付账款"两个科目所属的相关明细科目的期末贷方余额合计数填列；"预收款项"项目，应根据"预收账款"和"应收账款"科目所属各明细科目的期末贷方余额合计数填列；"应交税费"项目，应根据"应交税费"科目所属各明细科目期末余额分析填列，其中借方余额的，应根据其流动性在"其他非流动资产"项目中填列；"一年内到期的非流动资产"、"一年内到期的非流动负债"项目，应根据有关非流动资产或非流动负债项目的明细科目余额分析填列；"应付职工薪酬"项目，应根据"应付职工薪酬"科目的明细科目期末余额分析填列；"长期借款"、"应付债券"项目，应分别根据"长期借款"、"应付债券"科目的明细科目余额分析填列；"未分配利润"项目，应根据"利润分配"科目中所属的"未分配利润"明细科目期末余额填列。

【例14-2】某企业2×15年12月31日结账后有关科目所属明细科目借贷方余额如表14-1所示。

表 14-1   单位：元

科目名称	明细科目借方余额合计	明细科目贷方余额合计
应收账款	1 500 000	10 000
预付账款	600 000	60 000
应付账款	300 000	180 000
预收账款	800 000	1 600 000

该企业 2×15 年 12 月 31 日资产负债表中相关项目的金额为：
"应收账款"项目金额 = 1 500 000 + 800 000 = 2 300 000（元）
"预付账款"项目金额 = 600 000 + 300 000 = 900 000（元）
"应付账款"项目金额 = 60 000 + 180 000 = 240 000（元）
"预收账款"项目金额 = 1 600 000 + 10 000 = 1 610 000（元）

3. 根据总账科目和明细账科目余额分析计算填列。"长期借款"项目，应根据"长期借款"总账科目余额扣除"长期借款"科目所属的明细科目中将在资产负债表日起一年内到期且企业不能自主地将清偿义务展期的长期借款后的金额计算填列；"其他流动资产"、"其他流动负债"项目，应根据有关总账科目及有关科目的明细科目期末余额分析填列；"其他非流动负债"项目，应根据有关科目的期末余额减去将于一年内（含一年）到期偿还数后的金额填列。

【例 14-3】某企业长期借款情况如表 14-2 所示。

表 14-2

借款起始日期	借款期限（年）	金额（元）
2×15 年 1 月 1 日	3	2 000 000
2×14 年 1 月 1 日	5	3 000 000
2×12 年 6 月 1 日	4	1 500 000

该企业 2×15 年 12 月 31 日资产负债表中"长期借款"项目金额为：
2 000 000 + 3 000 000 = 5 000 000（元）

企业应当根据"长期借款"总账科目余额 6 500 000 元（2 000 000 + 3 000 000 + 1 500 000）减去一年内到期的长期借款 1 500 000 元，作为资产负债表中"长期借款"项目的金额，即 5 000 000 元。将在一年内到期的长期借款 1 500 000 元应当填列在流动负债下"一年内到期的非流动负债"项目中。

4. 根据有关总账科目余额减去其备抵科目余额后的净额填列。"持有待售资产"、"债权投资"、"长期股权投资"、"在建工程"、"商誉"项目，应根据相关科目的期末余额填列，已计提减值准备的，还应扣减相应的减值准备；"固定资产"、"无形资产"、"投资性房地产"、"生产性生物资产"、"油气资产"项目，应根据相关科目的期末余额扣减相关的累计折旧（或摊销、折耗）填列，已计提减值准备的，还应扣减相应的减值准备，累计折旧（或摊销、折耗）年限只剩一年或不足一年的，或者预计在一年内（含一年）进行折旧（或摊销、折耗）的部分，仍在上述项目中列示，不转入"一年内到期的非流动资产"项目，采用公允价值计量的上述资产，应根据相关科目的期末余额填列；"长期应收款"项目，应根据"长期应收款"科目的期末余额，减去相应的"未实现融资收益"科目和"坏账准备"科目所属相关明细科目期末余额后的金额填列；"长期应付款"项目，应根据"长期应付款"科目的期末余额，减去相应的"未确认融资费用"科目期末余额后的金额填列。

【例 14-4】某企业 2×15 年 12 月 31 日结账后的"长期股权投资"科目余额为 200 000 元，"长期股权投资减值准备"科目余额为 6 000 元。则该企业 2×15 年 12 月 31 日资产负债表中的"长期股权投资"项目金额为：

200 000 - 6 000 = 194 000（元）

企业应以"长期股权投资"总账科目余额 200 000 元，减去其备抵科目"长期股权投资减值准备"科目余额 6 000 元后的净额 194 000 元，作为资产负债表中"长期股权投资"项目的金额。

5. 综合运用上述填列方法分析填列。主要包括："应收票据"、"应收利息"、"应收股利"、"其他应收款"项目，应根据相关科目的期末余额，减去"坏账准备"科目中有关坏账准备期末余额后的金额填列；"应收账款"项目，应根据"应收账款"和"预收账款"科目所属各明细科目的期末借方余额合计数，减去"坏账准备"科目中有关应收账款计提的坏账准备期末余额后的金额填列；"预付款项"项目，应根据"预付账款"和"应付账款"科目所属各明细科目的期末借方余额合计数，减去"坏账准备"科目中有关预付款项计提的坏账准备期末余额后的金额填列；"合同资产"和"合同负债"项目，应根据"合同资产"科目和"合同负债"科目的明细科目期末余额分析填列，同一合同下的合同资产和合同负债应当以净额列示，其中，净额为借方余额的，应当根据其流动性在"合同资产"或"其他非流动资产"项目中填列，已计提减值准备的，还应减去"合同资产减值准备"科目中相应的期末余额后的金额填列，其中，净额为贷方余额的，应当根据其流动性在"合同负债"或"其他非流动负债"项目中填列；"存货"项目，应根据"材料采购"、"原材料"、"发出商品"、"库存商品"、"周转材料"、"委托加工物资"、"生产成本"、"受托代销商品"等科目的期末余额及"合同履约成本"科目的明细科目中初始确认时摊销期限不超过一年或一个正常营业周期的期末余额合计，减去"受托代销商品款"、"存货跌价准备"科目期末余额及"合同履约成本减值准备"科目中相应的期末余额后的金额填列，材料采用计划成本核算，以及库存商品采用计划成本核算或售价核算的企业，还应按加或减材料成本差异、商品进销差价后的金额填列。"其他非流动资产"项目，应根据有关科目的期末余额减去将于一年内（含一年）收回数后的金额，及"合同取得成本"科目和"合同履约成本"科目的明细科目中初始确认时摊销期限在一年或一个正常营业周期以上的期末余额,减去"合同取得成本减值准备"科目和"合同履约成本减值准备"科目中相应的期末余额填列。

【例14-5】某企业采用计划成本核算材料,2×15年12月31日结账后有关科目余额为:"材料采购"科目余额为140 000元(借方),"原材料"科目余额为2 400 000元(借方),"周转材料"科目余额为1 800 000元(借方),"库存商品"科目余额为1 600 000元(借方),"生产成本"科目余额为600 000元(借方),"材料成本差异"科目余额为120 000元(贷方),"存货跌价准备"科目余额为210 000元。

该企业2×15年12月31日资产负债表中的"存货"项目金额为:

140 000 + 2 400 000 + 1 800 000 + 1 600 000 + 600 000 - 120 000 - 210 000 = 6 210 000(元)

企业应当以"材料采购"(表示在途材料采购成本)、"原材料"、"周转材料"(比如包装物和低值易耗品等)、"库存商品"、"生产成本"(表示期末在产品金额)各总账科目余额加总后,加上或减去"材料成本差异"总账科目的余额(若为贷方余额,应减去;若为借方余额,应加上),再减去"存货跌价准备"总账科目余额后的净额,作为资产负债表中"存货"项目的金额。

五、资产负债表编制示例

【例14-6】中天股份有限公司2×14年12月31日的资产负债表(年初余额略)及2×15年12月31日的科目余额表分别见表14-3和表14-4。假设中天股份有限公司2×15年度除计提固定资产减值准备导致固定资产账面价值与其计税基础存在可抵扣暂时性差异外,其他资产和负债项目的账面价值均等于其计税基础。假定中天公司未来很可能获得足够的应纳税所得额用来抵扣可抵扣暂时性差异,适用的所得税税率为25%。

表14-3　　　　　　　　　　　资产负债表　　　　　　　　　　　会企01表

编制单位:中天股份有限公司　　　2×14年12月31日　　　　　单位:元

资产	期末余额	年初余额	负债和所有者权益 (股东权益)	期末余额	年初余额
流动资产:			流动负债:		
货币资金	1 265 670		短期借款	270 000	
交易性金融资产	13 500		交易性金融负债		
衍生金融资产			衍生金融负债		
应收票据	221 400		应付票据	180 000	
应收账款	269 190		应付账款	858 420	
预付款项	90 000		预收款项		

续表

资产	期末余额	年初余额	负债和所有者权益（股东权益）	期末余额	年初余额
应收利息			合同负债		
应收股利			应付职工薪酬	99 000	
其他应收款	4 500		应交税费	32 940	
存货	2 322 000		应付利息	900	
合同资产			应付股利		
持有待售资产			其他应付款	45 000	
一年内到期的非流动资产			持有待售负债		
其他流动资产	90 000		一年内到期的非流动负债	900 000	
流动资产合计	4 276 260		其他流动负债		
非流动资产：			流动负债合计	2 386 260	
债权投资			非流动负债：		
其他债权投资			长期借款	540 000	
长期应收款			应付债券		
			其中：优先股		
			永续债		
长期股权投资	225 000		长期应付款		
其他权益工具投资			专项应付款		
其他非流动金融资产					
投资性房地产			预计负债		
固定资产	990 000		递延收益		
在建工程	1 350 000		递延所得税负债		
工程物资			其他非流动负债		
固定资产清理			非流动负债合计	540 000	
生产性生物资产			负债合计	2 926 260	
油气资产			所有者权益（股东权益）：		
无形资产	540 000		实收资本（或股本）	4 500 000	
开发支出			其他权益工具		
商誉			资本公积		
长期待摊费用			减：库存股		
递延所得税资产			其他综合收益		
其他非流动资产	180 000		盈余公积	90 000	
非流动资产合计	3 285 000		未分配利润	45 000	

续表

资产	期末余额	年初余额	负债和所有者权益（股东权益）	期末余额	年初余额
			所有者权益（股东权益）合计	4 635 000	
资产总计	7 561 260		负债和所有者权益（股东权益）总计	7 561 260	

表14-4　　　　　　　　　　　　科目余额表　　　　　　　　　　　　单位：元

科目名称	借方余额	科目名称	贷方余额
库存现金	2 200	短期借款	55 000
银行存款	886 414.10	应付票据	110 000
其他货币资金	8 030	应付账款	1 049 180
交易性金融资产		其他应付款	55 000
应收票据	72 600	应付职工薪酬	198 000
应收账款	660 000	应交税费	249 404.10
坏账准备	-1 980	应付利息	
预付账款	110 000	应付股利	35 437.43
其他应收款	5 500	一年内到期的长期负债	
材料采购	302 500	长期借款	1 276 000
原材料	49 500	股本	5 500 000
周转材料	41 855	盈余公积	137 247.44
库存商品	2 334 640	利润分配（未分配利润）	239 815.13
材料成本差异	4 675		
其他流动资产	110 000		
长期股权投资	275 000		
固定资产	2 641 100		
累计折旧	-187 000		
固定资产减值准备	-33 000		
工程物资	330 000		
在建工程	470 800		
无形资产	660 000		
累计摊销	-66 000		
递延所得税资产	8 250		
其他长期资产	220 000		
合计	8 905 084.10	合计	8 905 084.10

根据上述资料，编制中天股份有限公司 2×15 年 12 月 31 日的资产负债表，如表 14-5 所示。

表 14-5　　　　　　　　　　　资产负债表　　　　　　　　　会企01表

编制单位：中天股份有限公司　　　　2×15 年 12 月 31 日　　　　　　　单位：元

资产	期末余额	年初余额	负债和所有者权益（或股东权益）	期末余额	年初余额
流动资产：			流动负债：		
货币资金	896 644.10	1 265 670	短期借款	55 000	270 000
交易性金融资产		13 500	交易性金融负债		
应收票据	72 600	221 400	应付票据	110 000	180 000
应收账款	658 020	269 190	应付账款	1 049 180	858 420
预付款项	110 000	90 000	预收款项		
应收利息			合同负债		
应收股利			应付职工薪酬	198 000	99 000
其他应收款	5 500	4 500	应交税费	249 404.10	32 940
存货	2 733 170	2 322 000	应付利息		900
合同资产			应付股利	35 437.43	
持有待售资产			其他应付款	55 000	45 000
一年内到期的非流动资产			持有待售负债		
其他流动资产	110 000	90 000	一年内到期的非流动负债		900 000
流动资产合计	4 585 934.10	4 276 260	其他流动负债		
非流动资产：			流动负债合计	1 752 021.53	2 386 260
债权投资			非流动负债：		
其他债权投资			长期借款	1 276 000	540 000
长期应收款			应付债券		
			其中：优先股		
			永续债		
长期股权投资	275 000	225 000	长期应付款		
其他权益性工具投资			专项应付款		
其他非流动金融资产					
投资性房地产			预计负债		
固定资产	2 421 100	990 000	递延收益		
在建工程	470 800	1 350 000	递延所得税负债		

367

续表

资产	期末余额	年初余额	负债和所有者权益（或股东权益）	期末余额	年初余额
工程物资	330 000		其他非流动负债		
固定资产清理			非流动负债合计	1 276 000	540 000
生产性生物资产			负债合计	3 028 021.53	2 926 260
油气资产			所有者权益（或股东权益）：		
无形资产	594 000	540 000	实收资本（或股本）	5 500 000	4 500 000
开发支出			其他权益工具		
商誉			资本公积		
长期待摊费用			减：库存股		
递延所得税资产	8 250		其他综合收益		
其他非流动资产	220 000	180 000	盈余公积	137 247.44	90 000
非流动资产合计	4 319 150	3 285 000	未分配利润	239 815.13	45 000
			所有者权益（或股东权益）合计	5 877 062.57	4 635 000
资产总计	8 905 084.10	7 561 260	负债和所有者权益（或股东权益）总计	8 905 084.10	7 561 260

注：(1) 递延所得税资产期末余额 8 250 元 = 固定资产减值准备 33 000 × 25%；(2) 资产负债表的未分配利润年末数 = 资产负债表的未分配利润年初数 + 利润表的本年净利润累计数。

第三节 利 润 表

一、利润表的概念和结构

利润表是反映企业在一定会计期间经营成果的会计报表。

常见的利润表结构主要有单步式和多步式两种。在我国，企业利润表采用的基本上是多步式结构，即通过对当期的收入、费用、支出项目按性质加以归类，按利润形成的主要环节列示一些中间性利润指标，分步计算当期净损益。

利润表主要反映以下七方面的内容：(1) 营业收入；(2) 营业利润；(3) 利润总额；(4) 净利润；(5) 其他综合收益，具体分为"以后会计期间不能重分类进损益的其他综合收益项目"和"以后会计期间在满足规定条件时将重分类进损益的其他综合收益项目"两类，并以扣除相关所得税影响后的净额列报；(6) 综合收益总额，综合收益总额是企业净利润与其他综合收益税后净额的合计金额；(7) 每股收益，包括基本每股收益和稀释每股收益两项指标。

此外，企业需要提供比较利润表，利润表还就各项目再分为"本期金额"和"上期金额"两栏分别填列。利润表具体格式见表 14-6。

表 14-6　　　　　　　　　　　　利润表　　　　　　　　　　　会企 02 表

编制单位：××股份有限公司　　　　2×15 年　　　　　　　　　单位：元

项　目	本期金额	上期金额
一、营业收入		
减：营业成本		
税金及附加		
销售费用		
管理费用		
研发费用		
财务费用		
其中：利息费用		
利息收入		
资产减值损失		
信用减值损失		
加：其他收益		
投资收益（损失以"-"号填列）		
其中：对联营企业和合营企业的投资收益		
净敞口套期收益（损失以"-"号填列）		
公允价值变动收益（损失以"-"号填列）		
资产处置收益（损失以"-"号填列）		
二、营业利润（亏损以"-"号填列）		
加：营业外收入		
减：营业外支出		
三、利润总额（亏损总额以"-"号填列）		
减：所得税费用		
四、净利润（净亏损以"-"号填列）		
（一）持续经营净利润（净亏损以"-"号填列）		
（二）终止经营净利润（净亏损以"-"号填列）		

续表

项　　目	本期金额	上期金额
五、其他综合收益的税后净额		
（一）以后不能重分类进损益的其他综合收益		
1. 重新计量设定受益计划变动额		
2. 权益法下不能转损益的其他综合收益		
3. 其他权益工具投资公允价值变动		
4. 企业自身信用风险公允价值变动		
……		
（二）以后将重分类进损益的其他综合收益		
1. 权益法下可转损益的其他综合收益		
2. 其他债权投资公允价值变动损益		
3. 金融资产重分类转入其他综合收益的金额		
4. 其他债权投资信用减值准备		
5. 现金流量套期储备		
6. 外币财务报表折算差额		
……		
六、综合收益总额		
七、每股收益：		
（一）基本每股收益		
（二）稀释每股收益		

二、利润表的编制

利润表中的栏目分为"本期金额"栏和"上期金额"栏。"本期金额"栏根据"营业收入"、"营业成本"、"税金及附加"、"销售费用"、"管理费用"、"财务费用"、"资产减值损失"、"公允价值变动损益"、"投资收益"、"资产处置收益"、"其他收益"、"营业外收入"、"营业外支出"、"所得税费用"等损益类科目的发生额分析填列。其中，"营业利润"、"利润总额"、"净利润"项目根据本表中相关项目计算填列。另外，"其中：对联营企业和合营企业的投资收益"应根据"投资收益"科目所属的相关明细科目的发生额分析填列。"其他综合收益的税后净额"项目及其各组成部分，应根据"其他综合收益"科目及其所属明细科目的本期发生额分析填列。"持续经营净利润"和"终止经营净利润"项目，应根据《企业会计准则第 42 号——持有待售的非流动资产、处置组和终止经营》的相关规定分别填列。

我国企业利润表的主要编制步骤和内容如下：第一步，以营业收入为基础，减去营业成本、税金及附加、销售费用、管理费用、财务费用、资产减值损失，加上公允价值变动收益（减去公允价值变动损失）、投资收益（减去投资损失）、资产处置收益（减去资产处置损失）和其他收益，计算出营业利润；第二步，以营业利润为基础，加上营业外收入，减去营业外支出，计算出利润总额；第三步，以利润总额为基础，减去所得税费用，计算出净利润（或亏损）。

利润表中的"上期金额"栏应根据上年该期利润表"本期金额"栏内所列数字填列。如果上年该期利润表规定的各个项目的名称和内容同本期不相一致，应对上年该期利润表各项目的名称和数字按本期的规定进行调整，填入"上期金额"栏。

三、利润表编制示例

【例14-7】某企业2×15年度"主营业务收入"科目的贷方发生额为93 000 000元，借方发生额为200 000元（系当年发生的销货退回），"其他业务收入"科目的贷方发生额为1 000 000元。

该企业2×15年度利润表中"营业收入"的项目金额为：
93 000 000 - 200 000 + 1 000 000 = 93 800 000（元）

企业一般应当以"主营业务收入"和"其他业务收入"两个总账科目的贷方发生额之和作为利润表中"营业收入"项目金额。当年发生销售退回的，以冲减销售退回主营业务收入的金额，填列"营业收入"项目。

【例14-8】某企业2×15年度"主营业务成本"科目的借方发生额为80 000 000元，当年因产品质量问题被退回产品一批，该项销售已确认成本180 000元；"其他业务成本"科目借方发生额为800 000元。

该企业2×15年度利润表中的"营业成本"的项目金额为：
80 000 000 - 180 000 + 800 000 = 80 620 000（元）

企业一般应当以"主营业务成本"和"其他业务成本"两个总账科目的借方发生额之和作为利润表中"营业成本"项目金额。当年发生销售退回的，应当减去销售退回商品成本后的金额，填列"营业成本"项目。

【例14-9】某企业2×15年12月31日"资产减值损失"科目当年借方发生额为80 000元，贷方发生额为30 000元。

该企业2×15年度利润表中"资产减值损失"项目的金额为：
80 000 - 30 000 = 50 000（元）

企业应当以"资产减值损失"总账科目借方发生额减去贷方发生额后的余额作为利润表中"资产减值损失"项目的金额。

【例14-10】某企业2×15年"公允价值变动损益"科目贷方发生额为80 000元，借方发生额为11 000元。

该企业2×15年度利润表中"公允价值变动收益"项目的金额为：
80 000 - 11 000 = 69 000（元）

企业应当以"公允价值变动损益"总账科目贷方发生额减去借方发生额后的余额作为利润表中"公允价值变动收益"项目的金额，若相减后为负数，表示公允价值变动损失,以"-"号填列。

【例 14-11】 截止到 2×15 年 12 月 31 日,某企业"主营业务收入"科目发生额为 93 000 000 元(当年销售退回 200 000 元),"主营业务成本"科目发生额为 80 000 000 元(当年销售退回已确认成本 180 000 元),"其他业务收入"科目发生额为 1 000 000 元,"其他业务成本"科目发生额为 800 000 元,"税金及附加"科目发生额为 780 000 元,"销售费用"科目发生额为 600 000 元,"管理费用"科目发生额为 500 000 元,"财务费用"科目发生额为 170 000 元,"资产减值损失"科目借方余额为 50 000 元(当年借方发生额为 80 000 元,贷方发生额为 30 000 元),"公允价值变动损益"科目贷方余额为 69 000 元(贷方发生额为 80 000 元,借方发生额为 11 000 元),"投资收益"科目贷方发生额为 850 000 元(无借方发生额),"营业外收入"科目发生额为 100 000 元,"营业外支出"科目发生额为 40 000 元,"所得税费用"科目发生额为 3 170 000 元。

该企业 2×15 年度利润表中营业利润、利润总额和净利润的计算过程如下:
营业利润 = 93 000 000 - 200 000 + 1 000 000 - (80 000 000 - 180 000)
 - 800 000 - 780 000 - 600 000 - 500 000 - 170 000 - 50 000
 + 690 000 + 850 000 = 12 620 000(元)
利润总额 = 12 620 000 + 100 000 - 40 000 = 12 680 000(元)
净利润 = 12 680 000 - 3 170 000 = 9 510 000(元)

企业应当根据编制利润表的多步式步骤,确定利润表中各主要项目的金额,相关计算公式如下:

营业利润 = 营业收入 - 营业成本 - 税金及附加 - 销售费用
 - 管理费用 - 财务费用 - 资产减值损失
 + 公允价值变动收益(或 - 公允价值变动损失)
 + 投资收益(或 - 投资损失)

其中:

营业收入 = 主营业务收入 + 其他业务收入
营业成本 = 主营业务成本 + 其他业务成本
利润总额 = 营业利润 + 营业外收入 - 营业外支出
利润 = 利润总额 - 所得税费用

第四节 现金流量表

一、现金流量表概述

现金流量表,是指反映企业在一定会计期间现金和现金等价物流入和流出的报表。

现金是指企业库存现金以及可以随时用于支付的存款，包括库存现金、银行存款和其他货币资金（如外埠存款、银行汇票存款、银行本票存款、银行承兑汇票、保证金等）等。不能随时用于支付的存款不属于现金。

现金等价物，是指企业持有的期限短、流动性强、易于转换为已知金额现金、价值变动风险很小的投资。期限短，一般是指从购买日起3个月内到期。现金等价物通常包括3个月内到期的债券投资等。权益性投资变现的金额通常不确定，因而不属于现金等价物。企业应当根据具体情况确定现金等价物的范围，一经确定不得随意变更。

现金流量是指一定会计期间内企业现金和现金等价物的流入和流出。企业从银行提取现金、用现金购买短期到期的国库券等现金和现金等价物之间的转换不属于现金流量。

现金流量表将企业现金流量划分为经营活动、投资活动和筹资活动三个部分，每类活动又分为各具体项目，这些项目从不同角度反映企业业务活动的现金流入和流出，弥补了资产负债表和利润表提供信息的不足。现金流量表按照收付实现制原则编制。

二、现金流量表的填列方法

在具体编制现金流量表时，可以采用工作底稿法或T形账户法，也可以根据有关科目记录分析填列。

（一）工作底稿法

采用工作底稿法编制现金流量表，是以工作底稿为手段，以资产负债表和利润表数据为基础，对每一项目进行分析并编制调整分录，从而编制现金流量表。工作底稿法的程序是：

第一步，将资产负债表的期初数和期末数过入工作底稿的期初数栏和期末数栏。

第二步，对当期业务进行分析并编制调整分录。编制调整分录时，要以利润表项目为基础，从"营业收入"开始，结合资产负债表项目逐一进行分析。在调整分录中，有关现金和现金等价物的事项，并不直接借记或贷记现金，而是分别计入"经营活动产生的现金流量"、"投资活动产生的现金流量"、"筹资活动产生的现金流量"有关项目，借记表示现金流入，贷记表示现金流出。

第三步，将调整分录过入工作底稿中的相应部分。

第四步，核对调整分录，借方、贷方合计数均已经相等，资产负债表项目期初数加减调整分录中的借贷金额以后也等于期末数。

第五步，根据工作底稿中的现金流量表项目部分编制正式的现金流量表。

【例14-12】甲公司为一般纳税人，通常适用增值税税率为17%，所得税税率为25%；原材料采用计划成本进行核算。该公司2×14年12月31日的资产负债表（年初余额略）如表 14-7 所示。其中，"应收账款"科目的期末余额为 4 000 000 元，"坏账准备"科目的期末余额为 9 000 元。其他诸如存货、长期股权投资、固定资产、无形资产等资产都没有计提资产减值准备。

表 14-7　　　　　　　　　　　　　资产负债表　　　　　　　　　　　会企 01 表

编制单位：甲公司　　　　　　　　　2×14 年 12 月 31 日　　　　　　　　　单位：元

资产	期末余额	年初余额	负债和所有者权益（或股东权益）	期末余额	年初余额
流动资产：			流动负债：		
货币资金	14 063 000		短期借款	3 000 000	
交易性金融资产	150 000		交易性金融负债		
衍生金融资产			衍生金融负债		
应收票据	2 460 000		应付票据	2 000 000	
应收账款	3 991 000		应付账款	9 548 000	
预付款项	1 000 000		预收款项		
应收利息			合同负债		
应收股利			应付职工薪酬	1 100 000	
其他应收款	3 050 000		应交税费	366 000	
存货	25 800 000		应付利息		
合同资产			应付股利		
持有待售资产			其他应付款	500 000	
一年内到期的非流动资产			持有待售负债		
其他流动资产			一年内到期的非流动负债	10 000 000	
流动资产合计	50 514 000		其他流动负债		
非流动资产：			流动负债合计	26 514 000	
债权投资			非流动负债：		
其他债权投资			长期借款	6 000 000	
长期应收款			应付债券		
			其中：优先股		
			永续债		
长期股权投资	2 500 000		长期应付款		
其他权益工具投资			专项应付款		
其他非流动金融资产					
投资性房地产			预计负债		
固定资产	8 000 000		递延收益		

· 374 ·

续表

资产	期末余额	年初余额	负债和所有者权益（或股东权益）	期末余额	年初余额
在建工程	15 000 000		递延所得税负债		
工程物资			其他非流动负债		
固定资产清理			非流动负债合计	6 000 000	
生产性生物资产			负债合计	32 514 000	
油气资产			所有者权益（或股东权益）：		
无形资产	6 000 000		实收资本（或股本）	50 000 000	
开发支出			其他权益工具		
商誉			资本公积		
长期待摊费用			减：库存股		
递延所得税资产			其他综合收益		
其他非流动资产	2 000 000		盈余公积	1 000 000	
非流动资产合计	33 500 000		未分配利润	500 000	
			股东权益合计	51 500 000	
资产总计	84 014 000		负债和所有者权益（或股东权益）总计	84 014 000	

2×15年，甲公司共发生如下经济业务：

(1) 收到银行通知，用银行存款支付到期的商业承兑汇票1 000 000元。

(2) 购入原材料一批，收到的增值税专用发票上注明的原材料价款为1 500 000元，增值税进项税额为255 000元，款项已通过银行转账支付，材料尚未验收入库。

(3) 收到原材料一批，实际成本1 000 000元，计划成本950 000元，材料已验收入库，货款已于上月支付。

(4) 用银行汇票支付材料采购价款，公司收到开户银行转来银行汇票多余款收账通知，通知上填写的多余款为2 340元，购入材料及运费998 000元，支付增值税进项税额169 660元，材料已验收入库，该批原材料计划价格为1 000 000元。

(5) 销售产品一批，开出的增值税专用发票上注明价款为3 000 000元，增值税销项税额为510 000元，货款尚未收到。该批产品实际成本为1 800 000元，产品已发出。

(6) 公司将交易性金融资产（股票投资）兑现165 000元，该投资的成本为130 000元，公允价值变动为增值20 000元，处置收益为15 000元，均存入银行。

(7) 购入不需安装的设备一台，收到增值税专用发票上注明的设备价款为854 700元，增值税进项税额为145 300元，支付包装费、运费10 000元。价款及包装费、运费均以银行存款支付，设备已交付使用。

（8）购入工程物资一批，收到增值税普通发票上注明的物资价款和增值税进项税额合计为 1 500 000 元，款项已通过银行转账支付。

（9）工程应付薪酬 2 280 000 元。

（10）一项工程完工，交付生产使用，已办理竣工手续，固定资产价值 14 000 000 元。

（11）基本生产车间一台机床报废，原价 2 000 000 元，已计提折旧 1 800 000 元，清理费用 5 000 元，残值收入 8 000 元，均通过银行存款收支。该项固定资产已清理完毕。

（12）从银行借入 3 年期借款 10 000 000 元，借款已存入银行账户。

（13）销售产品一批，开出的增值税专用发票上注明的销售价款为 7 000 000 元，增值税销项税额为 1 190 000 元，款项已存入银行。销售产品的实际成本为 4 200 000 元。

（14）公司将要到期的一张面值为 2 000 000 元的无息银行承兑汇票（不含增值税）连同解讫通知和进账单交银行办理转账。收到银行盖章退回的进账单一联。款项银行已收妥。

（15）公司出售一台不需用设备，收到价款 3 000 000 元，该设备原价 4 000 000 元，已计提折旧 1 500 000 元。该项设备已由购入单位运走。

（16）取得交易性金融资产（股票投资），价款 1 030 000 元，交易费用 20 000 元，已用银行存款支付。

（17）支付工资 5 000 000 元，其中包括支付在建工程人员的工资 2 000 000 元。

（18）分配应支付的职工工资 3 000 000 元（不包括在建工程应负担的工资），其中，生产人员薪酬 2 750 000 元，车间管理人员薪酬 100 000 元，行政管理部门人员薪酬 150 000 元。

（19）提取职工福利费 420 000 元（不包括在建工程应负担的福利费 280 000 元），其中，生产工人福利费 385 000 元，车间管理人员福利费 14 000 元，行政管理部门福利费 21 000 元。

（20）基本生产领用原材料，计划成本为 7 000 000 元，领用低值易耗品，计划成本为 500 000 元，采用一次摊销法摊销。

（21）结转领用原材料应分摊的材料成本差异。材料成本差异率为 5%。

（22）计提无形资产摊销 600 000 元，以银行存款支付基本生产车间水电费 900 000 元。

（23）计提固定资产折旧 1 000 000 元，其中计入制造费用 800 000 元、管理费用 200 000 元。计提固定资产减值准备 300 000 元。

（24）收到应收账款 510 000 元，存入银行。计提应收账款坏账准备 9 000 元。

（25）用银行存款支付产品展览费 100 000 元。

（26）计算并结转本期完工产品成本 12 824 000 元。期末没有在产品，本期生产的产品全部完工入库。

（27）广告费 100 000 元，已用银行存款支付。

(28) 公司采用商业承兑汇票结算方式销售产品一批, 开出的增值税专用发票上注明的销售价款为 2 500 000 元, 增值税销项税额为 425 000 元, 收到 2 925 000 元的商业承兑汇票一张, 产品实际成本为 1 500 000 元。

(29) 公司将上述承兑汇票到银行办理贴现, 贴现息为 200 000 元。

(30) 公司本期产品销售应缴纳的教育费附加为 20 000 元。

(31) 用银行存款缴纳增值税 1 000 000 元、教育费附加 20 000 元。

(32) 本期在建工程应负担的长期借款利息费用 2 000 000 元, 长期借款为分期付息。

(33) 提取应计入本期损益的长期借款利息费用 100 000 元, 长期借款为分期付息。

(34) 归还短期借款本金 2 500 000 元。

(35) 支付长期借款利息 2 100 000 元。

(36) 偿还长期借款 10 000 000 元。

(37) 上年度销售产品一批, 开出的增值税专用发票上注明的销售价款为 100 000 元, 增值税销项税额为 17 000 元, 购货方开出商业承兑汇票。本期由于购货方发生财务困难, 无法按合同规定偿还债务, 经双方协议, 甲公司同意购货方用产品抵偿该应收票据。用于抵债的产品市价为 80 000 元, 增值税税率为 17%。

(38) 持有的交易性金融资产的公允价值为 1 050 000 元。

(39) 结转本期产品销售成本 7 500 000 元。

(40) 假设本例中除计提固定资产减值准备 300 000 元造成固定资产账面价值与其计税基础存在差异外, 不考虑其他项目的所得税影响。企业按照税法规定计算确定的应交所得税为 948 650 元 (税前会计利润 3 494 600 + 不允许税前扣除的固定资产减值准备 300 000 = 3 794 600 × 25%), 递延所得税资产为 75 000 元 (不允许税前扣除的固定资产减值准备 300 000 × 25%)。

(41) 将各收支科目结转本年净利润。

(42) 按照净利润的 10% 提取决定盈余公积金。

(43) 将利润分配各明细科目的余额转入"未分配利润"明细科目, 结转本年利润。

(44) 用银行存款缴纳当年应交所得税。

要求: 编制甲公司 2×15 年度经济业务的会计分录, 并在此基础上编制资产负债表、利润表和现金流量表。

1. 根据上述资料编制会计分录。

(1) 借: 应付票据　　　　　　　　　　　　　　1 000 000
　　　　贷: 银行存款　　　　　　　　　　　　　　1 000 000
(2) 借: 材料采购　　　　　　　　　　　　　　1 500 000
　　　　应交税费——应交增值税 (进项税额)　　255 000
　　　　贷: 银行存款　　　　　　　　　　　　　　1 755 000

(3) 借：原材料 950 000
　　　　材料成本差异 50 000
　　　贷：材料采购 1 000 000
(4) 借：材料采购 998 000
　　　　银行存款 2 340
　　　　应交税费——应交增值税（进项税额） 169 660
　　　贷：其他货币资金 1 170 000
　　借：原材料 1 000 000
　　　贷：材料采购 998 000
　　　　　材料成本差异 2 000
(5) 借：应收账款 3 510 000
　　　贷：主营业务收入 3 000 000
　　　　　应交税费——应交增值税（销项税额） 510 000
　　借：主营业务成本 1 800 000
　　　贷：库存商品 1 800 000
(6) 借：银行存款 165 000
　　　贷：交易性金融资产——成本 130 000
　　　　　公允价值变动 20 000
　　　　　投资收益 15 000
　　借：公允价值变动损益 20 000
　　　贷：投资收益 20 000
(7) 借：固定资产 1 010 000
　　　贷：银行存款 1 010 000
(8) 借：工程物资 1 500 000
　　　贷：银行存款 1 500 000
(9) 借：在建工程 2 280 000
　　　贷：应付职工薪酬 2 280 000
(10) 借：固定资产 14 000 000
　　　贷：在建工程 14 000 000
(11) 借：固定资产清理 200 000
　　　　累计折旧 1 800 000
　　　贷：固定资产 2 000 000
　　借：固定资产清理 5 000
　　　贷：银行存款 5 000
　　借：银行存款 8 000
　　　贷：固定资产清理 8 000
　　借：营业外支出——处置固定资产净损失 197 000
　　　贷：固定资产清理 197 000

(12) 借：银行存款　　　　　　　　　　　　　　10 000 000
　　　贷：长期借款　　　　　　　　　　　　　　　10 000 000
(13) 借：银行存款　　　　　　　　　　　　　　 8 190 000
　　　贷：主营业务收入　　　　　　　　　　　　　 7 000 000
　　　　　应交税费——应交增值税（销项税额）　　1 190 000
(14) 借：银行存款　　　　　　　　　　　　　　 2 000 000
　　　贷：应收票据　　　　　　　　　　　　　　　 2 000 000
(15) 借：固定资产清理　　　　　　　　　　　　 2 500 000
　　　累计折旧　　　　　　　　　　　　　　　　 1 500 000
　　　贷：固定资产　　　　　　　　　　　　　　　 4 000 000
　　借：银行存款　　　　　　　　　　　　　　　 3 000 000
　　　贷：固定资产清理　　　　　　　　　　　　　 3 000 000
　　借：固定资产清理　　　　　　　　　　　　　　 500 000
　　　贷：营业外收入——处置固定资产净收益　　　　 500 000
(16) 借：交易性金融资产　　　　　　　　　　　 1 030 000
　　　投资收益　　　　　　　　　　　　　　　　　 20 000
　　　贷：银行存款　　　　　　　　　　　　　　　 1 050 000
(17) 借：应付职工薪酬　　　　　　　　　　　　 5 000 000
　　　贷：银行存款　　　　　　　　　　　　　　　 5 000 000
(18) 借：生产成本　　　　　　　　　　　　　　 2 750 000
　　　制造费用　　　　　　　　　　　　　　　　　 100 000
　　　管理费用　　　　　　　　　　　　　　　　　 150 000
　　　贷：应付职工薪酬　　　　　　　　　　　　　 3 000 000
(19) 借：生产成本　　　　　　　　　　　　　　　 385 000
　　　制造费用　　　　　　　　　　　　　　　　　 14 000
　　　管理费用　　　　　　　　　　　　　　　　　 21 000
　　　贷：应付职工薪酬　　　　　　　　　　　　　　 420 000
(20) 借：生产成本　　　　　　　　　　　　　　 7 000 000
　　　贷：原材料　　　　　　　　　　　　　　　　 7 000 000
　　借：制造费用　　　　　　　　　　　　　　　　 500 000
　　　贷：周转材料　　　　　　　　　　　　　　　　 500 000
(21) 借：生产成本　　　　　　　　　　　　　　　 350 000
　　　制造费用　　　　　　　　　　　　　　　　　 25 000
　　　贷：材料成本差异　　　　　　　　　　　　　　 375 000
(22) 借：管理费用——无形资产摊销　　　　　　　 600 000
　　　贷：累计摊销　　　　　　　　　　　　　　　　 600 000
　　借：制造费用——水电费　　　　　　　　　　　 900 000
　　　贷：银行存款　　　　　　　　　　　　　　　　 900 000

注：实务中，水费、电费一般可以取得增值税专用发票，要考虑进项税额抵扣。

(23) 借：制造费用——折旧费　　　　　　　　　　　　800 000
　　　　管理费用——折旧费　　　　　　　　　　　　200 000
　　　　　贷：累计折旧　　　　　　　　　　　　　　　　　　　1 000 000
　　　　借：资产减值损失——计提的固定资产减值　　300 000
　　　　　贷：固定资产减值准备　　　　　　　　　　　　　　　300 000
(24) 借：银行存款　　　　　　　　　　　　　　　　510 000
　　　　　贷：应收账款　　　　　　　　　　　　　　　　　　　510 000
　　　　借：资产减值损失——坏账准备　　　　　　　　9 000
　　　　　贷：坏账准备　　　　　　　　　　　　　　　　　　　　9 000
(25) 借：销售费用——展览费　　　　　　　　　　　100 000
　　　　　贷：银行存款　　　　　　　　　　　　　　　　　　　100 000
(26) 借：生产成本　　　　　　　　　　　　　　　2 339 000
　　　　　贷：制造费用　　　　　　　　　　　　　　　　　　　2 339 000
　　　　借：库存商品　　　　　　　　　　　　　　12 824 000
　　　　　贷：生产成本　　　　　　　　　　　　　　　　　　　12 824 000
(27) 借：销售费用——广告费　　　　　　　　　　　100 000
　　　　　贷：银行存款　　　　　　　　　　　　　　　　　　　100 000
(28) 借：应收票据　　　　　　　　　　　　　　　2 925 000
　　　　　贷：主营业务收入　　　　　　　　　　　　　　　　　2 500 000
　　　　　　　应交税费——应交增值税（销项税额）　　　　　　425 000
(29) 借：财务费用　　　　　　　　　　　　　　　　200 000
　　　　银行存款　　　　　　　　　　　　　　　2 725 000
　　　　　贷：应收票据　　　　　　　　　　　　　　　　　　　2 925 000
(30) 借：税金及附加　　　　　　　　　　　　　　　20 000
　　　　　贷：应交税费——应交教育费附加　　　　　　　　　　20 000
(31) 借：应交税费——应交增值税（已交税金）　　1 000 000
　　　　　　　——应交教育费附加　　　　　　　　20 000
　　　　　贷：银行存款　　　　　　　　　　　　　　　　　　　1 020 000
(32) 借：在建工程　　　　　　　　　　　　　　　2 000 000
　　　　　贷：应付利息　　　　　　　　　　　　　　　　　　　2 000 000
(33) 借：财务费用　　　　　　　　　　　　　　　　100 000
　　　　　贷：应付利息　　　　　　　　　　　　　　　　　　　100 000
(34) 借：短期借款　　　　　　　　　　　　　　　2 500 000
　　　　　贷：银行存款　　　　　　　　　　　　　　　　　　　2 500 000
(35) 借：应付利息　　　　　　　　　　　　　　　2 100 000
　　　　　贷：银行存款　　　　　　　　　　　　　　　　　　　2 100 000

(36) 借：长期借款 10 000 000
　　　贷：银行存款 10 000 000
(37) 借：库存商品 80 000
　　　　应交税费——应交增值税（进项税额） 13 600
　　　　营业外支出——债务重组损失 23 400
　　　贷：应收票据 117 000
(38) 借：交易性金融资产——公允价值变动 20 000
　　　贷：公允价值变动损益 20 000
(39) 借：主营业务成本 7 500 000
　　　贷：库存商品 7 500 000
(40) 借：所得税费用——当期所得税费用 948 650
　　　贷：应交税费——应交所得税 948 650
　　借：递延所得税资产 75 000
　　　贷：所得税费用——递延所得税费用 75 000
(41) 借：主营业务收入 12 500 000
　　　　营业外收入 500 000
　　　　投资收益 15 000
　　　贷：本年利润 13 015 000
　　借：本年利润 9 520 400
　　　贷：主营业务成本 7 500 000
　　　　　税金及附加 20 000
　　　　　销售费用 200 000
　　　　　管理费用 971 000
　　　　　财务费用 300 000
　　　　　资产减值损失 309 000
　　　　　营业外支出 220 400
　　借：本年利润 873 650
　　　贷：所得税费用 873 650
(42) 借：利润分配——提取法定盈余公积 262 095
　　　贷：盈余公积——法定盈余公积 262 095
提取法定盈余公积数额 = (13 015 000 - 9 520 400 - 873 650) × 10%
　　　　　　　　　　= 262 095（元）
(43) 借：本年利润 2 620 950
　　　贷：利润分配——未分配利润 2 620 950
　　借：利润分配——未分配利润 262 095
　　　贷：利润分配——提取法定盈余公积 262 095
(44) 借：应交税费——应交所得税 948 650
　　　贷：银行存款 948 650

2. 根据年初资产负债表和上述会计分录编制年末资产负债表，如表 14-8 所示。

表 14-8　　　　　　　　　　　　　资产负债表　　　　　　　　　　　会企 01 表

编制单位：甲公司　　　　　　　　　2×15 年 12 月 31 日　　　　　　　　单位：元

资产	期末余额	年初余额	负债和所有者权益（或股东权益）	期末余额	年初余额
流动资产：			流动负债：		
货币资金	10 504 690	14 063 000	短期借款	500 000	3 000 000
交易性金融资产	1 050 000	150 000	交易性金融负债		
衍生金融资产			衍生金融负债		
应收票据	343 000	2 460 000	应付票据	1 000 000	2 000 000
应收账款	6 982 000	3 991 000	应付账款	9 548 000	9 548 000
预付款项	1 000 000	1 000 000	预收款项		
应收利息			合同负债		
应收股利			应付职工薪酬	1 800 000	1 100 000
其他应收款	3 050 000	3 050 000	应交税费	1 052 740	366 000
存货	25 827 000	25 800 000	应付利息		
合同资产			应付股利		
持有待售资产			其他应付款	500 000	500 000
一年内到期的非流动资产			持有待售负债		
其他流动资产			一年内到期的非流动负债	10 000 000	10 000 000
流动资产合计	48 756 690	50 514 000	其他流动负债		
非流动资产：			流动负债合计	24 400 740	26 514 000
债权投资			非流动负债：		
其他债权投资			长期借款	6 000 000	6 000 000
长期应收款			应付债券		
			其中：优先股		
			永续债		
长期股权投资	2 500 000	2 500 000	长期应付款		
其他权益工具投资			专项应付款		
其他非流动金融资产					
投资性房地产			预计负债		

续表

资产	期末余额	年初余额	负债和所有者权益（或股东权益）	期末余额	年初余额
固定资产	19 010 000	8 000 000	递延收益		
在建工程	5 280 000	15 000 000	递延所得税负债		
工程物资	1 500 000		其他非流动负债		
固定资产清理			非流动负债合计	6 000 000	6 000 000
生产性生物资产			负债合计	30 400 740	32 514 000
油气资产			所有者权益（或股东权益）：		
无形资产	5 400 000	6 000 000	实收资本（或股本）	50 000 000	50 000 000
开发支出			其他权益工具		
商誉			资本公积		
长期待摊费用			减：库存股		
递延所得税资产	75 000		其他综合收益		
其他非流动资产	2 000 000	2 000 000	盈余公积	1 262 095	1 000 000
非流动资产合计	35 765 000	33 500 000	未分配利润	2 858 855	500 000
			所有者权益（或股东权益）合计	54 120 950	51 500 000
资产总计	84 521 690	84 014 000	负债和所有者权益（或股东权益）总计	84 521 690	84 014 000

3. 编制年度利润表

（1）根据对前述业务的会计处理，甲公司2×15年度利润表科目本年累计发生额如表14-9所示。

表14-9　　　　　　2×15年度利润表科目本年累计发生额　　　　　　单位：元

科目名称	借方发生额	贷方发生额
营业收入		12 500 000
营业成本	7 500 000	
税金及附加	20 000	
销售费用	200 000	
管理费用	971 000	
财务费用	300 000	
资产减值损失	309 000	

续表

科目名称	借方发生额	贷方发生额
投资收益	15 000	
营业外收入	500 000	
营业外支出	220 400	
所得税费用	873 650	

(2) 根据本年相关科目发生额编制利润表，如表14-10所示。

表14-10　　　　　　　　　　　利润表

会企02表

编制单位：甲公司　　　　　　　　2×15年度　　　　　　　　　　单位：元

项　目	本期金额	上期金额
一、营业收入	12 500 000	
减：营业成本	7 500 000	
税金及附加	20 000	
销售费用	200 000	
管理费用	971 000	
财务费用	300 000	
其中：利息费用	280 000	
利息收入	—	
资产减值损失	309 000	
信用减值损失		
加：其他收益		
投资收益（损失以"-"号填列）	15 000	
其中：对联营企业和合营企业的投资收益		
净敞口套期收益（损失以"-"号填列）		
公允价值变动收益（损失以"-"号填列）		
资产处置收益（损失以"-"号填列）		
二、营业利润（亏损以"-"号填列）	3 215 000	
加：营业外收入	500 000	
减：营业外支出	220 400	
其中：非流动资产处置损失		
三、利润总额（亏损总额以"-"号填列）	3 494 600	
减：所得税费用	873 650	

续表

项　　目	本期金额	上期金额
四、净利润（净亏损以"－"号填列）	2 620 950	
（一）持续经营净利润（净亏损以"－"号填列）		
（二）终止经营净利润（净亏损以"－"号填列）		
五、其他综合收益的税后净额		
（一）以后不能重分类进损益的其他综合收益		
1. 重新计量设定受益计划变动额		
2. 权益法下不能转损益的其他综合收益		
3. 其他权益工具投资公允价值变动		
4. 企业自身信用风险公允价值变动		
……		
（二）以后将重分类进损益的其他综合收益		
1. 权益法下可转损益的其他综合收益		
2. 其他债权投资公允价值变动		
3. 金融资产重分类转入其他综合收益的金额		
4. 其他债权投资信用减值准备		
5. 现金流量套期损益		
6. 外币财务报表折算差额		
……		
六、综合收益总额	2 620 950	
七、每股收益		
（一）基本每股收益		
（二）稀释每股收益		

4. 编制年度现金流量表。沿用本例资料以及编制的资产负债表和利润表，采用工作底稿法编制现金流量表的具体步骤如下：

第一步，将资产负债表的年初余额和年末余额过入工作底稿的期初数栏和期末数栏。

第二步，对当期业务进行分析并编制调整分录。编制调整分录时，要以利润表项目为基础，从"营业收入"开始，结合资产负债表项目逐一进行分析。本例调整分录如下：

（1）分析调整营业收入。

　　借：经营活动现金流量——销售商品收到的现金　　13 742 000
　　　　应收账款　　　　　　　　　　　　　　　　　 3 000 000
　　　　贷：营业收入　　　　　　　　　　　　　　　　　　　　12 500 000

　　　　应收票据　　　　　　　　　　　　　　　　　　　2 117 000
　　　　应交税费——应交增值税（销项税额）　　　　　　2 125 000
　　利润表中营业收入按权责发生制核算，应转换为收付实现制。为此，应调整应收账款和应收票据的增减变动。本例中应收账款增加 3 000 000 元，增值税销项税额为 2 125 000 元，应减少经营活动产生的现金流量，而应收票据减少 2 117 000 元均系货款，应增加经营活动产生的现金流量。

　　（2）分析调整营业成本。
　　　借：营业成本　　　　　　　　　　　　　　　　　　7 500 000
　　　　　应付票据　　　　　　　　　　　　　　　　　　1 000 000
　　　　　应交税费　　　　　　　　　　　　　　　　　　　438 260
　　　　　存货　　　　　　　　　　　　　　　　　　　　　 27 000
　　　　　贷：经营活动现金流量——购买商品支付的现金　 8 965 260
　　应付票据减少 1 000 000 元，表明本期用于购买存货的现金支出增加 1 000 000 元，增值税进项税额 438 260 元，存货增加 27 000 元，表明本期用于购买商品的现金增加 270 000 元。

　　（3）调整本年税金及附加。
　　　借：税金及附加　　　　　　　　　　　　　　　　　　20 000
　　　　　贷：应交税费　　　　　　　　　　　　　　　　　20 000
　　本年支付的税金及附加为 20 000 元。

　　（4）计算销售费用付现。
　　　借：销售费用　　　　　　　　　　　　　　　　　　　200 000
　　　　　贷：经营活动现金流量——支付的其他与经营活动有关的现金
　　　　　　　　　　　　　　　　　　　　　　　　　　　　200 000
　　本例中，利润表中所列销售费用与按现金制确认数相同。

　　（5）分析调整管理费用。
　　　借：管理费用　　　　　　　　　　　　　　　　　　　971 000
　　　　　贷：经营活动现金流量——支付的其他与经营活动有关的现金
　　　　　　　　　　　　　　　　　　　　　　　　　　　　971 000
　　管理费用中包含着不涉及现金支出的项目，此笔分录先将管理费用全额转入"经营活动现金流量——支付的其他与经营活动有关的现金"项目中，至于不涉及现金支出的项目，再分别进行调整。

　　（6）分析调整财务费用。
　　　借：财务费用　　　　　　　　　　　　　　　　　　　300 000
　　　　　贷：经营活动现金流量——销售商品收到的现金　　200 000
　　　　　　　筹资活动现金流量——偿付利息所支付的现金　100 000
　　本期增加的财务费用中，有 200 000 元是票据贴现利息，由于在调整应收票据时已全额记入"经营活动现金流量——销售商品收到的现金"项目，所以要从"经营活动现金流量——销售商品收到的现金"项目内冲回，不能作为现金流出；

支付长期借款利息 100 000 元，作为偿付利息所支付的现金。

（7）分析调整资产减值损失。

借：资产减值损失　　　　　　　　　　　　　　　309 000
　　贷：坏账准备　　　　　　　　　　　　　　　　　9 000
　　　　固定资产减值准备　　　　　　　　　　　　300 000

本期计提的坏账准备和固定资产减值准备影响净利润，但不影响现金流量。

（8）分析调整公允价值变动收益。

借：交易性金融资产　　　　　　　　　　　　　　 20 000
　　贷：投资收益　　　　　　　　　　　　　　　　20 000

本期发生的公允价值变动收益影响净利润，但不影响现金流量。资产负债表日，交易性金融资产公允价值增加 20 000 元。本期处置交易性金融资产，调整公允价值变动损益 20 000 元，转入投资收益。

（9）分析调整投资收益。

借：投资活动现金流量——收回投资所收到的现金　　165 000
　　交易性金融资产　　　　　　　　　　　　　　1 030 000
　　投资收益　　　　　　　　　　　　　　　　　　5 000
　　贷：交易性金融资产　　　　　　　　　　　　　150 000
　　　　投资活动现金流量——投资所支付的现金　　1 050 000

投资收益应从利润表项目中调整出来，列入投资活动现金流量中。本例中投资收益包括两个部分：一是购买交易性金融资产发生了 20 000 元的交易费用；二是出售交易性金融资产获利 35 000 元，其中 20 000 元已在分录（8）中调整。

（10）分析调整营业外收入。

借：投资活动现金流量——处置固定资产收到的现金　　3 000 000
　　累计折旧　　　　　　　　　　　　　　　　　1 500 000
　　贷：营业外收入　　　　　　　　　　　　　　　500 000
　　　　固定资产　　　　　　　　　　　　　　　4 000 000

编制现金流量表时，需对营业外收入和支出进行分析，以列入现金流量表的不同部分。本例中，营业外收入 500 000 元是处置固定资产的利得，处置过程中收到的现金应列入投资活动现金流量中。

（11）分析调整营业外支出。

借：营业外支出　　　　　　　　　　　　　　　　197 000
　　投资活动现金流量——处置固定资产收到的现金　　3 000
　　累计折旧　　　　　　　　　　　　　　　　　1 800 000
　　贷：固定资产　　　　　　　　　　　　　　　2 000 000

借：营业外支出　　　　　　　　　　　　　　　　 23 400
　　经营活动现金流量——购买商品支付的现金　　　93 600
　　贷：经营活动现金流量——销售商品收到的现金　117 000

本例中，营业外支出 220 400 元由两个部分组成：一部分营业外支出 197 000

元是处置固定资产的损失,处置过程中收到的现金应列入投资活动现金流量中;另一部分营业外支出是债务重组损失,债务重组中增加存货和增值税进项税额93 600元,已经记入"经营活动现金流量——购买商品支付的现金"项目,债务重组中减少的应收票据117 000元,也已经记入"经营活动现金流量——销售商品收到的现金"项目,应作补充调整。

(12) 分析调整所得税费用。

借:所得税费用　　　　　　　　　　　　　　　　873 650
　　递延所得税资产　　　　　　　　　　　　　　　75 000
　　贷:应交税费　　　　　　　　　　　　　　　　　　　948 650

将利润表中的所得税费用调入应交税费。

(13) 分析调整固定资产。

借:固定资产　　　　　　　　　　　　　　　　15 010 000
　　贷:投资活动现金流量——购建固定资产支付的现金　1 010 000
　　　　在建工程　　　　　　　　　　　　　　　　14 000 000

本期固定资产的增加包括两个部分:一是购入设备1 010 000元;二是在建工程完工转入14 000 000元。本期处置固定资产已在分录(11)中调整。

(14) 分析调整累计折旧。

借:经营活动现金流量——支付的其他与经营活动有关的现金
　　　　　　　　　　　　　　　　　　　　　　　200 000
　　　　　　　　　　——购买商品支付的现金　　　800 000
　　贷:累计折旧　　　　　　　　　　　　　　　　　　1 000 000

本期计提的折旧1 000 000元中,计入管理费用的200 000元,计入制造费用的800 000元,基于和第(13)笔分录同样的理由,应作补充调整。

(15) 分析调整在建工程。

借:在建工程　　　　　　　　　　　　　　　　4 280 000
　　工程物资　　　　　　　　　　　　　　　　1 500 000
　　贷:投资活动现金流量——购建固定资产支付的现金　3 500 000
　　　　筹资活动现金流量——偿付利息支付的现金　　2 000 000
　　　　应付职工薪酬　　　　　　　　　　　　　　　　280 000

本期在建工程增加的原因,包括以下三个方面:一是以现金购买工程物资1 500 000元及支付工资2 000 000元;二是支付的长期借款利息2 000 000元,资本化到在建工程成本中;三是为建造工人计提的福利费280 000元,资本化到在建工程成本中。

(16) 分析调整累计摊销。

借:经营活动现金流量——支付的其他与经营活动有关的现金
　　　　　　　　　　　　　　　　　　　　　　　600 000
　　贷:累计摊销　　　　　　　　　　　　　　　　　　600 000

无形资产摊销时已计入管理费用,所以应作补充调整。理由同第(13)笔分录。

（17）分析调整短期借款。

借：短期借款　　　　　　　　　　　　　　　　2 500 000
　　　贷：筹资活动现金流量——偿还债务所支付的现金　2 500 000

偿还短期借款应列入筹资活动的现金流量。

（18）分析调整应付职工薪酬。

借：经营活动现金流量——购买商品支付的现金　　3 249 000
　　　　　　　　　　　——支付的其他与经营活动有关的现金
　　　　　　　　　　　　　　　　　　　　　　　　171 000
　　　贷：经营活动现金流量——支付给职工以及为职工支付的现金
　　　　　　　　　　　　　　　　　　　　　　　　3 000 000
　　　　　应付职工薪酬　　　　　　　　　　　　　　420 000

本期应付职工薪酬的期末期初差额为 700 000 元，由计提的职工福利费构成，包括在建工程应负担的职工福利费 280 000 元，已在分录（11）中调整，以及为生产人员和管理人员计提的福利费 420 000 元。本例中并没有出现使用应付福利费的情况。若本期使用了应付福利费，则应将这部分金额列入"经营活动现金流量——支付给职工以及为职工支付的现金"项目中。上述分录中，由于工资费用分配时已分别计入制造费用和管理费用，所以要补充调整。

（19）分析调整应交税费。

借：应交税费　　　　　　　　　　　　　　　　　1 968 650
　　　贷：经营活动现金流量——支付的各项税费　　1 968 650

本期支付的各项税费包括税金及附加 20 000 元、已交增值税 1 000 000 元以及已交所得税 948 650 元。为便于分析，企业在日常核算中应按应交税费的税种分设明细账，以便取得分析所需的数据。

（20）分析调整长期借款。

借：长期借款　　　　　　　　　　　　　　　　10 000 000
　　　贷：筹资活动现金流量——偿还债务所支付的现金　10 000 000

以现金偿还长期借款。

借：筹资活动现金流量——借款所收到的现金　　　10 000 000
　　　贷：长期借款　　　　　　　　　　　　　　　10 000 000

举借长期借款。

（21）结转净利润。

借：净利润　　　　　　　　　　　　　　　　　　2 620 950
　　　贷：未分配利润　　　　　　　　　　　　　　2 620 950

（22）提取盈余公积。

借：未分配利润　　　　　　　　　　　　　　　　　262 095
　　　贷：盈余公积　　　　　　　　　　　　　　　　262 095

（23）调整现金净变化额。

借：现金净减少额　　　　　　　　　　　　　　　3 558 310
　　贷：库存现金　　　　　　　　　　　　　　　　　　　3 558 310
第三步，将调整分录过入工作底稿的相应部分，如表14-11所示。

表14-11　　　　　　　　现金流量表工作底稿　　　　　　　　单位：元

项　目	期初数	调整分录 借方	调整分录 贷方	期末数
一、资产负债表项目				
借方项目：				
货币资金	14 063 000		(23) 3 558 310	10 504 690
交易性金融资产	150 000	(8) 20 000 (9) 1 030 000	(9) 150 000	1 050 000
衍生金融资产				
应收票据	2 460 000		(1) 2 117 000	343 000
应收账款	4 000 000	(1) 3 000 000		7 000 000
预付款项	1 000 000			1 000 000
应收股利				
应收利息				
其他应收款	3 050 000			3 050 000
存货	25 800 000	(2) 27 000		25 827 000
合同资产				
持有待售资产				
一年内到期的非流动资产				
其他流动资产				
债权投资				
其他债权投资				
长期应收款				
长期股权投资	2 500 000			2 500 000
其他权益工具投资				
其他非流动金融资产				
投资性房地产				
固定资产	11 000 000	(13) 15 010 000	(10) 4 000 000 (11) 2 000 000	20 010 000
在建工程	15 000 000	(15) 4 280 000	(13) 14 000 000	5 280 000
工程物资		(15) 1 500 000		1 500 000

续表

项　　目	期初数	调整分录 借方	调整分录 贷方	期末数
固定资产清理				
无形资产	6 000 000			6 000 000
开发支出				
商誉				
长期待摊费用				
递延所得税资产		（12）75 000		75 000
其他非流动资产	2 000 000			2 000 000
借方项目合计				86 139 690
贷方项目：				
坏账准备	9 000		（7）9 000	18 000
累计折旧	3 000 000	（10）1 500 000 （11）1 800 000	（14）1 000 000	700 000
累计摊销			（16）600 000	600 000
固定资产减值准备			（7）300 000	300 000
短期借款	3 000 000	（17）2 500 000		500 000
交易性金融负债				
衍生金融负债				
应付票据	2 000 000	（2）1 000 000		1 000 000
应付账款	9 548 000			9 548 000
预收款项				
合同负债				
应付职工薪酬	1 100 000		（15）280 000 （18）420 000	1 800 000
应交税费	366 000	（2）438 260 （19）1 968 650	（1）2 125 000 （3）20 000 （12）948 650	1 052 740
应付利息				
应付股利				
其他应付款	500 000			500 000
持有待售负债				
一年内到期的非流动负债				
其他流动负债	10 000 000			10 000 000

续表

项 目	期初数	调整分录 借方	调整分录 贷方	期末数
长期借款	6 000 000	(20) 10 000 000	(20) 10 000 000	6 000 000
应付债券				
长期应付款				
专项应付款				
预计负债				
递延收益				
递延所得税负债				
其他非流动负债				
实收资本（或股本）	50 000 000			50 000 000
其他权益工具				
资本公积				
减：库存股				
其他综合收益				
盈余公积	1 000 000		(22) 262 095	1 262 095
未分配利润	500 000	(22) 262 095	(21) 2 620 950	2 858 855
贷方项目合计				86 139 690
二、利润表项目				
营业收入			(1) 12 500 000	12 500 000
营业成本		(2) 7 500 000		7 500 000
税金及附加		(3) 20 000		20 000
销售费用		(4) 200 000		200 000
管理费用		(5) 971 000		971 000
研发费用				
财务费用		(6) 300 000		300 000
其中：利息费用				
利息收入				
资产减值损失		(7) 309 000		309 000
信用减值损失				
公允价值变动收益（损失以"－"号填列）				
净敞口套期收益（损失以"－"号填列）				
投资收益（损失以"－"号填列）		(9) 5 000	(8) 20 000	15 000

续表

项　目	期初数	调整分录 借方	调整分录 贷方	期末数
资产处置收益（损失以"－"号填列）				
其他收益				
营业外收入			(10) 500 000	500 000
营业外支出		(11) 197 000 (11) 23 400		220 400
所得税费用		(12) 873 650		873 650
净利润（净亏损以"－"号填列）		(21) 2 620 950		2 620 950
三、现金流量表项目				
（一）经营活动产生的现金流量				
销售商品、提供劳务收到的现金		(1) 13 742 000	(6) 200 000 (11) 117 000	13 425 000
收到的税费返还				
收到其他与经营活动有关的现金				
经营活动现金流入小计				13 425 000
购买商品、接受劳务支付的现金		(11) 93 600 (14) 800 000 (18) 3 249 000	(2) 8 965 260	4 822 660
支付给职工以及为职工支付的现金			(18) 3 000 000	3 000 000
支付的各项税费			(19) 1 968 650	1 968 650
支付其他与经营活动有关的现金		(14) 200 000 (16) 600 000 (18) 171 000	(4) 200 000 (5) 971 000	200 000
经营活动现金流出小计				9 991 310
经营活动产生的现金流量净额				3 433 690
（二）投资活动产生的现金流量				
收回投资收到的现金		(9) 165 000		165 000
取得投资收益收到的现金				
处置固定资产、无形资产和其他长期资产收回的现金净额		(10) 3 000 000 (11) 3 000		3 003 000
处置子公司及其他营业单位收到的现金净额				
收到其他与投资活动有关的现金				
投资活动现金流入小计				3 168 000

续表

项　　目	期初数	调整分录 借方	调整分录 贷方	期末数
购建固定资产、无形资产和其他长期资产支付的现金			(13) 1 010 000 (15) 3 500 000	4 510 000
投资支付的现金			(9) 1 050 000	1 050 000
取得子公司及其他营业单位支付的现金净额				
支付其他与投资活动有关的现金				
投资活动现金流出小计				5 560 000
投资活动产生的现金流量净额				-2 392 000
（三）筹资活动产生的现金流量				
吸收投资收到的现金				
取得借款收到的现金		(20) 10 000 000		10 000 000
收到其他与筹资活动有关的现金				
筹资活动现金流入小计				10 000 000
偿还债务支付的现金			(17) 2 500 000 (20) 10 000 000	12 500 000
分配股利、利润或偿付利息支付的现金			(6) 100 000 (15) 2 000 000	2 100 000
支付其他与筹资活动有关的现金				
筹资活动现金流出小计				14 600 000
筹资活动产生的现金流量净额				-4 600 000
四、汇率变动对现金及现金等价物的影响				
五、现金及现金等价物净增加额		(23) 3 558 310		-3 558 310
调整分录借贷合计		93 012 915	93 012 915	

第四步，核对调整分录，借方、贷方合计数均已经相等，资产负债表各项目年初余额加减调整分录中的借贷金额后已等于期末数；利润表各项目的借贷金额加减后的结果已等于本期数。

第五步，根据工作底稿中的现金流量表各项目的借贷金额计算确定各项目的本期数据以编制正式的现金流量表，如表14-12所示。

表 14-12　　　　　　　　　　现金流量表　　　　　　　　　会企 03 表
单位：元

项　　目	本期金额	上期金额（略）
一、经营活动产生的现金流量		
销售商品、提供劳务收到的现金	13 425 000	
收到的税费返还		
收到其他与经营活动有关的现金		
经营活动现金流入小计	13 425 000	
购买商品、接受劳务支付的现金	4 822 660	
支付给职工以及为职工支付的现金	3 000 000	
支付的各项税费	1 968 650	
支付其他与经营活动有关的现金	200 000	
经营活动现金流出小计	9 991 310	
经营活动产生的现金流量净额	3 433 690	
二、投资活动产生的现金流量		
收回投资收到的现金	165 000	
取得投资收益收到的现金		
处置固定资产、无形资产和其他长期资产收回的现金净额	3 003 000	
处置子公司及其他营业单位收到的现金净额		
收到其他与投资活动有关的现金		
投资活动现金流入小计	3 168 000	
购建固定资产、无形资产和其他长期资产支付的现金	4 510 000	
投资支付的现金	1 050 000	
取得子公司及其他营业单位支付的现金净额		
支付其他与投资活动有关的现金		
投资活动现金流出小计	5 560 000	
投资活动产生的现金流量净额	-2 392 000	
三、筹资活动产生的现金流量		
吸收投资收到的现金		
取得借款收到的现金	10 000 000	
收到其他与筹资活动有关的现金		
筹资活动现金流入小计	10 000 000	
偿还债务支付的现金	12 500 000	
分配股利、利润或偿付利息支付的现金	2 100 000	
支付其他与筹资活动有关的现金		

续表

项　　目	本期金额	上期金额（略）
筹资活动现金流出小计	14 600 000	
筹资活动产生的现金流量净额	-4 600 000	
四、汇率变动对现金及现金等价物的影响		
五、现金及现金等价物净增加额	-3 558 310	
加：期初现金及现金等价物余额	14 063 000	
六、期末现金及现金等价物余额	10 504 690	

（二）T形账户法

采用T形账户法编制现金流量表，是以T形账户为手段，以资产负债表和利润表数据为基础，对每一项目进行分析并编制调整分录，从而编制现金流量表。T形账户法的程序是：

第一步，为所有的非现金项目（包括资产负债表项目和利润表项目）分别开设T形账户，并将各自的期末期初变动数过入各该账户。如果项目的期末数大于期初数，则将差额过入和项目余额相同的方向；反之，过入相反的方向。

第二步，开设一个大的"现金及现金等价物"T形账户，每边分为经营活动、投资活动和筹资活动三个部分，左边记现金流入，右边记现金流出。与其他账户一样，过入期末期初变动数。

第三步，以利润表项目为基础，结合资产负债表分析每一个非现金项目的增减变动，并据此编制调整分录。

第四步，将调整分录过入各T形账户，并进行核对，该账户借贷相抵后的余额与原先过入的期末期初变动数应当一致。

第五步，根据大的"现金及现金等价物"T形账户编制正式的现金流量表。

（三）分析填列法

分析填列法是直接根据资产负债表、利润表和有关会计科目明细账的记录，分析计算出现金流量表各项目的金额，并据以编制现金流量表的一种方法。

1. 经营活动产生的现金流量。经营活动是指企业投资活动和筹资活动以外的所有交易和事项。由于各类企业行业特点不同，对经营活动的认定存在一定差异。

编制现金流量表时，列报经营活动现金流量的方法有两种：一是直接法；二是间接法。在直接法下，一般是以利润表中的营业收入为起算点，调节与经营活动有关的项目的增减变动，然后计算出经营活动产生的现金流量。在间接法下，将净利润调节为经营活动现金流量，实际上就是将按权责发生制原则确定的净利润调整为现金净流入，并剔除投资活动和筹资活动对现金流量的影响。在我国，企业经营活动产生的现金流量应当采用直接法填列。直接法，是指通过现金收入和现金支出的主要类别列示经营活动的现金流量。但在现金流量表的附注补充资料中还要按照间接法反映经营活动现金流量的情况。

2. 投资活动产生的现金流量。投资活动是指企业长期资产的购建与处置和不包括在现金等价物范围内的投资及其处置活动。长期资产是指固定资产、无形资产、在建工程、其他资产等持有期限在一年或一个营业周期以上的资产。这里所说的投资活动，既包括实物资产投资，也包括金融资产投资。这里之所以将"包括在现金等价物范围内的投资"排除在外，是因为已经将包括在现金等价物范围内的投资视同现金。不同企业由于行业特点不同，对投资活动的认定也存在差异。例如，交易性金融资产所产生的现金流量，对于工商业企业而言，属于投资活动现金流量，而对于证券公司而言，属于经营活动现金流量。

3. 筹资活动产生的现金流量。筹资活动是指导致企业资本及债务规模和构成发生变化的活动。这里所说的资本，既包括实收资本（股本），也包括资本溢价（股本溢价）；这里所说的债务，指对外举债，包括向银行借款、发行债券以及偿还债务等。通常情况下，应付账款、应付票据等应付款属于经营活动，不属于筹资活动。

此外，对于企业日常活动之外的不经常发生的特殊项目，如自然灾害损失、保险赔款、捐赠等，应当归并到相关类别中，并单独反映。比如，对于自然灾害损失和保险赔款，如果能够确指属于流动资产损失，应当列入经营活动产生的现金流量；属于固定资产损失，应当列入投资活动产生的现金流量。

4. 汇率变动对现金及现金等价物的影响。编制现金流量表时，应当将企业外币现金流量以及境外子公司的现金流量折算成记账本位币。外币现金流量以及境外子公司的现金流量，应当采用现金流量发生日的即期汇率或按照系统合理的方法确定的与现金流量发生日即期汇率近似的汇率折算。汇率变动对现金的影响额应当作为调节项目，在现金流量表中单独列报。

汇率变动对现金的影响，指将企业外币现金流量及境外子公司的现金流量折算成记账本位币时，所采用的是现金流量发生日的汇率或按照系统合理的方法确定的与现金流量发生日即期汇率近似的汇率，而现金流量表"现金及现金等价物净增加额"项目中外币现金净增加额是按资产负债表日的即期汇率折算的。这两者的差额即为汇率变动对现金的影响。

在编制现金流量表时，对当期发生的外币业务也可不必逐笔计算汇率变动对现金的影响，可以通过现金流量表补充资料中"现金及现金等价物净增加额"数额与现金流量表中"经营活动产生的现金流量净额"、"投资活动产生的现金流量净额"、"筹资活动产生的现金流量净额"三项之和比较，其差额即为"汇率变动对现金的影响额"。

5. 现金流量表补充资料。除现金流量表反映的信息外，企业还应在附注中披露将净利润调节为经营活动现金流量、不涉及现金收支的重大投资和筹资活动、现金及现金等价物净变动情况等信息。

（1）将净利润调节为经营活动现金流量。现金流量表采用直接法反映经营活动产生的现金流量，同时，企业还应采用间接法反映经营活动产生的现金流量。间接法，是指以本期净利润为起点，通过调整不涉及现金的收入、费用、营业外收支以及经营性应收应付等项目的增减变动，调整不属于经营活动的现金收支项目，据此计算并列报经营活动产生的现金流量的方法。在我国，现金流量表补充资料应采用间接法反映经营活动产生的现金流量情况，以对现金流量表中采用直接法反映的经营活动现金流量进行核对和补充说明。

采用间接法列报经营活动产生的现金流量时，需要对四大类项目进行调整：实际没有支付现金的费用；实际没有收到现金的收益；不属于经营活动的损益；经营性应收应付项目的增减变动。

（2）不涉及现金收支的重大投资和筹资活动。不涉及现金收支的重大投资和筹资活动，反映企业一定期间内影响资产或负债但不形成该期现金收支的所有投资和筹资活动的信息。这些投资和筹资活动虽然不涉及现金收支，但对以后各期的现金流量有重大影响。

企业应当在附注中披露不涉及当期现金收支但影响企业财务状况或在未来可能影响企业现金流量的重大投资和筹资活动，主要包括：债务转为资本；年内到期的可转换公司债券；融资租入固定资产。

（3）现金及现金等价物的构成。企业应当在附注中披露与现金及现金等价物有关的下列信息：现金及现金等价物的构成及其在资产负债表中的相应金额；企业持有但不能由母公司或集团内其他子公司使用的大额现金及现金等价物金额。例如，国外经营的子公司，由于受当地外汇管制的限制，其持有的现金及现金等价物不能由母公司或其他子公司正常使用。

【例14-13】中天股份有限公司2×15年12月31日资产负债表和2×15年度利润表分别如表14-13和表14-14所示。

表14-13　　　　　　　　　　　资产负债表

会企01表

编制单位：中天股份有限公司　　　　　2×15年12月31日　　　　　　　　　　单位：元

资产	期末余额	年初余额	负债和所有者权益（或股东权益）	期末余额	年初余额
流动资产：			流动负债：		
货币资金	815 131	1 406 300	短期借款	50 000	300 000
交易性金融资产		15 000	交易性金融负债		
衍生金融资产			衍生金融负债		
应收票据	66 000	246 000	应付票据	100 000	200 000
应收账款	598 200	299 100	应付账款	953 800	953 800
预付款项	100 000	100 000	预收款项		

续表

资产	期末余额	年初余额	负债和所有者权益（或股东权益）	期末余额	年初余额
应收利息			合同负债		
应收股利			应付职工薪酬	180 000	110 000
其他应收款	5 000	5 000	应交税费	226 731	36 600
存货	2 484 700	2 580 000	应付利息		1 000
合同资产			应付股利	32 215.85	
持有待售资产			其他应付款	50 000	50 000
一年内到期的非流动资产			持有待售负债		
其他流动资产	100 000	100 000	一年内到期的非流动负债		1 000 000
流动资产合计	4 169 031	4 751 400	其他流动负债		
非流动资产：			流动负债合计	1 592 746.85	2 651 400
债权投资			非流动负债：		
其他债权投资			长期借款	1 160 000	600 000
长期应收款			应付债券		
			其中：优先股		
			永续债		
长期股权投资	250 000	250 000	长期应付款		
其他权益工具投资			专项应付款		
其他非流动金融资产					
投资性房地产			预计负债		
固定资产	2 201 000	1 100 000	递延收益		
在建工程	428 000	1 500 000	递延所得税负债		
工程物资	300 000		其他非流动负债		
固定资产清理			非流动负债合计	1 160 000	600 000
生产性生物资产			负债合计	2 752 746.85	3 251 400
油气资产			所有者权益（或股东权益）：		
无形资产	540 000	600 000	实收资本（或股本）	5 000 000	5 000 000
开发支出			其他权益工具		
商誉			资本公积		
长期待摊费用			减：库存股		
递延所得税资产	7 500		其他综合收益		
其他非流动资产	200 000	200 000	盈余公积	124 770.4	100 000

续表

资产	期末余额	年初余额	负债和所有者权益（或股东权益）	期末余额	年初余额
非流动资产合计	3 926 500	3 650 000	未分配利润	218 013.75	50 000
			所有者权益（或股东权益）合计	5 342 784.15	5 150 000
资产总计	8 095 531	8 401 400	负债和所有者权益（或股东权益）总计	8 095 531	8 401 400

表 14-14　　　　　　　　　　　　利润表

会企 02 表

编制单位：中天股份有限公司　　　　2×15 年　　　　　　　　　单位：元

项　目	本期金额	上期金额
一、营业收入	1 250 000	
减：营业成本	750 000	
税金及附加	2 000	
销售费用	20 000	
管理费用	157 100	
研发费用		
财务费用	41 500	
其中：利息费用		
利息收入		
资产减值损失	30 900	
信用减值损失		
加：公允价值变动收益（损失以"-"号填列）		
净敞口套期收益（损失以"-"号填列）		
投资收益（损失以"-"号填列）	31 500	
其中：对联营企业和合营企业的投资收益		
资产处置收益（损失以"-"号填列）		
其他收益		
二、营业利润（亏损以"-"号填列）	280 000	
加：营业外收入	50 000	
减：营业外支出	19 700	

续表

项目	本期金额	上期金额
三、利润总额（亏损总额以"－"号填列）	310 300	
减：所得税费用	85 300	
四、净利润（净亏损以"－"号填列）	225 000	
（一）持续经营净利润（净亏损以"－"号填列）		
（二）终止经营净利润（净亏损以"－"号填列）		
五、其他综合收益的税后净额		
（一）以后不能重分类进损益的其他综合收益		
1. 重新计量设定受益计划变动额		
2. 权益法下不能转损益的其他综合收益		
3. 其他权益工具投资公允价值变动		
4. 企业自身信用风险公允价值变动		
……		
（二）以后将重分类进损益的其他综合收益		
1. 权益法下可转损益的其他综合收益		
2. 其他债权投资公允价值变动		
3. 金融资产重分类转入其他综合收益的金额		
4. 其他债权投资信用减值准备		
5. 现金流量套期储备		
6. 外币财务报表折算差额		
……		
六、综合收益总额	225 000	
七、每股收益		
（一）基本每股收益		
（二）稀释每股收益		

注：年终计提应付股利 32 215.85 元。

1. 2×15 年度利润表有关项目的明细资料如下。

（1）管理费用的组成：职工薪酬 17 100 元，无形资产摊销 60 000 元，折旧费 20 000 元，支付其他费用 60 000 元。

（2）财务费用的组成：计提借款利息 11 500 元，支付应收票据（银行承兑汇票）贴现利息 30 000 元。

（3）资产减值损失的组成：计提坏账准备 900 元，计提固定资产减值准备 30 000 元。上年年末坏账准备余额为 900 元。

（4）投资收益的组成：收到股息收入 30 000 元，与本金一起收回的交易性股票投资收益 500 元，自公允价值变动损益结转投资收益 1 000 元。

（5）营业外收入的组成：处置固定资产净收益 50 000 元（其所处置固定资产原价为 400 000 元，累计折旧为 150 000 元，收到处置收入 300 000 元）。假定不考虑与固定资产处置有关的税费。

（6）营业外支出的组成：报废固定资产净损失 19 700 元（其所报废固定资产原价为 200 000 元，累计折旧为 180 000 元，支付清理费用 500 元，收到残值收入 800 元）。

（7）所得税费用的组成：当期所得税费用 92 800 元，递延所得税收益 7 500 元。

除上述项目外，利润表中的销售费用 20 000 元至期末已经支付。

2. 资产负债表有关项目的明细资料如下。

（1）本期收回交易性股票投资本金 15 000 元、公允价值变动 1 000 元，同时实现投资收益 500 元。

（2）存货中生产成本、制造费用的组成：职工薪酬 324 900 元，折旧费 80 000 元。

（3）应交税费的组成：本期增值税进项税额 42 466 元，增值税销项税额 212 500 元，已交增值税 100 000 元；应交所得税期末余额为 20 097 元，应交所得税期初余额为 0；应交税费期末数中应由在建工程负担的部分为 100 000 元。

（4）应付职工薪酬的期初数无应付在建工程人员的部分，本期支付在建工程人员职工薪酬 200 000 元。应付职工薪酬的期末数中应付在建工程人员的部分为 28 000 元。

（5）应付利息均为短期借款利息，其中，本期计提利息 11 500 元，支付利息 12 500 元。

（6）本期用现金购买固定资产 101 000 元，购买工程物资 300 000 元。

（7）本期用现金偿还短期借款 250 000 元，偿还一年内到期的长期借款 1 000 000 元；借入长期借款 560 000 元。

要求：根据以上资料，采用分析填列的方法编制中天股份有限公司 2×15 年度的现金流量表。

1. 中天股份有限公司 2×15 年度现金流量表各项目金额分析确定如下。

（1）销售商品、提供劳务收到的现金

　　　＝营业收入＋应交税费（应交增值税——销项税额）

　　　　＋（应收账款年初余额－应收账款期末余额）

　　　　＋（应收票据年初余额－应收票据期末余额）

　　　　－当期计提的坏账准备－票据贴现的利息

　　　＝1 250 000＋212 500＋（299 100－598 200）＋（246 000－66 000）

　　　　－900－30 000＝1 312 500（元）

（2）购买商品、接受劳务支付的现金

　　　＝营业成本＋应交税费（应交增值税——进项税额）

　　　　－（存货年初余额－存货期末余额）

　　　　＋（应付账款年初余额－应付账款期末余额）
　　　　＋（应付票据年初余额－应付票据期末余额）
　　　　＋（预付账款期末余额－预付账款年初余额）
　　　　－当期列入生产成本、制造费用的职工薪酬
　　　　－当期列入生产成本、制造费用的折旧费和固定资产修理费
　　＝750 000＋42 466－（2 580 000－2 484 700）＋（953 800－953 800）
　　　　＋（200 000－100 000）＋（100 000－100 000）－324 900－80 000
　　＝392 266（元）

(3) 支付给职工以及为职工支付的现金
　　＝生产成本、制造费用、管理费用中的职工薪酬
　　　　＋（应付职工薪酬年初余额－应付职工薪酬期末余额）
　　　　－［应付职工薪酬（在建工程）年初余额
　　　　－应付职工薪酬（在建工程）期末余额］
　　＝324 900＋17 100＋（110 000－180 000）
　　　　－（0－28 000）＝300 000（元）

(4) 支付的各项税费
　　＝当期所得税费用＋税金及附加
　　　　＋应交税费（应交增值税——已交税金）
　　　　－（应交所得税期末余额－应交所得税期初余额）
　　＝92 800＋2 000＋100 000－（20 097－0）＝174 703（元）

(5) 支付其他与经营活动有关的现金
　　＝其他管理费用＋销售费用
　　＝60 000＋20 000
　　＝80 000（元）

(6) 收回投资收到的现金
　　＝交易性金融资产贷方发生额＋与交易性金融资产一起收回的投资收益
　　＝16 000＋500
　　＝16 500（元）

(7) 取得投资收益收到的现金
　　＝收到的股息收入
　　＝30 000（元）

(8) 处置固定资产收回的现金净额
　　＝300 000＋（800－500）
　　＝300 300（元）

(9) 购建固定资产支付的现金
　　＝用现金购买的固定资产、工程物资＋支付给在建工程人员的薪酬
　　＝101 000＋300 000＋200 000
　　＝601 000（元）

（10）取得借款收到的现金 = 560 000（元）
（11）偿还债务支付的现金
　　　= 250 000 + 1 000 000
　　　= 1 250 000（元）
（12）偿付利息支付的现金 = 12 500（元）

2. 将净利润调节为经营活动现金流量各项目的计算分析如下。
（1）资产减值准备 = 900 + 30 000 = 30 900（元）
（2）固定资产折旧 = 20 000 + 80 000 = 100 000（元）
（3）无形资产摊销 = 60 000（元）
（4）处置固定资产、无形资产和其他长期资产的损失（减：收益）
　　　= －50 000（元）
（5）固定资产报废损失 = 19 700（元）
（6）财务费用 = 11 500（元）
（7）投资损失（减：收益）= －31 500（元）
（8）递延所得税资产减少 = 0 － 7 500 = －7 500（元）
（9）存货的减少 = 2 580 000 － 2 484 700 = 95 300（元）
（10）经营性应收项目的减少
　　　=（246 000 － 66 000）+（299 100 + 900 － 598 200 － 1 800）
　　　= －120 000（元）
（11）经营性应付项目的增加
　　　=（100 000 － 200 000）+（953 800 － 953 800）+［(180 000 － 28 000)
　　　－ 110 000］+［(226 731 － 100 000) － 36 600］
　　　= 32 131（元）

3. 根据上述数据，编制现金流量表（见表 14 - 15）及其补充资料（见表 14 - 16）。

表 14 - 15　　　　　　　　现金流量表

会企 03 表

编制单位：中天股份有限公司　　　2 × 15 年　　　　　　　单位：元

项　目	本期金额	上期金额
一、经营活动产生的现金流量		
销售商品、提供劳务收到的现金	1 312 500	
收到的税费返还		
收到其他与经营活动有关的现金		
经营活动现金流入小计	1 312 500	
购买商品、接受劳务支付的现金	392 266	
支付给职工以及为职工支付的现金	300 000	

续表

项　　目	本期金额	上期金额
支付的各项税费	174 703	
支付其他与经营活动有关的现金	80 000	
经营活动现金流出小计	946 969	
经营活动产生的现金流量净额	365 531	
二、投资活动产生的现金流量		
收回投资收到的现金	16 500	
取得投资收益收到的现金	30 000	
处置固定资产、无形资产和其他长期资产收回的现金净额	300 300	
处置子公司及其他营业单位收到的现金净额		
收到其他与投资活动有关的现金		
投资活动现金流入小计	346 800	
购建固定资产、无形资产和其他长期资产支付的现金	601 000	
投资支付的现金		
取得子公司及其他营业单位支付的现金净额		
支付其他与投资活动有关的现金		
投资活动现金流出小计	601 000	
投资活动产生的现金流量净额	－254 200	
三、筹资活动产生的现金流量		
吸收投资收到的现金		
取得借款收到的现金	560 000	
收到其他与筹资活动有关的现金		
筹资活动现金流入小计	560 000	
偿还债务支付的现金	1 250 000	
分配股利、利润或偿付利息支付的现金	12 500	
支付其他与筹资活动有关的现金		
筹资活动现金流出小计	1 262 500	
筹资活动产生的现金流量净额	－702 500	
四、汇率变动对现金及现金等价物的影响		
五、现金及现金等价物净增加额	－591 169	
加：期初现金及现金等价物余额	1 406 300	
六、期末现金及现金等价物余额	815 131	

表 14-16　　　　　　　　　　　现金流量表补充资料　　　　　　　　　　　单位：元

补充资料	本期金额	上期金额
1. 将净利润调节为经营活动现金流量：		
净利润	225 000	
加：资产减值准备	30 900	
固定资产折旧、油气资产折耗、生产性生物资产折旧	100 000	
无形资产摊销	60 000	
长期待摊费用摊销		
处置固定资产、无形资产和其他长期资产的损失（收益以"-"号填列）	-50 000	
固定资产报废损失（收益以"-"号填列）	19 700	
公允价值变动损失（收益以"-"号填列）		
财务费用（收益以"-"号填列）	11 500	
投资损失（收益以"-"号填列）	-31 500	
递延所得税资产减少（增加以"-"号填列）	-7 500	
递延所得税负债增加（减少以"-"号填列）		
存货的减少（增加以"-"号填列）	95 300	
经营性应收项目的减少（增加以"-"号填列）	-120 000	
经营性应付项目的增加（减少以"-"号填列）	32 131	
其他		
经营活动产生的现金流量净额	365 531	
2. 不涉及现金收支的重大投资和筹资活动：		
债务转为资本		
一年内到期的可转换公司债券		
融资租入固定资产		
3. 现金及现金等价物净变动情况：		
现金的期末余额	815 131	
减：现金的期初余额	1 406 300	
加：现金等价物的期末余额		
减：现金等价物的期初余额		
现金及现金等价物净增加额	-591 169	

现金流量表项目填报说明

（一）经营活动产生的现金流量有关项目的编制

1. 销售商品、提供劳务收到的现金。本项目反映企业销售商品或材料，提供劳务以及代购代销业务实际收到的现金，包括销售价款以及对应的增值税销项税额，具体包括：

（1）本期销售商品、提供劳务收到的现金；

(2) 前期销售商品、提供劳务本期收到的现金；

(3) 本期预收的款项。

本期及前期销售发生商品等退回所实际支付的现金作减项处理。

2. 收到的税费返还。本项目反映企业收到税务机构或财政部门退回、返还的各种税费，主要包括增值税、企业所得税、消费税、关税和教育费附加返还款等。

3. 收到的其他与经营活动有关的现金。本项目反映企业除上述各项目外，收到的其他与经营活动有关的现金，如违约金、经营租赁租金、业务赞助费、流动资产损失中保险公司理赔款或个人赔款、罚款以及除税费返还外的其他政府补助收入等。

4. 购买商品、接受劳务支付的现金。本项目反映企业购买材料、商品和接受劳务实际支付的现金，包括支付的货款以及与货款一并支付的增值税进项税额，具体包括：

(1) 本期购买材料、商品和接受劳务支付的现金；

(2) 本期支付前期购买材料、商品和接受劳务的未付款项；

(3) 本期预付的款项。

本期及前期的购货退回收到的现金作减项处理。

5. 支付给职工以及为职工支付的现金。本项目反映企业实际支付给职工（不包括在建工程相关的职工，下同）的现金以及为职工支付的现金，主要包括：

(1) 工资、奖金、各种津贴和补贴；

(2) 现金结算的股份支付；

(3) 养老、医疗、失业、工伤、生育等社会保险基金及住房公积金（简称"五险一金"）

(4) 企业年金；

(5) 商业保险金；

(6) 离职补偿金；

(7) 职工福利费。

6. 支付的各项税费。本项目反映企业按规定支付的各项税费，包括本期发生并支付的税费，以及本期支付以前各期发生的税费以及预交的税费，主要包括增值税、城市维护建设税、企业所得税、印花税、房产税、土地使用税、土地增值税、车船税以及教育费附加、地方教育费附加、江海堤防工程维护费等。

7. 支付的其他与经营活动有关的现金。本项目反映企业除上述各项目外，支付的其他与经营活动有关的现金，如违约金、罚款、差旅费、业务招待费、保险费、经营租赁租金等。

(二) 投资活动产生的现金流量有关项目的编制

1. 收回投资收到的现金。本项目反映企业出售、转让或到期收回除现金等价物以外的交易性金融资产、持有至到期投资、可供出售金融资产、长期股权投资等而收到的现金（债权性投资收回的利息以及处置子公司及其他营业单位收到的现金净额等除外）。

2. 取得投资收益收到的现金。本项目反映企业因股权性投资而分得的现金股利，因债权性投资而取得的现金利息收入。

3. 处置固定资产、无形资产和其他长期资产收回的现金净额。本项目反映企业出售固定资产、无形资产和其他长期资产（如投资性房地产）所取得的现金，减去为处置这些资产而支付的有关税费后的净额。

由于自然灾害等原因所造成的固定资产等长期资产报废、毁损而收到的保险赔偿收入，在本项目中反映。

4. 处置子公司及其他营业单位收到的现金净额。本项目反映企业处置子公司及其他营业单位所取得的现金减去子公司或其他营业单位持有的现金和现金等价物以及相关处置费用后的净额。

5. 收到的其他与投资活动有关的现金。本项目反映企业除上述各项目外，收到的其他与投资活动有关的现金。主要有：

（1）收回委托贷款所收到的现金；

（2）收回购买股票和债券时支付的已宣告但尚未领取的现金股利或已到付息期但尚未领取的债券利息；

（3）子公司或其他营业单位持有的现金和现金等价物超过收购子公司所支付的现金对价的净额。

6. 购建固定资产、无形资产和其他长期资产支付的现金。本项目反映企业购买、建造固定资产，取得无形资产和其他长期资产（如投资性房地产）支付的现金，包括购买机器设备所支付的现金、建造工程支付的现金、为在建工程人员的工资及其他相关费用用现金支出。

7. 投资支付的现金。本项目反映企业进行权益性投资和债权性投资所支付的现金，包括企业取得的除现金等价物以外的交易性金融资产、持有至到期投资、可供出售金融资产而支付的现金，以及支付的佣金、手续费等交易费用。

8. 取得子公司及其他营业单位支付的现金净额。本项目反映企业取得子公司及其他营业单位购买出价中以现金支付的部分，减去子公司或其他营业单位持有的现金和现金等价物后的净额。本项目可以根据有关科目的记录分析填列。

9. 支付的其他与投资活动有关的现金。本项目反映企业除上述各项目外，支付的其他与投资活动有关的现金。主要包括：

（1）通过银行发放委托贷款；

（2）处置子公司及其他营业单位收到的现金净额为负数；

（3）处置固定资产、无形资产和其他长期资产所收回的现金净额为负数。

（4）企业购买股票和债券时，实际支付的价款中包含的已宣告但尚未领取的现金股利或已到付息期但尚未领取的债券利息。

（三）筹资活动产生的现金流量有关项目的编制

1. 吸收投资收到的现金。本项目反映企业以发行股票等方式筹集资金实际收到的款项净额（发行收入减去支付的佣金等发行费用后的净额）。

2. 借款收到的现金。本项目反映企业举借各种短期、长期借款以及取得委托贷款、发行企业债、公司债、短期融资券、超短期融资券、中期票据等而收到的款项净额（发行收入减去直接支付的佣金等发行费用后的净额）。

3. 收到的其他与筹资活动有关的现金。本项目反映企业除上述各项目外，收到的其他与筹资活动有关的现金。如子公司增加注册资本时少数股东投入的现金。

4. 偿还债务所支付的现金。本项目反映企业以现金偿还债务的本金，包括归还金融企业的借款本金、委托贷款本金、偿付企业到期的债券及短期融资券等债务工具本金等。

5. 分配股利、利润或偿付利息支付的现金。本项目反映企业实际支付的现金股利、支付给其他投资单位的利润或用现金支付的借款利息、债券利息以及其他债务融资工具利息。

6. 支付的其他与筹资活动有关的现金。本项目反映企业除上述各项目外，支付的其他与筹资活动有关的现金，如以发行股票、债券等方式筹集资金而由企业直接支付的审计、咨询等费用，融资租赁各期支付的现金，以及以分期付款方式构建固定资产、无形资产等各期支付的现金等。

第五节 所有者权益变动表

一、所有者权益变动表的概念

所有者权益变动表是指反映构成所有者权益各组成部分当期增减变动情况的报表。所有者权益变动表应当全面反映一定时期所有者权益变动的情况，不仅包括所有者权益总量的增减变动，还包括所有者权益增减变动的重要结构性信息，特别是要反映直接计入所有者权益的利得和损失，让报表使用者准确理解所有者权益增减变动的根源。

二、所有者权益变动表的内容和结构

在所有者权益变动表中，综合收益和与所有者（或股东）的资本交易导致的所有者权益的变动，应当分别列示。企业至少应当单独列示反映下列项目的信息：（1）综合收益总额；（2）会计政策变更和差错更正的累积影响金额；（3）所有者投入资本和向所有者分配利润等；（4）提取的盈余公积；（5）所有者权益各组成部分的期初和期末余额及其调节情况。

所有者权益变动表以矩阵的形式列示：一方面，列示导致所有者权益变动的交易或事项；另一方面，按照所有者权益各组成部分（包括实收资本、资本公积、其他综合收益、盈余公积、未分配利润和库存股等）及其总额列示交易或事项对所有者权益的影响。

此外，为了提供比较所有者权益变动表，所有者权益变动表还就各项目再分为"本年金额"和"上年金额"两栏分别填列。我国所有者权益变动表的具体格式如表14-17所示。

三、所有者权益变动表的填列方法

1. 上年年末余额，反映企业上年资产负债表中实收资本（或股本）、其他权益工具、资本公积、其他综合收益、盈余公积、利润分配等的年末余额。

（1）会计政策变更，反映企业采用追溯调整法处理的会计政策变更的累积影响金额。

（2）前期差错更正，反映企业采用追溯重述法处理的会计差错更正的累积影响金额。

表14-17

所有者权益变动表

编制单位：　　　　　　　　　　　　　　　　年度　　　　　　　　　　　　　　　　会企04表
单位：元

项　目	本年金额								上年金额							
	实收资本（或股本）	其他权益工具	资本公积	减：库存股	其他综合收益	盈余公积	未分配利润	所有者权益合计	实收资本（或股本）	其他权益工具	资本公积	减：库存股	其他综合收益	盈余公积	未分配利润	所有者权益合计
一、上年年末余额																
加：会计政策变更																
前期差错更正																
二、本年年初余额																
三、本年增减变动金额（减少以"-"号填列）																
（一）净利润																
（二）所有者投入和减少资本																
1. 所有者投入资本																
2. 股份支付计入所有者权益的金额																
3. 其他																
（三）利润分配																
1. 提取盈余公积																
2. 对所有者（或股东）的分配																
3. 其他																

续表

项目	本年金额							上年金额						
	实收资本（或股本）	其他权益工具	资本公积	减:库存股	其他综合收益	盈余公积	未分配利润	所有者权益合计	实收资本（或股本）	其他权益工具	资本公积	减:库存股	其他综合收益	盈余公积	未分配利润	所有者权益合计
（四）所有者权益内部结转														
1. 资本公积转增资本（或股本）														
2. 盈余公积转增资本（或股本）														
3. 盈余公积弥补亏损														
4. 设定受益计划变动额结转留存收益														
5. 其他综合收益结转留存收益														
6. 其他														
四、本年年末余额														

2. 本年年初余额,反映企业为体现会计政策变更和前期差错更正的影响,而在上年年末所有者权益余额的基础上进行调整得出的本年年初所有者权益余额。应根据"盈余公积"、"利润分配"、"以前年度损益调整"等科目的发生额分析填列。

3. 本年增减变动金额。

(1) 综合收益总额,反映净利润和其他综合收益扣除所得税影响后的净额相加后的合计金额。

(2) 所有者投入和减少资本,反映企业当年所有者投入的资本和减少的资本。其中:

①所有者投入资本,反映企业接受投资者投入形成的实收资本(或股本)和资本溢价或股本溢价,对应列在"实收资本"和"资本公积"栏。

②股份支付计入所有者权益的金额,反映企业处于等待期中的权益结算的股份支付当年计入资本公积的金额,对应列在"资本公积"栏。

(3) 利润分配,反映按照规定提取的盈余公积金额和当年对所有者(或股东)分配的利润(或股利)金额,对应列在"盈余公积"和"未分配利润"栏。其中:

①提取盈余公积,反映企业按照规定提取的盈余公积、储备基金、企业发展基金项目、中外合作经营在合作期间归还投资者的投资等项目。

②对所有者(或股东)的分配,反映对所有者(或股东)分配的利润(或股利)金额。

(4) 所有者权益内部结转,反映不影响当年所有者权益总额的所有者权益各组成部分之间当年的增减变动。其中:

①资本公积转增资本(或股本),反映企业以资本公积转增资本或股本的金额。

②盈余公积转增资本(或股本),反映企业以盈余公积转增资本或股本的金额。

③盈余公积弥补亏损,反映企业以盈余公积弥补亏损的金额。

第六节 附 注

附注是对资产负债表、利润表、现金流量表和所有者权益变动表等报表中列示项目的文字描述或明细资料,以及对未能在这些报表中列示项目的说明等。附注是财务报表不可或缺的组成部分,与资产负债表、利润表、现金流量表、所有者权益变动表等报表具有同等的重要性。附注应当按照如下顺序披露有关内容。

一、企业的基本情况

1. 企业注册地、组织形式和总部地址。
2. 企业的业务性质和主要经营活动。
3. 母公司以及集团最终母公司的名称。
4. 财务报告的批准报出者和财务报告批准报出日,或者以签字人及其签字日期为准。
5. 营业期限有限的企业,还应当披露有关其营业期限的信息。

二、财务报表的编制基础

财务报表的编制基础是指财务报表是在持续经营基础上还是在非持续经营基础上编制的。企业一般是在持续经营基础上编制财务报表,清算、破产属于非持续经营基础。

三、遵循《企业会计准则》的声明

企业应当明确说明编制的财务报表符合《企业会计准则》的要求,真实、公允地反映了企业的财务状况、经营成果和现金流量等有关信息,以此明确企业编制财务报表所依据的制度基础。如果企业编制的财务报表只是部分地遵循了企业会计准则,附注中不得做出这种表述。

四、重要会计政策和会计估计

企业应当披露重要的会计政策和会计估计,披露会计政策的确定依据、会计估计中所采用的关键假设和不确定因素的确定依据,不具有重要性的会计政策和会计估计可以不披露。判断会计政策和会计估计是否重要,应当考虑与会计政策或会计估计相关项目的性质和金额。

企业主要应当披露的重要会计政策如下:

1. 存货。
(1) 确定发出存货成本所采用的方法。
(2) 可变现净值的确定方法。
(3) 存货跌价准备的计提方法。
2. 投资性房地产。
(1) 投资性房地产的计量模式。
(2) 采用公允价值模式的,投资性房地产公允价值的确定依据和方法。
3. 固定资产。

(1) 固定资产的确认条件和计量基础。
(2) 固定资产的折旧方法。
4. 生物资产。各类生产性生物资产的折旧方法。
5. 无形资产。
(1) 使用寿命有限的无形资产的使用寿命的估计情况。
(2) 使用寿命不确定的无形资产的使用寿命不确定的判断依据。
(3) 无形资产的摊销方法。
(4) 企业判断无形资产项目支出满足资本化条件的依据。
6. 资产减值。
(1) 资产或资产组可收回金额的确定方法。
(2) 可收回金额按照资产组的公允价值减去处置费用后的净额确定的，确定公允价值减去处置费用后的净额的方法、所采用的各关键假设及其依据。
(3) 可收回金额按照资产组预计未来现金流量的现值确定的，预计未来现金流量的各关键假设及其依据。
(4) 分摊商誉到不同资产组采用的关键假设及其依据。
7. 股份支付。
权益工具公允价值的确定方法。
8. 债务重组。
(1) 债务人债务重组中转让的非现金资产的公允价值、由债务转成的股份的公允价值和修改其他债务条件后债务的公允价值的确定方法及依据。
(2) 债权人债务重组中受让的非现金资产的公允价值、由债权转成的股份的公允价值和修改其他债务条件后债权的公允价值的确定方法及依据。
9. 收入。收入确认所采用的会计政策，包括确定提供劳务交易完工进度的方法。
10. 建造合同。确定合同完工进度的方法。
11. 所得税。确认递延所得税资产的依据。
12. 外币折算。企业及其境外经营选定的记账本位币及选定的原因，记账本位币发生变更的理由。
13. 金融工具。
(1) 对于指定为以公允价值计量且其变动计入当期损益的金融资产或金融负债，应当披露下列信息：
①指定的依据；
②指定的金融资产或金融负债的性质；
③指定后如何消除或明显减少原来由于该金融资产或金融负债的计量基础不同所导致的相关利得或损失在确认或计量方面不一致的情况，以及是否符合企业正式书面文件载明的风险管理或投资策略的说明。
(2) 指定以公允价值计量且其变动计入其他综合收益的金融资产的条件。
(3) 确定金融资产已发生减值的客观依据以及计算确定金融资产减值损失所

使用的具体方法。

(4) 金融资产和金融负债的利得与损失的计量基础。

(5) 金融资产和金融负债终止确认条件。

(6) 其他与金融工具相关的会计政策。

14. 租赁。

(1) 承租人分摊未确认融资费用所采用的方法。

(2) 出租人分配未实现融资收益所采用的方法。

15. 石油天然气开采。

(1) 探明矿区权益、井及相关设施的折耗方法和减值准备的计提方法。

(2) 与油气开采活动相关的辅助设备及设施的折旧方法和减值准备计提方法。

16. 企业合并。

(1) 属于同一控制下企业合并的判断依据。

(2) 非同一控制下企业合并成本的公允价值的确定方法。

17. 其他。

五、会计政策和会计估计变更以及差错更正的说明

1. 会计政策变更的性质、内容和原因。
2. 当期和各个列报前期财务报表中受影响的项目名称和调整金额。
3. 会计政策变更无法进行追溯调整的事实和原因以及开始应用变更后的会计政策的时点、具体应用情况。
4. 会计估计变更的内容和原因。
5. 会计估计变更对当期和未来期间的影响金额。
6. 会计估计变更的影响数不能确定的事实和原因。
7. 前期差错的性质。
8. 各个列报前期财务报表中受影响的项目名称和更正金额；前期差错对当期财务报表也有影响的，还应披露当期财务报表中受影响的项目名称和金额。
9. 前期差错无法进行追溯重述的事实和原因以及对前期差错开始进行更正的时点、具体更正情况。

六、重要报表项目的说明

企业应当尽可能以列表形式披露重要报表项目的构成或当期增减变动情况。对重要报表项目的明细说明，应当按照资产负债表、利润表、现金流量表、所有者权益变动表的顺序以及报表项目列示的顺序进行披露，应当以文字和数字描述相结合进行披露，并与报表项目相衔接。资产减值准备明细表、分部报表、现金流量表补充资料应当在附注中单独披露，不作为报表附表。

七、或有和承诺事项的说明

1. 预计负债的种类、形成原因以及经济利益流出不确定性的说明。
2. 各类预计负债的期初、期末余额和本期变动情况。
3. 与预计负债有关的预期补偿金额和本期已确认的预期补偿金额。
4. 或有负债的种类及其形成原因,包括未决诉讼、未决仲裁、对外提供担保等形成的或有负债。
5. 或有负债经济利益流出不确定性的说明。
6. 或有负债预计产生的财务影响,以及获得补偿的可能性;无法预计的,应当说明原因。
7. 企业通常不应披露或有资产。但或有资产很可能会给企业带来经济利益的,应当披露其形成的原因、预计产生的财务影响等。
8. 在涉及未决诉讼、未决仲裁的情况下,按相关规定披露全部或部分信息预期对企业造成重大不利影响的,企业无须披露这些信息,但应当披露该未决诉讼、未决仲裁的性质以及没有披露这些信息的事实和原因。

八、资产负债表日后事项的说明

每项重要的资产负债表日后非调整事项的性质、内容,及其对财务状况和经营成果的影响。无法做出估计的,应当说明原因。资产负债表日后,企业利润分配方案中拟分配的以及经审议批准宣告发放的股利或利润。

九、关联方关系及其交易的说明

1. 母公司和子公司的名称。母公司不是该企业最终控制方的,说明最终控制方名称。母公司和最终控制方均不对外提供财务报表的,说明母公司之上与其最相近的对外提供财务报表的母公司名称。
2. 母公司和子公司的业务性质、注册地、注册资本(或实收资本、股本)及其当期发生的变化。
3. 母公司对该企业或者该企业对子公司的持股比例和表决权比例。
4. 企业与关联方发生关联方交易的,该关联方关系的性质、交易类型及交易要素。交易要素至少应当包括:
(1) 交易的金额。
(2) 未结算项目的金额、条款和条件,以及有关提供或取得担保的信息。
(3) 未结算应收项目的坏账准备金额。
(4) 定价政策。
5. 企业应当分别关联方以及交易类型披露关联方交易。

十、有助于财务报表使用者评价企业管理资本的目标、政策及程序的信息

第七节 与《小企业会计准则》的差异

1. 《小企业会计准则》只要求提供资产负债表和利润表两张基本报表。
2. 《小企业会计准则》要求提供的报表的内容比较简单。比如，资产负债表中减少了预收（付）账款、应收补贴款、递延税款借（贷）项、应付股利、专项应付款、已归还投资项目等；利润表中减少了补贴收入等项目。

思 考 题

1. 财务报告的概念是什么？一套完整的财务报告由哪些部分构成？
2. 利润表中的"营业收入"和"营业成本"是否仅包括企业销售商品、提供劳务或让渡资产使用权产生的收入和发生的成本？
3. 资产负债表的内容有哪些？资产负债表有什么作用？
4. 利润表的内容有哪些？利润表有什么作用？
5. 现金流量表的内容有哪些？现金流量表有什么作用？
6. 现金流量分为哪几类？企业编制经营活动现金流量的方法是什么？
7. 所有者权益变动表有什么作用？
8. 财务报表附注应披露哪些内容？

第十五章 会计调整

学习目标
1. 掌握会计政策的概念和内容，掌握会计政策变更的条件和处理方法。
2. 掌握会计估计的概念和内容，掌握会计估计变更的情形和处理方法。
3. 掌握前期差错的概念和类型，掌握前期差错更正的处理方法。
4. 掌握资产负债表日后事项的概念和内容，掌握资产负债表日后事项的处理方法。
5. 熟悉《企业会计准则》和《小企业会计准则》对会计调整的不同处理方法。

第一节 会计变更

会计变更通常是指会计政策、会计估计或会计主体的变更。

企业应当在会计准则允许采用的会计政策中选择适当的会计政策，并正确地运用所选定的会计政策进行相关交易或事项的会计确认、计量和报告。

一个报告主体的会计政策变更、会计估计变更或会计主体的变更可能会对该主体所披露的特定日期的财务状况和一定时期的经营成果产生很大影响，也可能对比较财务报表和历史总结所反映的变动趋势产生重大影响。因此，会计变更的反映与报告应该便于财务报表的分析与理解。

一、会计政策变更

（一）会计政策

会计政策是指企业在会计确认、计量和报告中所采用的原则、基础和会计处理方法。

会计政策的原则，是指按照《企业会计准则》规定的、适合于企业会计核算所采用的具体会计确认的原则，即指导企业进行会计确认的具体原则。

会计政策的基础，是指确认交易或者事项所采用的会计确认基础和会计计量基础，会计确认基础有权责发生制和收付实现制两种，会计计量基础是指会计计量属性，包括历史成本、重置成本、可变现净值、现值和公允价值等。

会计政策的会计处理方法,是指企业在会计核算中按照法律、行政法规或者国家统一的会计制度等规定采用或者选择适合于本企业的具体会计处理方法。

1. 需要披露的重要会计政策。企业应当披露重要的会计政策,不重要的会计政策可以不予披露。判断会计政策是否重要应当考虑与会计政策相关的项目性质和金额。按照我国《企业会计准则》的规定,企业应在报表附注中披露其所采用的重要的会计政策具体包括:

(1) 发出存货成本的计量,是指企业确定发出存货成本所采用的会计处理。例如,企业发出存货成本的计量是采用加权平均成本法,还是采用先进先出法等其他计量方法。

(2) 非货币性资产交换的计量,是指非货币性资产交换事项中对换入资产成本的计量。例如,非货币性资产交换是以换出资产的公允价值作为确定换入资产成本的基础,还是以换出资产的账面价值作为确定换入资产成本的基础。

(3) 固定资产的初始计量,是指对取得的固定资产初始成本的计量。例如,企业取得的固定资产初始成本是以购买价款还是以购买价款的现值为基础进行计量。

(4) 生物资产的初始计量,是指对取得生物资产初始成本的计量。例如,企业为取得生物资产而产生的借款费用,应当予以资本化还是计入当期损益。

(5) 长期股权投资的后续计量,是指企业取得长期股权投资后的会计处理。例如,企业对被投资单位的长期股权投资是采用成本法还是采用权益法。

(6) 投资性房地产的后续计量,是指企业在资产负债表日对投资性房地产进行后续计量所采用的会计处理。例如,企业对投资性房地产的后续计量是采用成本模式还是采用公允价值模式。

(7) 无形资产的确认,是指对无形资产研发项目的支出是否确认为无形资产。例如,企业内部研发的项目在开发阶段的支出是确认为无形资产还是在发生时计入当期损益。

(8) 收入的确认,是指收入确认所采用的会计原则。例如,企业确认收入时要同时满足已将商品所有权上的主要风险和报酬转移给购货方、收入的金额能够可靠地计量、相关经济利益很可能流入企业等条件。

(9) 合同收入与费用的确认,是指确认建造合同的收入与费用所采用的会计处理方法。例如,企业确认建造合同的合同收入和合同费用采用完工百分比法。

(10) 借款费用的处理,是指借款费用的会计处理方法,即是采用资本化还是采用费用化。

(11) 合并政策,是指编制合并财务报表所采用的原则。例如,母公司与子公司的会计年度不一致的处理原则、合并范围的确定原则等。

(12) 其他重要会计政策。

2. 企业不得随意变更会计政策。企业采用的会计政策,每一个会计期间和前后各期应当保持一致,不得随意变更,以保证会计信息的可比性,使财务报告使用者在比较企业多个会计期间的财务报告时,能够正确地判断企业的财务状况、经营成果和现金流量的趋势。如果会计政策确定需要变更，应当在附注中予以说明。

(二) 会计政策变更

会计政策变更，是指企业对相同的交易或事项由原来采用的会计政策改用另一会计政策的行为。

企业应当按照会计准则和会计制度规定的原则和方法进行会计确认、计量和报告。依据可比性的会计信息质量要求，各期采用的会计原则和方法应当保持一致，不得任意变更。如果确实需要变更会计政策，则要求这种变更必须符合法律或会计准则等行政法规、规章的要求，同时，这种变更要能保证企业提供更可靠、更相关的会计信息。

1. 会计政策变更的条件。企业满足下列条件之一的，可以变更会计政策：

(1) 依法变更。依法变更是指依据法律或会计准则等行政法规、规章的要求进行变更。由于实施了新的会计准则或会计制度，或修订了原有的会计准则或会计制度，要求变更会计政策。企业采用了新的会计政策，则废止了旧会计政策的执行。例如，《企业会计准则第1号——存货》对发出存货实际成本的计价废止了后进先出法，那么，原来发出存货采用后进先出法的企业，就应当改用会计准则中规定可以采用的其他发出存货实际成本的计价方法。

(2) 自行变更。自行变更是指企业为了适应经济环境、客观情况的变化而变更会计政策。由于经济环境、客观情况的改变，企业依据原来的会计政策所提供的会计信息已不能恰当地反映企业财务状况、经营成果和现金流量等情况。在这种情况下，企业应改变原会计政策，按变更后的新会计政策进行会计核算，以便提供更为可靠、相关的会计信息。例如，企业一直采用成本模式对投资性房地产进行后续计量，如果企业能够从房地产交易市场上持续地取得同类或类似房地产的市场价格及其他相关信息，从而能够对投资性房地产的公允价值做出合理的估计，此时，企业可以将投资性房地产的后续计量方法由成本模式变更为公允价值模式。

企业应当将变更的情况、变更的原因及其对企业财务状况和经营成果的影响在财务报告中说明。

2. 不属于会计政策变更的情况。对于会计政策变更的认定，直接影响会计处理方法的选择。因此，在会计实务中，企业应当正确认定属于会计政策变更的情形。下列两种情况不属于会计政策变更。

(1) 本期发生的交易或事项与以前相比具有本质差别而采用新的会计政策。这种情况是指本期发生的交易或事项可能在某种形式上与前期的交易或事项具有一定的相似之处，但是，两者本质上是有区别的，本期发生的交易或事项实际上是一种新的交易或事项。新发生的交易或事项采用新的会计政策不应属于会计政策变更。例如，某企业一直通过经营租赁方式租入机器设备，但从本年度起，新租入的机器设备采用融资租赁方式，因此，企业本年度采用融资租赁的会计处理方法来进行机器设备租入和使用的记录与报告。由于经营租赁与融资租赁具有本质区别，因而这种变化不属于会计政策变更。

（2）对初次发生的或不重要的交易或事项采用新的会计政策。对初次发生的某类交易或事项采用适当的会计政策，并没有改变原有的会计政策，因而不属于会计政策变更。例如，企业以前没有对外长期股权投资业务，当年对外进行长期股权投资，属于初次发生交易，企业采用成本法或权益法进行核算，并不属于会计政策变更。

对于不重要的交易或事项变更会计政策，虽然符合会计政策变更的定义，但是，根据重要性原则，如果不按照会计政策变更的会计处理方法进行核算，不会影响会计信息的可比性，也不会引起会计信息使用者的误解，因而不作为会计政策变更处理。例如，企业长期以来一直将购买办公用品的开支计入当期损益。本期改变其会计处理方法，将此类开支先记入物料用品账户，然后在领用后转入相关费用账户。由于办公用品开支属于企业的零星开支，且这种改变对资产、费用和利润的影响不大，属于不重要的事项，故这种改动不必作为会计政策变更的内容进行专门披露。

（三）会计政策变更的处理方法

对于会计政策变更的会计处理有追溯调整法和未来适用法两种。企业应根据会计政策变更的原因、条件以及会计政策变更的累计影响数能否合理确定等因素来选择适用的调整方法。

1. 追溯调整法。追溯调整法是指对某类交易或事项变更会计政策时，要视同该类交易或事项初次发生时就采用了此次变更拟改用的新的会计政策，计算会计政策变更的累积影响数，据以对本期期初留存收益和相关财务报表项目以及比较财务报表中相关项目进行调整的方法。

采用追溯调整法时，应当将会计政策变更的累计影响数用于调整期初留存收益，财务报表其他相关项目的期初数也应一并调整，但不需要重编以前年度的财务报表。

采用追溯调整法处理会计政策变更的处理步骤如下。

（1）计算会计政策变更的累积影响数。会计政策变更的累积影响数是指按照变更后的会计政策对以前各期追溯计算的列报前期最早期初留存收益应有金额与现有金额之间的差额。

会计政策变更的累积影响数是指追溯至与会计政策变更相关的交易或事项初次发生的时间所计算的累积影响数。假设与会计政策变更相关的交易或事项在初次发生时就采用了新会计政策，从而得出列报前期最早期初留存收益应有金额与现有金额之间的差额。

会计政策变更的累积影响数是变更会计政策所导致的对净损益的累积影响，以及由此导致的对利润分配及未分配利润的累积影响金额，即包括盈余公积和未分配利润等项目，但不考虑由于损益的变化而应当补充分配的利润或股利。例如，由于会计政策变化，增加了以前期间可供分配的利润，该企业通常按净利润的20%分派股利。但在计算调整会计政策变更当期期初的留存收益时，不应当考虑由于以前期间净利润的变化而需要分派的股利。

(2) 编制相关项目的调整分录。

(3) 调整列报前期最早期初财务报表相关项目及其金额。

(4) 在财务报表附注中进行披露。

【例15-1】西柯公司是一家海洋石油开采公司，20×2年开始建造一座海上石油开采平台，根据法律法规规定，该开采平台在使用期满后要将其拆除，需要对其造成的环境污染进行整治。20×3年12月15日，该开采平台建造完成并交付使用，建造成本共12 000万元，预计使用寿命10年，采用平均年限法计提折旧。20×9年1月1日西柯公司开始执行《企业会计准则》，企业会计准则对于具有弃置义务的固定资产，要求将相关弃置费用计入固定资产成本，对之前尚未计入资产成本的弃置费用，应当进行追溯调整。已知西柯公司保存的会计资料比较齐备，可以通过会计资料追溯计算。西柯公司预计该开采平台的弃置费用为1 000万元。假定折现率（即为实际利率）为10%，企业所得税税率为25%，该公司分别按净利润的10%和5%提取法定盈余公积和任意盈余公积。

根据上述资料，西柯公司的会计处理如下。

① 计算确认弃置义务后的累积影响数。

20×3年12月15日，该开采平台应计入资产成本的

弃置费用现值 = $1\,000 \times PVIF_{10\%,10} = 1\,000 \times 0.3855 = 385.5$（万元）

20×4年1月1日起，该开采平台每年应计提折旧 = $385.5 \div 10$

= 38.55（万元）

确认弃置费用后的累积影响数如表15-1所示。

表15-1 确认弃置费用后的累积影响数   单位：万元

年份	计息金额	实际利率	利息费用①	折旧②	税前差异（①+②）	所得税影响	税后差异
20×4	385.5	10%	38.55	38.55	77.10	19.27	57.83
20×5	424.05	10%	42.41	38.55	80.96	20.24	60.72
20×6	466.46	10%	46.65	38.55	85.20	21.30	63.90
20×7	513.10	10%	51.31	38.55	89.86	22.46	67.40
小计	—	—	178.92	154.20	333.12	83.27	249.85
20×8	564.41	10%	56.44	38.55	94.99	23.75	71.24
合计	—	—	235.36	192.75	428.11	107.02	321.09

西柯公司20×9年12月31日的财务报表前期最早期初为20×8年1月1日。

由表 15-1 可知，249.85 万元是 20×8 年年初确认该开采平台弃置费用后的税后累积影响数；321.09 万元是 20×8 年年末的税后累积影响数，其中，249.85 万元是调整 20×8 年年初的累积影响数，71.24 万元是调整 20×8 年当年的累积影响数。

②20×9 年 1 月 1 日编制有关项目的调整分录（以万元为单位）。

调整确认的弃置费用：

借：固定资产——开采平台　　　　　　　　　　　385.50
　　贷：预计负债——开采平台弃置义务　　　　　　　385.50

调整会计政策变更累积影响数：

借：利润分配——未分配利润　　　　　　　　　　321.09
　　递延所得税负债　　　　　　　　　　　　　　107.02
　　贷：累计折旧　　　　　　　　　　　　　　　　192.75
　　　　预计负债——开采平台弃置义务　　　　　　235.36

调整利润分配：

借：盈余公积——法定盈余公积　　　　　　　　　32.11
　　　　　　——任意盈余公积　　　　　　　　　16.06
　　贷：利润分配——未分配利润　　　　　　　　　　48.17

③财务报表相关项目的调整。西柯公司在编制 20×9 年财务报表时，应调整 20×9 年资产负债表有关项目的年初余额、利润表有关项目的上年金额及所有者权益变动表有关项目的上年金额和本年金额。具体见表 15-2、表 15-3 和表 15-4。

表 15-2　　　　　　　　　资产负债表（简表）

编制单位：西柯公司　　　　　20×9 年 12 月 31 日　　　　　　　　单位：万元

资产	年初余额		年末余额	负债和股东权益	年初余额		年末余额
	调整前	调整后			调整前	调整后	
……	……	……		……	……	……	
固定资产	……	……	略	预计负债	0	620.86	略
开采平台	6 000	6 192.75		……	……	……	
……	……	……		盈余公积	170	121.83	
……	……	……		未分配利润	400	127.08	
……	……	……		……	……	……	

调增固定资产年初余额 192.75 万元（385.50 - 192.75）；调增预计负债年初余额 620.86 万元；调减递延所得税负债年初余额 107.02 万元；调减未分配利润年初余额 272.92 万元（321.09 - 48.17）；调减盈余公积年初余额 48.17 万元。

表 15 – 3　　　　　　　　　　　　利润表（简表）

编制单位：西柯公司　　　　　　　　　20×9 年度　　　　　　　　　　单位：万元

项目	本期金额	上期金额	
		调整前	调整后
一、营业收入		1 800	1 800
减：营业成本		1 300	1 338.55
……	略	……	……
财务费用		26	82.44
……		……	……
二、营业利润		390	295.01
……		……	……
减：所得税费用		40	16.25
四、净利润		406	334.76
……		……	……

西柯公司调增了营业成本上年金额 38.55 万元；调增了财务费用上年金额 56.44 万元；调减了所得税费用 23.75 万元；其结果为净利润调减了 71.24 万元。

表 15 – 4　　　　　　　　　　　所有者权益变动表（简表）

编制单位：西柯公司　　　　　　　　　20×9 年度　　　　　　　　　　单位：万元

项目	本年金额			上年金额			
	……	盈余公积	未分配利润	……	……	盈余公积	未分配利润	……
一、上年年末余额	……	170	400	……	……	……	……	……
加：会计政策变更	……	-48.17	-272.92	……	……	-37.48	-212.37	……
前期差错更正	……	0	0	……				
二、本年年初余额	……	121.83	127.08	……				

调减会计政策项目中盈余公积上年金额 37.48 万元；调减未分配利润上年金额 212.37 万元；

调减会计政策项目中盈余公积本年金额 48.17 万元；调减未分配利润本年金额 272.92 万元。

④在财务报表附注中进行披露。20×9 年 1 月 1 日，西柯公司按照《企业会计准则》的规定，对 20×3 年 12 月 15 日建造完成并交付使用的开采平台的弃置

义务进行确认。此项会计政策变更采用追溯调整法，20×8 年的比较报表已重新表述。20×8 年运用新的方法追溯计算的会计政策变更累积影响数为 -321.09 万元。会计政策变更对 20×8 年度报告的损益的影响为减少净利润 71.24 万元，调减 20×8 年的期末留存收益 321.09 万元，其中，调减盈余公积 48.17 万元，调减未分配利润 272.92 万元。

综上所述，在追溯调整法下，通过将以前期间的财务报表相关项目按照新的会计政策追溯调整，使这些项目在本期与以前各期保持会计政策的一贯性，使财务报表各项目数字具有可比性。因此，追溯调整法的优点是，可以较好地保证前后期间报表的可比性。其主要缺点是操作较为复杂，而且在某些情况下，会计变更的累积影响数无法合理确定，就无法运用这种方法，也就是说，这种方法的运用受客观条件的限制。追溯调整法的使用成本较高，因为导致企业改变会计政策的原因是多方面的，要将各种因素考虑进去计算会计政策变更累积影响数，需要花费很大的工作量，而且计算出的结果其精确性也很难保证。追溯调整法在客观上给人为操纵会计信息提供了可能。

2. 未来适用法。未来适用法，是指对某项交易或事项变更会计政策时，不进行追溯调整，只需将新的会计政策适用于变更当期及未来期间发生的交易或事项的方法。也就是说，不计算与确认会计政策变更有关的累积影响数，也无须重编以前年度的财务报表。企业会计账簿记录及财务报表中反映的金额，变更之日仍保留原有的金额，不因会计政策变更而改变以前年度的既定结果。但根据披露要求，企业应计算确定会计政策变更对当期净利润的影响数。

【例 15-2】承〖例 15-1〗，假定西柯公司对开采平台的弃置义务的会计政策变更采用未来适用法进行会计处理。

在未来适用法下，在会计政策变更日只需调整开采平台的资产成本，不需要对 20×9 年 1 月 1 日以前应计提的折旧及对留存收益的影响等进行计算。只需要计算 20×9 年 1 月 1 日开始应计提的折旧和对留存收益的影响。

① 20×9 年 1 月 1 日编制有关项目的调整分录。

弃置费用现值 = 1 000 × $PVIF_{10\%,5}$ = 1 000 × 0.6209 = 620.90（万元）

借：固定资产——开采平台　　　　　　　　　620.90
　　贷：预计负债——开采平台弃置义务　　　　　620.90

② 20×9 年 12 月 31 日编制有关项目的调整分录。

20×9 年 1 月 1 日起，该开采平台每年应计提折旧 = 620.90 ÷ 5

= 124.18（万元）

借：营业成本　　　　　　　　　　　　　　　124.18
　　贷：累计折旧　　　　　　　　　　　　　　124.18

20×9 年 12 月 31 日确认本年的利息费用：

借：财务费用　　　　　　　　　　　　　　　62.09
　　贷：预计负债——开采平台弃置义务　　　　　62.09

③ 在财务报表附注中进行披露。20×9 年 1 月 1 日，西柯公司按照《企业会

计准则》的规定，对20×3年12月15日建造完成并交付使用的开采平台的弃置义务进行确认。此项会计政策变更采用未来适用法。由于该项会计政策变更，20×9年报告的损益的影响为减少净利润139.70万元。

未来适用法的优点是，不需要计算确认会计政策变更的累积影响数，因而操作比较简单。其缺点是，由于没有对前期的事项进行调整，会降低会计政策变更前后会计信息的可比性，特别是降低了比较财务报表中前后期间会计信息的可比性，对会计信息使用者正确估计企业经营成果、财务状况和现金流量可能会造成影响。

（四）会计政策变更的会计处理方法选择

根据《企业会计准则第28号——会计政策、会计估计变更和差错更正》的规定，企业发生会计政策变更，要分别下列具体情况进行相应的会计处理。

1. 企业依据法律或会计准则等行政法规、规章的要求变更会计政策的，分别按以下情况处理：

（1）国家发布专门的会计处理办法的，则按照国家发布的相关会计处理规定进行处理，任何企业不得私自进行个别处理。

（2）国家没有发布专门的会计处理办法，则采用追溯调整法进行会计处理，用会计政策变更的累积数调整期初留存收益；财务报表的其他相关项目的期初余额也一并调整，但不需要重新编制以前年度的财务报表。

2. 如果由于经济环境、客观情况发生变化，企业为了提供更可靠、更相关的有关企业财务状况、经营成果和现金流量等方面的会计信息而变更会计政策，而且会计政策变更的累积影响数能够合理确定，则应采用追溯调整法进行会计处理，将会计政策变更累积影响数调整列报前期最早的期初留存收益，财务报表的其他相关项目的期初余额和列报前期披露的其他比较数据也应当一并调整。

3. 确定会计政策变更对列报前期影响数不切实可行①的，应当从可追溯调整的最早期间期初开始应用变更后的会计政策；在当期期初确定会计政策变更对以前各期累积影响数不切实可行的，应当采用未来适用法进行处理。

（五）会计政策变更的披露

企业应当在附注中披露与会计政策变更有关的下列信息。

1. 会计政策变更的性质、内容和理由。包括对会计政策变更的原因和背景的简要阐述、会计政策变更的日期以及相关业务在变更日前后采用的会计政策等。

2. 当期和各个列报前期财务报表中受影响的各项目名称和调整金额。包括：采用追溯调整法时计算出的会计政策变更的累积影响数；当期和各个列报前期财

---

① 不切实可行，是指企业在采取所有合理的方法后，仍然不能获得采用某项规定所必需的相关信息，而导致无法采用该项规定，则该项规定在此时是不切实可行的。

务报表中需要调整的净损益及其影响金额；其他需要调整的项目和调整金额。

3. 无法进行追溯调整的，说明该事实和原因以及开始应用变更后的会计政策的时点、具体应用情况。无法进行追溯调整的，说明该事实和原因以及开始应用变更后的会计政策的时点、具体应用情况。包括：无法进行追溯调整的事实；确定会计政策变更对列报前期影响数不切实可行的原因；在当期期初确定会计政策变更对以前各期累积影响数不切实可行的原因；开始应用新会计政策的时点和具体应用情况。

需要注意的是，在以后期间的财务报表中，不需要重复披露在以前期间的附注中已披露的会计政策变更的信息。

二、会计估计变更

（一）会计估计

会计估计是指企业对其结果不确定的交易或事项以最近可利用的信息为基础所作的判断。

在实际工作中，由于会计对象纷繁复杂，因而企业发生的经济业务具有不确定性，会计处理中要对不易确定结果的交易或事项进行确认、计量、记录和披露，经常需要运用判断和估计。

企业应当披露重要的会计估计，不具有重要性的会计估计可以不披露。企业应当披露的重要会计估计有：

(1) 存货可变现净值的确定。
(2) 采用公允价值计量模式时的投资性房地产公允价值的确定。
(3) 固定资产的预计使用寿命与净残值、固定资产的折旧方法。
(4) 生物资产的预计使用寿命与净残值、各类生产性生物资产的折旧方法。
(5) 使用寿命有限的无形资产的预计使用寿命与净残值。
(6) 合同完工进度的确定。
(7) 可收回金额按照资产组的公允价值减去处置费用后的净额确定的，确定公允价值减去处置费用后的净额的方法。

可收回金额按照资产组预计未来现金流量的现值确定的，预计未来现金流量的确定。

(8) 权益工具公允价值的确定。
(9) 预计负债初始计量的最佳估计数的确定。
(10) 债务人债务重组中转让的非现金资产的公允价值、由债务转成的股份的公允价值和修改其他债务条件后债务的公允价值的确定。

债权人债务重组中受让的非现金资产的公允价值、由债权转成的股份的公允价值和修改其他债务条件后债权的公允价值的确定。

(11) 金融资产公允价值的确定。

(12) 承租人对未确认融资费用的分摊、出租人对未实现融资收益的分配。
(13) 非同一控制下企业合并成本的公允价值的确定。
(14) 探明矿区权益、井及相关设施的折旧方法；与油气开采活动相关的辅助设备及设施的折旧方法。
(15) 其他重要会计估计。

会计估计本身存在一定的主观性，这种主观性体现在估计方法的选择上。在市场经济环境中，企业应对结果不确定的交易或事项进行慎重合理的估计，让财务报告能够客观、公允地反映企业的财务状况和经营成果。同时，企业还应对当年经营成果和财务状况产生重大影响的会计估计在财务报表附注中进行披露，以增强企业财务报告的明晰性和决策有用性。

会计估计是以最近可利用的信息或资料为基础进行的。然而，随着时间的推移和环境的变化，进行会计估计的基础可能会发生变化，企业有可能发现原有估计不符合事实，因而需要对原来的会计估计进行修正。

（二）会计估计变更

会计估计变更是指由于资产和负债的当前状况及预期经济利益和义务发生了变化，从而对资产和负债的账面价值或资产的定期消耗金额进行调整。

会计估计变更是指由于赖以进行会计估计的基础发生了变化，或者由于取得新的信息、积累更多的经验以及后来的发展变化，而对原来的会计估计所作的修正。应当指出，会计估计变更并不意味着原来的会计估计是错误的，它只是表明，由于情况发生变化，或者掌握了新的信息、积累了更多的经验，对原来的会计估计进行修正可以更好地反映企业的财务状况和经营成果。如果原来的会计估计是错误的，则属于前期差错，应按前期差错更正进行会计处理。

会计估计变更的情形包括：

1. 赖以进行估计的基础发生了变化。企业进行会计估计，总是依赖于一定的基础。一旦其所依赖的基础发生了变化，则会计估计也应相应发生变化。例如，企业某固定资产的折旧年限原定为10年，由于科技进步，固定资产的有效使用年限将被强令缩短，相应调减折旧年限。

2. 取得了新的信息，积累了更多的经验。企业进行会计估计是就现有的资料对未来所作的判断，随着时间的推移，企业有可能取得新的信息、积累更多的经验，在这种情况下，企业可能不得不对会计估计进行修订，即发生会计估计变更。例如，企业原根据当时能够得到的信息，对应收账款每年按其余额的5%计提坏账准备。现在掌握了新的信息，判定不能收回的应收账款比例已达8%，企业改按8%的比例计提坏账准备。

以上两种情形的会计估计变更的依据应当真实可靠。

（三）会计估计变更的会计处理

企业发生会计估计变更的会计处理，一般采用未来适用法处理。即在会计估计变更当期及以后期间，采用新的会计估计，不改变以前期间的会计估计，也不调整以前期间的报告结果。为了使不同期间的财务报表能够可比，如果会计估计变更的影响数在以前期间计入日常经营活动损益，则以后期间也应计入日常经营活动损益；如果会计估计变更的影响数在以前期间计入特殊项目，则以后期间也应计入特殊项目。

会计估计变更有两种处理方法：

（1）会计估计变更仅影响当期的，其影响数应当在变更的当期予以确认；

（2）会计估计变更既影响变更当期又影响未来期间的，其影响数应当在变更当期和未来期间予以确认。

【例15-3】光明公司于2×11年1月1日外购一项专利权150 000元，预计受益年限为10年。由于近年来科技的进步，该项专利权的受益年限将缩短为8年。光明公司决定自2×13年起将专利权的摊销年限变更为8年。

若2×13年不改变无形资产的摊销年限，那么2×13年年末应计提的无形资产摊销金额变为15 000元（150 000÷10）。

若2×13年改变了无形资产的摊销年限，那么2×13年年末应计提的无形资产摊销金额变为20 000元［(150 000 - 15 000×2)÷(8 - 2)］。

这种会计估计的变更，不仅会影响2×13年的净损益，也会给摊销年限内的未来几年造成同样的影响。按照现行会计估计，自2×13年起至2×18年，每年按20 000元计提无形资产摊销额。

每年的账务处理为：

借：管理费用　　　　　　　　　　　　　　　　　20 000

　　贷：累计摊销　　　　　　　　　　　　　　　　　20 000

该会计估计变更应在2×13年财务报表附注中作相关披露：本公司外购的一项专利权，原值150 000元，预计受益年限为10年。由于近年来科技的进步，自2×13年起该项专利权的受益年限将缩短为8年。由于此项会计估计的变更，2×13年将多摊销5 000元，因而相应地减少了本年度净利润3 750元。

企业应当正确划分会计政策变更和会计估计变更，并按不同的方法进行相关会计处理。企业通过判断会计政策变更和会计估计变更划分基础仍然难以对某项变更进行区分的，应当将其作为会计估计变更处理。

（四）会计估计变更的披露

企业应当在财务报表附注中披露与会计估计变更有关的下列信息：

1. 会计估计变更的内容和原因。应包括变更的内容、日期以及要对会计估计进行变更的原因。

2. 会计估计变更对当期和未来期间的影响数。应包括会计估计变更对当期和未来期间损益的影响数，以及对其他各项目的影响数。

3. 会计估计变更的影响数不能确定的，披露这一事实和原因。

三、会计主体变更

严格来说,会计主体变更是指报告主体的变更,即财务报表所反映的会计主体(报告主体)的范围发生变化,本期报告主体较上期大,或较上期小。例如:(1)企业原来没有子公司,只需编制个别财务报表,而本期收购了一家达到控股程度的附属公司,因而从本期开始要编制合并财务报表。同样是该企业编制的报表,所反映的会计主体(报告主体)已不相同。(2)原来纳入合并财务报表范围的某家子公司,因故不纳入本期的合并财务报表。

对会计主体变更,通常采用追溯调整法。在会计主体发生变更当年的财务报告中,应当揭示这种变更的原因,要用追溯调整法重编前期报表,要在变更当年的比较财务报告中揭示这一变更对净利润、每股净利润的影响,但在变更年度以后各期财务报表中则不需要重复这一报告。至于用追溯法重编前期财务报表的方法,与前述"会计政策变更"部分所介绍的方法类似,不再赘述。

第二节 会计差错

一、会计差错更正

(一)会计差错概述

会计差错是指在会计确认、计量、记录等方面出现的错误,如计算错误、对事实的疏忽和误解以及会计政策的误用。

企业发现会计误差时,应当根据差错的性质及时纠正。

1. 年度资产负债表日至财务报告批准报出日之间发现的报告年度的会计差错及以前年度的非重大会计差错,应按照《企业会计准则第29号——资产负债表日后事项》的规定处理。

2. 其他会计差错的更正。

(1)本期发现的与本期相关的会计差错,应调整本期相关项目。

(2)本期发现的前期会计差错,简称为前期差错。

(二)会计差错更正的步骤

对于会计差错的会计处理按以下步骤。

1. 差错分析。

(1)分析会计差错发生的会计期间。会计差错有的是在发现差错的当期发生的,有的是在上期发生的,或在更早的以前期间发生的。会计差错发生的会计期间不同，更正的要求与方法也可能不同。

(2) 分析会计差错发现的时间。会计差错的更正与差错发现的时间也有关系。按照《企业会计准则第28号——会计政策、会计估计变更和差错更正》的规定，需要明确会计差错是在上年度财务报告批准报出日前发现的，还是在上年度财务报告批准报出日之后发现的。

(3) 分析会计差错的性质。对于前期会计差错，要进一步分析其重要性程度和是否属于故意造成的。

(4) 分析会计差错对财务报表的影响。会计差错按其对财务报表的影响不同，可以分为只影响资产负债表的会计差错、只影响利润表的会计差错、既影响资产负债表又影响利润表的会计差错。

2. 会计差错更正。由于会计差错的种类很多，更正会计差错的方法很难进行概括。就会计差错的修正的财务处理来看，有两种可供选择的方法：

(1) 编制一笔综合分录；

(2) 先将原有错误分录转回，然后编制正确分录。

二、前期差错更正

(一) 前期差错概述

前期差错是由于没有运用或错误运用下列两种信息而对前期财务报表造成省略或错报：(1) 编报前期财务报表时预期能够取得并加以考虑的可靠信息；(2) 前期财务报告批准报出时能够取得的可靠信息。

前期差错通常包括计算错误、应用会计政策错误、疏忽或曲解事实及舞弊产生的影响，以及固定资产盘盈等。

1. 前期差错的类型。

前期差错按其对财务报表使用者的影响程度不同可分为两类。

(1) 重要的前期差错。这是指足以影响财务报表使用者对企业财务状况、经营成果和现金流量做出正确判断的前期差错。前期差错影响的财务报表的金额越大、性质越严重，其重要性就越大。

(2) 不重要的前期差错。这是指不足以影响财务报表使用者对企业财务状况、经营成果和现金流量做出正确判断的会计差错。

如果财务报表项目的遗漏或错误表达可能影响财务报表使用者根据财务报表所做出的经济决策，则该项目的遗漏或错误是重要的。前期差错的重要性取决于在相关环境下对遗漏或错误表述的规模和性质的判断。前期差错所影响的财务报表项目的金额或性质，是判断该前期差错是否具有重要性的决定性因素。

2. 前期差错产生的原因。前期差错产生的原因是多种多样的，常见的前期差错产生的原因主要有：

(1) 计算以及账户分类错误；
(2) 采用了法律、会计准则等行政法规所不允许的会计政策；
(3) 对事实的疏忽或曲解以及舞弊；
(4) 在期末对应计项目与递延项目未予调整；
(5) 漏记已完成的交易；
(6) 提前确认尚未实现的收入或不确认已实现的收入；
(7) 资本性支出与收益性支出划分的差错。

（二）前期差错更正的会计处理

本期发现的与本期相关的前期差错，无论是重要的前期差错还是不重要的前期差错，均应及时调整本期相关项目。

1. 不重要的前期差错更正的会计处理。企业对于不重要的前期差错的更正，不需要调整财务报表相关项目的期初数，只调整发现当期的与前期相同的相关项目。

如果前期差错影响损益，应直接计入本期与上期相同的净损益项目。如果前期差错不影响损益，只需要调整本期与前期相同的相关项目。

【例15-4】A公司于2×13年3月对公司的财务进行检查，发现公司在2×12年将一笔应计入制造费用的车间办公用品支出1 000元误计入管理费用。

A公司于2×13年3月对发现的这笔前期差错予以更正，编制如下会计分录：

借：制造费用   1 000
    贷：管理费用   1 000

2. 重要的前期差错更正的会计处理。对于重要的前期差错，应当采用追溯重述法更正，也就是说，应当在发现差错当期的报表中，追溯重述差错发生期间列报的前期比较金额；如果前期差错发生在列报的最早前期之前，则追溯重述列报的最早前期的资产、负债和所有者权益相关项目的期初余额。但如果确定前期差错累积影响数不切实可行的，可以从可追溯重述的最早期间开始调整留存收益的期初余额，财务报表其他相关项目的期初余额也应当一并调整，也可以采用未来适用法。

追溯重述法，是指在发现前期差错时，视同该项前期差错从未发生过，从而对财务报表相关项目进行更正的方法。追溯重述法的会计处理与追溯调整法相同。

重要的前期差错如果影响损益，应将其对损益的影响数用于调整发现当期的期初留存收益，财务报表其他相关项目的当期期初数也应一并调整；重要的前期差错如果不影响损益，也应调整财务报表相关项目的当期期初数。

【例15-5】中远公司于20×3年3月发现20×2年公司多计产品销售成本240 000元，该公司的所得税税率为25%。公司分别按10%和5%计提法定盈余公积和任意盈余公积。

①分析前期差错的影响数。中远公司多计产品销售成本,将会减少公司的利润总额,从而导致所得税和净利润的少计,并造成盈余公积的少计提。

②编制相关差错更正的调整分录。

冲减多计的产品销售成本:

借:库存商品 240 000

  贷:以前年度损益调整 240 000

补提少计的所得税税额:

借:以前年度损益调整 60 000

  贷:应交税费——应交所得税 60 000

结转"以前年度损益调整"科目:

借:以前年度损益调整 180 000

  贷:利润分配——未分配利润 180 000

补提盈余公积:

借:利润分配——未分配利润 27 000

  贷:盈余公积——法定盈余公积 18 000

    ——任意盈余公积 9 000

③财务报表的调整和重述。中远公司在编制 20×3 年财务报表时,应调整 20×3 年资产负债表有关项目的年初余额、利润表有关项目的上年金额及所有者权益变动表有关项目的上年金额。

第一,资产负债表项目的调整。调增存货年初余额 240 000 元;调增应交税费年初余额 60 000 元;调增未分配利润年初余额 153 000 元;调增盈余公积年初余额 27 000 元。资产负债表相关项目调整见表 15-5。

表 15-5   **资产负债表(简表)**

编制单位:中远公司   20×3 年 12 月 31 日   单位:元

资产	年初余额		年末余额	负债和股东权益	年初余额		年末余额
	调整前	调整后			调整前	调整后	
……	……	……	略	……	……	……	略
存货	960 000	1 200 000		应交税费	100 000	160 000	
……	……	……		……	……	……	
……	……	……		盈余公积	200 000	227 000	
……	……	……		未分配利润	400 000	553 000	
……	……	……		……	……	……	

第二,利润表项目的调整。中远公司调减了营业成本上年金额 240 000 元;

调增了营业利润上年金额 240 000 元；调增了所得税费用上年金额 60 000 元；其结果为净利润上年金额调增了 180 000 元。利润表相关项目调整见表 15-6。

表 15-6　　　　　　　　　　　　　利润表（简表）

编制单位：中远公司　　　　　　　　　　20×3 年度　　　　　　　　　　　　　　单位：元

项　目	本期金额	上期金额	
		调整前	调整后
一、营业收入	略	2 800 000	2 800 000
减：营业成本		2 300 000	2 060 000
……		……	……
二、营业利润		390 000	630 000
……		……	……
减：所得税费用		40 000	100 000
四、净利润		46 000	226 000
……		……	……

第三，所有者权益变动表项目的调整。调增前期差错更正项目中盈余公积上年金额 27 000 元；调增未分配利润上年金额 153 000 元。所有者权益变动表相关项目调整见表 15-7。

表 15-7　　　　　　　　　　　所有者权益变动表（简表）

编制单位：中远公司　　　　　　　　　　20×3 年度　　　　　　　　　　　　　　单位：元

项目	本年金额	上年金额			
		……	盈余公积	未分配利润	……
一、上年年末余额	略	……	……	……	……
加：会计政策变更		……	……	……	……
前期差错更正			27 000	153 000	
二、本年年初余额		……	……	……	……
……		……	……	……	……

④在财务报表附注中进行披露。20×3 年 3 月中远公司对公司账目进行检查，发现 20×2 年公司多计销售成本 240 000 元。此项差错更正已采用追溯重述法，20×3 年的比较报表已重新表述。由于该项差错的影响，20×2 年多计销售成本 240 000 元，20×2 年净利润少计 180 000 元，20×2 年留存收益少计 27 000 元。

有时确定前期差错的特定期间影响或累积影响是不切实可行的，在这种情况下，可以采用两种处理方法：一是从可追溯重述的最早期间开始调整留存收益的期初余额,财务报表其他相关项目的期初余额也应当一并调整;二是采用未来适用法。

(三)前期差错更正的披露

企业应当在财务报表附注中披露与前期差错更正有关的下列信息:

1. 前期差错的性质;
2. 各个列报前期财务报表中受影响的项目名称和调整金额;
3. 无法进行追溯重述的,说明事实和原因,以及对前期差错进行更正的时点、具体更正情况等。

在以后期间的财务报表中,不需要重复披露在以前期间的附注中已披露的前期差错更正的信息。

第三节 资产负债表日后事项

一、资产负债表日后事项概述

资产负债表日后事项,是指资产负债表日至财务报告批准报出日之间发生的有利或不利事项。

从以上定义可以看出,首先,企业的资产负债表日和财务报告批准报出日,这两个日期是不一样的。资产负债表日是指会计年度末和会计中期期末(半年期末、季末和月末),财务报告批准报出日是指董事会或类似机构批准财务报告报出的日期;其次,在企业持续正常经营的前提下,在资产负债表日和财务报告批准报出日之间发生的某些经济业务或事项,会影响前期的资产负债表或其他财务报表所反映的信息,甚至带来数额的变化;最后,需要明确的是,这些事项只要影响到前期的财务报表,无论是有利或不利的,都应如实给予反映,不应区别对待。

资产负债表日后事项所涵盖的期间是自资产负债表次日起至财务报告经企业董事会批准报出日止的一段时间。财务报告批准报出至实际报出期间又发生与资产负债表日后事项有关的事项,并影响财务报告对外公布日期的,应以董事会或类似机构再次批准财务报告报出的日期为截止日期。

资产负债表日后事项并非指资产负债表日后在上述特定期间发生的所有事项,而是专指两类事项:(1)与资产负债表日已经存在状况有关的事项,它对资产负债表日存在的情况提供新的或进一步的证据,并须据此对资产负债表日所反映的各项会计要素的内容和数额重新估计和调整,以保障资产负债表日提供的财务信息与事实相符;(2)与资产负债表日存在状况无关的事项,但对企业的财务状况具有重大的影响,若不加以说明,将使财务报告使用者产生误解,并导致投资判断和决策的失误,因此,应在附注中进行披露。

特别应当注意的是:当资产负债表日后事项表明持续经营假设不再适用的,那么企业就不应当在持续经营基础上编制财务报表,而应该依据清算破产等准则重新编制财务报表。

二、资产负债表日后事项的分类

资产负债表日后事项可分为资产负债表日后调整事项和资产负债表日后非调整事项两大类。调整事项是指对资产负债表日已经存在的情况提供了新的或进一步证据的事项,据以对资产负债表日所反映的收入、费用、资产、负债以及所有者权益进行调整。

(一) 资产负债表日后调整事项

资产负债表日调整事项,是指对资产负债表日已经存在的情况提供了新的或进一步证据的事项。

如果资产负债表日及所属会计期间已经存在某种情况,但当时并不知道其存在或者不能知道确切结果,资产负债表日后发生的事项能够证实该情况的存在或者确切结果,则该事项属于资产负债表日后调整事项。例如,资产负债表日后证实资产发生了减损、销售退回、财务舞弊等。这些事项的发生,都会对财务报表中的损益项目、利润分配以及相应的其他项目造成影响。如果资产负债表日后事项对资产负债表日的情况提供了进一步的证据,证据表明的情况与原来的估计和判断不完全一致,则需要对原来的会计处理进行调整。

资产负债表日后调整事项的特点:与资产负债表日已经存在财务状况有关,能够为资产负债表日以及之前存在的情况提供新的或进一步的证据,并对以资产负债表日为结账日的会计报表产生影响。因此,企业应根据发生的资产负债表日后调整事项,调整资产负债表日的财务报表。

企业发生的资产负债表日后调整事项,通常包括下列各项:

1. 资产负债表日后诉讼案件结案,法院判决证实了企业在资产负债表日已经存在现时义务,需要调整原先确认的与该诉讼案件相关的预计负债,或确认一项新负债。

2. 资产负债表日后取得确凿证据,表明某项资产在资产负债表日发生了减值或者需要调整该项资产原先确认的减值金额。

3. 资产负债表日后进一步确定了资产负债表日前购入资产的成本或售出资产的收入。

4. 资产负债表日后发现了财务报表舞弊或差错。

(二) 资产负债表日后非调整事项

资产负债表日后非调整事项,是指表明资产负债表日后发生的情况的事项。

这些事项不影响资产负债表日存在状况，如果不加以说明可能会影响财务报告使用者做出正确估计和决策。

资产负债表日后非调整事项的发生并不影响资产负债表日企业财务报表的数据，只是说明了资产负债表日后发生了某些情况，这些非调整事项的说明对于财务报告使用者来说，有的重要，有的不重要。而重要的非调整事项虽然不影响资产负债表日财务报表的数据，但可能影响资产负债表以后的财务状况和经营成果，不加以说明则会影响财务报告使用者做出正确估计和决策，因此需要适当披露。例如，资产负债表日后发生重大诉讼、资本公积转增资本、自然灾害导致资产损失和外汇汇率发生较大变动等。

资产负债表日后非调整事项的特点：由于资产负债表日后非调整事项发生或存在于资产负债表日后，不属于报告年度的交易或事项，因此不需要调整报告年度的财务报表。但是发生的资产负债表日后非调整事项，可能会对财务报告使用者对财务报表的理解和估计产生重大影响，应在财务报表附注中说明其内容，并估计其对财务状况、经营成果产生的影响。若无法估计该事项对财务会计报告的影响，也应当说明原因。

资产负债表日后非调整事项，通常包括下列各项：

1. 资产负债表日后发生重大诉讼、仲裁、承诺等事项，对企业影响较大，为防止误导投资者及其他财务报告使用者，应当在报表附注中披露。

2. 资产负债表日后资产价格、税收政策、外汇汇率发生重大变化，虽然不会影响资产负债表日财务报表相关项目的数据，但对企业资产负债表日后期间的财务状况和经营成果有重大影响，应当在报表附注中予以披露。

3. 资产负债表日后因自然灾害导致资产重大损失。

4. 资产负债表日后发行股票、债券以及向银行或非银行金融机构举借巨额债务，该事项虽然与企业资产负债表日的存在状况无关，但这一事项的披露能使财务报告使用者了解与此有关的情况及可能带来的影响，因此，应在报表附注中进行披露。

5. 资产负债表日后资本公积转增资本（或股本），这将改变企业的资本（或股本）结构，影响较大，应当在报表附注中进行披露。

6. 资产负债表日后发生巨额亏损，这将会对企业报告期以后的财务状况和经营成果产生重大影响，应当在报表附注中及时披露该事项，以便为投资者或其他财务报告使用者做出正确决策提供信息。

7. 资产负债表日后发生企业合并或处置子公司，该事项将影响企业的股权结构、经营范围等，对企业未来的生产经营活动能产生重大影响，应当在报表附注中进行披露。

8. 资产负债表日后，企业利润分配方案中拟分配的以及经审议批准宣告发放的股利或利润，该行为并不会导致企业在资产负债表日形成现时义务，虽然该事项的发生可导致企业负有支付股利或利润的义务，但支付股利或利润的义务在资产负债表日尚不存在，不应该调整资产负债表日的财务报告。但为了便于财务报告使用者更充分地了解相关信息,应在报表附注中披露该信息。

资产负债表日后发生的某一事项究竟是调整事项还是非调整事项,取决于该事项表明的情况在资产负债表日或资产负债表日以前是否已经存在。若该情况在资产负债表日或之前已经存在,则属于调整事项;反之,则属于非调整事项。

三、资产负债表日后事项的会计处理

企业发生的资产负债表日后调整事项,应当调整资产负债表日的财务报表。对于年度财务报表,由于资产负债表日后事项发生在报告年度的次年,报告年度的有关账目已经结转,特别是损益类账户在结账后已无余额。因此,年度资产负债表日后发生的调整事项,应根据不同的情况分别处理。

(一) 资产负债表日后调整事项的处理原则

资产负债表日后调整事项的处理原则应当遵循以下原则。

1. 涉及损益的调整事项。资产负债表日后调整事项涉及损益的,应通过"以前年度损益调整"科目核算。调增以前年度利润或调减以前年度亏损的事项,记入"以前年度损益调整"科目的贷方;调减以前年度利润或调增以前年度亏损的事项,记入"以前年度损益调整"科目的借方。

涉及损益的事项如果发生在资产负债表日所属会计年度(报告年度)的所得税汇算清缴前的,应相应调整报告年度应纳税所得额和应纳所得税税额;发生在报告年度所得税汇算清缴后的,则应调整本年度(报告年度的次年)的应纳税所得额和应纳所得税税额。由于以前年度损益调整增加的所得税费用,记入"以前年度损益调整"科目的借方,同时贷记"应交税费——应交所得税"科目;由于以前年度损益调整减少的所得税费用,记入"以前年度损益调整"科目的贷方,同时借记"应交税费——应交所得税"科目。

在调整完成后,将"以前年度损益调整"科目的贷方或借方余额转入"利润分配——未分配利润"科目的借方或贷方。

2. 涉及利润分配的调整事项。资产负债表日后调整事项涉及利润分配的,应直接在"利润分配——未分配利润"科目中核算。

3. 不涉及利润分配及损益的事项。资产负债表日后调整事项不涉及利润分配及损益的,应调整相关会计科目。

4. 调整财务报表相关项目的数据。经过上述会计账务处理后,还应同时调整财务报表相应项目的数额,包括:(1) 资产负债表日财务报表相关项目的期末数或本年发生数;(2) 当期财务报表相关项目的期初数或上年数;(3) 经过上述调整后,如果涉及财务报表附注内容的,还应调整财务报表附注相关项目的内容和数额。

(二) 资产负债表日后调整事项的具体会计处理方法

【例 15-6】 河海公司与西柯公司发生合同纠纷,于 2×12 年 10 月被西柯公司以违约告上法庭,要求赔偿经济损失 1 500 000 元,该案件至年底尚未判决。河海公司在 2×12 年度报表中,根据或有事项会计准则就此诉讼案件确认预计负债 1 000 000 元。2×13 年 3 月 17 日,法院终审判决:河海公司应赔偿给西柯公司 1 350 000 元,赔偿款支付时间为 2×13 年 3 月 25 日。并由河海公司承担本案的诉讼费 18 000 元。

河海公司 2×12 年 12 月 25 日销售给厦远公司一批产品,货款为 2 000 000 元,增值税税额为 340 000 元,成本 1 560 000 元。厦远公司于 2×13 年 1 月 12 日支付全款。2×13 年 2 月,厦远公司通知河海公司,该批产品存在严重质量问题,当月全部退回,而河海公司也于同月将货款退回。

河海公司为增值税一般纳税人,适用增值税税率为 17%,企业所得税税率为 25%,所得税汇算清缴时间为次年的 3 月 31 日,分别按净利润的 10% 和 5% 计提法定盈余公积和任意盈余公积,董事会批准签发报表的时间为次年的 4 月 2 日。

1. 事项性质判断。该例中,2×13 年 3 月 17 日的法院判决证实了河海公司在资产负债表日(即 2×12 年 12 月 31 日)存在的现时赔偿义务。

2×13 年 2 月的销售退回,虽然在资产负债表日(2×12 年 12 月 31 日)已根据收入确认的条件确认了销售收入,但资产负债表日后(2×13 年 2 月)获得该收入的进一步证据发生退回。

根据以上两事项发生的时间及性质,确认以上两项业务均属于河海公司的资产负债表日后调整事项,应进行相关调整事项的会计处理。

2. 诉讼赔偿事项的会计处理。

(1) 2×13 年 3 月 17 日,应付法院诉讼费:

借:以前年度损益调整	18 000
贷:其他应付款	18 000

(2) 2×13 年 3 月 17 日,应付西柯公司的赔偿款:

借:预计负债	1 000 000
以前年度损益调整	350 000
贷:其他应付款	1 350 000

(3) 2×13 年 3 月 17 日,调整所得税税额:

$(350\,000 + 18\,000) \times 25\% = 92\,000$(元)

借:应交税费——应交所得税	92 000
贷:以前年度损益调整	92 000

(4) 2×13 年 3 月 17 日,转销递延所得税资产:

借:应交税费——应交所得税	250 000
贷:以前年度损益调整	250 000
借:以前年度损益调整	250 000

    贷：递延所得税资产   250 000

  (5) 2×13年3月17日，将"以前年度损益调整"科目余额转入"利润分配"科目：

    借：利润分配——未分配利润   276 000

      贷：以前年度损益调整   276 000

  (6) 2×13年3月17日，调整盈余公积：

    借：盈余公积——法定盈余公积   27 600

        ——任意盈余公积   13 800

      贷：利润分配——未分配利润   41 400

  (7) 2×13年3月25日，支付法院诉讼费和赔偿款：

    借：其他应付款   1 368 000

      贷：银行存款   1 368 000

  3. 销售退回事项的调整会计处理。

  (1) 2×13年2月收到退回产品，调整销售收入：

    借：以前年度损益调整   2 000 000

      应交税费——应交增值税（销项税额）   340 000

      贷：银行存款   2 340 000

  (2) 2×13年2月收到退回产品，调整销售成本：

    借：库存商品   1 560 000

      贷：以前年度损益调整   1 560 000

  (3) 2×13年2月，调整所得税税额：

  (2 000 000 − 1 560 000) × 25% = 110 000（元）

    借：应交税费——应交所得税   110 000

      贷：以前年度损益调整   110 000

  (4) 将"以前年度损益调整"科目余额转入"利润分配"科目：

    借：利润分配——未分配利润   330 000

      贷：以前年度损益调整   330 000

  (5) 调整盈余公积：

    借：盈余公积——法定盈余公积   33 000

        ——任意盈余公积   16 500

      贷：利润分配——未分配利润   49 500

  4. 调整2×12年度财务报表相关项目的数据。

  (1) 资产负债表相关项目年末余额的调整。调增"存货"项目1 560 000元；调减"递延所得税资产"项目250 000元；调增"其他应付款"项目1 368 000元；调减"应交税费"项目792 000元；调减"预计负债"项目1 000 000元；调减"盈余公积"项目90 900元；调减"未分配利润"项目515 100元。

  (2) 利润表相关项目本年金额的调整。调减"营业收入"项目2 000 000元；调减"营业成本"项目1 560 000元；调减"营业利润"项目440 000元；

调增"营业外支出"项目 368 000 元;调减"利润总额"项目 808 000 元;调减"所得税费用"项目 202 000 元;调减"净利润"项目 606 000 元。

(3) 所有者权益变动表有关项目本年金额的调整。调减"净利润"项目中"所有者权益合计" 606 000 元;调减"利润分配"项目下的"提取盈余公积"项目中的"盈余公积" 90 900 元;调减"利润分配"项目下的"其他"项目中"未分配利润" 515 100 元;同时调整各项目的本年年末余额。

应注意的是,资产负债表日后事项如果涉及货币资金收支项目的,均不调整报告年度资产负债表的货币资金项目和现金流量表各项目的数据。例如,上例中 3 月 25 日支付赔偿款和诉讼费 1 368 000 元和 2 月支付退货款 2 340 000 元就不需要调整 2×12 年度财务报表的相关数据,而作为 2×13 年度的会计事项来处理。如果本例中的销售退回发生在该企业报告年度所得税汇算清缴之后的,只调整报告年度利润表的收入、成本等,所涉及的应交所得税额则作为本年(报告年度次年)的纳税调整事项,不需要调整报告年度的所得税,但所编制的调整分录与之前一样。

四、资产负债表日后非调整事项

(一) 资产负债表日后非调整事项的处理原则

资产负债表日后非调整事项,是表明资产负债表日后发生的事项,与资产负债表日存在状况无关,不应当调整资产负债表日的财务报表。但有的非调整事项对财务报告使用者具有重大影响,则应在报表附注中对非调整事项的内容予以说明,并估计其对财务状况、经营成果产生的影响。否则,将会影响财务报告使用者对企业的未来作出正确的估计和决策。

资产负债表日后发生的非调整事项,应当在报表附注中披露每项重要的资产负债表日后非调整事项的性质、内容及其对财务状况和经营成果的影响。无法做出估计的,应当说明原因。

(二) 资产负债表日后非调整事项的具体会计处理方法

【例 15-7】海辰公司因所在地区于 2×15 年 2 月 10 日发生泥石流,造成仓库倒塌,仓库中大部分商品毁坏,损失尚难估计。该仓库的原值 5 000 000 元,已提折旧 1 400 000 元,入库商品的账面价值为 758 800 元。由于海辰公司的财务报告批准报出日为 2×15 年 4 月 30 日。海辰公司应在 2×14 年度财务报表附注中披露这一自然灾害导致的资产损失事项。

2×14 年度财务报表附注中披露:本公司因所在地区于 2×15 年 2 月 10 日发生泥石流,造成仓库倒塌,仓库账面净值 3 600 000 元;由于仓库倒塌导致库中大部分商品毁坏,商品的账面价值为 758 800 元。由于仓库和商品的修复及修复后的价值目前无法估计,净损失尚难确定。

第四节 与《小企业会计准则》的差异

《小企业会计准则》第88条规定：小企业对于会计政策变更、会计估计变更和会计差错更正，应当采用未来适用法进行会计处理。

《企业会计准则第28号——会计政策、会计估计变更和差错更正》规定：企业发生会计政策变更时，有追溯调整法和未来适用法两种处理方法，一般应当采用追溯调整法。企业发生会计估计变更，采用未来适用法处理。企业发现前期差错，应当采用追溯重述法进行更正。发现前期差错时，视同该项前期差错从未发生过，从而对财务报表相关项目进行重新列示和披露。对于不重要且非故意造成的前期差错，可以采用未来适用法。

由此可以看到两者的主要差异在于：

1. 科目的设置差异。《小企业会计准则》规定：对会计政策变更、会计估计变更和前期会计差错均采用未来适用法进行会计处理，就不需要设置"以前年度损益调整"账户。

《企业会计准则》规定：设置"以前年度损益调整"科目，以用于会计政策变更、重要的前期会计差错更正时采用追溯调整法、追溯重述法对往年损益进行调整以及用于确认资产负债表日后调整事项时的处理。

2. 财务报表调整上的差异。

《小企业会计准则》规定：对会计政策变更、会计估计变更和前期会计差错统一采用未来适用法，无须也不应当再调整财务报表的年初金额或上年金额。

《企业会计准则》规定：会计政策变更或前期重大会计差错更正，采用追溯调整法、追溯重述法进行调整更正，一般情况下需要调整资产负债表的年初余额、利润表的上年金额、所有者权益变动表的上年金额和本年金额。

3. 资产负债表日后调整事项的处理方法的差异。

《小企业会计准则》规定：对资产负债表日后至财务报告批准日之间发生或发现的报告年度应调整、应更正事项，采用未来适用法，用调整、更正报告年度下一年账务和财务报表的方法，作为对报告年度应调整、应更正事项的最终处理，不再确认资产负债表日后调整事项。

《企业会计准则》规定：将资产负债表日后至财务报告批准日之间发生或发现的报告年度应调整、应更正事项，确认为资产负债表日调整事项，调整资产负债表日的财务报告。

思 考 题

1. 什么是会计政策？其原则、基础和会计处理方法是什么？
2. 企业应披露哪些重要的会计政策？

3. 什么是会计政策变更？企业应披露会计政策变更的哪些信息？

4. 什么是追溯调整法？什么是追溯重述法？什么是未来适用法？

5. 什么是会计估计？企业应当披露哪些重要的会计估计？

6. 什么是会计估计变更？会计估计变更有哪些处理方法？

7. 什么是前期差错？前期差错形成的原因有哪些？

8. 前期差错有几种？前期差错的更正应如何进行？

9. 什么是资产负债表日后事项？

10. 什么是资产负债表日后调整事项？包括哪些事项？

11. 什么是资产负债表日后非调整事项？包括哪些事项？

12. 资产负债表日后调整事项应如何处理？

13. 《企业会计准则》与《小企业会计准则》有关会计政策变更的规定存在哪些差异？

14. 《企业会计准则》与《小企业会计准则》有关前期差错的规定存在哪些差异？

习 题

1. 甲公司为增值税一般纳税人，适用的增值税税率为17%。所得税采用债务法核算，适用的所得税税率为25%。按净利润的10%提取法定盈余公积。2×15年1月1日，甲公司将对外出租的一幢办公楼由成本计量模式改为公允价值计量模式。

该办公楼于2×11年12月31日对外出租，出租时办公楼的原价为10 000万元，已提折旧为2 000万元，预计尚可使用年限为20年，采用年限平均法计提折旧，假定甲公司计提折旧的方法及预计使用年限符合税法规定。

自2×11年1月1日起，甲公司所在地有活跃的房地产交易市场，公允价值能够持续可靠取得，甲公司对外出租的办公楼2×11年12月31日、2×12年12月31日、2×12年12月31日、2×14年12月31日和2×14年12月31日的公允价值分别为8 000万元、9 000万元、9 600万元、10 100万元和10 200万元。假定按年确认公允价值变动损益。

要求：

(1) 编制2×11年12月31日将自用房地产转换为投资性房地产的会计分录。

(2) 计算2×12年、2×13年和2×14年该投资性房地产每年计提的折旧额。

(3) 填列2×15年1月1日会计政策变更累积影响数计算表。

会计政策变更累积影响数计算表　　　　　　　　　　　　单位：万元

年度	原政策影响当期损益	新政策影响当期损益	税前差异	所得税影响	税后差异
2×12年					
2×13年					
小计					

续表

年度	原政策影响当期损益	新政策影响当期损益	税前差异	所得税影响	税后差异
2×14 年					
合计					

(4) 编制有关项目的调整分录。

(5) 计算 2×15 年递延所得税负债发生额（注明借贷方）

(6) 编制 2×15 年投资性房地产公允价值变动及确认递延所得税的会计分录。

2. 甲公司 2×12 年 12 月 20 日购入一台管理用设备，原始价值为 100 万元，原估计使用年限为 10 年，预计净残值为 4 万元，按双倍余额递减法计提折旧。由于固定资产所含经济利益预期实现方式的改变和技术因素的原因，已不能继续按原定的折旧方法、折旧年限计提折旧。甲公司于 2×15 年 1 月 1 日将设备的折旧方法改为年限平均法，将设备的折旧年限由原来的 10 年改为 8 年，预计净残值仍为 4 万元。甲公司所得税采用债务法核算，适用的所得税税率为 25%。

要求：

(1) 计算上述设备 2×13 年和 2×14 年计提的折旧额。

(2) 计算上述设备 2×15 年计提的折旧额。

(3) 计算上述会计估计变更对 2×15 年净利润的影响。

3. 甲公司 2×15 年 2 月发现 2×13 年 10 月购入的专利权摊销金额错误。该专利权 2×13 年应摊销的金额为 150 万元，2×14 年应摊销的金额为 600 万元。2×13 年、2×14 年实际摊销的金额均为 600 万元。2×13 年、2×14 年的所得税申报表中已按照每年 600 万元扣除该项费用。该项无形资产税法上的摊销年限、摊销方法、预计净残值等与会计上一致。甲公司适用的所得税税率为 25%。甲公司按照净利润的 10% 提取法定盈余公积。假定税法允许调整应交所得税，不考虑其他因素。

要求：对于该错误事项进行相关的会计处理。

4. A 公司与甲公司签订一项供销合同，约定 A 公司在 2×14 年 11 月供应给甲公司一批物资。由于 A 公司未能按照合同发货，致使甲公司发生重大经济损失。甲公司通过法律程序要求 A 公司赔偿经济损失 600 万元，该诉讼案件在 2×14 年 12 月 31 日尚未判决，A 公司确认了 500 万元的预计负债。2×15 年 2 月 7 日，经法院一审判决，需要偿付甲公司经济损失 550 万元，A 公司与甲公司不再上诉，赔款已经支付。税法规定，上述预计负债产生的损失仅允许在实际支出时予以税前扣除。

要求：请根据诉讼事项分别为 A 公司和甲公司编制相关的会计分录。

参 考 文 献

[1] 中华人民共和国财政部：《企业会计准则》，经济科学出版社 2006 年版。

[2] 中华人民共和国财政部：《企业会计准则——应用指南》，中国财政经济出版社 2006 年版。

[3] 企业会计准则编审委员会：《小企业会计准则解读——小企业会计准则、小企业会计制度与企业会计准则的比较》，立信会计出版社 2012 年版。

[4] 财政部会计资格评价中心：《初级会计实务》，经济科学出版社 2017 年版。

[5] 财政部会计资格评价中心：《中级会计实务》，经济科学出版社 2018 年版。

[6] 赵书和：《财务会计》（第 3 版），机械工业出版社 2011 年版。

[7] 韩冬芳：《中级财务会计》（第二版），上海财经大学出版社 2008 年版。

[8] 戴德明、林钢、赵西卜：《财务会计》（第五版），中国人民大学出版社 2008 年版。

[9] 朱国泓：《中级财务会计学》，中国人民大学出版社 2009 年版。

[10] 吴庆法：《新〈企业所得税〉与新〈企业会计准则〉中固定资产的比较分析》，载《冶金财会》2009 年第 4 期。

[11] 李向英：《固定资产准则与新所得税法异同》，载《现代商业》2009 年第 21 期。

[12] 何春艳：《小企业会计准则评析：与企业会计准则相比》，载《财会月刊》2012 年第 19 期。

[13] 中华人民共和国财政部：《小企业会计准则》，经济科学出版社 2011 年版。

[14] 陈计专：《〈小企业会计准则〉与〈企业会计准则〉的会计处理差异》，载《中国管理信息化》2012 年 12 月第 15 卷第 23 期。

[15] 中国注册会计师协会：《会计》，中国财政经济出版社 2018 年版。

[16] 王秀丽、史玉光：《中级财务会计》（第 2 版），中信出版社 2010 年版。

[17] 丁元霖：《财务会计》（第八版），立信会计出版社 2010 年版。

[18] 财政部会计司：《小企业会计准则释义》，中国财政经济出版社 2011 年版。

[19] 戴德明、林钢、赵西卜：《财务会计学》，中国人民大学出版社 2009 年版。

[20] 薛洪岩：《中级财务会计》，厦门大学出版社 2013 年版。

敬 告 读 者

为了帮助广大师生和其他学习者更好地使用、理解、巩固教材的内容，本教材配课件和习题答案，读者可关注微信公众号"会计与财税"浏览相关信息。

如有任何疑问，请与我们联系。

QQ：16678727

邮箱：esp_bj@163.com

教师服务 QQ 群：606331294

读者交流 QQ 群：391238470

经济科学出版社
2021 年 8 月

会计与财税　　　教师服务 QQ 群　　　读者交流 QQ 群　　　经科在线学堂